TRAITÉ

MÉTHODIQUE ET COMPLET

SUR LA

TRANSMISSION DES BIENS.

AVIS DE L'ÉDITEUR.

Le manuscrit de cet Ouvrage étant tout entier entre mes mains, et l'auteur présidant lui-même à l'édition, avec un zéle soutenu par le succès mérité qu'a obtenu son *Traité sur le Regime hypothecaire*, je puis garantir que les volumes se succéderont rapidement.

Les personnes qui desireront n'éprouver aucun retard, peuvent envoyer en une rescription sur la poste, ou en un mandat payable à Paris, la somme de 7 francs 50 centimes, prix du troisième volume, qui paraîtra dans les premiers jours de messidor, et successivement la même somme pour chaque volume, aux adresses ci-dessous.

A M. Tissandier, Jurisconsulte, hôtel du Puy-de-Dôme, rue des Poulies, près du Louvre :

ou

A M. Rondonneau, Imprimeur ordinaire du Corps législatif, au Dépôt des Lois, hôtel de Boulogne, rue Saint-Honoré, N°. 75.

Le volume leur sera adressé, *franc de port*, aussitôt qu'il sera mis en vente.

Rondonneau

TRAITÉ

MÉTHODIQUE ET COMPLET

Sur la transmission des biens par successions, donations et testamens, suivant les lois anciennes, intermédiaires et nouvelles;

Ouvrage *utile aux jurisconsultes, avocats, juges, notaires, avoués, et à tous ceux qui se livrent à l'étude du droit.*

Par M. TISSANDIER, *ancien jurisconsulte, auteur du* Traité élémentaire, méthodique et complet sur le régime hypothécaire.

Prix 6 francs. — 7 francs 50 cent. *franc de port.*

Distinguas tempora, conciliabis jura.

TOME II.

A PARIS,

Chez L'Auteur, rue des Poulies, Hôtel du Puy-de-Dôme, près du Louvre.
Rondonneau, Imprimeur ordinaire du Corps Législatif, au Dépôt des lois, Hôtel de Boulogne, rue Saint-Honoré, n°. 75.

AN XIII. — 1805.

TRAITÉ
SUR LA
TRANSMISSION DES BIENS
PAR SUCCESSIONS,
DONATIONS ET TESTAMENS,

SUIVANT *les lois anciennes, intermédiaires et nouvelles.*

PREMIÈRE PARTIE.

Des lois anciennes sur la transmission des biens par successions, donations et testamens.

SECTION XIV.

De la conversion de l'institution en legs universel et particulier; et des legs universel et particulier, en institution.

868. Il arrivait souvent qu'un testateur avait des biens immeubles répandus dans les pays de coutume et dans ceux de droit écrit, dont la nature des dispositions, en

matière de testament, était aussi différente que les formalités dont elles devaient être revêtues.

869. Bien plus, une personne domiciliée en pays de droit écrit, n'était pas assurée d'y mourir, ni par conséquent d'y faire son testament.

870. On portait le même jugement à l'égard de celui qui habitait le pays coutumier; parce qu'il y avait la même incertitude.

871. Dans ces circontances, il était nécessaire de fixer la valeur que devaient avoir les testamens qui n'auraient que la nature des dispositions de l'un de ce pays, afin de tranquilliser les testateurs.

872. Le législateur n'avait pas oublié de statuer sur ce point de fait.

ARTICLE PREMIER.

Du testament de l'habitant des pays de droit écrit.

873. Lorsque l'habitant des pays de droit écrit faisait son testament dans son pays, l'institution d'héritier universel valait legs universel pour les immeubles disponibles qu'il avait en pays coutumier (1).

L'institution particulière y valait seulement legs parti-

(1) « Lorsque le testateur sera domicilié dans des pays qui suivent le droit écrit, l'institution d'héritier par lui faite aura son effet tant pour les immeubles situés auxdits pays, que pour les meubles, droits et actions qui suivent la personne; et, quant aux immeubles situés dans les pays où le droit écrit n'est pas observé, elle vaudra comme legs universel, si ce n'est qu'elle ait été faite pour une somme fixe, ou pour de certains effets, auquel cas elle ne vaudra, dans lesdits pays, que comme legs particulier ». *Art.* 68 *de l'ordonnance des testamens.*

culier (1); parce qu'une disposition particulière ne pouvait pas obtenir l'effet d'une disposition universelle.

874. Lorsqu'il testait en pays coutumier, et que son testament ne contenait aucune institution d'héritier, le legs universel valait institution universelle dans les pays de droit écrit, non seulement pour les biens qui y étaient situés, mais encore pour tous les meubles, droits et actions qui suivaient la loi du domicile (2).

Dans ce cas, il suffisait que le testament contînt un legs en faveur de chacun de ceux qui avaient droit de légitime, pour être valable dans les pays de droit écrit (3); car, à l'exemple du legs universel, le legs particulier y tenait lieu d'institution. Voilà où se bornait l'obligation de ceux qui devaient la légitime à titre d'institution, lorsqu'ils testaient dans les pays coutumiers.

Cette règle avait lieu, quoique les autres dispositions

---

(1) *Même article.*

(2) » La disposition de l'article précédent aura lieu, encore que le testateur domicilié en pays de droit écrit ait fait son testament dans un pays où ce droit n'est pas observé; et, en cas que ledit testament ne contînt qu'un ou plusieurs legs universels sans institution d'héritier, ils vaudront comme institution, dans les pays de droit écrit, pour les biens qui y sont situés, ou qui suivent la personne, et seulement comme legs universel pour les immeubles situés en d'autres pays ». *Art.* 69 *de l'ordonnance des testamens.*

(3) » Dans le cas porté par l'article précédent, de quelque manière que le testateur ait fait une ou plusieurs dispositions universelles, soit à titre d'institution, soit à titre de legs universel, son testament ne pourra être attaqué pour le vice de la prétérition, lorsqu'il y aura fait des legs, soit universels ou particuliers, à chacun de ceux qui ont droit de légitime, quelque modiques que soient lesdits legs, lesquels vaudront, en ce cas, comme institution d'héritier ». *Art.* 70 *de la même ordonnance.*

du testament eussent été faites à titre d'institution d'héritier (1).

875. Quand le testament ne contenait ni legs universel ni institution, le legs particulier valait institution universelle, dans les pays de droit écrit, (2); parceque, dans ces pays, on ne pouvait décéder *partim testatus* et *partim intestatus*.

Par conséquent, il était nécessaire qu'à l'exemple de l'institution particulière, le legs particulier y produisît le même effet, dans le même cas.

ARTICLE II.

Du testament de l'habitant des pays coutumiers.

876. Lorsque l'habitant du pays coutumier testait dans le lieu de son domicile, et que son testament ne contenait aucune institution, le legs universel ne valait pas institution d'héritier, dans les pays de droit écrit, pour les immeubles qui y étaient situés (3), quoique l'institution d'héritier dans le testament fait, en pays de droit écrit, par celui qui y était domicilié, valût legs universel, pour les immeubles situés dans les pays de coutume.

Cette différence résultait de ce que l'institution imprimait la qualité d'héritier, au lieu que le legs universel ne la donnait point. Et, en imprimant la qualité d'héritier, il nantissait celui qui en était l'objet, du droit de ré-

---

(1) Article 70 *ci-dessus*.

(2) Argument tiré de l'article 69 *ci-dessus*.

(3) «Lorsque le testateur sera domicilié dans un pays où le droit écrit n'est pas observé, et qu'il aura fait un testament...» *Art.* 71 *de l'ordonnance des testamens*.

«Et, si ledit testament ne contient point d'institution d'héritier, les dispositions universelles qui y seraient portées ne seraient exécutées que comme legs universel, même dans les pays de droit écrit». *Art.* 72 *de la même ordonnance*.

clamer universellement tous les biens du défunt ; tandis que celui qui n'était que légataire universel n'avait droit qu'à une portion de ces biens : en un mot, son titre n'était pas aussi universel.

Or, celui qui faisait une personne héritière entendait, à plus forte raison, qu'elle fût sa légataire universelle. Mais il était impossible, sans blesser les règles du raisonnement, de tirer la même conséquence par rapport à celui qui n'avait fait qu'un légataire universel ; parce que ce titre ne renfermait pas virtuellement en soi la qualité d'héritier.

D'ailleurs l'usage du legs universel était également pratiqué dans les pays de droit écrit, et celui qui était revêtu de ce titre n'y jouissait pas de la qualité d'héritier.

Dans ce cas, le legs universel ne devait pas y produire un effet au-dessus de sa valeur nominale, réelle et effective, pour avoir été écrit dans un pays où ce titre n'avait pas non plus la vertu d'y faire des héritiers.

Ce qui vient d'être dit du legs universel s'appliquait, par identité de raison, au legs particulier.

877. Ces règles avaient lieu, à plus forte raison, lorsque le testament avait été fait en pays de droit écrit ; parce qu'on n'y reconnaissait point d'héritier testamentaire, sans une institution d'héritier.

Par conséquent, pour qu'une personne pût recueillir les biens situés dans les pays de droit écrit, en qualité d'héritier, il fallait nécessairement que le testateur l'instituât héritière (1).

---

(1) Argument tiré de l'art. 72 *ci-dessus*.

Section XV.

De la révocation des testamens.

878. Le droit de révoquer les testamens était de la nature même des testamens; car, en cette matière, les dispositions de l'homme ne devenaient irrévocables que par sa mort (1).

879. Il n'était permis à personne de s'interdire une faculté (2) qui faisait partie de la nature des dernières volontés.

880. Tant que le testateur vivait, son testament, quelque ancien qu'il fût, ne pouvait être détruit par le temps (3).

La persévérance du testateur, laquelle résultait de son silence, y formait un obstacle invincible (4).

Cependant le testament militaire, et celui fait en temps de peste, étaient nuls de plein droit six mois après que ceux qui avaient testé de la sorte avaient eu la faculté de tester dans les formes ordinaires (5).

---

(1) Ambulatoria enim est voluntas defuncti usque ad vitæ supremum exitum. *Leg. 4, ff. de adim. vel transfer. legat.*

(2) Nemo enim eam sibi potest legem dicere, ut à priore ei recedere non liceat. *Leg. 22, ff. de legat.* 3.

(3) Testamentum jure factum usque eo valet, donec rumpatur. *Institut. quibus modis testam. infirmentur.*

(4) Quod enim non mutatur, quaré stare prohibetur? quemadmodùm enim qui testamentum fecit, et nihil voluit contrarium, intestatus efficitur. *Leg. 27, cod. de testamentis.*

(5) « Les testamens (militaires), faits par ceux qui, n'étant officiers ni engagés dans nos troupes, demeureront nuls six mois après que celui qui les aura faits sera revenu dans un lieu où il puisse avoir la liberté de tester en la forme ordinaire, si

C'étaient des testamens auxquels le législateur n'avait pas voulu accorder les mêmes droits d'existence.

881. Mais, à cette exception près, un testament subsistait, tant qu'il n'avait pas été révoqué, et qu'il ne paraissait pas de changement de volonté de la part de celui qui l'avait fait (1).

Cette règle s'appliquait à tous les testamens revêtus des formes ordinaires (2).

Les testamens pouvaient être révoqués de plusieurs manières.

ARTICLE PREMIER.

De la révocation du testament par un autre testament.

882. La révocation était certaine, lorsque le testateur avait fait un second testament (3).

Le changement de volonté ne pouvait être plus mani-

---

ce n'est qu'ils fussent faits dans les formes qui sont requises de droit commun dans le lieu où ils auront été faits ». *Art.* 31 *et* 32 *de l'ordonnance des testamens.*

« Les testamens (faits en temps de peste) demeureront nuls six mois après que le commerce aura été rétabli dans le lieu où le testateur se trouvera, ou qu'il aura passé dans un lieu où le commerce n'est point interdit, si ce n'est qu'on eût observé, dans lesdits actes, les formes requises de droit commun dans le lieu où ils auront été faits ». *Art.* 37 *de la même ordonnance.*

(1) Sancimus siquis legitimo modo condidit testamentum, et post ejus confectionem decimum profluxerit : siquidem nulla innovatio vel contraria voluntas testatoris apparuerit, hoc esse firmum. *Leg.* 27, *cod. de testamentis.*

(2) Argument tiré des art. 32 et 37 *ci-dessus.*

(3) Sin autem in medio tempore contraria testatoris voluntas ostenditur secundi testamenti confectione. *Leg.* 27, *cod. de testamentis.*

feste, car le second testament était une preuve qu'on avait improuvé le premier (1).

883. Cette révocation avait lieu également à l'égard d'un second, troisième ou autre ultérieur testament; parce qu'il n'y avait que le dernier qui dût valoir (2).

884. Cette révocation avait lieu de plein droit (3); car une succession ne pouvait se trouver déférée à deux personnes à la fois.

De là venait que le second testament révoquait le premier, quoiqu'il n'y fût pas fait mention de sa révocation.

885. Cette règle avait lieu, quoique le premier testament contînt la cause dérogatoire, c'est-à-dire, qu'il vaudrait malgré un second ou ultérieur testament, s'ils ne faisaient expressément mention de sa révocation; parce que cette clause qui avait été imaginée pour tromper la bonne foi des testateurs, et rendre illusoire la liberté de faire un nouveau testament, avait été sagement abolie (4).

886. Le testament qui avait été fait en faveur de la cause pie n'avait pas été excepté de cette règle. Le privilége que les jurisconsultes romains lui avaient accordé à cet égard, n'était pas plus juste (5).

---

(1) Suprema voluntas potior habetur. *Leg.* 22, *ff. de legat.* 3.

(2) Hoc est (eas tabulas) quæ novissimè ita factæ sunt, post quas nullæ factæ sunt. *Leg.* 1, §. 1, *ff. de bon. poss. secund. tab.*

(3) Ipso jure prius tollitur testamentum. *Leg.* 27, *cod. de testamentis.*

(4) « Abrogeons l'usage des clauses dérogatoires dans tous testamens; voulons qu'à l'avenir elles soient regardées comme nulles et de nul effet, en quelques termes qu'elles soient conçues ». *Art.* 76 *de l'ordonnance des testamens.*

(5) « Toutes les dispositions de la présente ordonnance, soit sur la forme ou sur le fond des testamens, seront exécutées, en-

887. Cependant, dans les pays coutumiers, le second testament ne révoquait le premier, que lorsqu'il faisait mention de sa révocation (1). Dans le droit coutumier, la succession testamentaire n'y était pas connue, et deux testamens n'y étaient pas incompatibles par eux-mêmes.

Une révocation tacite suffisait quelquefois. Denizart fait mention de deux arrêts qui justifient cette exception (2).

---

core que lesdites dispositions, de quelque espèce qu'elles soient, eussent la cause pie pour objet ». *Art.* 78 *de la même ordonnance.*

(1) Cyprien Regnier, *in censurâ belgicâ*, *sur le* § 2, *institut. quibus mod. testam. infirmentur.* Ferrières, dictionnaire de pratique, *verbo* revocation des testamens, *à la fin.*

(2) Voici les termes dans lesquels Denizart rapporte ces arrêts, au mot *testament*, *nomb.* 99 *et* 100.

« De deux testamens faits en différens temps par M. de Fortia, président au grand Conseil, la Cour a ordonné, par arrêt rendu le 4 septembre 1727, sur les conclusions de M. le procureur général, que le premier serait sans effet, et que le dernier serait exécuté, quoiqu'il ne contînt point une révocation expresse du premier, ni des dispositions positivement contraires; mais, dans cette espèce, les présomptions qui naissaient des termes du *testament*, et les démarches du testateur réunies, faisaient connaître que son dessein avait été de révoquer le premier *testament;* et cela a paru suffisant. »

« Le parlement de Rennes a jugé de même, par un arrêt rendu le 23 juillet 1737, au rapport de M. Desnots des Fossés, dont voici l'espèce :

Claude Bardon, habitant de la Martinique, étant passé en France, et ne se souvenant probablement point qu'il avait fait un testament en Amérique, avant son départ, en fit un autre en France, dans lequel il déclara que, ne voulant point mourir *intestat*, il avait dicté ses volontés, etc.

Le *testament* fait en Amérique contenait un legs universel; celui fait en France ne contenait qu'un legs particulier, au

888. Il en était de même, en pays de droit écrit, du testament fait en faveur des enfans. Ce testament n'était révoqué par un second qui transmettait la succession à un étranger, que lorsque ce second testament avait révoqué nommément celui fait en faveur des enfans (1).

La considération des enfans, à qui, par le vœu de la nature et des parens, les biens de leurs ascendans sont destinés, avait fait introduire cette exception (2).

889. Pour qu'un dernier testament en révoquât un précédent, plusieurs conditions étaient requises.

Il fallait

Premièrement, que ce dernier testament existât réellement, et qu'il fût différent du premier (3). Comme deux exemplaires du même testament ne pouvaient se détruire, de même deux testamens qui étaient conformes se maintenaient réciproquement.

---

profit d'un nommé Arnaud Dubost, qui y renonça pour s'en tenir à la qualité d'héritier.

Il demanda le partage en cette qualité ; ceux qui étaient institués légataires universels par le *testament* d'Amérique, qui étaient aussi neveux du sieur Bardon, le soutinrent non recevable, sur le fondement du premier *testament*, dont ils demandèrent l'exécution. Dubost répondait que ce premier *testament* était censé révoqué par les termes du second; et, par sentence rendue au bailliage et siége présidial de Nantes, le 27 mai 1735, confirmé par arrêt du parlement de Bretagne, rendu le 23 juillet 1737, il a été ordonné que Dubost toucherait sa portion héréditaire. ».

(1) Hoc inter liberos testamentum ita infirmatur, si parens declaret se nolle tale testamentum valere, et aliam disponat voluntatem in testamento perfecto. *Auth. hoc inter liberos, cod. de testamentis*, tirée de la novelle 107.

(2) Serres, institution du droit français, *liv.* 1, *tit.* 17, §. 2. Furgole, des testamens, *tom.* 4, *chap.* 11, *n°.* 34.

(3) Furgole, des testamens, *tom.* 4, *chap.* 11, *n°.* 37.

Secondement, qu'il eût été fait dans un autre temps, et qu'il eût une date postérieure (1). Deux testamens opposés, de même date, se détruisaient mutuellement (2), quand il était impossible de connaître lequel avait été fait le premier.

Troisièmement, que ce dernier testament eût été revêtu de la forme légale, et, par conséquent, qu'il eût été parfait et achevé (3). Un projet n'était pas un testament.

Quatrièmement enfin, que le testateur eût eu la volonté et la capacité de le faire; car l'une et l'autre étaient nécessaires pour faire un testament.

890. Ces conditions étaient exigées pour qu'un second testament en révoquât un premier; parce que, suivant la présomption de la loi, un testateur n'était censé s'être départi de sa première volonté, qu'autant que celle consignée dans un testament postérieur serait valable (4).

Par conséquent, un testament imparfait ne révoquait point un testament antérieur parfait, quand même il au-

---

(1) Furgole, *ibid.* n°. 39.

(2) Duo testamenta sese invicem confundunt et sunt nulla. *Tiraquellus, de privilegiis piæ causæ, privileg.* 35.

(3) Prius testamentum rumpitur cum posterius ritè perfectum est. *Leg.* 2, *ff. de injusto rupto.*

Priore quoque testamento quod jure perfectum est, superius rumpitur. *Institut. quib. mod. testam. infirm.*, § 2.

Par arrêt rendu au parlement de Toulouse, au rapport de M. de Bourg, le 11 avril 1740, entre le sieur Goutes aîné, et le sieur Goutes cadet, il a été jugé que le dernier testament du sieur de Goutes père, fait *inter liberos*, n'avait pas révoqué le premier; parce qu'aux termes de l'ordonnance de 1735, article 16, il n'avait pas été entièrement écrit par le testateur. *Furgole, des testamens, tom.* 1, *chap.* 6, *sect.* 3. *n°.* 14.

(4) Quod ita demum à priore testamento velim recedi, si posteriùs valiturum sit. *Leg.* 18, *ff. de legat.* 3.

rait fait mention de sa révocation : ce qui était imparfait n'avait aucun effet (1).

Cette règle avait lieu, quoique le testateur eût été surpris par la mort, lorsqu'il révoquait son testament (2).

891. Bien plus, dans les pays où l'institution d'héritier était de l'essence des testamens, il était nécessaire que ce dernier testament contînt la nomination d'un héritier; parce que le testament qui donnait une succession, ne pouvait être révoqué que par un testament qui la donnait également (3).

Cette condition était suffisamment remplie par l'institution d'un héritier particulier, quoique le premier testament contînt celle d'un héritier universel. A défaut d'autre héritier institué dans le dernier testament, l'héritier particulier tenait lieu, dans ce cas, d'héritier universel (4).

892. Il était encore nécessaire que les personnes qui étaient instituées héritières dans le dernier testament,

---

(1) Imperfectum testamentum sine dubio nullum est. *Institut. quib. mod. testam. infirm.*, § 7, *à la fin.*

Bardet, *tom.* 1, *liv.* 1, *chap.* 6, rapporte l'espèce d'un arrêt du parlement de Paris, du 25 mai 1618, qui l'a jugé de même, en conséquence de ce principe.

(2) Adeò ut et si quis post factum prius testamentum posterius facere cœperit, et morte præventus, id non perfecerit. *Institut. quib. mod. testam. infirm.*, § *eod.*

Denizart, aux mots *révocation des testamens*, *n°*. 6, fait mention d'un arrêt du 23 mars 1759, qui a jugé conformément à ce principe. Il en rapporte l'espèce.

(3) Quæ jure contrahuntur, contrario autem jure pereunt. *Leg.* 35 *et* 100, *ff. de regul. jur.*

(4) Sed et si quis priore testamento jure perfecto, posterius æquè jure fecerit : etiam si ex certis rebus in eo hæredem instituerit, superius tamen testamentum sublatum esse, divi Severus et Antoninus augusti rescripserunt. *Institut. quib. mod. testam. infirm.* § 2.

fussent capables de l'être, et par conséquent de recueillir l'hérédité. Leur incapacité, au temps de ce dernier testament, faisait obstacle à la révocation du premier (1).

Ce testament n'avait pas la force d'ôter la succession à la personne à qui elle avait déjà été promise, mais c'était un titre pour l'en faire déclarer indigne, comme il sera établi à l'article 3 de la section 11 ci-après, titre 2, livre 1er., distinction 2e.

893. Dans le cas d'institution d'une personne à naître non prohibée, la capacité n'était nécessaire qu'au décès du testateur (2).

Il en était de même lorsque l'institution avait été faite en faveur d'un descendant (3).

Quand l'institution était conditionnelle, cette capacité n'était nécessaire qu'au temps de l'événement de la condition (4).

894. Mais l'institution d'une personne indigne révoquait le testament (5); parce que les personnes indignes étaient capables d'accepter une hérédité, et en étaient saisies et vêtues, le cas arrivant. Par conséquent, elles étaient héritières, quoiqu'elles pussent être privées de l'hérédité (6).

---

(1) Serres, institution du droit français, *liv.* 2, *tit.* 17, § 2, *à la fin.*

(2) Voyez ci-devant, *section* 3, *art.* 2.

(3) Voyez au même endroit.

(4) Voyez ci-dessus, *section* 3, *art.* 2.

(5) Priore quoque testamento, quod jure perfectum est: superius rumpitur: nec interest extiterit aliquis hæres ex eo an non: hoc enim solum spectatur, an aliquo casu existere potuerit. *Institut. quib. mod. infirm.*

(6) Siquis contra mandata duxerit uxorem ex eâ provinciâ, in quâ officium aliquod gerit, quod ei ex testamento uxoris adquisitum est: divi Severus et Antoninus rescripserunt retinere eum non posse. *Leg.* 2, § 1, *ff. de his quæ ut indig. aufer.*

895. A l'égard du vice de prétérition, le testament qui en était infecté ne laissait pas de révoquer le premier, quand il contenait la clause de révocation des précédens testamens ; parce que les clauses du testament infecté de prétérition, qui ne regardaient pas l'institution d'héritier, étaient valables et efficaces (1).

896. L'effet de cette révocation était que toutes les dispositions du premier testament étaient anéanties de plein droit (2). Le testament étant révoqué, il était naturel que les dispositions qu'il contenait le fussent aussi (3).

Par conséquent, il n'y avait que les dispositions répétées dans le dernier testament, qui fussent conservées.

Cependant, dans les pays coutumiers, quand le dernier testament ne faisait pas mention de la révocation du précédent, les dispositions de ce testament n'étaient révoquées

---

Indigno hærede pronunciato ademptâ hæreditate confusas actiones restitui non oportet. *Leg.* 8, *ff. eodem.*

Cum quidam ita fideicommissum reliquisset, rogo restituas libertis meis quibus voles. Marcellus putavit posse hæredem et indignum præferre. *Leg.* 24, *ff. de legat.* 2.

(1) « Sans préjudice de l'exécution du testament en ce qui concerne le surplus des dispositions du testateur ». *Article* 53 *de l'ordonnance de* 1735.

Conformément à cette disposition, le Conseil, par arrêt du mois d'août 1743, cassa un arrêt du parlement de Toulouse, du 22 août 1740, qui avait ordonné l'exécution d'un premier testament au préjudice du dernier, quoiqu'il ne fût nul que par prétérition, et qu'il contînt la clause de révocation des précédens testamens.

Postérieurement, dans une espèce semblable, le parlement de Toulouse jugea conformément à l'arrêt du Conseil, par arrêt du 5 mai 1747. Furgole, des testamens, *tom.* 1, *chap* 6, *sect.* 3, *nomb.* 14 *et* 15.

(2) Furgole, *tom.* 4, *chap.* 1, *n°.* 35, 48 *et* 122.

(3) Quæ accessionis locum obtinent, pereunt, cum res principales peremptæ sunt. *Regula juris.*

que lorsqu'elles étaient contraires et incompatibles avec celles contenues dans le dernier (1).

Cette exception dérivait de la compatibilité de deux testamens qui avait lieu dans ces pays.

La conduite du testateur devait coïncider avec cette compatibilité.

897. Cette révocation portait tant contre les dispositions ouvertement gratuites, que contre celle que le testateur s'était complu à envelopper dans des reconnaissances de devoir.

Il y avait parité de raison; parce que ces reconnaissances de devoir ne le constituaient point débiteur (2).

898. Cette règle avait lieu, sur-tout lorsque les reconnaissances de devoir avaient été faites au profit d'une personne qui ne pouvait recevoir des dispositions gratuites de la part de celui qui lui avait fait ces reconnaissances (3). Une personne qui ne pouvait donner à une autre, ne pouvait lui faire des reconnaissances de devoir efficaces (4).

899. Mais, quand ces reconnaissances de devoir étaient sincères, elles formaient un commencement de preuve par

---

(1) Argou, institution du droit français, *tom.* 1, *liv.* 2, *chap*, 17, *à la fin.*

(2) Confessio debiti facta à testatore non probat debitum, sed fideicommissi petitionem inducit. *Leg.* 88, § 10, *ff. de legat.* 2.

(3) Titia honestissima femina cum in negotiis suis opera Callimachi semper uteretur qui ex testamento capere non poterat, testamento facto manu suâ, ita cavit : Titia testamentum condidit ac placet ut Callimacho dentur mercedis gratia denarii duo : quæro an hæc pecunia ex causâ mercedis ab hæredibus Titiæ exigi possit ? Respondi, non idcirco quod scriptum est, exigi posse in fraudem legis relictum. *Leg.* 57, *ff.* § 6, *de legat.* 3.

Denizart, *verbo* révocation des testamens, *n°.* 7, *à la fin.*

(4) Quod directè fieri non potest, nec indirectè quoque fieri potest. *Regula juris.*

écrit, au profit de la personne en faveur de laquelle elles avaient été faites pour établir la sincérité de sa créance (1), loin d'être révoquées par un second testament. Dans ce cas, les reconnaissances de devoir ne se révoquaient point *ad nutum debitoris* (2).

Dans le doute, ces reconnaissances de devoir passaient pour révoquées (3).

Art. II.

De la révocation du testament par des dispositions entre-vifs.

900. Ce qui pouvait être fait par un second testament, pouvait l'être par une institution contractuelle, ou par une donation de biens présens et à venir universelles ; c'étaient des actes également transmissibles de succession, et qui se référaient au moment du décès.

901. A l'égard de la donation entre-vifs, même universelle, comme elle ne pouvait comprendre que des biens présens, elle ne révoquait point le testament qui avait également pour objet les biens que le testateur recueillerait jusqu'à son décès (4).

La qualité d'héritier restait fixée sur la tête de l'héritier institué.

---

(1) « N'entendons exclure la preuve par témoins (pour dettes) lorsqu'il y aura un commencement de preuve par écrit ». *Art.* 3, *titre* 20 *de l'ordonnance de* 1667.

(2) L'arrêt du 18 mai 1654, rapporté au journal du Palais, au sujet du testament du sieur Hure de Chaudebonne, l'a jugé ainsi.

(3) In dubio præsumitur testator quæsiisse prætextum legato, *ait Cujacius*, *ad leg.* 88, § *quisquis*, *ff. de legat.* 2.

(4) Denizart, *verbo* révocation des testamens, *n°.* 4 *et* 5.

institué ; la donation n'aurait pu la détruire. Elle pouvait bien diminuer les avantages attachés à cette qualité, priver l'heritier d'une partie de ces biens, épuiser même toute la succession ; mais elle ne pouvait jamais lui ôter un titre que la loi seule ou la volonté dut estateur pouvaient donner ou ôter quand il leur plaisait (1).

902. Pour que ces actes portassent atteinte au testament, il fallait qu'ils fussent valables ; parce qu'il était de principe que ce qui était nul ne produisait aucun effet (2).

Article III.

De la révocation du testament par simple acte.

903. Non seulement un premier testament pouvait être révoqué par un second, mais encore par une déclaration de changement de volonté consignée dans un acte exprès (3).

Cette faculté était naturelle, et de toute justice.

Par conséquent, un acte revêtu d'une forme légale et probante, c'est-à-dire, fait par-devant deux notaires, ou un notaire et deux témoins, suffisait pour attester ce changement de volonté.

---

(1) OEuvres de d'Aguesseau, *tom.* 3, *pag.* 297.

(2) Effectus considerari debet quòd illud quod effectualiter exerceri non potest, habetur pro nullo, aut saltem invalido. Chassagnée, *in cons. duc. Burg. rub.* 1, *fol.* 43, *recto*, *n°.* 11.

(3) Sin autem testator tantummodò dixerit, non voluisse prius stare testamentum et hoc inter acta manifestaverit, *Leg.* 27, *cod. de testamentis.*

La jurisprudence des pays coutumiers y avait universellement applaudi (1).

Cette déclaration suffisait encore dans les pays de droit écrit pour redonner la vie à un premier testament qui avait été révoqué par un second (2).

Elle suffisait, à plus forte raison, dans ce cas, en pays coutumier. Un arrêt solennel, du 3 juillet 1770, l'avait jugé ainsi (3).

904. Mais cette déclaration était inefficace pour ôter l'existence à un testament qui n'avait pas été révoqué. Le principe qu'en pays de droit écrit, la succession ne pouvait être ôtée que par un arrêt qui la donnait, y faisait obstacle; parce que, dans ces pays, les testamens n'y étaient pas révoqués par le seul changement de volonté (4).

Cependant cette règle cessait dans deux cas :

Le premier, lorsqu'à la suite de cette déclaration, le testateur avait ajouté qu'il voulait décéder *ab intestat;* dans ce cas, il était censé avoir institué ses héritiers *ab intestat* (5).

---

(1) Grœneuvegen, de legibus abrogatis, *sur le § ex eo 7, institut. quib. mod. testam. infirm.*

Ferrières, dictionnaire de pratique, aux mots *révocation des testamens.*

Bouguier, *lettre* R, *chap.* 18. Henrys, *liv.* 3, *quest.* 112.

(2) Arrêt du parlement de Toulouse, du 9 septembre 1747, rapporté par Albert, *verbo* testament, *art.* 7, et par Catelan, *liv.* 2, *chap.* 2.

(3) Denizart, *tom.* 4, *verbo* révocation des testamens, *nombre* 8.

(4) Ex eo autem solo non potest infirmari testamentum, quod posteà testator id noluerit valere. *Institut. quib. mod. testam. infirm.*, § 7.

Le paragraphe de la loi 11 *ff. de bonor. possess. secund. tabul.* en a encore une disposition précise.

(5) Jacques de Ferrières, *sur la question* 200 *de Guy-Pape.*

La faveur des héritiers légitimes avait fait admettre cette institution tacite.

Et le second, lorsque la déclaration révocatoire était soutenue par le laps de dix ans (1), à compter de la date du testament au décès du testateur (2).

Dans ces deux cas, l'acte de révocation devait être fait en présence de sept témoins, le notaire compris (3).

Cette décision était fondée sur l'importance que l'on mettait aux testamens, et sur ce qu'ils ne devaient être révoqués que de la même manière qu'ils pouvaient être faits (4).

905. Cependant les testamens faits entre enfans pouvaient être révoqués par une simple déclaration faite pardevant deux notaires, ou un notaire et deux témoins, ou même par un acte olographe entièrement écrit, daté et signé de la main du testateur ; parce que les ascendans pou-

---

Joseph de Ferrières, dans son dictionnaire de pratique, *verbo* révocation des testamens. Maynard, *liv.* 5, *chap.* 23. Catelan, *liv.* 2, *chap.* 2. Henrys, *tom.* 2, *liv.* 5, *question* 46 *de l'ancienne édition.*

(1) Et decennium fuerit emensum tunc irritum est testamentum, tam ex contraria voluntate quàm ex cursu temporali. *Leg.* 27, *cod. de testamentis.*

(2) Furgole, des testamens, *tom.* 4, *chap.* 11, *n°.* 99.

(3) Et si quidem usque ad mortem maneat hoc schema, nullus postea et deducet testes, quia voluit forté talem voluntatem commutare, aut convertere, aut aliquid tale facere, cui licuit rumpere quod factum est, et aliam facere voluntatem, declarantem perfectam ejus sententiam quam competit valere. Hoc enim concedimus ei agere, hoc ipsum expressim significantem sub præsentia testium septem. *Novelle* 107, *cap.* 2.

(4) Despeisses, *tom.* 2, *part.* 1, *tit.* 1, *sect.* 5, *nomb.* 25, *à la fin.*

vaient tester de toutes ces manières, dans les pays de droit écrit, en faveur de leurs enfans (1).

ARTICLE IV.

De la révocation du testament, par déchirement ou effaçure.

906. Quand le testament était olographe, et que le testateur l'avait en sa puissance, il pouvait le révoquer en le déchirant (2).

Ce déchirement faisait partie des manières naturelles de révoquer un testament.

907. L'effaçure de la signature du testateur produisait le même effet (3); parce qu'il tirait toute sa force de cette signature.

908. Lorsque le repentir du testateur ne portait que sur certaines dispositions de son testament, il avait la faculté de les révoquer, en les bâtonnant ou en les effaçant (4).

909. Non seulement il avait cette faculté à l'égard des légataires, mais même à l'égard de l'héritier institué. Dans ce dernier cas, les dispositions qui demeuraient intactes, étaient également efficaces (5); parce que le testament valait comme codicille *ab intestat.*

---

(1) Nihil tam naturale est, quàm eo genere quidve dissolvere quo colligatum est. *Leg.* 35, *ff. de regul. jur.*

(2) Siquidem testator linum vel signacula inciderit vel abstulerit, ut potè ejus voluntate mutatâ testamentum non valere. *Leg.* 30, *cod. de testam.*

(3) *Leg. eâdem.*

(4) Quæ in testamento deleta vel inducta, consulto non valent. *Leg.* 1, *ff. de his quæ in testamento delentur.*

(5) Proximè in cognitione principis, cum quidam hæredum

Article V.

De la révocation du testament en partie.

910. Ce que le testateur pouvait faire par le bâtonnement ou l'effaçure, lorsque le testament était en sa puissance, il pouvait le faire par un acte solennel, lorsque le testament était public ou secret; il avait également le droit de le révoquer en tout ou en partie.

---

nomina induxisset et bona ejus ut caduca à fisco vindicarentur : diù de legatis dubitatum est, et maximè de his legatis quæ adscripta erant his, quorum institutio fuerat inducta : plerique etiam legatarios excludendos existimabant : quod sanè sequendum aiebam, si omnem scripturam testamenti cancellasset; (sed) nonnullos opinari, id jure ipso perimi, quod inductum sit : cætera omnia valitura, quid ergò ? Non et illud interdùm credi potest, eum qui hæredum nomina induxerat, satis se consecuturum putasse, ut intestati exitum faceret ? Sed in re dubiâ benigniorem interpretationem sequi non minùs justum est quàm tutum. Sententia imperatoris Antonini Augusti Pudente et Pollione consulibus; cum Valerius Nepos mutatâ voluntate et inciderit testamentum suum, et hæredum nomina induxerit, hæreditas ejus, secundùm divi patris mei constitutionem, ad eos qui scripti fuerint, pertinere non videtur. Et advocatis fisci dixit : vos habetis judices vestros. Vivius Zeno dixit : rogo, domine imperator, audias me patienter. De legatis quid satues ? Antoninus Cæsar dixit : videtur tibi voluisse testamentum valere qui nomina hæredum induxit ? Cornelius Priscianus advocatus Leonis dixit : nomina hæredum tantùm induxit. Calpurnius Longinus advocatus fisci dixit : non potest ullum testamentum valere, quod hæredem non habet. Priscianus dixit : manumisit quosdam et legata dedit. Antoninus Cæsar, remotis omnibus, cum deliberasset, et admitti rursùs eosdem jussisset, dixit : causa præsens admittere videtur humaniorem interpretationem : et ea duntaxat existimemus, Nepotem (c'était le nom du testateur) irrita esse voluisse, quæ induxit. *Leg. 3, ff. de his quæ in testamento delentur, etc.*

Ainsi, il pouvait révoquer les legs qu'il avait faits sans donner atteinte au surplus des dispositions du testament; parce que le testament pouvait exister sans ces dispositions.

Cela avait également lieu dans les pays de coutume.

Mais, à l'égard des dispositions d'héritier, il ne pouvait les révoquer sans détruire le testament (1). Ces dispositions en étaient la base et le fondement (2).

Dans cette hypothèse, on ne pouvait faire passer le testament pour un codicille; parce que l'institution d'héritier, qui s'y trouvait intacte, réclamait contre cette conversion (3).

Article VI.

De la révocation du testament pour cause d'inimitié.

911. La révocation des legs se faisait plus facilement que la révocation des institutions d'héritier.

912. Les legs se révoquaient par la seule volonté du testateur (4).

Par conséquent, il suffisait que cette volonté révocatoire fût constatée par un acte reçu par un notaire en pré-

---

(1) Non potest ullum testamentum valere, quod hæredem non habet. *Leg.* 3, *ff. de his quæ in testam. delentur, etc.*

(2) Quia testamenta vim ex institutione hæredis acccipiunt. *Institut. de legatis*, §. *ante* 36.

(3) Sæpissimè rescriptum et constitutum est, eum qui facere testamentum opinatus est, nec voluit quasi codicillos id valere, videri nec codicillos fecisse. *Leg.* 1, *ff. de jure codicillorum.*

La loi 8, au code *de codicillis*, a une disposition semblable.

(4) Legata adimi possunt nudâ voluntate. *Leg.* 3, §. *ult.*, *ff. de adim. vel transf. legat.*

sence de deux témoins, sans être revêtu de la forme testamentaire (1).

De là venait que, quoiqu'en pays de droit écrit, l'acte de révocation qui n'était point soutenu par le laps de dix ans, ne révoquât point l'institution d'héritier, néanmoins les legs étaient révoqués (2).

913. De ce que les legs se révoquaient par la seule volonté du testateur, il s'ensuivait que les inimitiés capitales ou très-graves qui survenaient entre le testateur et le légataire, depuis le testament, révoquaient de plein droit le legs qu'il lui avait fait (3); parce qu'il en résultait un changement de volonté de sa part.

Mais il en était autrement, lorsque ces inimitiés survenaient entre le testateur et l'héritier. Elles ne révoquaient pas l'institution d'héritier (4). Les institutions d'héritier ne se révoquaient pas par la seule volonté du testateur; et,

---

(1) Bouguier, *lettre R*, *chap.* 18. Furgole, dans ses œuvres, *tom.* 6, *quest.* 41, *n^{os}.* 36, 37 *et* 38.

Bourguier fait mention de deux arrêts du parlement de Paris qui l'ont ainsi jugé.

(2) Legata verò petentes, exceptione doli mali secundùm jus commune submoveri : cujus exceptionis vires ex personâ petentis æstimantur. *Leg.* 36, § 3, *ff. de testam: milit.*

(3) Unde quæritur, an etiam inimicitiis interpositis fideicommissum non debeatur ? Et quidem capitales vel gravissimæ inimicitiæ intercesserint, ademptum videri quod relictum est. Sin autem levis offensa, manet fideicommissum. Secundùm hæc et in legato tractamus, doli (mali) exceptione, opposita. *Leg.* 3, § *ult.*, *ff. de adim. vel transfer. legat.*

(4). Ex parte hæres institutus etiam legatum acceperat. Eum testator inimicitiis gravissimis persecutus, cum testamentum aliud facere instituisset, neque perficere potuisset, præteriit, hæreditariæ quidem actiones ei non denegabuntur : sed legatum si petat, exceptione doli mali submovebitur. *Leg.* 22, *ff. eodem titulo.*

par conséquent, sans observer les formalités du testament (1).

914. Les legs étaient encore révoqués lorsque le testateur avait vendu ce qui en était l'objet (2), ou qu'il l'avait légué ou donné à un autre (3). En s'en dépouillant lui-même, il en avait privé, à plus forte raison, le légataire.

915. La révocation des legs était si absolue, qu'ils ne faisaient point retour en faveur des premiers légataires, quoique ceux qui en avaient été l'objet en dernier lieu, se trouvassent incapables de recevoir ces bienfaits (4); parce que l'intention où avait été le testateur de les en priver, n'était pas moins certaine.

916. Cela avait également lieu, lorsque le nouveau légataire prédécédait le testateur (5). Il y avait parité de raison.

---

(1) Veteranus moriens, testamentum jure communi tempore militiæ factum irritum esse voluit, et intestatus esse maluit : hæredum institutiones in eodem statu mansisse placuit. *Leg.* 36, §. 3, *ff. de testamento militis.*

(2) Si rem suam legaverit testator, posteàque eam alienaverit, Celsus putat nihilominùs deberi. §. 12, *institut. de legatis.*

(3) Rem legatam si testator vivus alius donaverit, omnimodò extinguitur legatum. *Leg.* 18, *ff. de adim. vel transfer. legat.*

(4) Planè ubi transferre voluit legatum in novissimum, priori non debebitur : tametsi novissimus talis sit, in cujus personâ legatum non constitit. *Leg.* 34, *ff. de legat.* 2.

Licèt transferam legatum in eum cum quo nobis testamenti factio non est, sive in servum proprium, cui sine libertate legavero : licet eis non debeatur, nec illi tamen debebitur cui fuerit ademptum. *Leg.* 20, *ff. de adim. vel transfer. legat.*

(5) Si vivo testatore mortuus fuerit is in quem translatum legatum fuerit, nihilomagis ad eum à quo translatum fuerit, pertinebit. *Leg.* 8, *ff. de adim. vel transfer. legat.*

D'après ces principes, il avait été décidé qu'un père ayant légué à sa fille un domaine avec ce qui en dépendait, et ensuite fait donation d'une partie de ce domaine à sa femme, le legs s'était trouvé diminué jusqu'à concurrence de ce qui avait été compris dans la donation, quoiqu'elle fût incapable de la recevoir (1).

La révocation des legs, qui avait lieu par la seule volonté du testateur, avait été le motif de cette décision.

917. Cependant, lorsque le légataire était rentré dans les bonnes grâces du testateur, le legs qu'il avait d'abord perdu par son inimitié, lui était conservé (2).

Le motif de cette exception était que la révocation du legs pour cause d'inimitié n'était fondée que sur une présomption de changement de volonté, qui devait cesser lorsque l'inimitié avait cessé (3).

918. Mais un legs qui n'avait été révoqué que pour une partie, subsistait pour l'autre (4). Il n'était pas permis d'étendre la volonté révocatoire du testateur au-delà des bornes qu'il avait posées lui-même.

---

(1) Pater hortos instructos filiæ legavit, posteà quædam ex mancipiis hortorum uxori donavit : sive donationes confirmavit, sive non confirmavit, posterior voluntas filiæ legato potior erit. Sed etsi non valeat donatio, tamen minuisse filiæ legatum pater intelligitur. *Leg.* 24, §. 1, *ff. eodem titulo.*

(2) Quod si iterùm in amicitiam redierunt, et pœnituit testatorem prioris offensæ legatum relictum redintegratur. Ambulatoria enim est voluntas defuncti usque ad vitæ supremum exitum. *Leg.* 4, *ff. eod. tit.*

(3) Revocationis causâ cessante, cessat revocatio. *Tiraqueau*, *sur la règle* cessante, *n°.* 237.

(4) Si ex toto fundo legato testator partem alienasset, reliquam duntaxat partem deberi placet. *Leg.* 8, *ff. de legat.* 1.

Article VII.

De la révocation du testament par le changement d'état du testateur.

919. Le testament était attaché à la faculté de tester, comme l'accessoire à son principal, et, à l'exemple de l'accessoire, il suivait le sort de celui qui lui avait donné l'être.

Si celui qui avait fait le testament perdait la faculté de tester, son testament s'évanouissait du moment qu'il perdait cette faculté (1).

Cela arrivait lorsqu'il était condamné à une peine qui emportait la mort civile (2), ou qu'il quittait sa patrie pour habiter une terre étrangère (3), ou enfin, lorsqu'il redevenait fils de famille, et qu'il n'avait pas des biens *castrenses* ni *quasi-castrenses* (4).

Mais le testament reprenait sa force, aussitôt que le testateur redevenait citoyen ou père de famille, et de la même manière qu'il l'avait perdue (5).

Dans ce cas, le testament était aussi efficace qu'auparavant.

Par conséquent, il n'était pas nécessaire de le confirmer.

---

(1) Irritum fit testamentum, quoties ipsi testatori aliquid contigit. *Leg.* 6, §. 5, *ff. de injusto rupto test.*

(2) Si capite damnatus fuerit, vel ad bestias, vel ad gladium, vel alia pœna quæ vitam adimit, testamentum ejus irritum fiet. *Leg.* 6, §. *ibid.*

(3) OEuvres de Furgole, *tom.* 4, *chap.* 11, *n°.* 71.

(4) Furgole, *ibid. n°.* 68.

(5) Nam si septem testium signis signata sunt, potest scriptus hæres secundùm tabulas testamenti bonorum possessionem agnoscere : si modò defunctus et civis romanus, et suæ potestatis mortis tempore fuerit. § 4, *institut. quib. mod. testam. infirm.*

ARTICLE VIII.

De la révocation du testament par la survenance d'enfans.

920. En matière de testament, la survenance d'un enfant légitime au testateur était assimilée à la prétérition (1).

Par conséquent, sa naissance révoquait, en pays de droit écrit, le testament quant à l'institution, lorsqu'il ne s'y trouvait pas compris sous le nom de posthume (2).

921. La naissance d'un petit enfant produisait le même effet, quand il était dans le cas de la légitime (3); parce que les petits enfans étaient compris sous le nom d'enfans (4).

---

(1) « Dans les pays où l'institution d'héritier est nécessaire pour la validité du testament, ceux qui ont droit de légitime seront institués héritiers, au moins en ce que le testateur leur donnera, et l'institution sera faite en les appelant par leurs noms, ou en les désignant de telle manière que chacun d'eux y soit compris, ce qui aura lieu même à l'égard des enfans qui ne seraient pas nés au temps du testament, et qui seraient nés ou conçus au temps de la mort du testateur ». *Art.* 50 *de l'ordonnance des testamens.*

(2) Si non omnes .... ad institutionem hæredum pertinet tantùm ..... si verò contigerit in quibusdam talibus testamentis quædam legata vel fideicommissa aut libertates aut tutorum donationes relinqui, vel quælibet alia capitula concessa legibus nominari : ea omnia jubemus adimpleri et dari illis quibus fuerint derelicta : et tanquam in hoc non rescissum obtineat testamentum. *Novelle* 115, *cap.* 3, *in fine.*

« En cas de prétérition d'aucun de ceux qui ont droit de légitime, le testament sera déclaré nul quant à l'institution...., sans préjudice néanmoins de l'exécution du testament, en ce qui concerne le surplus des dispositions du testateur. » *Art.* 53 *de la même ordonnance.*

(3) Article 50 *ci-dessus.*

(4) Liberorum appellatione nepotes et pronepotes, cæterique qui ex his descendunt, continentur. *Leg.* 220, *ff. de verb. signific.*

Cette révocation avait lieu dans les pays coutumiers qui exigeaient l'institution d'héritier dans les testamens (1). Il y avait parité de raison (2).

922. Mais, dans les pays coutumiers où l'institution d'héritier n'était pas nécessaire, les testamens ne recevaient aucune atteinte de cette naissance (3).

Cette règle était soutenue par l'autorité de la chose jugée (4).

---

(1) Article 50 *ci-dessus*.

(2) Ratio ubi eadem est, idem jus statuitur. *Regula juris*.

(3) Revocationis cessante causâ, cessat revocatio. *Tiraqueau, sur la règle* cessante, *n°*. 237.

(4) Le sieur Leriche de la Poupelinière, ancien fermier général, connu par l'opulence de sa fortune, et par le généreux usage qu'il en a fait, s'étant remarié au mois de juillet 1759, fit un testament olographe le premier novembre 1762, par lequel il disposa de l'universalité de ses biens.

La dame de la Poupelinière était alors enceinte d'un enfant, conçu dès le 28 août 1762, duquel il ne parla en aucune manière dans son testament: il mourut le 5 décembre suivant, après avoir été neuf jours malade, sans avoir rien changé à ses dispositions.

Lorsqu'il fut question de faire l'inventaire, la dame de la Poupelinière annonça sa grossesse à la famille de son mari, qui en douta; mais elle fut rendue certaine par l'accouchement de la dame de la Poupelinière d'un enfant mâle, le 28 mai 1763.

Alors les légataires universels demandèrent la délivrance de leurs legs; la dame de la Poupelinière, tutrice de son fils, la contesta, et soutint que la survenance d'un enfant opérait la nullité et la révocation du testament. Il paraissait certain, par les dispositions mêmes du testament, que le sieur de la Poupelinière ignorait la grossesse de sa femme lorsqu'il le fit; mais il était probable, par les circonstances qui avaient suivi, qu'il en était instruit dans le temps de sa maladie. La dame de

Dans le premier cas, le testateur avait à réparer une omission qui n'en faisait pas une dans le second.

Cependant la mort de cet enfant avant celle du testateur, dispensait celui-ci de la réparation de cette omission, attendu que le testament reprenait, de plein droit, sa première vigueur (1).

---

la Poupelinière opposait la disposition de la loi *si unquam*, pour la révocation des donations, et celle de l'ordonnance de 1731 qui en contient de semblables; elle opposait, en outre, plusieurs textes des lois romaines, qui annullent des testamens pour cause de survenance d'enfans; le suffrage des auteurs et des avocats généraux, et même la jurisprudence des arrêts jusqu'à l'époque de l'ordonnance de 1731 et 1735.

Mais, parce que le législateur a ordonné la révocation des donations pour cause de survenance d'enfans, par l'ordonnance de 1731, et qu'il n'existe point d'ordonnance qui déclare le testament d'un père révoqué par la naissance d'un enfant depuis le testament, la Cour, par arrêt rendu en la grand'chambre, à la pluralité de seize voix contre dix, après un délibéré de deux heures contre les conclusions de M. Joly de Fleury, avocat général, le 12 mars 1764, confirma la sentence du Châtelet, du 31 janvier précédent, par laquelle l'exécution du testament du sieur de la Poupelinière était ordonnée, sauf la distraction de la légitime de l'enfant. On a attaqué cet arrêt par requête civile; mais elle a été rejetée par arrêt du 4 juillet 1764, sur les conclusions de M. Seguier. La dame de la Poupelinière s'est encore pourvue en cassation contre l'arrêt du 12 mars 1764; mais elle a été déboutée par arrêt du Conseil d'état du roi, du lundi 9 mars 1767.

(1) Posthumus præteritus vivo testatore natus decessit. Licèt juris scrupulositate, nimiâque subtilitate testamentum ruptum videatur: attamen si signatum fuerit testamentum, bonorum possessionem secundùm tabulas acciperere hæres scriptus poterit, hæreditatemque obtinebit, ut et divus Adrianus et imperator noster rescripserunt. *Leg.* 12, *ff. de injusto rupto, et irrito facto testamento.*

ARTICLE IX.

De la révocation du testament par la légitimation d'un enfant par mariage subséquent.

923. La légitimation de l'enfant par mariage subséquent était assimilée à la survenance d'enfans (1); parce que cette légitimation équipollait, aux yeux de la loi, à la naissance d'un enfant légitime.

Par conséquent, la légitimation par mariage subséquent rendait inefficace l'institution d'héritier testamentaire, dans les mêmes cas que la survenance d'enfans la renversait.

924. Mais, de même que, en général dans les pays de coutume, la survenance d'enfans ne donnait point atteinte aux testamens, de même la légitimation par mariage subséquent n'en révoquait aucune disposition.

Cette exception était soutenue de l'autorité de la chose jugée (2). Aussi le testament du sieur Gaillet, domicilié en pays coutumier, fut maintenu, nonobstant une pareille légitimation.

---

(1) « Toutes donations entre-vifs demeureront révoquées de plein droit par la survenance d'un enfant légitime du donateur, ... ou par la légitimation d'un enfant naturel par mariage subséquent ». *Art.* 39 *de l'ordonnance de* 1731.

(2) Augeard, *tome* 2, *chapitre* 174, rapporte assez au long un arrêt du parlement de Rouen, du 20 décembre 1725, dans cette espèce : « Le sieur Gaillet, lieutenant criminel au bailliage et siége présidial de Rouen, qui avait un fils naturel de la demoiselle Tirand, fit un testament olographe en 1696, par lequel il donna à la demoiselle Gaillet, sa sœur, tous ses meubles, de quelque nature et à quelque valeur qu'ils pussent monter, et, en outre, toutes et telles choses que la coutume lui permettait de donner, sans qu'on pût lui en rien retenir ; ce sont ses propres termes. En

925. De ce que, dans les pays où l'institution d'héritier était nécessaire, le décès de l'enfant né depuis le testament faisait revivre l'institution d'héritier, lorsque ce décès précédait celui du testateur, il s'ensuivait aussi qu'elle reprenait également sa force, lorsque l'enfant légitimé mourait avant le testateur. Il y avait identité de raison.

1709, il épousa la demoiselle Tirand, et légitima son fils par son mariage; étant décédé au mois de mai 1723, sans avoir laissé d'autres enfans que ce fils légitime, revêtu de sa charge, ni révoqué son testament, dont la demoiselle Gaillet était demeurée saisie, cette légataire se pourvut aux requêtes du Palais pour avoir la délivrance de son legs, qui se trouvait réduit au tiers par la légitimation du sieur de Couronne, fils du testateur; elle y obtint permission de faire apposer le scellé sur les effets de la succession; le sieur de Couronne s'en rendit appelant au parlement, où les parties consentirent l'évocation du principal.»

La question fut discutée avec soin : M. le Bailly, avocat général, qui parla dans cette affaire, conclut, en faveur du sieur Gaillet de Couronne, à ce que le testament fût déclaré nul. MM. les juges, à cause de la trop grande affluence d'auditeurs, se retirèrent dans la chambre du conseil pour y délibérer en particulier avec plus de tranquillité; et, après avoir formé leur arrêt, ils vinrent reprendre leur séance en la grand'chambre où M. de Pont-Carré, premier président, le prononça en ces termes : La Cour ordonne que le testament sera exécuté, pour le tiers des meubles, conformément à ce dont il est permis de disposer par la coutume.

Le sieur de Couronne se pourvut au Conseil en cassation; mais, par arrêt du 4 février 1726, au rapport de M. Maboul, maître des requêtes, il fut débouté de sa demande.

TITRE II.

Du codicille.

926. Le codicille avait été inventé à l'instar du testament (1).

927. C'était également un acte de dernière volonté par lequel une personne pouvait disposer de ses biens, soit universellement, soit particulièrement, en faveur d'une ou de plusieurs personnes ; mais par lequel elle ne pouvait point se donner des héritiers, ni par conséquent priver ses héritiers légitimes de sa succession (2).

L'intérêt qu'il y avait à ne pas confondre les testamens avec les codicilles afin d'en conserver l'usage, avait été le motif de cette restriction (3).

Cependant une personne avait, par cet acte, la faculté de faire passer son hérédité à un tiers, en priant ou chargeant son héritier légitime de la lui rendre (4) ; parce que ce qu'on ne pouvait faire directement par codicille, on pouvait le faire indirectement en termes de prière ou de charge (5).

---

(1) Codicilli magnam habent similitudinem cum testamento. Benedicti, *ad cap. Raynut.* in verb. *matrem insuper cleram*, *num.* 49.

(2) Codicillis hæreditas neque dari neque adimi potest. § 2. *institut. de codicillis.*

La loi 2 au code, *de codicillis*, y est également précise.

(3) Ne confundatur jus testamentorum et codicillorum. § *Ibid. institut. eod.*

Ut testamentorum usus non pereat. Benedicti, *ad cap. Raynut.*, in verbo *testamentum* 3, *num.* 66.

(4) Verbis tamen precariis per hujusmodi ordinationem jura non faciunt irritas voluntates. *Leg.* 2, *cod. de codicillis.*

(5) Nam per fideicommissum hæreditas codicillis jure relinquitur. § 2, *institut. de codicillis.*

928. La faveur des dernières volontés voulait même que les institutions d'héritier contenues dans un codicille, valussent par voie de fidéicommis, en faveur de ceux qui avaient été l'objet de ces institutions (1).

929. Ce qu'on pouvait faire, par un codicille, contre l'héritier légitime, on le pouvait, à plus forte raison, contre l'héritier testamentaire; parce qu'il était moins favorisé que l'héritier du sang.

De là, l'origine de deux sortes de codicilles : le codicille *ab intestat*, et le codicille testamentaire.

930. Le codicille *ab intestat* était celui qu'une personne qui avait la capacité de tester faisait sans faire de testament (2). Il regardait les héritiers *ab intestat* (3).

931. Le codicille testamentaire était celui que faisait une personne également capable de tester, mais qui était une suite de son testament (4), soit qu'il l'eût fait avant

---

(1) Tractari solet de eo, qui cum tabulas testamenti non fecisset, codicillis ita scripsit, *Titium hæredem esse volo.* Sed multùm interest, utrùm fideicommissariam hæreditatem à legitimo per hanc scripturam quam codicillorum instar habere voluit, reliquerit : an verò testamentum facere se existimaverit; nam hoc casu nihil à legitimo peti poterit. *Leg.* 13, *ff. de jure codicillorum.*

Serres, sur l'ordonnance des testamens, *pag.* 65, et dans son institution du droit français, *liv.* 2, *tit.* 15, § 2.

(2) Non tantùm autem testamento facto potest quis codicillos facere, sed et intestatus quis decedens fideicommittere codicillis potest. § 1, *institut. de codicillis.*

(3) Quicunque ab intestato successerit, locum habent codicilli. *Leg.* 16, *ff. de jure codicill.*

(4) Codicilli pars intelliguntur testamenti. *Leg. penult. ff. quemadmod. aver.*

ou après (1); parce qu'il ne pouvait être exécuté que par l'héritier institué (2).

932. Ordinairement, quand il existait un testament, le codicille était postérieur.

Son effet se bornait à changer au testament, à y ajouter ou retrancher, sans le détruire entièrement, ou à le confirmer purement et simplement.

933. Celui qui consignait ses dernières volontés dans un codicille, avait la même faculté de les révoquer, que s'il les avait déposées dans un testament.

934. Et ceux qui étaient l'objet des dispositions contenues dans cet acte, devaient, pour les recueillir, non seulement survivre au codicillant, mais encore à l'événement de la condition, lorsque les dispositions étaient conditionnelles (3); attendu qu'en matière de dispositions de dernière volonté, les règles étaient les mêmes.

935. C'était aussi par cette raison que les codicilles mutuels, ou faits conjointement, avaient été également prohibés entre toutes sortes de personnes (4).

936. De là venait aussi qu'on ne pouvait faire un codicille par procureur.

937. Enfin, les codicilles étaient également proscrits dans les pays où l'on ne pouvait tester.

---

(1) Ad testamentum quod quoque tempore fecisset pertinent codicilli. *Leg.* 16, *ff. de jure codicillor.*

(2) OEuvres de d'Aguesseau, *tom.* 3, *pag.* 536.

(3) Esse enim debet cui detur. *Leg.* 14, *ff. de jure codicillor.*

(4) « Abrogeons l'usage des codicilles mutuels ou faits conjointement soit par mari et femme, ou par d'autres personnes; voulons qu'à l'avenir ils soient regardés comme nuls et de nul effet dans tous les pays de notre domination ». *Art.* 77 *de l'ordonnance des testamens.*

SECTION PREMIÈRE.

Qui pouvait disposer par codicille.

938. La capacité qui était nécessaire pour faire un testament, l'était également pour faire un codicille (1) ; parce que la faction du codicille faisait partie de l'exercice du droit de tester.

Par conséquent, ceux qui étaient incapables de faire un testament ne pouvaient faire un codicille.

939. De là venait aussi que le fils de famille qui ne pouvait tester ne pouvait faire un codicille, lorsqu'il n'avait ni biens *castrenses* ni biens *quasi-castrenses.*

Cependant un semblable codicille était valable, quand il décédait père de famille (2). La loi en rapportait la faction au jour de son décès (3).

940. La loi en usait de même à l'égard du codicille qui avait été fait par une personne qui avait perdu la vie civile

---

(1) Codicillos is demum facere potest, qui et testamentum facere potest. *Leg.* 6, § 3, *ff. de jure codicill.*

(2) Si post factum testamentum codicillos quis confirmaverit, deinde adrogandum se præbuerit, et *qui ibi codicillos fecerit*, itaque ita emancipatus decesserit : quæritur an ex codicillis legata debeantur ? Nam et testamentum valet sed eo tempore eos fecit, quo testamenti factionem non habuit. Nec similis est muto qui recté codicillos confirmaverit. Licèt enim is testamentum facere non possit, tamen testamentum quod ante fecerat in eodem statu est. Hujus autem testamentum sublatum est, et de alienis quodam modo rebus testatur. Sed dicemus codicillos valere. *Leg.* 8, § 2, *ff. de jure codicill.*

(3) Quasi nunc datum, cum mors ei contigerit. *Leg.* 1, § 1, *ff. de legat.* 3.

par ses forfaits, lorsqu'après avoir recouvré les droits de citoyen, elle mourait *integri status* (1).

D'où l'on concluait, à bon droit, que la capacité du codicillant ne se considérait qu'au temps de sa mort (2).

941. Le droit de faire un codicille n'était pas subordonné à la faction du testament. Celui qui ne faisait pas de testament avait également le droit de faire un codicille (3).

SECTION II.

En faveur de qui on pouvait disposer par codicille.

942. Les dispositions codicillaires étaient également des libéralités. Par conséquent, il était nécessaire que ceux qui en étaient l'objet eussent la capacité de les recevoir.

943. Ces libéralités étaient testamentaires ; parce qu'elles dérivaient d'un acte qui faisait partie du droit de tester. Donc il fallait avoir la capacité qui était requise à cet égard, et dans le même temps (4).

944. Ainsi, pour recueillir l'effet d'une disposition codicillaire, il fallait être né ou conçu au temps du décès du codicillant, ou au moins lors de l'événement de la condi-

---

(1) Si quis planè in insulam deportatus, codicillos ibi fecerit, et indulgentiâ imperatoris restitutus, iisdem codicillis durantibus decesserit, potest defendi fideicommissum valere, si modò in eadem voluntate duraverit. *Leg.* 1, § 3, *ff. de legat.* 3.

(2) Catelan, *liv.* 2, *chap.* 101. Furgole, *tom.* 4, *ch.* 12, *nomb.* 51.

(3) Non tantùm autem testamento facto potest quis codicillos facere, sed et intestatus qui decedens fideicommittere codicillis potest. § 1, *institut. de codicillis.*

(4) Furgole, des testamens, *tom.* 1, *chap.* 6, *nomb.* 51.

tion, lorsque la disposition était conditionnelle. Celui qui n'était pas alors *in rerum naturâ* n'était pas habile (1).

SECTION III.

De quels biens on pouvait disposer par codicille.

945. La puissance du codicillant était, à cet égard, la même que celle du testateur (2); parce que celui qui faisait un codicille testait effectivement (3).

Cette règle était commune tant aux pays coutumiers qu'aux pays de droit écrit.

Dans les premiers, il pouvait disposer de tous ses biens disponibles; et, dans les seconds, réduire ses héritiers les plus chers à la légitime (4).

946. Quoiqu'on dût consulter le moment du décès des codicillans pour juger de l'efficacité du codicille, néanmoins c'était par le temps du codicille qu'on jugeait de l'étendue d'une disposition codicillaire, lorsqu'elle était conçue en termes de présens (5).

Cette règle était fondée sur ce qu'on ne devait pas donner à une disposition plus d'étendue qu'elle n'en devait avoir.

---

(1) Esse enim debet cui detur. *Leg.* 14, *ff. de jure codicillorum.*

(2) Serres, des testamens, *pag.* 66, *édition de* 1756.

(3) Disponat testator et erit lex. *Novelle* 22, *cap.* 2.

(4) « Sera permis à tous testateurs de défendre, par leurs testamens ou par un codicille, de retenir les quartes, falcidie et trebellianique, conjointement avec la légitime ». *Art.* 60 *de l'ordonnance des testamens.*

(5) Si ita in codicillis scriptum erit, vestem quæ mea est codicillorum tempus spectandum est. *Leg.* 7, *ff. de jure codicill.*

SECTION IV.

Des charges et conditions que l'on pouvait apposer aux dispositions faites par codicille.

947. En disposant de ses biens, par codicille, une personne avait la faculté d'y apposer les mêmes charges et les mêmes conditions que par un testament.

Elles devaient conséquemment y produire les mêmes effets.

Cependant on ne pouvait mettre dans un codicille aucune condition dont le défaut d'accomplissement privât l'héritier de l'hérédité (1); car, de même qu'on ne pouvait ôter une hérédité par codicille, de même on ne pouvait y imposer à l'héritier des conditions d'où il aurait dépendu qu'il fût héritier (2); parce qu'il y avait identité de raison.

948. C'était par une suite de ce principe, que celui qui avait fait un héritier par testament, ne pouvait ensuite, par un codicille, lui imposer une condition, d'où il dépendît qu'il fût héritier, ou qu'il ne le fût point, ni ôter une condition de cette nature qui aurait été imposée par le testament (3). Ces sortes de dispositions auraient eu l'effet d'ôter et de donner directement l'hérédité.

---

(1) Domat, des lois civiles, *tom.* 1, *part.* 2, *liv.* 4, *tit.* 1, *sect.* 1, *art.* 9.

(2) Nec conditionem hæredi codicillis adjicere quis potest. § 2, *institut. de codicillis.*

(3) Divi Severus et Antoninus rescripserunt, nihil egisse matrem quæ, cum puré liberos suos hæredes instituerit, conditionem emancipationis codicillis adjecit; quia neque conditionem hæredi instituto codicillis adjicere neque substituere directé potest. *Leg.* 6, *ff. de jure codicill.*

Néanmoins elles y opéraient leur effet par voie de fidéicommis (1).

949. Mais le fils de famille ne pouvait valablement charger son légataire de rendre le legs à un autre ; parce qu'il n'avait pas le droit de faire des fidéicommis par codicille (2).

SECTION V.

De la forme des codicilles.

950. Les codicilles avaient pour objet la disposition des biens, de même que les testamens.

Par conséquent, des formes étaient également essentielles pour assurer la vérité et la certitude de leurs dispositions.

Mais, comme les codicilles faisaient partie de l'exercice du droit de tester, les formes de cet acte marchaient à côté de celles de tester. Le même ordre est suivi pour connaître leur parité ou disparité.

ARTICLE PREMIER.

Des formes des codicilles en pays de droit écrit.

951. De même que, dans les pays de droit écrit, il y avait trois formes de tester, de même il y avait trois sortes de codicilles : le codicille public, le codicille secret, et le codicille olographe.

---

(1) Dolive, *liv.* 5, *chap.* 28. Furgole, *tom.* 4, *chap.* 12, *nomb.* 33.

(2) *Voyez ci-après*, *liv.* 3, *tit.* 2, *sect.* 1, *art.* 10.

§ PREMIER.

Du codicille public.

952. Le codicille public devait être fait par-devant un notaire en présence de quatre témoins (1)

Cette forme, empruntée des Romains (2), avait été solennellement confirmée par l'ordonnance des testamens (3).

Cependant, à Montpellier, à Toulouse, etc., il suffisait d'un moindre nombre de témoins (4). Cette exception était fondée sur les statuts de ces lieux.

Bien plus, quand c'était un ascendant qui disposait en faveur de ses descendans, le codicille pouvait être fait en présence de deux notaires, ou d'un notaire et de deux témoins (5).

Cette exception avait lieu, quoique l'ascendant ne dis-

---

(1) Institution du droit français, d'Argou, *tom.* 1, *liv.* 2, *chap.* 17.

(2) In omni ultimâ voluntate, excepto testamento quinque testes vel rogati vel qui fortuitu venerint in uno eodemque tempore debent adhiberi. *Leg. ult.*, §. *ult.*, *cod. de codicillis.*

(3) « La forme qui a eu lieu jusqu'à présent, à l'égard des codicilles, continuera d'être observée, et il suffira qu'ils soient faits en présence de cinq témoins, y compris le notaire ou tabellion ». *Art.* 14.

(4) « N'entendons pareillement déroger aux statuts ou coutumes qui exigent un moindre nombre de témoins pour les codicilles ». *Suite du même article.*

(5) « Le nombre de témoins requis ne sera point nécessaire pour la validité des codicilles faits entre enfans et descendans, dans les pays qui sont régis par le droit écrit ; et il suffira que lesdits codicilles soient faits en présence de deux notaires ou tabellions, ou d'un notaire et de deux témoins. *Art.* 15 *de la même ordonnance.*

posât qu'en faveur d'un de ses descendans (1) ; parce qu'il y avait identité de raison.

953. Le codicillant devait prononcer intelligiblement ses dispositions en leur présence. Toutes les dispositions à cause de mort par signes avaient été proscrites (2).

954. Ces dispositions devaient être écrites par le notaire qui recevait le codicille (3) ; parce qu'il n'importait pas moins d'assurer les dispositions faites par codicilles que celles qui étaient faites par testament.

---

(1) Même article.

(2) « Déclarons nulles toutes les dispositions qui seraient faites par signes, encore qu'elles eussent été rédigées par écrit sur le fondement desdits signes ». *Art. 2 de l'ordonnance des testamens.*

(3) Argument tiré de l'art. 23 de la même ordonnance, lequel, après avoir dit que les codicilles seront reçus par notaires ou tabellions, porte : « lesquels notaires ou tabellions ou l'un d'eux, écriront les dernières volontés du testateur, telles qu'il les dictera. »

Cet argument a été autorisé par arrêt du parlement de Toulouse, du 28 août 1742.

Gabriel de Salinier avait fait un testament nuncupatif écrit, le 8 janvier 1740, qui contenait la clause codicillaire, mais il n'avait pas été écrit par le notaire qui l'avait retenu. Le sieur Faure y avait été institué héritier. Les sieur et dame de Baules, successeurs *ab intestat* du sieur de Salinier, en demandèrent la cassation par ce défaut. Lors du jugement de ce procès, MM. les juges convinrent que le testament devait être cassé ; mais ils se partagèrent en opinions dans une question subordonnée, qui consistait à savoir si ce testament ne devait pas valoir comme codicille, en vertu de la clause codicillaire qui y avait été insérée. M. le rapporteur était d'avis que le testament ne pouvait pas valoir, même pour codicille, parce que le testament n'avait pas été écrit par le notaire. M. le compartiteur croyait, au contraire, que la clause codicillaire devait le faire valoir comme codicille ; parce qu'il n'est pas nécessaire, suivant le droit, que le codicille soit écrit de la

Par conséquent, le notaire devait ensuite lui en faire lecture et en faire mention dans le codicille (1).

955. Le codicillant devait signer ses dispositions, et, quand il ne pouvait signer, ou qu'il ne savait le faire, l'acte devait faire mention de cette déclaration (2).

956. Les quatre témoins devaient aussi signer, lorsque le codicille était fait dans une ville ou bourg fermés (3).

---

main du notaire qui le reçoit, et que l'ordonnance de 1735, qui prescrit cette nouvelle formalité par rapport au testament, ne la prescrit pas pour le codicille, et qu'il ne fallait pas prendre un argument de l'article 23, parce qu'il ne parle que relativement aux pays coutumiers; que, de plus, l'article 14 porte *que la forme qui a eu lieu jusqu'à présent, à l'égard des codicilles, continuera d'être observée, et il suffira qu'ils soient faits en présence de cinq témoins, y compris le notaire ou tabellion :* qu'ainsi cet article, qui règle la forme des codicilles dans les pays de droit écrit, n'exigeant pas qu'ils soient écrits par le notaire ou tabellion, rien n'empêchait que le testament en question ne dût valoir comme codicille. Le partage ayant été porté en la troisième chambre des enquêtes, il y eut encore partage, lequel fut décidé à la première, à l'avis de M. le rapporteur, et a préjugé la nullité totale du testament : il fut donc ordonné, avant dire droit, que les successeurs *ab intestat* prouveraient que le testament était écrit par un autre que le notaire, et, par l'événement de cet interlocutoire, ayant été justifié que le notaire n'avait pas écrit le testament, il fut rendu un arrêt définitif qui en prononça la cassation pour le tout. *Furgole*, *tom.* 4, *chap.* 12, *nomb.* 15.

(1) Argument tiré du même article.

« Les codicilles seront reçus par notaires ou tabellions, lesquels, ou l'un d'eux, écriront les dernières volontés du testateur, telles qu'il les dictera, et lui en feront ensuite lecture, de laquelle il sera fait une mention expresse ». *Art.* 23.

(2) « Après quoi, le codicille sera signé par le testateur; et, en cas que le testateur déclare qu'il ne sait ou ne peut signer, il en sera fait mention ». *Art.* 23.

(3) « Dans les cas et dans les pays où le nombre de deux té-

Quand il était fait hors les villes et bourgs fermés, il suffisait que deux témoins signassent (1).

Dans ce cas, on devait faire mention de la présence des autres deux témoins et de leur déclaration de n'avoir su ou pu signer (2).

957. Enfin, le codicille devait être daté du jour du mois et de l'année (3). Le temps de la faction du codicille était également essentiel à connaître.

958. Toutes ces formalités devaient être remplies dans le même temps, de suite et sans divertir à d'autres actes (4); parce que le codicille tenait du testament.

959. Cette manière de codiciller était interdite aux muets, à ceux qui ne pouvaient se faire entendre, et aux moribonds qui ne pouvaient répondre que par oui et par non; attendu que ni les uns ni les autres ne pouvaient dicter leurs dispositions (5).

---

moins n'est pas suffisant, il ne pourra être admis que des témoins qui sachent et puissent signer, lorsque les codicilles se feront dans les villes ou bourgs fermés». *Art.* 45 *de la même ordonnance.*

(1) « Voulons que, dans les autres lieux, il y ait au moins deux témoins qui sachent et puissent signer ». *Même article.*

(2) « Et, à l'égard de ceux qui ne sauront ou ne pourront le faire, il sera fait mention qu'ils ont été présens, et ont déclaré ne savoir ou ne pouvoir signer ». *Même article.*

(3) « Tous codicilles contiendront la date des jour, mois et an ». *Art.* 38 *de la même ordonnance.*

(4) Testes....in uno eodemque tempore debent adhiberi. *Leg. ult.*, § *ult.*, *cod. de codicillis.*

Furgole, des testamens, *tom.* 4, *chap.* 12, *n°.* 17.

(5) « Les testamens et codicilles...seront reçus par...notaires ou tabellions..., lesquels notaires ou tabellions, ou l'un d'eux, écriront les dernières volontés du testateur, telles qu'il les dictera ». *Art.* 23.

960. A l'égard des aveugles, ils pouvaient faire un semblable codicille; mais il devait être fait en présence d'un témoin de plus. Leurs codicilles étaient, à cet égard, assujettis à la même formalité que leurs testamens (1).

Ce témoin surnuméraire n'était pas nécessaire lorsque les aveugles disposaient en faveur de leurs descendans. Il suffisait encore, dans ce cas, que le codicille fût fait en présence de deux notaires, ou d'un notaire et de deux témoins (2).

961. En matière de codicille, comme en matière de testament, il n'était pas nécessaire de faire mention dans le codicille que les témoins avaient été priés (3); parce que c'était une formalité superflue.

---

(1) Quæ in eumdem modum erunt observanda, quamvis non hæredes instituere, sed legata solùm vel fideicommissa, et in summa quæ in codicillis habentur congrua duxerint ordinanda. *Leg.* 8, *cod. qui testamenta facere possunt.*

(2) « Le nombre de témoins requis ne sera point nécessaire pour la validité des codicilles faits entre enfans et descendans, dans les pays qui sont régis par le droit écrit, et il suffira que lesdits codicilles soient faits en présence de deux notaires ou tabellions, ou d'un notaire et de deux témoins ». *Art.* 15 *de l'ordonnance des testamens.*

Cette disposition générale comprenait tous les cas.

(3) « Il suffira que les témoins qui assisteront au testament nuncupatif écrit, y aient été présens tous ensemble, sans qu'il soit nécessaire de faire mention qu'ils aient été priés et convoqués à cet effet; ce qui aura lieu pareillement à l'égard de tous testamens et autres actes de dernière volonté, où la présence des témoins est nécessaire ». *Art.* 6 *de la même ordonnance.*

§ II.

Du codicille secret.

962. Le codicille secrèt était celui que le codicillant écrivait de sa main, ou qu'il faisait écrire par une personne de confiance, qu'il datait, signait, et qu'ensuite il cachetait ou faisait cacheter (1); car, si on pouvait tester de la sorte, à plus forte raison avait-on ce droit pour faire un codicille; vu que le codicille était un acte moins important que le testament, quoiqu'il en dérivât.

963. Ce codicille devait être présenté à un notaire en présence de quatre témoins (2). Il n'en fallait pas un plus grand nombre pour faire un codicille public.

Cependant le codicille secret pouvait être présenté à moins de témoins, dans les lieux des pays de droit

---

(1) Argument tiré de l'article 9 de l'ordonnance des testamens.

« Lorsque le testateur voudra faire un testament mystique ou secret, il sera tenu de signer ses dispositions, soit qu'il les ait écrites lui-même, ou qu'il les ait fait écrire par un autre, et sera le papier qui contiendra lesdites dispositions, ensemble le papier qui servira d'enveloppe, s'il y en a une, clos et scellé avec les précautions en tel cas requises et accoutumées ». *Art.* 9.

(2) « Le testateur présentera ledit papier, ainsi clos et scellé, à....., compris le notaire ou tabellion ». *Même article.*

« La forme qui a eu lieu jusqu'à présent, à l'égard des codicilles, continuera d'être observée, et il suffira qu'ils soient faits en présence de cinq témoins, y compris le notaire ou tabellion ». *Article* 14 *de la même ordonnance.*

écrit, où les statuts ou coutumes se contentaient d'un moindre nombre (1).

Et même, dans tous ces pays, il suffisait de le présenter à deux notaires, ou à un notaire en présence de deux témoins, lorsque le codicille était l'ouvrage d'un ascendant en faveur de ses descendans, ou de l'un d'eux (2).

964. Le codicillant devait déclarer aux notaires et aux témoins que c'était son codicille, écrit et signé de sa main, ou écrit de la main d'un autre, et signé de la sienne (3).

Cette déclaration devait être rédigée par le notaire en présence des témoins, sur l'enveloppe des codicilles, et devait être attestée par leurs signatures (4).

---

(1) « N'entendons déroger aux statuts ou coutumes qui exigent un moindre nombre de témoins pour les codicilles ». *Suite de l'art.* 14.

(2) « Le nombre de témoins requis ne sera point nécessaire pour la validité des codicilles faits entre enfans et descendans, dans les pays qui sont régis par le droit écrit; et il suffira que lesdits codicilles soient faits en présence de deux notaires ou tabellions, ou d'un notaire et de deux témoins ». *Art.* 15.

(3) « Le testateur déclarera que le contenu audit papier est son testament écrit et signé de lui, ou écrit par un autre et signé de lui ». *Art.* 9.

Argument tiré de cette disposition.

(4) Le notaire ou tabellion en dressera l'acte de suscription, qui sera écrit sur ledit papier ou sur la feuille qui servira d'enveloppe; et sera ledit acte signé tant par le testateur que par le notaire ou tabellion, ensemble par les autres témoins ». *Même article.*

Argument tiré de cette disposition.

965. La signature du codicillant y était sans contredit la plus essentielle (1).

Cependant, lorsqu'il ne pouvait signer, il suffisait d'en faire mention (2).

966. Quand le codicillant n'avait pas signé son codicille, et qu'il avait été écrit par un autre, il fallait, dans ce cas, appeler un témoin de plus à l'acte de suscription, et faire mention de la cause pour laquelle ce témoin avait été appelé. Il devait également signer l'acte de suscription (3).

L'appel de ce témoin surnuméraire avait lieu, à plus forte raison, dans les lieux où l'on pouvait présenter les codicilles secrets à un moindre nombre de témoins.

Quand c'était le codicille d'un ascendant en faveur de ses descendans ou de l'un d'eux, le témoin surnuméraire n'était nécessaire ni dans l'un ni dans l'autre cas (4).

---

(1) Même article.

(2) Et, en cas que le testateur, par un empêchement survenu depuis la signature du testament, ne puisse signer l'acte de suscription, il sera fait mention de la déclaration qu'il en aura faite, sans qu'il soit besoin, en ce cas, d'augmenter le nombre des témoins ». *Art.* 9.

Argument tiré de cette disposition.

(3) « Si le testateur ne sait signer, ou s'il n'a pu le faire lorsqu'il a fait écrire ses dispositions, il sera appelé à l'acte de suscription un témoin, outre le nombre porté par l'art. 14, lequel signera ledit acte avec les autres témoins; et il y sera fait mention de la raison pour laquelle ledit témoin aura été appelé. » *Art.* 10 *de l'ordonnance des testamens.*

(4) « Le nombre de témoins requis ne sera point nécessaire pour la validité des codicilles faits entre enfans et descendans, dans les pays qui sont régis par le droit écrit ; et il suffira que lesdits codicilles soient faits en présence de deux notaires ou tabellions, ou d'un notaire et de deux témoins ». *Art.* 15 *de la même ordonnance.*

967. Quoique les témoins appelés à l'acte de suscription du codicille secret dussent le signer tous, néanmoins leur signature individuelle n'était nécessaire que lorsque l'acte de suscription était fait dans une ville ou un bourg fermés (1).

Quand l'acte de suscription était fait dans la campagne, ou dans une ville ou bourg non fermés, il suffisait de deux témoins signataires (2).

Mais, dans ce cas, il fallait avoir soin de faire mention dans l'acte de suscription de la présence des autres témoins, et de leur déclaration de n'avoir su ou pu signer (3).

968. L'acte de suscription devait également être daté (4).

969. Toutes les formalités substantielles de cet acte devaient encore être remplies dans le même temps (5).

---

(1) « Dans les cas et dans les pays où le nombre de deux témoins n'est pas suffisant, il ne pourra être admis que des témoins qui sachent et puissent signer, lorsque les codicilles se feront dans les villes ou bourgs fermés ». *Art.* 45 *de la même ordonnance.*

(2) Voulons que, dans les autres lieux, il y ait au moins deux témoins qui sachent et puissent signer ». *Même article.*

(3) « Et, à l'égard de ceux qui ne sauront ou ne pourront le faire, il sera fait mention qu'ils ont été présens et ont déclaré ne savoir ou ne pouvoir signer ». *Même article.*

(4) « Tous codicilles, en quelque forme qu'ils soient faits, contiendront la date des jour, mois et an ; ce qui sera pareillement observé dans le cas du testament mystique, tant pour la date de la disposition, que pour celle de la suscription ». *Art.* 38 *de l'ordonnance des testamens.*

(5) « Tout ce que dessus sera fait de suite, et sans divertir à d'autres actes ». *Art.* 9 *de la même ordonnance.*

970.

970. Il n'était pas permis aux personnes qui ne pouvaient lire, de faire un codicille secret (1).

La crainte qu'ils ne fussent trompés par ceux à qui ils auraient fait écrire leurs dispositions, avait été le motif de cette prohibition.

Par conséquent, les aveugles étaient privés de faire un codicille secret.

971. Cette forme de codicille était du ressort du muet qui savait écrire (2).

Dans ce cas, le codicille devait être absolument et entièrement l'ouvrage de la main du codicillant (3).

972. Il devait le présenter lui-même au notaire et aux témoins, et écrire, en leur présence, au haut de l'acte de suscription, que le papier qu'il leur présentait était son codicille (4).

973. Cet acte de suscription devait également être rédigé par le notaire, et il devait y être fait mention que

---

(1) Ceux qui ne savent ou ne peuvent lire ne pourront faire de disposition dans la forme du testament mystique ». *Art.* 11 *de la même ordonnance.*

(2) « En cas que le testateur ne puisse parler, mais qu'il puisse écrire, il pourra faire un testament mystique ». *Art.* 12 *de la même ordonnance.*

Argument tiré de cette disposition.

(3) « A la charge que ledit testament sera entièrement écrit, daté et signé de sa main ». *Même article.*

(4) « Qu'il le présentera au notaire ou tabellion, et aux autres témoins, et qu'au haut de l'acte de suscription il écrira, en leur présence, que le papier qu'il présente est son testament ». *Même article.*

Argument tiré de cette disposition.

le codicillant avait écrit ces mots en sa présence et en celle des témoins (1).

974. Il devait être daté et signé par le codicillant, le notaire et les témoins (2).

975. Quand le codicillant ne pouvait signer, il devait être fait mention de cette déclaration sur l'acte de suscription, ainsi que de la présence et de la déclaration des témoins qui n'avaient su ou pu signer, lorsqu'il pouvait y en être admis de non signataires (3).

§ III.

Du codicille olographe.

976. Le codicille olographe, c'est-à-dire, celui qui était entièrement écrit, daté et signé par le codicillant, avait également lieu dans les pays de droit écrit.

977. Mais ce codicille n'avait été introduit qu'en faveur des ascendans pour disposer au profit de leurs descendans (4).

---

(1) « Après quoi ledit notaire ou tabellion écrira l'acte de suscription, dans lequel il sera fait mention que le testateur a écrit ces mots en présence dudit notaire ou tabellion, et des témoins ». *Même article.*

Argument tire de cette disposition.

(2) Et sera, au surplus, observé tout ce qui est prescrit par l'art. 9 ». *Même article.*

(3) Même disposition.

(4) « Voulons que les codicilles qui seront entièrement écrits, datés et signés de la main du testateur ou de la testatrice, soient valables dans les pays de droit écrit, entre les enfans et descendans ». *Art.* 16 *de l'ordonnance des testamens.*

Par conséquent, les dispositions faites, dans ce codicille, au profit d'autres personnes, n'étaient pas valables (1).

978. Cependant, dans les pays de droit écrit de la ci-devant province d'Auvergne, les codicilles olographes étaient permis pour disposer en faveur de toutes sortes de personnes.

979. Il en était de même dans le Maconnais, à Toul et dans le pays Messin, regis par le droit écrit.

980. Les parlemens de Toulouse et de Bordeaux les mettaient aussi en faveur de la cause pie.

Ces exceptions avaient été autorisées par respect pour l'usage (2).

ARTICLE II.

De la forme des codicilles en pays coutumier.

981. La forme des codicilles n'était pas plus multipliée en pays coutumier que celle des testamens. Il y avait deux formes de tester, et par conséquent deux formes de faire un codicille : le codicille olographe et le codicille public (3).

---

(1) Quod certis personis contrà aut præter jus commune concessum est, id cæteris denegatum censetur. *Leg. assiduis à contrario sensu.*

(2) « L'usage des codicilles olographes continuera d'avoir lieu dans les pays et dans les cas où ils ont été admis jusqu'à présent ». *Art.* 19 *de l'ordonnance des testamens.*

(3) « Dans tous les pays où les formalités établies par le droit écrit, pour les dispositions de dernière volonté, ne sont pas autorisées par les lois, statuts ou coutumes, il n'y aura, à l'avenir, que deux formes qui puissent avoir lieu pour lesdites dispositions, savoir : celle des codicilles olographes, suivant ce qui est porté, à cet égard, par les articles précédens; et celle des codicilles reçus par personnes publiques, selon ce qui sera prescrit ci-après ». *Art.* 22 *de l'ordonnance des testamens.*

§. PREMIER.

Du codicille olographe.

982. Le codicille olographe était aussi celui qui devait entièrement être écrit, daté et signé par le codicillant, et que toute personne, raisonnable et capable de tester, pouvait faire en pays coutumier (1).

983. Ceux qui avaient ainsi disposé de leurs biens, et qui avaient le dessein de se consacrer entièrement à la divinité par des vœux solennels, devaient reconnaître leurs codicilles avant que de prononcer leurs vœux (2).

Cette disposition s'appliquait également aux codicilles olographes qui étaient faits, dans les pays de droit écrit, par des personnes qui voulaient faire ces vœux; parce qu'elle était générale, et qu'il y avait parité de raison (3).

---

(1) Les codicilles olographes seront entièrement écrits, datés et signés de la main de celui ou celle qui les aura faits ». *Art.* 20 *de la même ordonnance.*

(2) « Lorsque ceux ou celles qui auront fait des codicilles voudront faire des voeux solennels de religion, ils seront tenus de reconnaître lesdits actes, par-devant notaires, avant que de faire lesdits voeux, sinon lesdits codicilles demeureront nuls et de nul effet ». *Article* 21 *de l'ordonnance des testamens.*

(3) Lex cùm non distinguit, indistinctè est intelligendum. *Regula juris.*

§. II.

Du codicille public.

984. Les codicilles publics des pays coutumiers étaient aussi ceux qui devaient être reçus par des personnes publiques. Mais il suffisait, en général, qu'ils fussent faits par-devant deux notaires, ou un notaire en présence de deux témoins (1). Ces deux notaires ou l'un d'eux devaient écrire les dispositions du codicillant, telles qu'il les dictait. Ils devaient lui en faire lecture et en faire mention dans l'acte, sans être astreints à exprimer cette formule par aucun des termes que les coutumes avaient créés à cet effet (2).

985. Ces dispositions devaient être scellées de la signature du codicillant, ou de sa déclaration de n'avoir su ou pu le faire qui en tenait lieu (3).

986. Mais la signature des personnes publiques et de ceux qui y avaient été appelés pour en rendre témoi-

---

(1) « Les codicilles qui se feront devant une personne publique, seront reçus par deux notaires ou tabellions, ou par un notaire ou tabellion en présence de deux témoins ». *Art. 23 de l'ordonnance des testamens.*

(2) « Lesquels notaires ou tabellions, ou l'un d'eux, écriront les dernières volontés du testateur, telles qu'il les dictera, et lui en feront ensuite la lecture, de laquelle il sera fait une mention expresse, sans néanmoins qu'il soit nécessaire de se servir précisément de ces termes, dicté, nommé, lu et relu, ou autres requis par les coutumes ou statuts ». *Même article.*

(3) « Après quoi, ledit codicille sera signé par le testateur; et, en cas que le testateur déclare qu'il ne sait ou ne peut signer, il en sera fait mention ». *Même article.*

gnage, y était absolument indispensable (1); parce que le codicille en tirait son caractère.

987. Ces codicilles devaient aussi faire mention du temps où ils avaient été faits (2). Il était également essentiel de connaître ce temps.

988. Le droit de recevoir des codicilles publics, dans les pays coutumiers, était commun aux officiers de justice, aux greffiers et aux officiers municipaux, dans les lieux où ils étaient regardés comme notaires par la coutume ou par l'usage (3).

989. Ce droit était encore commun aux curés séculiers et réguliers et aux prêtres séculiers, pendant la desserte des cures où ils avaient été préposés, dans les lieux où les coutumes ou statuts les appelaient expressément à cette fonction (4).

---

(1) « Ensemble par les deux notaires ou tabellions, ou par le notaire ou le tabellion et les deux témoins ». *Même article.*

« Dans les cas et dans les pays où le nombre de deux témoins est suffisant pour la validité des codicilles, il ne pourra y être admis que des témoins qui sachent et puissent signer..... ». *Art.* 44 *de l'ordonnance des testamens.*

(2) « Tous codicilles, en quelque pays et en quelque forme qu'ils soient faits, contiendront la date des jour, mois et an ». *Art.* 38 *de la même ordonnance.*

(3) « N'entendons déroger aux coutumes et usages des pays où les officiers de justice, y compris les greffiers, ou les officiers municipaux, sont mis au nombre des personnes publiques qui peuvent recevoir des codicilles ; ce que nous voulons pareillement avoir lieu dans les provinces régies par le droit écrit où le même usage serait établi ». *Art.* 24 *de l'ordonnance des testamens.*

(4) « Les curés séculiers ou réguliers pourront recevoir des testamens ou autres dispositions à cause de mort, dans l'étendue de leurs paroisses; et ce, seulement dans les lieux où

990. Ce droit était encore dévolu aux aumôniers et chapelains des hôpitaux, dans les lieux où ils y étaient autorisés par les réglemens et usages (1).

991. Ils étaient astreints de s'assister de deux témoins signataires (2); parce que la loi ne les avait pas élevés au dessus de la confiance des notaires.

992. Il n'était pas nécessaire que les codicilles publics des pays coutumiers fussent faits sans divertir à d'autres actes. C'était encore un point par lequel le législateur les avait voulu distinguer des codicilles des pays de droit écrit.

ARTICLE III.

De la forme des codicilles militaires.

993. Le codicille militaire avait deux formes: la forme du codicille public, et celle du codicille olographe.

---

les coutumes ou statuts les y autorisent expressément, et en y appelant avec eux deux témoins; ce qui sera pareillement permis aux prêtres séculiers préposés par l'évêque à la desserte des cures, pendant qu'ils les desserviront, sans que les vicaires ni aucunes autres personnes ecclésiastiques puissent recevoir des testamens, ou autres dernières dispositions ». *Art. 25 de la même ordonnance.*

(1) « N'entendons rien innover aux règlemens et usages observés dans quelques hôpitaux, par rapport à ceux qui peuvent y recevoir des testamens ou autres dispositions à cause de mort ». *Même article.*

(2) Même article.

§ PREMIER.

Du codicille militaire public.

994. Le codicille militaire public pouvait être fait, en quelque pays que ce fût, coutumier ou de droit écrit, par-devant deux notaires, ou un notaire en présence de deux témoins (1).

995. Les majors et les officiers d'un rang supérieur, les prévôts des camps et armées, leurs lieutenans ou greffiers, et les commissaires des guerres, pouvaient être encore les ministres de ce codicille (2).

996. Les aumôniers des troupes ou des hôpitaux pouvaient également l'être, quoiqu'ils fussent réguliers, quand le codicillant était malade ou blessé (3).

997. Ce codicille devait être signé par le codicillant, ou faire mention qu'il ne savait ou ne pouvait le faire (4).

---

(1) « Les codicilles de ceux qui servent dans nos armées, en quelque pays que ce soit, pourront être faits en présence de deux notaires ou tabellions, ou d'un notaire ou tabellion et de deux témoins ». *Article* 27 *de l'ordonnance des testamens.*

(2) « Ou en présence de deux officiers ci-après nommés, savoir : les majors et les officiers d'un rang supérieur, les prévôts des camps et armées, leurs lieutenans ou greffiers, et les commissaires des guerres, ou l'un desdits officiers, avec deux témoins ». *Même article.*

(3) « Et, en cas que le testateur soit malade ou blessé, il pourra aussi faire ses dernières dispositions en présence d'un des aumôniers de nos troupes ou des hôpitaux, avec deux témoins; et ce, encore que lesdits aumôniers fussent réguliers ». *Suite de l'article* 27.

(4) « Le testateur signera les codicilles, s'il sait ou peut signer; et, en cas qu'il déclare ne savoir ou ne pouvoir le faire, il en sera fait mention ». *Art.* 28 *de l'ordonnance des testamens.*

998. La signature de ceux qui le recevaient était souverainement essentielle ; mais pour celle des témoins, elle n'était nécessaire que lorsque le codicillant ne savait ou ne pouvait signer (1).

999. Le codicille militaire devait être daté (2); il ne pouvait se soutenir, si le temps précis auquel il avait été fait n'était connu.

§ II.

Du codicille militaire olographe.

1000. Le codicille militaire olographe devait aussi être écrit, daté et signé de la main du codicillant (3).

Son privilége étoit seulement d'être admis dans tous les pays, et en faveur de toutes sortes de personnes (4), lorsqu'elles avaient le droit de faire un codicille militaire.

---

(1) « Seront lesdits actes pareillement signés par celui ou ceux qui les recevront, ensemble par les témoins, sans néanmoins qu'il soit nécessaire d'appeler des témoins qui sachent et puissent signer, si ce n'est lorsque le testateur ne saura ou ne pourra le faire; et, à la réserve de ce cas, lorsque les témoins ou l'un d'eux déclareront qu'ils ne savent ou ne peuvent signer, il suffira d'en faire mention ». *Même article.*

(2) « Tous codicilles, en quelque pays et en quelque forme qu'ils soient faits, contiendront la date des jour, mois et an ». *Art. 38 de la même ordonnance.*

(3) « Seront aussi valables les codicilles de ceux qui servent dans nos armées, en quelque pays que ce soit, lorsqu'ils seront écrits, datés et signés de la main de celui qui les aura faits ». *Article 29 de l'ordonnance des testamens.*

(4) Même article.

§ III.

De ceux qui avaient le droit de faire un codicille militaire.

1001. Le codicille militaire ne pouvait convenir qu'à ceux qui avaient le droit de tester militairement.

Le droit de faire un codicille militaire n'appartenait donc qu'aux soldats et officiers qui étaient alors en expédition militaire, ou en quartier ou en garnison hors du royaume, ou prisonniers chez les ennemis; ou lorsqu'étant dans le royaume, ils étaient dans une place assiégée, ou dans une citadelle ou autre lieu dont les portes étaient fermées et la communication interrompue à cause de la guerre (1); et à ceux qui, n'étant ni officiers ni soldats, se trouvaient alors à la suite des armées, ou chez les ennemis, soit à cause de leurs emplois ou fonctions, soit pour le service qu'ils rendaient aux officiers, soit à l'occasion de la fourniture des vivres et munitions des troupes (2).

---

(1) « La disposition des articles 27, 28 et 29, n'aura lieu qu'en faveur de ceux qui seront actuellement en expédition militaire, ou qui seront en quartier ou en garnison hors le royaume, ou prisonniers chez les ennemis, sans que ceux qui seront en quartier ou en garnison dans le royaume, puissent profiter de la disposition desdits articles, si ce n'est qu'ils fussent dans une place assiégée ou dans une citadelle, ou autre lieu dont les portes fussent fermées, et la communication interrompue à cause de la guerre ». *Art.* 30 *de l'ordonnance des testamens.*

(2) « Ceux qui, n'étant ni officiers ni engagés dans nos troupes, se trouveront à la suite de nos armées, ou chez les ennemis, soit à cause de leurs emplois ou fonctions, soit pour le service qu'ils rendent à nos officiers, soit à l'occasion de la fourniture des vivres et munitions des troupes, pourront faire leurs dernières dispositions dans la forme portée par les articles 27, 28 et 29, et dans les cas marqués par l'article 30 ». *Art.* 31.

1002. Mais ces codicilles n'existaient que six mois après que les codicillans avaient pu en faire un suivant les formes communes, lorsque ceux qu'ils avaient faits n'en étaient pas revêtus (1), les codicilles des soldats et officiers morts en service exceptés (2).

Article IV.

De la la forme des codicilles faits en temps de peste.

1003. En temps de peste, il y avait également deux formes de codicilles. la forme publique et la forme olographe. Ces formes étaient reçues dans tous les pays de droit écrit et de coutume.

§ premier.

Du codicille public.

1004. Les notaires, les officiers de justice, leurs greffiers, les curés, desservans, vicaires et autres prêtres chargés d'administrer les sacremens aux malades, quand même ils auraient été réguliers, pouvaient être les ministres du codicille public fait en temps de peste.

1005. Ce codicille devait être fait devant deux notaires

---

(1) « Les codicilles mentionnés dans l'article précédent demeureront nuls, six mois après que celui qui les aura faits sera revenu dans un lieu où il puisse avoir la liberté de tester en la forme ordinaire, si ce n'est qu'ils fussent faits dans les formes qui sont requises de droit commun dans le lieu où ils auront été faits ». *Art.* 32 *de la même ordonnance.*

(2) Argument tiré des articles 31 et 32, ci-dessus rapportés.

ou deux officiers de justice, ou l'un d'eux en présence de deux témoins (1).

1006. A l'égard des curés, desservans, vicaires et autres prêtres capables de le recevoir, ils devaient chacun d'eux s'assister de deux témoins (2).

1007. Le codicille public fait en temps de peste était, au surplus, assujetti aux mêmes formalités que les codicilles militaires (3).

De là venait que ce codicille devait être signé par le codicillant, ou contenir la mention de sa déclaration de n'avoir su ou pu le faire.

1008. Ceux qui le recevaient et les témoins qui y étaient appelés, devaient le signer.

Cependant la signature des témoins n'y était indispensable que lorsque le codicillant ne savait ou ne pouvait signer.

---

(1) « En temps de peste, les codicilles pourront être faits, en quelque pays que ce soit, en présence de deux notaires ou tabellions, ou de deux officiers de justice royale, seigneuriale ou municipale, jusqu'aux greffiers inclusivement, ou par-devant un notaire ou tabellion avec deux témoins, ou par-devant un des officiers ci-dessus nommés, aussi avec deux témoins, ou en présence du curé ou desservant, ou vicaire ou autre prêtre chargé d'administrer les sacremens aux malades, quand même il serait régulier, et de deux témoins ». *Art.* 33 *de l'ordonnance des testamens.*

(2) Même article.

(3) « Ce qui a été réglé par l'article 28, pour les testamens militaires, sur la signature tant du testateur que de celui ou ceux qui recevront le testament, et des témoins, sera aussi observé par rapport aux testamens et codicilles faits en temps de peste ». *Art.* 34 *de l'ordonnance des testamens*

1009. La date du jour, du mois et de l'année était également nécessaire à ce codicille (1).

§ II.

Du codicille olographe.

1010. Le codicille olographe fait en temps de peste devait également être écrit, daté et signé par le codicillant (2).

Son privilége ne consistait aussi que dans le droit de pouvoir être fait par-tout, et par toutes sortes de personnes indistinctement, ayant la capacité de tester (3).

§ III.

Qui avait le droit de faire des codicilles de cette sorte.

1011. Ce droit appartenait, en général, à tous ceux qui étaient dans les lieux infectés de la peste, soit qu'ils en fussent attaqués ou non (4); parce qu'il y avait pour les uns et pour les autres même difficulté de trouver les per-

---

(1) « Tous codicilles, en quelque pays et en quelque forme qu'ils soient faits, contiendront la date des jour, mois et an ». *Art. 38 de la même ordonnance.*

(2) « Seront, en outre, valables en temps de peste, en quelque pays que ce soit, les codicilles qui seront entièrement écrits, datés et signés de la main de celui qui les aura faits ». *Art. 35 de la même ordonnance.*

(3) Même article.

(4) « La disposition des art. 33, 34 et 35 aura lieu tant à l'égard de ceux qui seraient attaqués de la peste que pour ceux qui seraient dans les lieux infectés de ladite maladie, encore qu'ils ne fussent pas actuellement malades ». *Art. 36 de l'ordonnance des testamens.*

sonnes nécessaires pour tester selon le droit commun, dans un temps où tous sont dans la crainte et une méfiance générales, et où l'on se fuit réciproquement : il fallait donc s'accommoder à la misère commune.

1012. Mais ces codicilles devenaient également nuls, six mois après qu'on avait pu tester suivant les règles communes (1), soit que le codicillant fût resté dans son domicile, ou qu'il eût passé dans un autre lieu. Il y avait identité de raison.

SECTION VI.

Du pouvoir des notaires et des autres personnes publiques qui avaient le droit de recevoir des codicilles, et de leur qualité.

1013. Les notaires, les officiers de justice, les curés et les desservans, n'avaient de caractère public que dans leurs arrondissemens, leurs districts et leurs paroisses. Ils n'avaient pas le droit de recevoir des codicilles hors de leurs territoires respectifs ; parce qu'ils y étaient personnes privées.

1014. Ceux d'entre eux qui étaient aveugles ou sourds ne pouvaient recevoir les codicilles, même dans leur territoire ; parce qu'ils devaient voir le codicillant et l'entendre prononcer ses dispositions (2).

---

(1) « Les codicilles mentionnés dans les quatre articles précédens demeureront nuls, six mois après que le commerce aura été rétabli dans le lieu où le testateur se trouvera, ou qu'il aura passé dans un lieu où le commerce n'est point interdit, si ce n'est qu'on eût observé dans lesdits actes les formes requises, de droit commun, dans le lieu où ils auront été faits ». *Art 37 de la même ordonnance.*

(2) Voulons que les notaires, tabellions ou autres personnes publiques qui auraient signé les codicilles ou l'acte

1015. Bien plus, les curés et desservans devaient déposer, chez les notaires, les minutes des codicilles qu'ils avaient reçus (1); parce qu'ils n'avaient pas le droit de les retenir.

Leur négligence à y satisfaire les exposait à des dommages-intérêts, non seulement envers les notaires, mais encore envers les parties (2).

SECTION VII.

De la qualité des témoins codicillaires.

1016. Les témoins qui devaient être présens aux codicilles devaient être de même qualité que les témoins testamentaires; parce que la loi s'expliquait généralement (3).

---

de suscription, sans avoir vu le testateur et sans l'avoir entendu prononcer ses dispositions ou les lui avoir vu présenter lors de ladite suscription, soient poursuivis extraordinairement à la requête de nos procureurs ou de ceux des hauts justiciers, et condamnés à la peine de mort ». *Art.* 48 *de l'ordonnance des testamens.*

(1) Le curé ou desservant seront tenus, incontinent après la mort du testateur, s'ils ne l'ont pas fait auparavant, de déposer le testament ou autre dernière disposition qu'ils auront reçu, chez le notaire ou tabellion du lieu: et, s'il n'y en a point, chez le plus prochain notaire royal dans l'étendue du bailliage, ou sénéchaussée dans laquelle la paroisse est située, sans que lesdits curés ou desservans en puissent délivrer aucunes expéditions, à peine de nullité desdites expéditions et des dommages et intérêts des notaires et des parties qui pourraient en prétendre ». *Art.* 26 *de l'ordonnance des testamens.*

(2) Même article.

(3) « Dans tous les actes à cause de mort où la présence des témoins est nécessaire ». *Art.* 39 *de l'ordonnance des testamens.*

Par conséquent, ils devaient être âgés de quatorze ans accomplis, pour les codicilles faits en pays de droit écrit, et de vingt aussi accomplis pour ceux qui étaient faits dans les pays de coutume (1), qui n'avaient pas adopté le droit romain pour droit commun.

Par conséquent, ils devaient être mâles, règnicoles, jouir des effets civils, être idoines, suffisans, et non légataires (2).

Par conséquent, les personnes notées d'infamie, les novices, les profès, les légataires, les héritiers institués, les clercs, les serviteurs, les domestiques de ceux qui recevaient les codicilles, ne pouvaient y être témoins (3).

---

(1) « L'âge desdits témoins demeurera fixé à l'âge de vingt ans acomplis, à l'exception des pays de droit ecrit, où il suffira que lesdits témoins aient l'âge où il est permis de tester dans lesdits pays ». *Même article.*

(2) « Les témoins seront mâles, règnicoles, et capables des effets civils, à l'exception seulement du testament militaire, dans lequel les étrangers non notés d'infamie pourront servir de témoins ». *Art.* 40 *de la même ordonnance.*

« Pour réputer un testament solennel, il est nécessaire que les témoins soient idoines, suffisans et non légataires ». *Art.* 289 *de la coutume de Paris.*

(3) « Les réguliers, novices ou profès, de quelqu'ordre que ce soit, ne pourront être témoins dans aucuns actes de dernière volonté, sans préjudice néanmoins de l'exécution des articles 25, 27 et 33, en ce qui concerne le pouvoir de recevoir des testamens accordé aux réguliers, en conséquence des qualités mentionnées auxdits articles ». *Art.* 41 *de l'ordonnance des testamens.*

« Ne pourront pareillement être pris pour témoins, les clercs, serviteurs ou domestiques du notaire ou tabellion, ou autre personne publique qui recevra le codicille ou l'acte de suscription ». *Art.* 42 *de la même ordonnance.*

» Les héritiers institués ou substitués ne pourront être témoins en aucun cas, et à l'égard des légataires univer-

1017. Il en était de même de ceux qui étaient aveugles ou sourds ; parce qu'ils devaient voir et entendre celui qui disposait (1).

Ces qualités étaient nécessaires, quoiqu'ils ne dussent qu'être présens à l'acte de suscription du codicille (2).

Tous les témoins codicillaires devaient savoir signer, excepté dans les cas et dans les lieux où il était permis d'en prendre quelques-uns de non signataires (3).

---

sels ou particuliers, ils ne pourront l'être que pour l'acte de suscription du testament mystique, dans les pays où cette forme de tester est reçue ». *Art.* 43 *de la même ordonnance.*

(1) « Voulons que les témoins qui auraient signé les codicilles ou l'acte de suscription sans avoir vu le testateur, et sans l'avoir entendu prononcer ses dispositions, ou les lui avoir vu présenter lors de ladite suscription, soient poursuivis extraordinairement à la requête de nos procureurs ou de ceux des hauts-justiciers, et condamnés à telles peines afflictives ou infamantes qu'il appartiendra ». *Art.* 48 *de la même ordonnance.*

(2) Mêmes articles.

(3) « Dans les cas et dans les pays où le nombre de deux témoins est suffisant pour la validité des codicilles, il ne pourra y être admis que des témoins qui sachent et puissent signer, à l'exception néanmoins des cas mentionnés dans les articles 28 et 34, ci-dessus ». *Art.* 44 *de l'ordonnance des testamens.*

« Dans les cas et dans les pays où le nombre de deux témoins n'est pas suffisant, il ne pourra pareillement être admis que des témoins qui sachent et puissent signer, lorsque les codicilles se feront dans les villes ou bourgs fermés. Voulons que, dans les autres lieux, il y ait au moins deux témoins qui sachent et puissent signer, et, à l'égard de ceux qui ne sauront ou ne pourront le faire, il sera fait mention qu'ils ont été présens, et ont déclaré ne savoir ou ne pouvoir signer ». *Art.* 45 *de la même ordonnance.*

Les mêmes exceptions avaient lieu en cette matière et dans les mêmes cas.

Ainsi le codicille militaire pouvait être fait en présence de témoins étrangers, pourvu qu'ils ne fussent point notés d'infamie (1).

Ainsi les légataires pouvaient être témoins à l'acte de suscription des codicilles secrets (2).

Section VIII.

De la désignation du lieu où le codicille était fait.

1018. Comme la forme des codicilles était aussi variée que celle des testamens, et qu'elle n'était pas la même par-tout, il était également nécessaire de désigner, dans le codicille, le lieu où il avait été fait. (4) Il y avait identité de motif et de raison (3).

Section IX.

De l'inviolabilité de la forme des codicilles.

1019. La forme des codicilles était aussi sacrée que celle des testamens. Elle émanait de la même source (5); par conséquent, on devait scrupuleusement la suivre.

L'uniformité et les dangers de l'arbitraire avaient été le motif de cette règle.

---

(1) Article 40, *ci-dessus.*

(2) Article 43, *ci-dessus.*

(3) Locus regit actum. *Regula juris.*

(4) Ratio ubi eadem est, idem jus statuitur. *Regula juris.*

(5) Toutes les dispositions de la présente ordonnance qui concernent la date et la forme des codicilles, et les qualités des témoins seront exécutées, à peine de nullité, sans préjudice des autres moyens tirés de la disposition des lois ou des coutumes ». *Art.* 47 *de l'ordonnance des testamens.*

SECTION X.

Si l'institution d'héritier était nécessaire dans les codicilles faits en pays de droit écrit.

1020. L'institution d'héritier était une solennité qui n'était pas de l'essence des codicilles (1); parce qu'on ne pouvait y faire un héritier (2).

Par conséquent, elle n'était pas nécessaire dans les codicilles, quoiqu'ils fussent faits dans les pays de droit écrit.

1021. De ce qu'on ne pouvait se donner un héritier par codicille, il s'ensuivait que la qualité d'héritier ne pouvait être ôtée, par ces actes, aux héritiers légitimes (3).

En faisant un codicille, il n'était donc pas nécessaire d'instituer héritiers ceux qui avaient droit de légitime.

1022. C'était par une suite de ce principe qu'on n'avait pas le droit de les y exhéréder (4). L'exhérédation était un foudre qui ôtait à celui qui en était frappé et la qualité d'héritier légitime, et le bénéfice qui était attaché à cette qualité.

Cependant, dans les pays coutumiers, l'exhérédation pouvait être prononcée dans les codicilles. Dans ces pays, l'exhérédation n'y était considérée que comme une déclaration de volonté, qu'il suffisait de consigner dans un acte probatoire.

---

(1) Nullam solemnitatem desiderant. § *Ult. institut. de codicillis.*

(2) Codicillis hæreditas dari non potest. § 2, *institut. eodem.*

(3) Codicillis hæreditas neque adimi potest. § *eod.*

(4) Et ideo nec exhæredatio scribi. § *eod.*

1023. Quoique l'institution d'héritier qui était portée dans un codicille fût convertie en fidéicommis, néanmoins, en y faisant une institution d'héritier, on n'était pas obligé d'y instituer également ceux qui avaient droit de légitime ; parce qu'indépendamment de cette conversion, ils restaient seuls héritiers.

De là venait que leur prétérition ne renversait point le codicille.

Par conséquent, les codicilles étaient des actes moins solennels que les testamens.

SECTION XI.

De la révocation du testament par un codicille.

1024. Les dernières volontés révoquaient les premières (1).

Ce principe, produit par la nature de la matière, avait été confirmé par une foule de lois romaines (2).

Par conséquent, il devait être indifférent que ces dernières volontés fussent consignées dans un codicille.

Donc un testament pouvait être révoqué par un codicille.

Cette résolution était d'autant moins infaillible, qu'elle était soutenue par l'expression de la volonté. Cependant elle ne recevait son complément qu'à l'égard des testamens qui avaient la nature des codicilles, et qui étaient eux-mêmes de vrais codicilles.

---

(1) Posteriora derogant prioribus, clari et aperti juris est. *Regula juris.*

(2) *Leg.* 19, *cod. de fideicommiss. Leg.* 3, *cod. de codicillis. Leg.* 12, 47 *et* 67, *ff. de hæred. instit. Leg* 87, 89 *et* 90, *ff. de condit. et demonstrat. Leg.* 20, *ff. de instructo et instrument. legat. Leg.* 28, § 5, *ff. de libert. leg. Leg.* 27, § 1, *ff. de legat.* 3. *Leg.* 28 *et* 30, § 3, *ff. eodem. Leg.* 18, *ff. de alim. et cibar. legat.*

1025. Pour les testamens proprement dits, la révocation par codicille ne s'en opérait qu'en partie.

L'effet de cette révocation était alors réduit aux dispositions qui étaient de la nature du codicille.

Par conséquent, l'institution d'héritier contenue dans un testament ne pouvait être révoquée par un codicille; parce que cette disposition n'était pas de sa nature (1).

Ni, par une suite de cette conséquence, révoquer la condition de laquelle il aurait dépendu que l'héritier institué fût institué (2); vu que cette disposition aurait eu également l'effet de lui ôter l'hérédité.

Néanmoins l'institution d'héritier pouvait être révoquée indirectement par codicille, en priant l'héritier institué de rendre l'hérédité à un autre (3).

1026. L'institution d'héritier était même toujours révoquée, par l'effet du codicille, lorsque le testateur avait institué un autre héritier dans son codicille (4); attendu que l'héritier testamentaire était censé prié de lui rendre l'hérédité.

---

(1) Codicillis hæreditas non adimi potest. § 2, *institut. de codicillis.*

(2) Domat, des lois civiles', *tom.* 1, *partie* 2, *liv.* 4, *tit.* 1, *sect.* 1, *article* 9.

(3) Hæreditatem neque dari neque adimi posse codicillis, manifestum est. Verbis tamen precariis per hujusmodi etiam novissimi judicii ordinationem jura non faciunt irritas voluntates. Unde inefficaciter te codicillis rogatam esse, ut quibusdam rebus contenta portionem quam testamento fueras consecuta, aliis restitueres, falsò tibi persuasum est. *Leg.* 2, *ff. de jure codicillorum.*

(4) Philippy, *resp.* 46, *n°.* 8 *et* 13. Furgole, *tom.* 4, *chap.* 12, *n°.* 41.

Section XII.

De la confirmation du testament nul par un codicille.

1027. La confirmation par codicille d'un testament originairement nul était si inconcevable, que le codicille faisait partie du testament (1); qu'il suivait sa destinée (2), et qu'il périssait avec lui (3).

D'ailleurs il aurait été absurde que l'accessoire eût pu donner l'être à son principal (4).

Cependant la faveur des dernières volontés consignées dans un codicille fait suivant les règles, donnait l'efficacité aux dispositions antérieures, quoique contenues dans un testament nul (5).

---

(1) Codicilli pars intelliguntur testamenti. *Leg. penult.*, *ff. testam. quemad. aper.*

(2) Testamento facto, codicilli jus sequuntur ejus. *Leg.* 16, *ff. de jure codicill.*

(3) Œuvres de d'Aguesseau, *tom.* 3, *pag.* 336, *édition de* 1762, *in-quarto.*

(4) Quod per manus traditum est, codicillis hæreditatem dari non posse rationem illam habet, ne per codicillos qui ex testamento valerent, ipsum testamentum quod vires institutionem hæredum accepit, confirmari videretur. *Leg.* 10, *ff. de jure codicill.*

(5) Si rupto quidem testamento posthumi agnatione, codicillos quoque ad testamentum pertinentes non valere in dubium non venit. Sed cum post ruptum testamentum patrem pupillorum vestrorum litteras emisisse proponatis, quibus præcedens judicium confirmavit : prætor nihil contra jus fecit, si novissimam ejus voluntatem secutus, relictum testamento reipublicæ fideicommissum, ut ex codicillis relictum, præstandum esse pronunciavit. *Leg.* 1, *cod. de codicillis.*

Ce principe était fondé sur ce que le testament confirmé prenait la nature du codicille qui le confirmait, et qu'il valait comme codicille (1); et, par conséquent, de la même manière que si les dispositions contenues dans ce testament avaient été individuellement repétées dans le codicille qui le confirmait (2).

1028. C'etait par une suite de ce principe que l'institution d'héritier, contenue dans ce testament, valait par forme de fidéicommis (3).

Cette règle avait lieu, non seulement lorsque le testament était nul par un défaut de formalité (4), mais encore

---

(1) Ubi ex nunc, ut ex novis codicillis; *ait glosa*, *ad hanc legem.*

(2) Œuvres de Furgole, *tom.* 4, *chap.* 12, *n°.* 50, Serres, institution du droit français, *liv.* 2, *tit.* 15, § 1, *à la fin.*

(3) *Leg.* 1, *cod. de codicillis*, ci-dessus.

(4) Hæreditas testamento inutiliter data non potest codicillis quasi hæreditas confirmari, sed ex fideicommisso petitur. *Leg.* 2, § *ult. ff. de jure codicill.*

Cette disposition a été confirmée par un arrêt du parlement de Paris, du 22 juin 1665, rapporté par Soefve, *tom.* 2, *cent.* 3, *chap.* 40. Et par un autre arrêt du parlement de Toulouse, du 13 septembre 1727, rendu en la deuxième chambre des enquêtes, au rapport de M. Laroque. En voici l'espèce :

« Messire Charles de Reboulet, seigneur de la Batie, fit son testament clos et solennel dans son château de Rosiéres, le 7 janvier 1701, et il fit apposer l'acte de suscription par un notaire, en présence de sept témoins, dont trois signèrent, et les quatre autres furent interpellés. On y avait inséré la clause codicillaire, mais elle ne pouvait pas opérer son effet, à cause du défaut de signature du nombre de cinq témoins requis aux codicilles. Le testament contenait une institution héreditaire en faveur de Marie-Magdelaine de Reboulet, sœur du testateur, avec clause de substitution en faveur de Charles de Reboulet, neveu et filleul

lorsqu'il l'était par l'incapacité du testateur, au temps qu'il avait testé (1).

---

du testateur. Par un codicille fait à Paris devant deux notaires, le 20 août 1717, le sieur de Reboulet, après plusieurs dispositions particulières, confirma son testament en ces termes : *Veut au surplus que son testament sorte son plein et entier effet.*

Après la mort du testateur, le testament fut attaqué par messire Henry-Cezar de Letrange, seigneur de Grosson. La nullité était prise de ce que l'acte de suscription n'avait été signé que par trois témoins, au lieu qu'il aurait dû être signé par tous les témoins, pour valoir comme testament, *Leg. hâc consultissimâ* 21, *cod. de testamentis*, ou par cinq, pour valoir comme codicille, en vertu de la clause codicillaire.

Messire Jean de Reboulet, seigneur d'Urbillac, comme père et légitime administrateur de Charles de Reboulet, substitué, répondait, entr'autres choses, que le testament avait été confirmé par un codicille revêtu de toutes les formalités nécessaires : ce qui suffisait pour le faire valoir comme codicille, suivant la loi 1, *cod. de codicillis*, la loi 2, § 4, *ff. de jure codicill.*; et la loi 11, § 2, *ff. de bonor. possess. secund. tabul.*

Le sieur de Letrange répliquait que cette confirmation faite par le codicille ne pouvait opérer aucun effet; premièrement, parce que le codicille, étant une suite du testament, il devait en suivre le sort; qu'ainsi la nullité du testament entraînait le codicille. En second lieu, qu'une confirmation vague n'était pas suffisante, et qu'il aurait fallu que le testateur eût rappelé, dans le codicille, les dispositions du testament, suivant Henrys, Ricard et Brodeau; mais, nonobstant ces raisons, l'arrêt que je rapporte, en cassant le testament, ordonna que les dispositions du sieur de Reboulet, testateur, seraient exécutées comme codicilles. Par où il a été jugé qu'un testament nul dans son principe par défaut de formalité, est confirmé par un codicille qui en ordonne l'exécution, quoique les dispositions du testament ne soient pas rappelées dans le codicille confirmatif, *Furgole*, *tom.* 4, *chap.* 12, *n°.* 53 ».

(1) *Lèg.* 2, § *ult. ff. de jure codicill.*, ci-dessus.

Par conséquent, le testament du fils de famille, quoique nul, pouvait être confirmé par un codicille, lorsqu'il était devenu *sui juris.*

1029. Ce qui avait lieu, à plus forte raison, lorsque la nullité du testament ne résultait que de la prétérition (1), soit par survenance d'enfans ou autrement.

Mais, dans ce dernier cas, la confirmation du testament n'avait lieu que pour les dispositions particulières (2). Dans ce cas, le codicille ne devait pas avoir plus d'effet que la clause codicillaire qui en était l'image, et qui la représentait.

1030. Cependant, dans les pays coutumiers, un testament imparfait ne pouvait pas être confirmé par un codicille parfait (3). Dans ces pays, la forme du testament et celle du codicille étaient les mêmes.

Par conséquent, le testament, nul dans ces pays, ne pouvait y valoir comme codicille; parce que, sous ce rapport, il était également nul.

Planè si sui juris effectus, codicillis aut aliis litteris eodem testamento se mori velle declaraverit voluntas quæ defecerat, judicio recenti, rediisse intelligitur. *Leg.* 11, § 2, *ff. de bonor. possess. secund. tabul.*

(1) *Leg.* 1, *cod. de codicillis,* ci-dessus.

Furgole, *tom.* 4, *chap.* 12, *nomb.* 51 *et* 52.

(2) « En cas de prétérition d'aucun de ceux qui ont droit de légitime, le testament sera déclaré nul quant à l'institution d'héritier, sans même qu'elle puisse valoir comme fidéicommis...., le tout encore que le testament contînt la clause codicillaire, laquelle ne pourra produire aucun effet à cet égard, sans préjudice néanmoins de l'exécution du testament en ce qui concerne le surplus des dispositions du testament ». *Art.* 53 *de l'ordonnance des testamens.*

(3) Argou, institution du droit français, *tom.* 1, *liv.* 2, *chap.* 17, *à la fin.*

Dans ce cas, les mêmes dispositions devaient nécessairement être répétées dans le nouveau codicille pour devenir valables.

SECTION XIII.

De la révocation des codicilles.

1031. Les codicilles étaient des dispositions qui subsistaient, tant que la volonté qui leur avait donné l'être se maintenait; parce qu'ils empruntaient leur existence et leur force de la volonté qui les avait créés.

De là venait qu'ils ne devenaient point inefficaces par le seul laps du temps.

1032. Mais ils étaient susceptibles de la même révocation que les testamens; parce que la volonté dont ils émanaient était également révocable.

De là, la même facilité pour les révoquer.

1033. Bien plus, les codicilles militaires et ceux faits en temps de peste, étaient révoqués de plein droit, six mois après que ceux qui les avaient faits avaient pu les faire selon les formes ordinaires (1).

---

(1) « Les codicilles militaires demeureront nuls, six mois après que celui qui les aura faits sera revenu dans un lieu où il puisse avoir la liberté de tester en la forme ordinaire, si ce n'est qu'ils fussent faits dans les formes qui sont requises, de droit commun, dans le lieu où ils auront été faits ». *Art.* 32 *de l'ordonnance des testamens.*

« Les codicilles faits en tems de peste demeureront nuls, six mois après que le commerce aura été rétabli dans le lieu où le testateur se trouvera, ou qu'il aura passé dans un lieu où le commerce n'est point interdit, si ce n'est qu'on eût observé, dans lesdits actes, les formes requises, de droit commun, dans le lieu où ils auront été faits ». *Art.* 37 *de la même ordonnance.*

Néanmoins ces codicilles valaient également jusqu'à révocation, quand ils avaient été faits suivant les formes communes usitées dans les lieux où ils avaient été faits (1), ou lorsque les codicilles militaires avaient été faits par des soldats ou officiers décédés tels (2).

ARTICLE PREMIER.

De la révocation du codicille par un autre codicille.

1034. La manière d'ôter qui imitait celle de donner était, sans contredit, un moyen efficace pour révoquer un codicille (3).

Cependant le codicille postérieur ne révoquait pas, de plein droit, le codicille antérieur (4); parce que les codicilles n'étaient pas des actes incompatibles (5).

Par conséquent, pour révoquer un premier codicille par un second, ou ultérieur, il était nécessaire, ou que le dernier codicille révoquât expressément le premier, ou qu'il disposât des mêmes biens (6).

---

(1) Mêmes articles.

(2) Argument tiré de la disposition des articles 31 et 32 ci-devant rapportés.

(3) Nihil tam naturale est quàm eo genere, quidve dissolvere quo colligatum est. *Leg.* 35, *ff. de regul. jur.*

(4) Domat, des lois civiles, *tom.* 1, *part.* 2, *liv.* 4, *tit.* 1, *sect.* 1, *art.* 4; *et sect.* 2, *art.* 2.

(5) Codicillos et plures quis facere potest. *Leg.* 6, *ff. de jure codicill.*

(6) Cum proponatis pupillorum vestrorum matrem diversis temporibus ac dissonis voluntatibus duos codicillos ordinasset; in dubium non venit id quod priori codicillo inscripserat, per eum, in quem posteà secreta voluntatis suæ contulerat, si à priori tenore discrepat, et contrarium voluntatem continet revocatum esse. *Leg.* 3. *cod. de codicillis.*

De là venait que, lorsque le dernier codicille ne changeait qu'une partie des dispositions du premier, celui-ci valait pour les dispositions qui n'avaient pas été frappées de la volonté contraire.

Article II.

De la révocation du codicille par un testament postérieur.

1035. Quelque efficace que fût la dernière volonté d'un mourant, elle ne révoquait point le codicille pour être consignée dans un acte plus solennel (1); parce que le testament et le codicille n'étaient pas non plus des actes incompatibles.

Par conséquent, il fallait également, ou une disposition générale des biens, ou une révocation expresse ou générique, pour l'anéantir.

Mais le testament détruisait les dispositions du codicille auxquelles il dérogeait (2).

---

(1) Testamento facto, etiamsi codicilli in eo confirmati non essent, vires tamen eo capient. *Leg.* 5, §. 1, *ff. de jure codicillorum.*

Divi Severus et Antoninus rescripserunt ex his codicillis qui testamentum præcedunt, posse fideicommissum peti, si appareat qui testamentum fecit à voluntate quam in codicillis expresserat non recessisse. Satis enim apparet non recessisse ex eo quod non apparet. § 1, *in fin.*, *institut de codicillis.*

(2) Sed non servabuntur ea de quibus aliter defunctus novissimé judicavit. *Leg.* 5, *in fin.*, *ff. de jure codicillor.*

ARTICLE III.

De la révocation du codicille par des actes entre-vifs.

1036. L'institution contractuelle universelle, et la donation de biens présens et à venir, qui révoquaient les testamens, révoquaient, à plus forte raison, les codicilles.

1037. Quant à la donation entre-vifs, même universelle, elle ne révoquait le codicille que pour les biens qui existaient alors dans le patrimoine du donateur ; à moins que les dispositions du codicille n'eussent été conçues en termes de présent, parce que le codicille avait également trait au décès (1).

1038. A l'égard des autres dispositions entre-vifs, comme la vente, cet acte avait également le mérite de révoquer les codicilles, jusqu'à concurrence des biens qu'elle défalquait des dispositions codicillaires (2).

ARTICLE IV.

De la révocation du codicille par un simple acte de révocation.

1039. La nature et la raison donnaient cette voie pour efficace ; parce qu'elle prouvait également le changement de volonté.

1040. Cette voie devait d'autant plus être accueillie, que les legs et les fidéicommis, dont le codicille était sus-

---

(1) Respondit non à totà voluntate recessisse videri, sed his tantùm rebus quas reformasset. *Leg.* 30, §. 3, *ff. de adim. vel transf. legatis.*

(2) *Leg.* 30, § *eod.*

lement susceptible, étaient révocables par la nue volonté (1).

Par conséquent, le codicille pouvait êre révoqué par un simple acte revêtu de la forme probante.

A plus forte raison, pouvait-on, de cette manière, déterminer celui de deux codicilles qu'on voulait maintenir. Dans ce cas, il ne s'agissait que d'en fixer la préférence.

ARTICLE V.

De la révocation du codicille par la déchirure et l'effaçure.

1041. En déchirant un codicille, c'était attenter à sa substance, et par conséquent le détruire. La révocation en était donc forcée (2).

La révocation n'était pas moins certaine, quand celui qui avait fait un codicille en effaçait sa signature, ou qu'il la bâtonnait; parce que les dispositions purement olographes empruntaient leur vertu de la signature de celui qui les avait faites.

ARTICLE VI.

De la révocation du codicille par le changement d'état du codicillant.

1042. De même que la mort civile du testateur révoquait le testament, de même celle du codicillant révoquait le codicille, lorsqu'il mourait dans cet état (3).

---

(1) Fideicommissa nudâ voluntate infirmarentur. *Leg.* 18, *ff. de lagatis* 3.

Legata adimi possunt quidem nudâ voluntate. *Leg.* 3. §. *ult.*, *ff. de adim. vel transfer. legat.*

(2) Furgole, *tom.* 4, *chap.* 12, *n°.* 72.

(3) Domat, des lois civiles, *tom.* 1, *part.* 2, *liv.* 4, *tit.* 1, *sect.* 2, *art.* 5.

1043. Il en était ainsi, lorsqu'il perdait le droit de naturalité; parce que les dispositions codicillaires étaient une suite des dispositions testamentaires.

1044. La perte de la qualité de père de famille produisait le même effet.

1045. Mais, à l'exemple du testament, le codicille reprenait sa force, quand le codicillant mourait citoyen ou père de famille; parce que cette révocation ne devait pas durer plus long-temps que sa cause.

ARTICLE VII.

De la révocation du codicille per survenance d'enfans.

1046. La survenance d'enfans ne révoquait pas les dispositions à cause de mort; parce que les lois qui avaient été faites sur cette matière, ne les atteignaient pas (1).

Et si, dans les pays de droit écrit, le testament était nul, dans ce cas, quant à l'institution, c'était moins par survenance d'enfans que par prétérition; puisque la naissance d'un enfant au testateur la renversait également.

Mais l'institution d'héritier n'était point de l'essence des codicilles : elle était inutilement insérée dans ces

---

(1) Si unquam libertis patronus filios non habens bona omnia vel partem aliquam facultatum, fuerit donatione largitus, et posteà susceperit liberos, totum quidquid largitus fuerit revertatur in ejusdem donatoris arbitrio ac ditione mansurum. *Leg. si unquam cod. de revocandis donationibus.*

« Toutes donations entre-vifs faites par personnes qui n'avaient point d'enfans ou de descendans actuellement vivans dans le temps de la donation, demeureront révoquées, de plein droit, par la survenance d'un enfant du donateur, même d'un posthume, ou par la légitimation d'un enfant naturel, par mariage subséquent». *Art.* 39 *de l'ordonnance de* 1731.

actes; et les héritiers du sang étaient héritiers, nonobstant cette institution (1).

Par conséquent, les codicilles ne recevaient aucune atteinte de la survenance d'enfans (2).

1047. La légitimation d'un enfant par mariage subséquent n'avait pas plus de force contre les codicilles; car la légitimation et la naissance marchaient de pas égal.

Cependant, lorsqu'il y avait un testament, la prétérition qui l'atteignait, atteignait également le codicille (3); attendu que le codicille faisait partie du testament, et qu'il en suivait le sort (4).

De là, la différence entre le codicille *ab intestat*, et le codicille testamentaire.

Néanmoins, dans ce cas, à l'exemple du testament, il n'y avait de renversées que les dispositions universelles et

(1) Ab intestato factis codicillis, relicta etiam posteà natus intestati successor debebit. Quicunque enim ab intestato successerit: locum habent codicilli. Nam unus casus est. Nec interest quis succedat, dum (ab) intestato succedat. *Leg.* 16, *ff. de jure codicill.*

Is qui unum filium habebat, cum codicillos ad eum scripsisset, decesserit intestatus, hærede eo (relicto) et quem posteà procreavit. Adgnatione sui hæredis nemo dixerit codicillos evanuisse. *Leg.* 19, *ff. eodem titulo.*

(2) Revocationis causâ cessante, cessat revocatio. *Regula juris.* Tiraqueau, sur la règle *cessante*, *num.* 237.

(3) Rupto quidem testamento posthumis agnatione, codicillos quoque ad testamentum pertinentes non valere in dubium non venit. *Leg.* 1, *cod. de codicillis.*

(4) Testamento autem facto codicilli jus sequuntur ejus. *Leg.* 16, *ff. de jure codicill.*

qui

qui se rapportaient à l'institution (1). Dans ce même cas, le vice de la prétérition ne devait pas avoir plus de force contre le codicille que contre le testament.

ARTICLE VIII.

De la révocation du codicille par inimitié.

1048. Les dispositions codicillaires tenaient de la nature des dispositions qui se révoquaient par la nue volonté. Elles n'avaient pas plus d'efficacité que les legs et les fidéicommis (2).

Par conséquent, les inimitiés capitales qui étaient survenues entre les gratifiés et les gratifians, révoquaient, de plein droit, les libéralités qui leur avaient été faites par cet acte.

Mais aussi la réconciliation lui redonnait sa première vertu (3).

---

(1) En cas de prétérition d'aucun de ceux qui ont droit de légitime, le testament sera déclaré nul quant à l'institution d'héritier, sans même qu'elle puisse valoir comme fidéicommis... ; le tout encore que le testament contînt la clause codicillaire, laquelle ne pourra produire aucun effet à cet égard ; sans préjudice, néanmoins, de l'exécution du testament, en ce qui concerne le surplus des dispositions du testateur ». *Art.* 53 *de l'ordonnance des testamens.*

Argument tiré de cette disposition.

(2) Hæreditas testamento inutiliter data, non potest codicillis quasi hæreditas confirmari. *Leg.* 2, § 3, *ff. de jure codicill.*

(3) Sublatâ causâ, tollitur effectus. *Regula juris.*

TITRE III.

De la donation à cause de mort.

1049. La donation à cause de mort était encore un acte par lequel une personne pouvait disposer de ses biens par dernière volonté.

1050. Une donation, dont les dispositions préféraient le donateur au donataire, était vraiment de cette nature (1); parce que c'était le caractère de la donation à cause de mort.

1051. Le donataire devait paraître dans cet acte, et accepter la libéralité (2); car, malgré le droit civil, la donation à cause de mort avait conservé son caractère primitif.

De là venait qu'elle devait être acceptée; parce qu'on ne pouvait concevoir de donation sans acceptation (3).

Mais, en cette matière, une acceptation tacite suffisait.

1052. L'acceptation du donataire n'empêchait pas le donateur de révoquer la donation; parce qu'elle ne devenait parfaite que par le décès du donateur (4).

---

(1) Mortis causâ donatio est cum quis habere se vult quam eum cui donat. *Leg.* 1, *ff. de mortis causâ donationibus. Leg.* 35, § 2, *ff. eodem.*

Cette définition avait été confirmée par le § 1er. des institutes, titre des donations.

(2) Mortis causâ donatur, quod præsens præsenti dat. *Leg.* 38, *ff. de mortis causâ donat.*

(3) Non videtur perfecta donatio mortis causâ facta, antequàm mors insequatur. *Leg.* 32, *ff. eodem.*

(4) Neque deditionem, neque donationem sine acceptatione intelligi posse, *ait Cicero, in top., cap.* 8. *Vide* Furgole, *quest.* 47.

1053. Le caractère de la donation à cause de mort n'était pas de faire un héritier, attendu que, par cette disposition, le donateur préférait le donataire à son héritier (1).

1054. Mais il était nécessaire que le donataire survécût au donateur pour recueillir la liberalité; parce que la donation à cause de mort était une véritable disposition de dernière volonté (2).

1055. Non seulement les donations dont la perfection dépendait du décès du donateur étaient à cause de mort, mais encore celles dont la perfection était remise au décès d'un tiers (3).

1056. Bien plus, dans le droit coutumier, les donations faites par des personnes dangereusement malades passaient pour des donations à cause de mort, quoiqu'elles fussent revêtues de la forme des dispositions entre-vifs (4); parce que, dans les pays coutumiers, les moribonds ne pouvaient faire des donations entre-vifs.

---

(1) Magisque eum cui donat quàm hæredem suum. *Leg.* 1, *ff. de mortis causâ donat. Leg.* 35, § 2, *ff. eodem.*

Le § 1er. des institutes, au titre des donations, avait la même disposition.

(2) Donatio causâ mortis est largè ultima voluntas. Benedicti, *ad cap. Raynut.* in verb. *matrem insuper cleram*, *n°.* 48.

(3 Mortis causâ capimus non tunc solùm, cum quis suæ mortis causâ nobis donat: sed etsi propter alterius mortem id faciat: veluti si quis filio vel fratre suo moriente, donet Mævio eâ conditione, ut si convaluerit alteruter eorum, reddatur sibi res: si decesserit, maneat apud Mævium. *Leg.* 18, *ff. de mortis causâ donat.*

(4) « Toutes donations, encore qu'elles soient conçues entre-vifs, faites par personnes gisant au lit, malades de la maladie dont elles décèdent, sont réputées faites à cause de mort et tes-

1057. C'était par une suite de ce principe que les donations entre-vifs qui y étaient faites la veille d'un danger imminent de la vie, passaient également pour des donations à cause de mort.

Par conséquent, ces donations, pour être valables, devaient être revêtues des mêmes formes que les donations faites à cause de mort. Le même caractère de disposition réclamait la même forme.

SECTION PREMIÈRE.

Qui pouvait faire des donations à cause de mort.

1058. Il était d'abord de règle que toute personne qui pouvait faire un testament, pouvait faire une donation à cause de mort (1).

1059. Mais cette règle n'était pas suffisante, parce que la donation à cause de mort dérivait du droit des gens (2).

Par conséquent, la capacité de donner à cause de mort était plus étendue que celle de tester, qui avait été empruntée du droit civil.

De là venait aussi que le fils de famille pouvait faire

---

tamentaires, et non entre-vifs ». *Art.* 277 *de la coutume de Paris.*

« Donation faite entre-vifs par personne malade de la maladie dont on espère la mort de prochain, ou dont la mort s'en suit prochainement, est réputée et censée donation à cause de mort ». *Art.* 36 *du tit.* 14 *de la coutume d'Auvergne.*

Ces deux dispositions formaient le droit commun des pays coutumiers.

(1) Mortis causâ donare poterit, cui testari permissum est. *Leg.* 15, *ff. de mortis causâ donat.*

(2) Ricard, des donations, *part.* 1re., *nomb.* 3. Furgole, *tom.* 4, *chap.* 14, *n°.* 24, *à la fin.*

une donation à cause de mort de ses biens aventifs, quoiqu'il n'en pût disposer ni par testament ni par codicille (1).

A la vérité, il lui fallait le consentement de son père pour donner à cause de mort; mais ce consentement n'était nécessaire que pour les biens dont le père avait l'usufruit, en vertu de la puissance paternelle (2).

Dans ce cas, il était indifférent que le consentement du père intervînt lors, avant ou depuis la donation pour la rendre valable (3). Ce consentement n'avait pas été requis pour habiliter le fils.

De là venait encore que ceux qui avaient encouru la mort civile par la condamnation, avaient le droit de disposer de leurs biens par donation à cause de mort, dans les pays où la confiscation des biens n'avait pas lieu, quoiqu'ils ne pussent faire ni testament ni codicille; parce qu'il n'était pas nécessaire de participer au droit civil pour exercer une faculté qui dérivait du droit des gens (4).

---

(1) Filius familias qui non potest facere testamentum, nec voluntate patris, tamen mortis causâ donare, patre permittente, potest. *Leg.* 25, §. 1, *ff. de mortis causâ donat.*

(2) Filius autem familias in his duntaxat casibus, in quibus ususfructus apud parentes constitutus est, donec parentes vivunt, ... neque circà voluntatem eorum quorum in potestate sunt, ulla licentia eis concedenda dominium rei ad eos pertinentis alienare, vel hypothecæ titulo dare vel pignori adsignare. *Leg.* 8, §. 5, *versic. filiis*, *cod. de bonis quæ liberis.*

Benedicti, ad cap. Raynutius, *in verb.* matrem, *n°.* 43. Fachineus, *lib.* 5, *controvers.*, *cap.* 24. Et Perezius, sur le titre du code *de donat. causâ mortis*, *n°s.* 17 *et* 18.

(3) Maynard, *liv.* 6, *chap.* 9. Ferrières, *sur la quest.* 223 *de Guy-Pape.*

(4) Eum qui civitatem amisit, nihil aliud juris adimere liberis, nisi quod ab ipso perventurum esset ad eos si intestatus

1060. C'était parce que la donation à cause de mort émanait du droit des gens, que, quoiqu'on ne pût tester ni faire un codicille par procureur, néanmoins on avait la faculté de faire une donation à cause de mort par procureur. (1).

1061. Le droit de faire une donation à cause de mort appartenait à l'homme, tant en santé qu'en maladie, au jeune et au vieillard (2), dont la raison n'avait souffert aucune altération notable. L'exercice de ce droit était un effet de la capacité.

1062. Non seulement celui qui avait testé pouvait faire une donation à cause de mort, mais encore celui qui n'avait pas fait de testament : quoiqu'en général, la capacité de tester fût nécessaire pour faire une donation à cause de mort, néanmoins il n'était pas nécessaire d'avoir testé pour pouvoir la faire (3).

---

in civitate moreretur : hoc est, hæreditatem ejus, et liberos, et si quid aliud in hoc genere reperiri potest. Quæ verò non à patre, sed à genere, à civitate, à rerum naturâ tribuerentur, ea manere eis incolumia. *Leg.* 3, *ff. de interdictis et relegatis.*

(1) Etiam per interpositam personam donatio consummari potest. *Leg.* 4, *ff. de donationibus.*

(2) Mortis causâ donare licet non tantùm infirmæ valetudinis causâ ; .. aut ætate confectus, aut per .... loca iturus. *Leg.* 3, 4 *et* 5, *ff. de mortis causâ donat.*

(3) Tam is qui testamentum facit, quàm qui non facit, mortis causâ donare potest. *Leg.* 25, *ff. eodem titulo.*

Section II.

Qui pouvait recevoir des donations à cause de mort.

1063. Tous ceux à qui il était permis de faire des legs, pouvaient recevoir des donations à cause de mort (1); parce que la même capacité suffisait (2).

Cependant cette capacité n'etait nécessaire qu'au temps de la mort du donateur (3); quoiqu'en général, la capacité des légataires dût exister au temps du testament, et au temps de la mort du testateur.

Par conséquent, les donations à cause de mort n'avaient pas été entièrement égalées aux legs (4).

---

(1) Omnibus mortis causâ capere permittitur, qui scilicet et legata accipere possunt. *Leg.* 9, *ff. de mortis causâ donat.*

Senatus censuit placere mortis causâ donationes factas in eos quos lex prohibet capere, in eâdem causâ haberi, in quâ essent quæ testamento his legata essent, quibus capere per legem non liceret. *Leg.* 35, *ff. eodem titulo.*

(2) Legatis aggregatam censuerunt. *Leg. ult.*, *cod. de donationibus causa mortis.*

(3) In mortis causâ donationibus non tempus donationis sed mortis intuendum est, an quis capere possit. *Leg.* 22, *ff. de mortis causâ donat.*

(4) Mortis causâ donationes ad exemplum legatorum redactæ sunt ferè per omnia. § 1, *institut. de donationibus.*

SECTION III.

Quels biens pouvaient être donnés par donation à cause de mort.

1064. Dans les pays de droit écrit, on pouvait donner à cause de mort, non seulement des choses et des effets particuliers, mais encore tous les biens meubles et immeubles, droits et actions, présens et à venir. La donation à cause de mort était un titre aussi favorable que les autres dispositions de dernière volonté (1).

Mais, dans les pays coutumiers, on ne pouvait donner efficacement, par donation à cause de mort, que les biens que l'on pouvait transmettre par actes de dernière volonté (2).

Les donations à cause de mort n'y étaient pas plus favorables (3).

1065. Quoiqu'il fût généralement permis de disposer des biens par donation à cause de mort, néanmoins cette disposition était proscrite par la coutume de Blois (4).

1066. Cette disposition était également proscrite dans

---

(1) Et omnes effectus sortiatur, quos ultimæ habent liberalitates. *Leg. ult. cod. de donationibus causâ mortis.*

(2) « Par donation à cause de mort ne peut plus avant que par testament ». *Art. 4 du chap. 27 de la coutume de Nivernois.*

« Toutes donations à cause de mort, ou prenant effet par la mort du disposant, soient mutuelles ou non, se réduisent et ne valent que pour la quarte partie des biens dudit disposant ». *Art. 12 du tit. 14 de la coutume d'Auvergne.*

(3) Neque ex quâcunque parte absimilis eis intelligatur. *Leg. ult. cod. eodem titulo.*

(4) « Donation pour cause de mort ne vaut rien ». *Art. 10.*

les coutumes qui déféraient impérieusement tous les biens aux héritiers du sang. Les dispositions de l'homme ne pouvaient rien soustraire à l'empire de telles lois, pour avantager les uns au préjudice des autres.

SECTION IV.

Des conditions qui pouvaient être apposées aux donations à cause de mort.

1067. La donation à cause de mort pouvait être faite purement, ou sous des conditions volontaires, casuelles ou mixtes (1).

1068. Elle pouvait encore être faite *ex certo tempore, vel ad certum tempus* (2).

1069. En un mot, tous les pactes qu'on y apposait devaient être observés, à moins qu'ils ne fussent impossibles ou contraires aux bonnes mœurs (3).

De là, le droit du donateur de charger le donataire de rendre la donation à des tierces personnes (4).

1070. Le fils de famille avait le même droit, quoiqu'il ne pût pas faire des fidéicommis par testament ni par codicille ; parce que ce droit était une conséquence

---

(1) Donatio.... mortis causâ instituta, sive conditione faciendi aut non faciendi suspensa, sive ex aliquo notato tempore promissa, sive animo dantium accipientiumve conditiones pactionesque contineat. *Leg.* 25, *cod. de don.*

(2) Lege citatâ.

(3) Sub hâc fieri debet observatione ut (quas leges indulgent). *Leg. eadem.*

(4) Et cui mortis causâ donatum est, posse substitui in hunc modum ut promittat alicui, si ipse capere non possit, vel sub aliâ conditione. *Leg.* 10, *ff. de mortis causâ donat.*

du droit qu'il avait de faire des donations à cause de mort (1).

Section V.

Des formes de la donation à cause de mort.

1071. Les donations à cause de mort avaient été assujetties aux mêmes formes que celles des autres dispositions de dernière volonté (2).

Le motif de cet assujetissement avait été que, si on avait admis des donations à cause de mort, dénuées des formalités des autres dispositions de dernière volonté, c'eût été un moyen infaillible pour éluder la loi, et pour autoriser la suggestion qu'elle avait pris soin d'empêcher, en établissant les formalités des actes de dernière volonté.

En effet, comme il était bien plus facile de surprendre des actes de dernière volonté, qui ne faisaient tort qu'à nos héritiers, qu'une donation entre-vifs, par laquelle nous nous dépouillions nous-mêmes, de notre vivant, les lois avaient voulu, en obligeant le testateur d'écrire sa volonté de sa main, ou de la dicter et d'en entendre la lecture réitérée, lui donner sujet de réfléchir plus mûrement à ce qu'il faisait, puisque son intérêt ne l'y obligeait pas si particulièrement dans ce cas, que lorsqu'il s'agissait de signer une donation entre-vifs. Or, celui qui aurait voulu surprendre le testateur, n'aurait eu qu'à don-

(1) Et cui mortis causâ donatum est, posse substitui in hunc modum. *Leg.* 10 *ff. eodem titulo*, ci-dessus.

(2) « Toutes donations à cause de mort ne pourront dorénavant avoir aucun effet, dans les pays mêmes où elles sont expressément autorisées par les lois ou par les coutumes, que lorsqu'elles auront été faites dans la même forme que les testamens ou les codicilles ». *Art.* 3 *de l'ordonnance de* 1731.

ner à l'acte la forme d'une donation à cause de mort, qui aurait dispensé des formalités des testamens et des codicilles, et qui aurait eu cependant le même effet. Si de pareils actes avaient été permis, toutes les sages précautions de la loi dans l'institution des formalités des testamens et des codicilles, seraient devenues inutiles.

Par conséquent, les donations à cause de mort devaient être revêtues, ou de la forme des testamens, ou de celle des codicilles.

1072. En prenant la forme du testament pour donner l'être à la donation à cause de mort, on n'était pas assujetti d'y instituer ceux qui avaient droit de légitime, ni de les y exhéreder; parce que la donation à cause de mort n'avait pas le mérite de faire des héritiers. D'ailleurs il ne s'agit dans cet article que de la forme extrinsèque.

1073. A l'exemple des formes du testament et de celles du codicille, la forme de la donation à cause de mort variait selon les lieux, les personnes, les temps et les circonstances.

De là venait aussi qu'il y avait, dans chaque pays de coutume et de droit écrit, autant de formes différentes de donation à cause de mort, qu'il y avait de sortes de testamens ou de codicilles.

Par conséquent, dans les pays de droit écrit, en adoptant la forme, soit du testament, soit du codicille, on pouvait y faire des donations à cause de mort, ou publiques, ou secrètes, ou olographes, selon la qualité des donateurs et celle des donataires.

1074. De même que, dans ces pays, les aveugles ne pouvaient tester, ni faire un codicille public, sans y appeler un témoin de plus, de même les donations à cause de mort, faites de la part de ceux qui ne voyaient pas, devaient être faites en présence d'un témoin surnuméraire, à moins que le donateur ne fût du nombre des ascendans, et que la donation ne fût faite en faveur d'un de ses descendans.

1075. La même obligation était imposée à celui qui,

ayant voulu faire une donation à cause de mort dans la forme mystique, n'avait pu écrire ni signer ses dispositions (1).

Par conséquent, dans les pays coutumiers, la donation à cause de mort devait avoir la forme publique ou olographe des dispositions testamentaires de ces pays.

1076. Bien plus, dans les temps de peste ou de guerre, il suffisait que la donation à cause de mort fût revêtue des formes prescrites pour ces temps de calamité.

Mais, dans ces cas, la donation à cause de mort ne valait que pendant les six premiers mois qui s'étaient écoulés depuis que les empêchemens de fait et de droit pour donner dans les formes ordinaires avaient cessé, à moins qu'elle ne s'en trouvât revêtue, ou qu'elle n'eût été l'ouvrage d'un soldat ou d'un officier mort au service.

De là venait encore que les témoins des donations à cause de mort devaient être de la même qualité que les témoins testamentaires.

Par conséquent, ils devaient savoir signer et avoir signé la donation à cause de mort, dans tous les lieux et dans tous les cas où leur signature était indispensable, soit dans le testament, soit dans le codicille.

1077. Le caractère des personnes publiques devait être le même ; et il était également indispensable de déclarer, dans les donations à cause de mort, le lieu où elles avaient été faites ; parce qu'il n'était pas moins essentiel de savoir si les formalités du lieu pour les testamens ou les codicilles y avaient observées.

1078. Enfin, les formes exigées pour les testamens et les codicilles devaient être observées avec la même inviolabilité dans les donations à cause de mort. Leur efficacité dépendait de l'observation de ces formes (2).

---

(1) Neque ex quâcunque parte absimilis eis intelligatur. *Leg. ult. cod. de donationibus causâ mortis.*

(2) « Toutes les dispositions de la présente ordonnance qui concernent la date et la forme des testamens, codicilles

1079. Cette règle avait lieu, soit que ces donations fussent expresses, soit qu'elles fussent tacites (1).

Cette maxime avait été consacrée par l'ordonnance des donations; parce que les tribunaux en faisaient auparavant la base de leurs décisions dans cette matière (2).

---

ou autres actes de dernière volonté, et les qualités des témoins, seront exécutées à peine de nullité, sans préjudice des autres moyens tirés des dispositions des lois ou des coutumes ». *Art.* 47 *de l'ordonnance des testamens.*

(1) « Toutes donations à cause de mort ne pourront dorénavant avoir aucun effet, dans les pays mêmes où elles sont expressément autorisées par les lois ou par les coutumes, que lorsqu'elles auront été faites dans la même forme que les testamens ou les codicilles ». *Art.* 3 *de l'ordonnance des donations.*

(2) « Il s'est présenté un cas assez singulier au parlement de Toulouse. Titius, après avoir fait son testament, déclare, par acte public, en présence de deux témoins, qu'il ne veut pas que son héritier demande rien de ce qui lui est dû par Mœvius, son débiteur. Il y eut du doute pour savoir si cet acte devait être considéré comme une acceptation ou quittance gratuite, ou comme une donation à cause de mort; mais le parlement de Toulouse jugea, par arrêt rapporté par M. de Catelan, liv. 2. chap. 22, que c'était une donation à cause de mort, nulle par défaut de formalité, parce qu'il n'y avait pas cinq témoins ». *Furgole, tom.* 4., *chap.* 14, *n.°* 74.

La présence de cinq témoins aux donations à cause de mort était exigée anciennement dans les pays de droit écrit, en vertu de la loi dernière, au code, du titre des donations à cause de mort. *Res procedat si quinque testibus præsentibus aliquis voluerit mortis causâ donationem facere*, dit cette loi.

Section VI.

S'il devait être fait mention de ceux qui avaient droit de légitime dans la donation à cause de mort, lorsqu'elle était faite au profit d'un étranger.

1080. Soit que la donation à cause de mort eût la forme du testament, soit qu'elle eût celle du codicille, elle ne devait gratifier que des personnes présentes, pour conserver sa nature distincte du testament et du codicille. La gratification de personnes absentes lui aurait donné la nature ou du codicille, ou du testament, et on n'aurait pu la distinguer de l'un ou de l'autre acte.

D'ailleurs il n'était pas question d'héritier dans la donation à cause de mort; parce qu'elle n'avait pas la vertu d'en faire.

Par conséquent, il n'était pas nécessaire d'y rappeler ni d'y gratifier ceux qui avaient droit de légitime, quoiqu'elle fût universelle et au profit d'un étranger.

Section VII.

De la révocation du testament par la donation à cause de mort.

1081. La donation à cause de mort était aussi compatible avec le testament que le codicille, puisqu'elle ne faisait pas non plus d'héritier.

Par conséquent, elle ne révoquait point le testament antérieur.

Cependant cette conséquence ne s'appliquait qu'à la

une institution d'héritier ; parce qu'une institution d'héritier pouvait exister sans biens (1).

Mais, quant aux biens et aux autres dispositions, le testament était révoqué pour le tout (2), lorsque la donation à cause de mort était universelle ; puisque, dans le fait, les biens devaient passer à de nouvelles personnes.

Quand la donation était particulière, elle ne retranchait de la disposition testamentaire que les biens donnés.

Ces principes avaient lieu, à plus forte raison, à l'égard du codicille antérieur.

SECTION VIII.

De la révocation de la donation à cause de mort.

1082. La donation à cause de mort était révocable, comme les dispositions de dernière volonté. Dans ce cas, elle avait été assimilée aux legs (3).

Il en était de même des donations entre-vifs que des personnes dangereusement malades avaient faites (4) ; parce qu'au fonds, ce n'était que des donations faites par la crainte de la mort.

---

(1) OEuvres de d'Aguesseau, *tom.* 3, *pag.* 297 *de l'édition* in-8°. *de* 1762.

(2) Si posteà, quam hæredem instituit, donavit : donatio prævalebit. *Leg.* 22, *ff. de donat. inter vir. et uxor.*

(3) Ad exemplum legatorum, mortis causâ donationes revocatæ sunt. *Leg.* 15, § 1, *ff. de mortis causâ donat.*

(4) Donation faite entre-vifs par personne malade de maladie dont on espère la mort de prochain, ou dont la mort s'en suit prochainement, est réputée et censée donation à cause de mort, . . . et est révocable comme donation à cause de mort, et autres dispositions de dernière volonté. *Art.* 36 *du tit.* 14 *de la coutume d'Auvergne.*

Cette disposition était de droit commun dans les pays coutumiers.

1083. Le donateur avait le droit de révoquer la donation à cause de mort, quoique l'événement de la condition qui devait la résoudre ne fût pas encore arrivé (1); car la condition qui était le fondement de cet événement, n'était pas une dérogation à ce droit.

1084. Bien plus, quoique le fils de famille ne pût donner à cause de mort les biens dont son père avait l'usufruit, sans son consentement, néanmoins il avait le droit de la révoquer sans le consentement de son père (2). Ce consentement n'était nécessaire que pour donner.

1085. Les donations à cause de mort pouvaient être révoquées de plusieurs manières.

ARTICLE PREMIER.

De la révocation de la donation à cause de mort par un testament ou un codicille postérieur.

1086. Quoique la donation à cause de mort fût compatible avec le testament et le codicille, néanmoins elle pouvait être révoquée par l'un ou par l'autre, en conséquence d'une volonté contraire, et rendait ces actes incompatibles.

De là venait aussi que la donation à cause de mort était révoquée, non seulement lorsque le testament ou le codicille postérieur la révoquaient spécialement ou généralement; mais encore lorsqu'ils contenaient des dispositions universelles qui la détruisaient (3); deux volontés contraires ne pouvant exister à-la-fois.

---

(1) Mortis causâ donatio etiam dum pendet an convalescere possit donator, revocari potest. *Leg.* 16, *ff. de mortis causâ donat.*

(2) Furgole, *tom.* 4, *chap.* 14, *n°.* 65.

(3) Uxori suæ quis mortis causâ servum donavit: eumque (posteà) cum libertate hæredem scripsit. An valeat institu-

Dans

Dans ce cas, la dernière volonté paralysait nécessairement la première; parce qu'elle ne pouvait être l'effet du repentir qui l'avait produite, sans obtenir sur elle la préférence.

ARTICLE II.

De la révocation de la donation à cause de mort par une autre donation à cause de mort.

1087. La donation à cause de mort universelle révoquait également, de plein droit, la donation à cause de mort antérieure, soit qu'elle fût universelle ou particulière, lorsqu'elle embrassait les mêmes biens (1); parce qu'il y avait parité de raison.

Cependant le fils de famille ne pouvait révoquer une première donation à cause de mort, faite des biens dont son père avait l'usufruit *jure patriæ potestatis*, et de son consentement, par une seconde donation à cause de mort, faite sans le consentement de son père (2). Il ne pouvait les donner de nouveau sans ce consentement.

---

tio quæritur. Et puto, si hoc animo eum scripsit hæredem, quod donationis se dixit pœnituisse : valere institutionem et necessarium hæredem domino servum fieri. *Leg.* 22, *ff. de donat. inter vir. et uxor.*

(1) Donatio causâ mortis censetur revocata per aliam dispositionem posteà de re factam. *Bartholus, ad legem* 22, *ff. de donat. inter vir. et uxor.*

(2) Furgole, *tom.* 4, *chap.* 14, *n°.* 65.

Article III.

De la révocation de la donation à cause de mort par des dispositions entre-vifs.

1088. Une donation de tous biens présens et à venir, ou une institution contractuelle universelle des mêmes biens, révoquait efficacement la donation à cause de mort antérieure (1); parce que l'une et l'autre la dépouillaient des biens qui en avaient été l'objet.

La promesse faite à un enfant, dans son contrat de mariage, de l'égaler à ses frères et sœurs, produisait le même effet (2), par la même raison.

Mais il était nécessaire que ces actes fussent valables, quant à la forme. Sans la forme, ils ne pouvaient exister.

---

(1) Barthole, *ad leg.* 21, *ff. de donat. inter vir. et uxor.*

(2) Me. Camus et sa femme, qui avaient cinq filles et un garçon, promirent, par le contrat de mariage de l'une de leurs filles avec Me. Rouhette, de garder à la future épouse leur fille, ainsi qu'à leurs autres enfans, tant mariés qu'à marier, à chacun leur part et portion héréditaire dans leurs successions; en sorte qu'après leurs décès, ils auraient tous également. Et, par sentence des requêtes du palais, du 3 juin 1760, confirmée par arrêt du 14 juin 1762, il a été ordonné que la succession de Me. Camus, père commun, serait partagée entre tous ses enfans par égale portion, nonobstant que, par un testament de Me. Camus, antérieur au susdit contrat de mariage, il eût fait des avantages considérables à son fils aîné. *Denizart*, verb. *institution contractuelle.*

Argument tiré de cette décision.

Article IV.

De la révocation de la donation à cause de mort par simple déclaration de révocation.

1089. La donation à cause de mort était aussi facile à révoquer que les legs (1).

Par conséquent, une déclaration de révocation, passée devant deux notaires ou un notaire et deux témoins, était suffisante pour révoquer la donation à cause de mort.

A plus forte raison, cette déclaration était-elle suffisante pour redonner l'efficacité à une donation à cause de mort qui avait été détruite par une donation postérieure (2).

1090. C'était par une suite de ce principe que la donation à cause de mort était également révoquée par l'inimitié qui était survenue entre le donateur et le donataire. Mais la réconciliation faisait revivre la donation.

Article V.

De la révocation de la donation à cause de mort par le fait du donateur.

1091. Quand la donation à cause de mort était sous signature privée et en la puissance du donateur, il pouvait la révoquer en déchirant l'acte, ou en bâtonnant sa signature.

---

(1) Quodcunque igitur in legatis juris est, id in mortis causa donationibus erit accipiendum. *Leg.* 37, *ff. de mortis causâ donat.*

(2) Furgole, *tom.* 6, *quest.* 41.

1092. La vente de la chose donnée, qui dépouillait le donateur de la propriété, en privait son donataire après sa mort.

1093. Quant à l'hypothèque, elle ne révoquait point la donation (1); parce qu'elle ne dépouillait pas de la propriété de la chose hypothéquée.

Cette règle avait lieu, quand même la chose léguée eût été spécialement obligée et affectée au paiement d'une dette; parce qu'il y avait parité de raison, si le contraire ne résultait de la volonté du testateur.

ARTICLE VI.

De la révocation de la donation à cause de mort par la condamnation du donateur à la mort civile.

1094. Dans les pays où la condamnation à mort civile emportait la confiscation des biens, elle révoquait la donation à cause de mort (2); parce que le donateur était dépouillé de ses biens avant que la donation ne fût parfaite (3).

Mais dans ceux où la confiscation des biens n'était pas une conséquence de la condamnation à la mort civile, cette condamnation ne révoquait pas la donation à cause de mort (4). Le donateur demeurait propriétaire de ses

---

(1) Qui post testamentum factum prædia quæ legavit pignori vel hypothecæ dedit, mutasse voluntatem circa legatariorum personam non videtur. *Leg.* 3, *cod. de legatis.*

(2) Si aliquis mortis causâ donaverit et pœnâ fuerit capitis affectus, removetur donatio ut imperfecta, quamvis cæteræ donationes sine suspicione pœnæ factæ valeant. *Leg.* 7, *ff. de mortis causâ donat.*

(3) Non videtur perfecta donatio mortis causâ facta antequàm mors insequatur. *Leg.* 32, *ff. eodem titulo.*

(4) Furgole, *tom.* 4. *chap.* 14, *n°.* 63 *et* 64.

biens ; et les dispositions qu'il en avait faites par actes de dernière volonté, tenaient jusqu'à ce qu'il les eût révoquées.

ARTICLE VII.

De la révocation de la donation à cause de mort par survenance d'enfans.

1095. La donation à cause de mort n'était pas révoquée par la survenance d'enfans au donateur ; cette survenance ne révoquait que les donations entre-vifs (1).

La liberté que le donateur avait de révoquer la donation à cause de mort jusqu'au dernier instant de la vie, avait été le motif de cette omission.

1096. La légitimation d'enfans naturels par mariage subséquent était également inefficace.

---

(1) Si unquam libertis patronus filios non habens bona omnia vel partem aliquam facultatum fuerit donatione largitus, et posteà susceperit liberos, totum quidquid largitus fuerit revertatur in ejusdem donatoris arbitrio ac ditione mansurum. *Leg. si unquam cod. de revocandis donat.*

«Toutes donations entre-vifs faites par personnes qui n'avaient point d'enfans ou des descendans actuellement vivans dans le temps de la donation, ... demeureront révoquées, de plein droit, par la survenance d'un d'enfant légitime du donateur, même d'un posthume, ou par la légitimation d'un enfant naturel par mariage subséquent ». *Art.* 39 *de l'ordonnance de* 1731.

Nonobstant des dispositions aussi claires, on avait douté long-temps si cette révocation ne devait pas également s'étendre aux donations à cause de mort.

ARTICLE VIII.

De la révocation de la donation à cause de mort du fils de famille, faite par la révocation du consentement que le père avait donné à la donation.

1097. Le consentement du père à la donation à cause de mort, faite par le fils, des biens dont le père avait l'usufruit, n'était exigé que pour l'intérêt personnel de celui-ci. Lorsqu'il avait donné ce consentement, il ne pouvait plus le retirer, quoiqu'il eût pu le refuser (1).

Par conséquent, il n'était plus en son pouvoir de rendre la donation illusoire par la révocation de son consentement.

TITRE IV.

De la clause codicillaire.

1098. Le testament était l'acte de dernière volonté le plus important, le plus délicat, et le plus compliqué qu'il y eût, en ce genre, dans la société.

Les embarras dont il avait été environné auraient dû faire perdre le goût de le rechercher.

Cependant son importance, qu'on ne pouvait trouver ni dans le codicille, ni dans la donation à cause de mort; lui faisait donner la préférence; parce que chacun était jaloux de faire un héritier.

---

(1) Sicut initio libera potestas unicuique est habendi vel non habendi contractus : ita renuntiare semel constitutæ obligationi adversario non consentiente, nemo potest. Quapropter intelligere debetis voluntariæ obligationi semel vos nexos, ab hâc, non consentiente alterâ parte, cujus precibus fecistis mentionem minimè posse discedere. *Leg. 5, cod. de oblig. et actionib.*

Mais la crainte que les dispositions testamentaires ne devinssent illusoires, on avait la précaution de lui associer la nature du codicille, et celle de la donation à cause de mort, et de faire trois actes à la fois.

1099. Cette association se consommait par cette clause : *et, au cas où mon testament ne valût pas comme testament, je veux qu'il vaille comme codicille, ou donation à cause de mort,* qu'on appelait clause codicillaire; parce qu'elle avait été empruntée du codicille et de la donation à cause de mort.

1100. Cette clause produisait un double effet : le premier, de convertir le testament en codicille, lorsqu'il ne pouvait exister comme testament; et le second, de le convertir en donation à cause de mort, lorsqu'il ne pouvait se soutenir comme codicille.

Cette clause introduite à l'effet de tempérer la rigueur du droit civil sur les testamens, nous avait été transmise par les Romains qui attachaient une grande importance aux actes de dernière volonté (1).

---

(1) Similes destinaverat communi jure testari, antè defecerit quàm testaretur : Pomponius dubitat. Sed cur non in militè diversum probet? Neque enim qui voluit jure communi testari, statim beneficio militari renunciavit. Nec credendus est quisquam genus testandi eligere ad impugnanda sua judicia : sed magis utroque genere voluisse, propter fortuitos casus, quemadmodum plerique pagani solent, cum testamentum faciunt, per scripturam adjicere, velle hoc etiam vice codicillorum valere. Nec quisquam dixerit si imperfectum sit testamentum, codicillos non esse. Nam secundùm nostram sententiam etiam divus Marcus rescripsit. *Leg.* 3, *ff. de testamento militis.*

Ex his verbis quæ scriptura paterfamilias addidit, *testamentum hoc meum omni jure valere volo*, videri eum voluisse omnimodo valere ea quæ reliquit, etiamsi intestatus decessisset. *Leg.* 29, § 1, *ff. qui testamenta facere possunt.*

Lucius Titius hoc meum testamentum scripsi sine ullo

1101. La clause codicillaire devait être exprimée dans les testamens (1), quand même ils auraient eu la cause pie pour objet ; parce que la conversion du testament en codicille ou en donation à cause de mort ne se présumait pas.

1102. C'était par une suite de ce principe que, lorsque la clause codicillaire ne parlait que du codicille, on ne pouvait l'étendre à la donation à cause de mort. Cette clause était de droit étroit.

Cependant, lorsqu'on avait ajouté *ou autre meilleure manière*, ces termes se rapportaient nécessairement à la donation à cause de mort (2) ; parce qu'elle venait après le testament et le codicille.

---

juris perito, rationem animi mei potiùs secutus, quàm miseram et nimiam diligentiam : et si minus aliquid legitimè, minusve peritè fecero, pro jure legitimo haberi debet hominis sani voluntas. Deinde hæres instituit. Quæsitum est intestati ejus bonorum possessione petita, an portiones adscriptæ ex causâ fideicommissi peti possunt ? Respondi, secundùm ea quæ proponerentur, posse. *Leg.* 88, § *ult.*, *ff. de legat.* 2.

(1) Alioqui si non valuit ea scriptura, quam testamentum esse voluit, codicillos non faciet, nisi hoc expressum est. *Leg.* 41, § 3, *ff. de vulg. et pupill. subst.*

La loi première, *ff. de jure codicillorum*, et la loi dernière, paragraphe premier, au code *de codicillis*, avaient une semblable disposition.

(2) Quod si filius testetur de consensu sui patris adjiciendo dictam clausulam hoc modo, *si non valet, ut testamentum, valeat jure codicillorum, aut cujuslibet alterius ultimæ voluntatis.* Et tunc cum facta expressa enumeratione testamenti et codicillorum illa verba generalia *cujuslibet alterius*, non possunt referri ad aliam voluntatem, cum ultra testamentum et codicillos non sit alia ultima voluntas, quàm donatio causâ mortis. Tunc dicta verba operantur idem, ac si facta foret specialis mentio de donatione causâ mortis. *Benedicti, ad cap. Raynutius*, in verb. *matrem insuper cleram*, *n°.* 47.

Au reste, il n'y avait point de termes consacrés pour exprimer la clause codicillaire. La clause que le testament vaudrait de la manière qu'il pourrait valoir (1), avait le même effet que celle qui a été ci-dessus développée ; attendu qu'elle se rapportait également au codicille et à la donation à cause de mort.

1103. La clause codicillaire n'était efficace que dans les testamens des pays qui étaient régis par le droit écrit, et qui avaient une forme différente des codicilles et des donations à cause de mort.

Par conséquent, elle était inefficace dans les testamens qui n'avaient que la forme des codicilles et des donations à cause de mort.

De là venait aussi que cette clause n'était d'aucun secours dans les testamens des pays coutumiers ; parce que les testamens et les codicilles étaient un même acte dans ces pays.

SECTION PREMIÈRE.

Dans quel cas la clause codicillaire faisait valoir le testament comme codicille.

1104. Selon l'usage, la clause codicillaire faisait valoir le testament comme codicille dans quatre cas : le premier, lorsque le testament péchait par le nombre de témoins, ou le défaut de leurs qualités ; le second, lorsque le tes-

---

(1) Clausula codicillaris inducitur ex aliis verbis æquipollentibus, putà si testator in suo testamento minùs solemni talia aut similia dixerit verba : *volo testamentum meum valere omni meliori modo quo valere poterit.* Nam ex his aut similibus verbis inducitur clausula codicillaris. Cum sensus dictorum verborum sit, quod si non possit valere ut testamentum, saltem valeat ut codicillus aut donatio causâ mortis. *Benedicti*, *ad cap. Raynutius* in verbo *testamentum* 111, *numer.* 18 *et* 19.

tament ne contenait point d'institution d'héritier ; le troisième, lorsque l'institution devenait caduque par le prédécès ou l'incapacité de l'institué (1); et le quatrième, lorsque le testateur avait été fils de famille au temps du testament, et qu'il était décédé père de famille.

1105. Le testament auquel il manquait des témoins, ou qui n'avaient pas les qualités requises pour le faire valoir comme tel, valait comme codicille; parce qu'il ne fallait pas le même nombre de témoins pour un codicille.

1106. Le testament qui ne contenait point d'institution d'héritier ni universelle ni particulière, valait comme codicille, puisque le codicille n'exigeait pas d'institution d'héritier.

1107. Le testament qui était caduc par le prédécès ou l'incapacité de l'héritier institué, devenait également codicille ; car il était égal que l'institution devînt inutile par la caducité, ou qu'elle eût manqué dans le principe.

1108. Le testament du fils de famille, qui contenait la clause codicillaire, valait comme codicille lorsqu'il mourait père de famille ; parce que le codicille du fils de famille était valable lorsqu'il décédait père de famille (2).

1109. Dans tous ces cas, le testament était encore valable, quand le testateur avait chargé ses héritiers *ab intestat* de fidéicommis (2). Cette charge, imposée aux héritiers

---

(1) « Lorsque le testament contiendra la clause codicillaire, et que l'institution d'héritier ne sera sans effet qu'à cause d'un défaut de solennité ou de caducité de ladite institution.... *Art. 57 de l'ordonnance des testamens.*

(2) Siquis codicillos fecerit et deindè emancipatus decesserit : quæritur an ex codicillis legata debeantur ?.... Dicemus codicillos valere. *Leg.* 8. § *ult. ff. de jure codicillorum.*

(3) Ex testamento quod jure non valet, nec fideicommissum quidem, si non ab-intestatò quoque succedentes rogati probentur, peti potest. *Leg.* 29, *cod. de fideicommissis.*

ab intestat, opérait le même effet que la clause codicillaire.

Cette clause était connue sous le nom de clause fidéicommissaire (1).

1110. Dans tous ces cas, le testament postérieur, quoique imparfait, révoquait le testament antérieur parfait, quant aux legs (2).

Mais il était à remarquer que les dispositions du testament, qui étaient rendues inefficaces par la prétérition, n'étaient pas valables par la clause codicillaire (3), ni par la clause fidéicommissaire.

Section II.

Dans quel cas il était nécessaire que le testament valût comme donation à cause de mort, en vertu de la clause codicillaire.

1111. La conversion du testament en donation à cause de mort était nécessaire lorsque le fils de famille avait fait un testament du consentement de son père, et que ses biens n'étaient ni *castrenses*, ni *quasi-castrenses*; parce que le fils de famille qui était dans l'incapacité de tester, ne pouvait point faire de codicille. Il avait seulement la

---

(1) Furgole, *tom.* 4, *chap.* 13, *n.°* 19.

(2) Si talis clausula codicillaris apponatur in secundo testamento invalido, tollit primum testamentum quoad legata. Benedicti, *ad cap. Raynutius* in verbo *testamentum III*, *num.* 17.

(3) « En cas de prétérition d'aucun de ceux qui ont droit de légitime, le testament sera déclaré nul, quant à l'institution d'héritier, sans même qu'elle puisse valoir comme fidéicommis, quand même le testament contînt la clause codicillaire. *Art.* 53 *de la même ordonnance.*

faculté de faire une donation à cause de mort, avec le consentement de son père. Il était donc essentiel, dans ce cas, que le testament du fils de famille invoquât à son secours la donation à cause de mort, soit expressément, soit équipollemment, pour donner l'efficacité à ses dispositions.

SECTION III.

Des conditions requises pour que la clause codicillaire soutînt le testament.

1112. Le testament n'était converti en codicille ou en donation à cause de mort, en conséquence de la clause codicillaire, que lorsque le testateur était capable de faire des codicilles ou des donations à cause de mort. Cette condition était évidemment essentielle.

Cependant il suffisait que le testateur décédât père de famille et citoyen, quoiqu'il eût été, lors du testament, ou fils de famille ou dans le réat; parce qu'en matière de codicille, on ne considérait la capacité du disposant qu'au temps de son décès.

1113. Il fallait encore que le testament se trouvât revêtu de la forme du codicille. Sans cette forme, il n'aurait pu devenir ni codicille, ni donation à cause de mort.

Quant à l'effet de la clause codicillaire, *voyez* ci-après distinction II, livre Ier, titre II, section Ire, art I., § I, II et III, sections II et III, articles I, II, III et IV.

TITRE V.

Du partage des biens par acte de dernière volonté.

1114. La loi, en permettant à l'homme de disposer de ses biens en faveur des étrangers, lui avait, à plus forte raison, permis de les distribuer entre ses parens (1).

1115. De ce droit dérivait nécessairement celui de les diviser entre ses propres héritiers.

Aussi elle avait ordonné aux héritiers d'y déférer (2).

1116. Cette division était également un acte de dernière volonté (3); parce qu'elle ne devait avoir lieu qu'après le décès de son auteur.

Par conséquent, elle était révocable jusqu'au moment de son décès.

---

(1) Disponat unusquisque super suis. *Novelle* 22, *chap.* 2.

(2) Quotiens inter omnes hæredes testator successionem suam dividit, ac singulos certis possessionibus cum mancipiis quæ in eisdem sunt constituta, jubet esse contentos: voluntati obtemperandum esse manifestum est. *Leg.* 10, *cod. de familiæ erciscundæ.*

(3) Si pater inter filios bona divisit et onera æris alieni pro modo possessionum distribuit, non videri simplicem donationem, sed potiùs fecisse supremi judicii divisionem, Papinianus ait. *Leg.* 20, § 2, *ff. de familiæ erciscundæ.*

Section première.

Qui avait le droit de diviser ses biens entre ses héritiers.

1117. Le droit naturel semblait avoir donné cette faculté à tous les hommes.

Cependant le droit romain l'avait restreinte aux ascendans (1); et le droit français n'avait pas été plus indulgent (2), si l'on excepte un très-petit nombre de coutumes qui l'avaient étendue aux collatéraux (3).

1118. Cette faculté n'appartenait point aux descendans envers leurs ascendans (4).

1119. Bien plus, l'aïeul et l'aïeule en étaient privés, dans les coutumes qui ne parlaient que du père et de la mère (5); car cette faculté était de droit étroit.

---

(1) Constantino divæ memoriæ lex scripta est per antiquæ conjecturæ simplicitatem : porrò causarum varietas et natura eas frequenter mutans egere leges illas emendatione nostrâ præparavit. Dicit itaque; lex oportere morientium voluntates quando sunt parentes, omnibus modis inter filios tenere.... Insuper et Theodosius decrevit non in patribus solùm hoc disponens, sed etiam matribus et ascendentibus utriusque naturæ. *Nov.* 107, *in præf.*

Si quis enim dividat proprias res inter ipsos filios hoc firmum esse secundùm nostram constitutionem quam ob hoc posuimus. *Novelle*, *ibid. chap.* 3.

(2) Coutume de Bourgogne, *chap.* 7, *art.* 8. Coutume de Bourbonnais, *art.* 216. Coutume de Bretagne, *art.* 560. Coutume d'Amiens, *art.* 49 et 94. Coutume de Péronne, *art.* 107. Coutume de Nivernois, *chap.* 34, *art.* 17.

(3) Coutumes d'Amiens et de Péronne, mêmes articles.

(4) Novelle. *Ibid.*, *locis citatis.*

(5) Coutume de Bourbonnais, *art.* 216.

SECTION II.

Si tous les biens d'une personne devaient faire partie de ce partage.

1120. La distribution des biens entre les héritiers était aussi volontaire que la disposition même.

Par conséquent, celui qui adoptait cette manière de disposer, avait la liberté de ne leur distribuer qu'une partie de ses biens (1).

1121. Après sa mort, le surplus de ses biens se divisait entre eux par égale portion, quand il n'en avait pas disposé autrement (2). La loi les y appelait également.

1122. Cette règle s'appliquait également aux biens qu'il avait postérieurement acquis ; parce qu'ils faisaient partie de sa succession.

1123. Elle avait lieu, quand même tous les héritiers n'auraient pas été appelés à l'acte de partage ; car ce qui avait été assigné en vertu de cet acte était considéré comme un préciput (3).

---

(1) Siquis voluerit suas res filiis aut dividere, aut omnes, aut etiam aliquas fortè relinquere præcipuas. *Novelle* 18, *cap.* 8.

(2) Si cogitatione futuræ successionis officium arbitri dividendæ hæreditatis præveniendo pater communis judicio suo, qualicunque judicio suam declaraverit voluntatem : inter eos qui ei successerunt familiæ dividendæ causâ datus arbiter. *Leg.* 21, *cod. de familiæ ercisc.*

(3) Pro virili præterea portione eorumque nulli generalitèr vel specialiter adsignaverit, factâ divisione in adjudicando patris sequetur voluntatem. *Lege eâdem.*

SECTION III.

Si l'égalité devait être observée dans ce partage.

1124. L'égalité était l'ame et la base des partages, et le but de la loi était, sans contredit, que le testateur l'observât dans ce cas.

Cette règle devait être observée strictement dans les coutumes d'égalité; parce qu'elles n'avouaient le partage des biens que sous cette condition.

1125. Suivant l'article 160 de la coutume de Bretagne, la loi de l'égalité était violée, quand une part excédait les autres d'un sixième.

Cette disposition était regardée par les auteurs comme devant servir de droit commun (1).

1126. Mais, dans le pays de droit écrit, l'inégalité des lots était permise (2); elle était une conséquence du droit d'y disposer inégalement des biens au profit des héritiers.

Dans ce cas, l'enfant dont le lot était inférieur à sa légitime, n'avait que le droit d'en demander le supplément

1127. Dans les coutumes où les pères et mères pouvaient faire le partage de leurs biens entre leurs enfans, il ne leur était pas permis de préjudicier au droit d'aînesse. Ce droit avait été introduit pour la conservation

(1) Collection des décisions nouvelles, *tom.* 6, *pag.* 207, § 2, *n°.* 2, à la fin.

(2) Parentibus arbitrium dividendæ hæreditatis inter liberos adimendum non est; dummodò non minùs is qui pietatis sibi conscius est, partis quæ ab-intestato defuncto potuit ad eum pertinere quartam ex judicio parentis obtineat. *Leg.* 8, *cod. de inoff. testam.*

des

des maisons illustres; et c'était une espèce de légitime coutumière à laquelle le père ne pouvait porter aucune atteinte (1).

Section IV.

Forme de ce partage.

1128. Quand ce partage n'était pas fait par testament, l'acte particulier qui le contenait devait avoir une forme probante, avouée par la loi (2).

1129. En pays de droit écrit, cet acte devait être reçu par deux notaires, ou un notaire et deux témoins (3).

Il pouvait être olographaire; mais, dans ce cas, il devait être entièrement écrit, daté et signé de la main du disposant (4).

---

(1) Brodeau, sur Louet, *lettre P*, *sommaire* 24. Ferrières, sur la novelle 107, *chap. 5, nombre* 9.

(2) « Les actes de partage faits entre enfans et descendans, pour avoir lieu après la mort de ceux qui les font, dans les pays où ces actes sont en usage, ne seront valables, s'ils ne sont revêtus d'une des formes portées par les deux articles précédens ». *Art.* 17 *de l'ordonnance des testamens.*

(3) « Le nombre de témoins requis ne sera point nécessaire pour la validité des testamens, codicilles ou autres actes de dernière volonté faits entre enfans et descendans, dans les pays qui sont régis par le droit écrit; et il suffira que lesdits actes soient faits en présence de deux notaires ou tabellions, ou d'un notaire et de deux témoins ». *Art.* 15 *de la même ordonnance.*

(4) « Voulons pareillement que les testamens, codicilles et autres dispositions à cause de mort, qui seront entièrement écrits, dates et signés de la main du testateur ou de la testatrice, soient valables dans les pays de droit écrit, entre les enfans et descendans ». *Art.* 16 *de la même ordonnance.*

1130. Ces formes étaient reçues dans les pays de coutume ; mais on devait y ajouter les formalités que les coutumes et statuts y exigeaient (1), et qui y étaient également nécessaires.

Par exemple, dans la coutume de Bretagne, l'avis de quatre parens des enfans devait concourir à ce partage. (2).

D'autres exigeaient la présence des enfans et leur consentement (3).

Section V.

Si les enfans devaient être institués héritiers dans cet acte de partage.

1131. L'institution d'héritier n'était pas nécessaire dans les actes de partage. Ces actes n'étaient que des dispositions *ab-intestat* (4), qui valaient comme codicilles.

Par conséquent, la prétérition d'un enfant n'annullait point ce partage.

Donc l'enfant prétérit était réduit au droit de demander sa légitime à ceux de ses frères et sœurs à qui les biens avaient été distribués.

1132. Cependant, dans les coutumes d'égalité, l'omission de la part d'un enfant dans l'acte de partage ren-

---

(1) « .... Et seront, en outre, observées les autres formalités prescrites par les lois, coutumes ou statuts qui autorisent lesdits actes ». *Suite de l'art.* 17 *ci-dessus.*

(2) Coutume de Bretagne, *art.* 560.

(3) Serres, sur les testamens, *pag.* 84, *édition de* 1756.

(4) Non est testamentum sed ut voluntas ab intestato, *dicit glosa in lege decimâ*, *cod. de familiæ erciscundæ.*

Lebrun, des successions, *liv.* 4, *chap.* 1, *nomb.* 8. *Observations de M. Espiard.*

dait le partage nul; parce que la faculté d'en avantager l'un plus que l'autre y était proscrite.

La survenance d'un enfant légitime devait nécessairement produire le même effet.

La légitimation d'un enfant naturel, par mariage subséquent, qui y équipollait, n'était pas moins efficace.

SECTION VI.

Si cet acte de partage pouvait être fait conjointement.

1133. Quoique ce partage fût un acte dispositif, néanmoins un père et une mère avaient le droit de le faire conjointement, bien que certains enfans y fussent plus avantagés que les autres, parce que la loi ne distinguait point (1).

La faveur des enfans avait fait maintenir cet usage.

1134. Le même droit appartenait à l'aïeul et à l'aïeule, dans les pays où ils n'étaient pas exclus de l'exercice d'un droit aussi naturel.

---

(1) « Abrogeons l'usage des testamens ou codicilles mutuels ou faits conjointement, soit par mari et femme, ou par d'autres personnes; voulons qu'à l'avenir ils soient regardés comme nuls et de nul effet dans tous les pays de notre domination; sans préjudice néanmoins de l'execution des actes de partage entre enfans et descendans. » *Art. 77 de l'ordonnance des testamens.*

Section VII.

Si la survie du disposant était nécessaire dans cet acte.

1135. Le droit commun n'exigeait l'existence du disposant que pour tout le temps qui était nécessaire à la perfection de l'acte de partage.

Cependant la coutume du duché de Bourgogne et celle du Bourbonnais exigeaient la survie du disposant, l'une de vingt jours et l'autre de quarante, pour la validité d'un acte de partage (1).

1136. La disposition de ces coutumes était un statut réel, et cette survie n'était nécessaire que pour les biens qui étaient situés dans leurs territoires (2).

Dans ces coutumes, quand le partage était fait par acte privé, écrit, daté et signé de la main de celui qui l'avait fait, il fallait, ou un acte de reconnaissance par-devant

(1) Coutume du duché de Bourgogne, *tit.* 7, *art.* 6. Coutume du Bourbonnais, *art.* 216.

(2) « Voulons que les dispositions de l'article 6 du titre 7 de la coutume du duché de Bourgogne, et l'article 216 de la coutume du Bourbonnais, sur la nécessité de la survie pour la validité des actes de partage entre enfans et descendans, aient leur entier effet, lorsque les biens compris dans lesdits actes seront situés dans les lieux régis par lesdites coutumes; et que lesdites dispositions n'en aient aucun, lorsque lesdits biens seront situés ailleurs. Et, en cas que partie des biens soit située dans lesdites coutumes, et partie dans des pays où la condition de survie pour lesdits actes n'est pas exigée, les contestations qui pourront naître pour savoir si lesdits actes doivent avoir effet en partie, ou n'en avoir aucun pour le tout, seront décidées par les juges qui en doivent connaître, ainsi qu'elles ont pu ou dû l'être par le passé ». *Art.* 75 *de l'ordonnance des testamens.*

notaires, ou un acte public du dépôt du partage olographe, afin de connaître si celui qui avait disposé de la sorte avait survécu le temps requis pour le rendre valable (1). Les écrits privés n'avaient pas de date certaine contre les tiers.

SECTION VIII.

De la révocation de l'acte de partage.

1137. De ce que les actes de partage n'étaient considérés que comme des dispositions à cause de mort, il s'ensuivait qu'ils étaient sujets à la même révocation; car la volonté qui leur avait donné l'être, n'ayant été liée par aucun contrat, avait conservé le droit de changer (2).

Cette règle avait lieu, quoique l'acte de partage eût été fait en conséquence d'un avis de parens (3); parce que cet avis de parens n'avait été exigé que pour le former, et non pour le rendre irrévocable.

De là venait aussi qu'il ne fallait pas un avis de parens pour le révoquer.

1138. La nécessité de la présence et du consentement des enfans à l'acte de partage, n'avait pas plus de force contre cette révocation; car l'un et l'autre n'avaient été également exigés que pour le former (4):

---

(1) Auroux-Despommiers, *sur l'art.* 216 *de la coutume du Bourbonnais*, *nomb.* 20.

(2) Ambulatoria est enim voluntas defuncti usque ad vitæ supremum exitum. *Leg.* 4, *ff. de adim. vel transf. leg.*

(3) Coutume de Bretagne, *art.* 560.

(4) In omnibus quæ concernunt futuram alicujus successionem, consensus et voluntas ejusdem mutabilis est, et ambulatoria usque ad mortem. Dumoulin, *sur l'art.* 8 *de la coutume de Paris*, *glos.* 1, *nomb.* 51.

TITRE VI.

De la démission de biens par acte de dernière volonté.

1139. L'homme avait également le droit de devancer l'ouverture de sa succession, et d'abandonner ses biens à ses parens (1).

L'acte qui était l'ouvrage de ce dévouement généreux, s'appelait démission (2).

Il avait été introduit par le droit français (3), pour satisfaire les affections naturelles.

1140. Cet acte ne s'accomodait ni avec la donation entre-vifs ni avec la donation à cause de mort; il n'était que l'effet de la loi sur les successions (4).

Cependant il empruntait quelquefois la nature du contrat et des actes de dernière volonté, comme on pourra le remarquer ci-après.

SECTION PREMIÈRE.

Qui avait le droit de prévenir l'ouverture de sa succession par une démission de biens.

1141. Il appartenait au père et à la mère, et autres ascendans, de devancer les vœux de la nature et de la loi (5), et de consommer, de leur vivant, leur ouvrage. Il

---

(1) Lebrun, des successions, *liv.* 1, *chap.* 1, *sect.* 5, *nomb.* 2 *et* 3.

(2) Ferrières, dictionnaire de pratique, *verbo* démission.

(3) Œuvres de Furgole, *tom.* 3, *chap.* 8, *sect.* 1, *n°.* 168.

(4) Pothier, dans son appendice *sur le titre des successions de la coutume d'Orléans*, *nomb.* 2 *et* 3.

(5) Ferrières, *ibid.*, *verbo* démission.

n'y avait pas d'inclination plus vive et plus naturelle que celle de nantir de ses biens ceux à qui on avait donné la vie.

1142. Les collatéraux avaient aussi ce droit (1).

Il leur était également permis de céder aux impulsions des affections naturelles.

Le désir de vivre en repos avait quelquefois beaucoup contribué à ces dépouillemens précoces.

SECTION II.

En faveur de qui cette démission devait être faite.

1143. Dans la démission des biens dont il s'agit, on devait suivre la loi des successions *ab-intestat*.

Par conséquent, cette démission ne pouvait être faite qu'en faveur des héritiers présomptifs du démettant (2). Il n'y avait qu'eux qui fussent appelés par la loi, et envers lesquels on pût anticiper le droit successif légal.

1144. Il était même nécessaire que cette démission fût faite en faveur de tous les héritiers qui étaient alors dans l'ordre de succéder au démettant, soit de leur chef, soit au moyen de la représentation (3). Ce n'était qu'ainsi qu'on pouvait imiter la loi, en la prévenant.

D'ailleurs la succession n'aurait point été anticipée par l'avancement d'hoirie fait à une partie des héritiers.

---

(1) Lebrun, des successions, *liv.* 1, *chap.* 1, *sect.* 5, *nomb.* 6.

(2) Lebrun, des successions, *liv.* 1, *chap.* 1, *sect.* 5, *n°.* 3.

(3) Ferrières, *ibid.*, *verbo* démission.

Section III.

Quels biens elle devait comprendre.

1145. Cette démission devait comprendre tous les biens du démettant (1); parce qu'en prévenant le cas de la mort, elle devait produire le même effet que l'ouverture de sa succession.

1146. C'était par une suite de ce principe que le démettant devait, par cet acte, se dépouiller de la propriété et de la possession de ses biens.

Cependant il pouvait s'en réserver l'usufruit (2); car on n'exigeait de sa part que l'abandon de la possession civile, et la réserve de l'usufruit en était la preuve solennelle et authentique.

Il pouvait même se réserver la faculté de disposer de quelques effets (3); parce que la démission n'embrassait pas moins la généralité des biens, quand il n'y avait de réserve que d'objets particuliers.

---

(1) Ferriéres, dictionnaire de pratique, *verbo* démission. Boullenois, en ses questions *sur les demissions de biens*, *quest.* 3.

(2) Œuvres de Furgole, *tom.* 3, *chap.* 8, *sect.* 1, *n°.* 185. Collection des décisions nouvelles, *tom.* 6, verb. *démission de biens*, §. 1, *nomb.* 5.

(3) Ferrières, *ibid.* Collection des décisions nouvelles, *ibid.*

SECTION IV.

Des conditions dont cette démission était susceptible.

1147. La démission de biens était un contrat susceptible de toutes sortes de conventions (1), pourvu qu'elles ne fussent pas contraires aux lois, ni à la nature de cet acte.

Ainsi, le démettant ne pouvait donner à ses biens une qualité qu'ils n'avaient pas, ni par conséquent intervertir l'ordre des successions *ab-intestat*, en ordonnant que ses meubles tiendraient nature de propre du coté et ligne aux démissionnaires (2).

Il lui était interdit de rien changer à l'ordre de succéder établi par la loi.

1148. C'était par une suite de ce principe qu'il ne pouvait pas se démettre de ses biens meubles et acquêts, au profit de ceux qui n'étaient pas appelés par la coutume à cette nature de biens, ni de ses propres au profit de ses ascendans, au préjudice de ses parens, du côté et ligne de ces mêmes propres; ni, par conséquent, se démettre de ses propres paternels au profit de ses héritiers maternels, ni des propres maternels en faveur de ses héritiers paternels (3). Il devait abandonner ses biens à ses héritiers, de la même manière que la loi les leur déférait.

1149. L'infraction de ces règles ôtait à l'acte le mérite de la démission : il n'en avait plus la nature.

Dans ce cas, c'était un acte d'une autre nature qu'il fallait juger par ses clauses et son objet, quoiqu'il fût qua-

---

(1) Perchambaut, *sur la coutume de Bretagne*, *tit.* 23 *des successions*, §. 49.

(2) Ferrières, dictionnaire de pratique, *verbo* démission.

(3) Lebrun, des successions, *liv.* 1, *chap.* 1, *sect.* 5, *nomb.* 6.

lifié de démission de biens; parce que cette qualification ne lui donnait pas la nature qui lui manquait (1).

SECTION V.

De la forme de cette démission.

1150. La démission de biens était un contrat (2).

Par conséquent, il ne pouvait se former sans le concours du consentement des héritiers présomptifs.

De là était née la maxime que nul n'était démissionnaire qui ne voulait.

Cependant des enfans pouvaient être contraints d'accepter la démission de biens de leurs père, mère et aïeuls, lorsqu'ils ne pouvaient vivre du produit de leurs biens, et de leur fournir une pension (3).

Cette exception était fondée sur les lois de la nature, qui ordonnent aux enfans de nourrir leurs pères et mères indigens.

Cette pension devait être proportionnée aux biens abandonnés et aux facultés des enfans; parce que personne n'est tenu à l'impossible.

1151. Indépendamment du consentement des héritiers, il était nécessaire que cette démission fût faite par forme d'universalité, et non à titre singulier. C'était une succession anticipée; et une succession ne se déférait qu'à titre d'universalité (4).

---

(1) Contractus nominantur ab effectu et vi ipsorum, non autem à denominatione partium contrahentium. Tiraqueau, *dans son traité des retraits*, *pag.* 227, *nomb.* 87 *et* 478, *nomb.* 34 *et suiv.*, enseigne cette regle de droit.

(2) Ferrières, dictionnaire de pratique, *verb.* démission de biens. Furgole, *tom.* 3, *chap.* 8, *sect.* 1, *nomb.* 186.

(3) Furgole, *ibid.*

(4) Ferrières, dictionnaire de pratique, *verbo* démission.

1152. A l'égard de la forme extérieure de cette démission, c'était, d'une part, un acte de même nature que celui qui avait été inventé pour les partages, une disposition *ab-intestat ;* et, de l'autre, un contrat qui n'invoquait pour sa perfection que la forme des actes entre-vifs.

Par conséquent, cette démission devait être faite par-devant deux notaires, ou un notaire en présence de deux témoins, ou par acte sous signatures privées (1), les héritiers présens et acceptans.

Cependant il était plus utile aux démissionnaires que la démission fût faite par acte authentique; parce que, dans ce cas, elle avait une date certaine.

SECTION VI.

De l'effet de cette démission.

1153. La démission de biens devait nécessairement imiter les opérations de la loi qu'elle prévenait.

Par conséquent, elle dépouillait, du jour de sa date, le démettant de la propriété et de la possession de ses biens, et en saisissait les démissionnaires ; parce que, par fiction, le démettant devait être réputé mort du jour de la démission (3).

Par suite de cette conséquence, les démissionnaires étaient assujettis au paiement des dettes du démettant : elles suivaient les biens (4).

---

(1) Furgole, *tom.* 3, *chap.* 8, *sect.* 1, *n°.* 184.

(2) Ferrières, dictionnaire de pratique, *verbo* démission.

(3) Tantùm operatur fictio in casu ficto, quantùm veritas in casu vero. *Regulâ juris.*

(4) Qui sentit commoda debet etiam sentire et incommoda. *Regulâ juris.*

Les biens ne leur passaient qu'à cette condition ; et de là venait qu'ils en étaient tenus personnellement (1) : ils étaient censés avoir tacitement contracté avec les créanciers.

Néanmoins, comme, pendant la vie du démettant, ils ne pouvaient pas être héritiers, et que ce n'était qu'à raison de l'acceptation de l'universalité de ses biens qu'ils étaient tenus personnellement de ses dettes, cette obligation personnelle ne les liait que jusqu'à concurrence de la valeur des biens. (2).

1154. Quand les démissionnaires prédécédaient le démettant, ses biens passaient à leurs enfans (3). Ils y étaient tacitement appelés à défaut de leurs pères.

1155. Et, lorsque l'un d'eux seulement décédait sans laisser des enfans, sa portion accroissait aux autres, au préjudice du démettant (4) ; parce que la démission emportait avec elle une expropriation générale au profit de tous les héritiers présomptifs, qui avaient tous une aptitude à recueillir solidairement l'universalité des biens qui ne se partageaient qu'à cause du concours. Or, celui d'entre eux qui prédécédait, cessait de concourir. Donc le concours de ceux qui restaient, effaçait et anéantissait le droit du prédécédant.

1156. Ce droit d'accroissement avait également lieu, lorsque l'un des démissionnaires perdait la vie civile par la condamnation capitale (5) ; car cette condamnation opérait le même effet que la mort naturelle.

---

(1) Ferrières, *ibid.*

(2) Furgole, *tom.* 3, *chap.* 8, *sect.* 1, *n°.* 189.

(3) Ferrières, dictionnaire de pratique, *verbo* démission. Furgole, *ibid.*, *n°.* 190.

(4) Ferrières, *ibid.* Furgole, *ibid.* Collection des décisions nouvelles, *tom.* 6, *verb.* démission de biens, §. 1, *n°.* 8.

(5) Ferrières, *verbo* démission. Furgole, *tom.* 3, *chap.* 8, *sect.* 1, *n°.* 190.

1157. Ces maximes avaient lieu, même dans les coutumes où la représentation en ligne directe était inconnue, quoique le démissionnaire prédécédé eût laissé des enfans (1); parce que la qualité d'héritier présomptif était la cause de cette démission.

Dans ces coutumes, les enfans du démissionnaire ne pouvaient être censés appelés à défaut de leur père; car ils étaient exclus par leurs oncles et tantes.

1158. Dans tous ces cas, ceux qui recueillaient la portion du démissionnaire prédécédé, étaient libérés des hypothèques qu'il avait contractées sur la part qui lui avait appartenu des biens démis; parce qu'ils la prenaient *jure proprio*.

SECTION VII.

De la révocation de cette démission.

1159. La démission de biens dont il s'agit était la tradition anticipée de la succession, et la volonté de l'homme était, à cet égard, très-ambulatoire (2).

Par conséquent, cette démission ne saisissait incommutablement les démissionnaires, qu'au moment du décès du démettant.

Le démettant avait donc le droit de la révoquer jusqu'au moment de son décès.

Le droit français (3) était d'accord, sur ce point, avec le droit romain.

---

(1) Ferrières, *ibid.*

(2) Pactum quo disponitur de hæreditate viventis, non valet; nisi ille consenserit, et in eodem consensu perseveraverit usque ad mortem. *Leg. ult.*, *cod. de pactis*.

(3) Coutume de Bourbonnais, *art.* 216. Coutume de Nivernois, *tit.* 34, *art.* 17. Coutume de Bourgogne, *tit.* 7, *atr.* 8.

Leurs dispositions formaient le droit commun.

1160. Ce droit ne lui était ravi ni par la garantie qu'il avait promise lors de l'acte de démission (1), car il ne lui était pas possible de se mettre au-dessus d'une inconstance qu'il lui était impossible de prévoir;

Ni par la longue possession de ses démissionnaires (2), car une possession, quelque longue qu'elle fût, ne pouvait changer la nature de l'acte en vertu duquel ils possédaient;

Ni par la transmission des biens aux enfans du démissionnaire, ni par le partage qui en aurait pu être fait (3), parce que l'acte de démission était le même à leur égard.

1161. Non seulement la démission expresse était sujette à révocation, mais même tous les actes qui en avaient intrinsèquement la nature (4).

Ainsi, les donations entre-vifs qui étaient faites de tous

---

(1) Lebrun, des successions, *liv.* 1, *chap.* 1, *sect.* 5, *n°.* 10.

(2) Ferrières, dictionnaire de pratique, *verbo* démission.

(3) Arrêt du 14 mai 1647, rapporté au Journal des audiences, *liv.* 5, *chap.* 16.

Cet arrêt avait jugé valide l'acte par lequel une mère avait révoqué sa démission; quoiqu'au temps de la révocation, les choses ne fussent plus entières, la mère avait fait remise à son fils aîné de la pension qu'elle s'était réservée; le lot de l'aîné avait fait souche par son prédécès, et par celui de l'aîné des enfans, petit-fils de la donante. « Ni la remise de la pension réservée, dit le journaliste, ni la transmission, par le décès de l'aîné, aux petits enfans ne changent la nature de l'acte primordial, et ne peuvent déroger au principe du droit naturel, que rappela dans cette cause M. l'avocat général Talon: *Non est successio personæ viventis, et improbum Julianus existimat eum qui sollicitus est de vivi hæreditate.* »

(4) Lebrun, des successions, *liv.* 1, *chap.* 1, *sect.* 5, *n°.* 8. Boucheuil, des conventions de succéder, *chap.* 8. Boullonois, des démissions des biens, *quest.* 17.

biens à tous les héritiers présomptifs, sans choix ni prédilection, étaient également révocables (1); parce qu'elles avaient la nature de la démission.

Cette décision était conforme à la règle qui voulait qu'on jugeât d'un acte par ce qu'il était, plutôt que par ce qu'il paraissait (2).

Conséquemment, la donation entre-vifs générale et universelle qu'un père faisait à son fils unique, devait passer pour une démission de biens, et être sujette à la même révocation (3), lorsque, d'ailleurs, elle en avait la nature.

Il n'y avait d'exception à ce droit de révocation, que lorsque la démission, ou l'acte qui en avait la nature, étaient portés dans le contrat de mariage du démissionnaire (4). La faveur du contrat de mariage communiquait, dans ce cas, à la démission, le caractère de donation entre-vifs, qui la rendait irrévocable.

Néanmoins les démissions qui étaient faites en coutume de Bretagne avec les solennités prescrites par l'article 537 de cette coutume, ne pouvaient point être révoquées.

L'irrévocabilité n'était pas formellement exprimée dans cette loi; mais la jurisprudence des tribunaux de ce pays était constante à cet égard (5).

---

(1) Furgole, *tom.* 3, *chap.* 8, *sect.* 1, *n.°* 193.

(2) Non attenditur nomen contractus, quo utuntur contrahentes, vel notarii, qui ipsius instrumentum conficiunt, sed substantia ipsius. *Tiraqueau*, *dans son traité des retraits*, *pag.* 478., *n°*. 35.

(3) Lebrun, des successions, *liv.* 1, *chap.* 1, *sect.* 5, *n°*. 18.

(4) Arrêt du 27 mai 1595, rapporté dans le recueil de Louet, *lettr.* *P*, *sommaire* 24.

(5) Arrêt du parlement de Rennes, du 24 octobre 1625, rapporté par Frain, *chap.* 88.

Dans ce pays, les démissions pouvaient être révoquée pour les mêmes causes qui donnaient lieu à la révocation des donations entre-vifs (1).

1162. La révocation de la démission était une facult qui pouvait être exercée en tout ou en partie (2). D là venait qu'une démission pouvait être révoquée pa rapport à l'un des démissionnaires, et être maintenu en faveur des autres.

Mais alors elle cessait d'être proprement une démission, et tout son effet se réduisait à la jouissance de revenus pendant la vie du démettant (3).

Section VIII.

De quelle manière le démettant pouvait révoquer sa démission.

1163. Le démettant pouvait révoquer sa démission comme il voulait, expressément ou tacitement.

Expressément, en consignant le changement de sa volonté dans un acte exprès, revêtu d'une forme probante; car il suffisait que ce changement fût constant.

Tacitement, en disposant de tout ou de partie des biens démis par testament, codicille, donation à cause de mort, ou entre-vifs. Ces actes emportaient, de plein droit, la révocation de la démission pour les biens qu'ils comprenaient.

1164. La vente était également une voie pour anéantir

(1) Dargentré, sur l'article 276 de la coutume de Bretagne, *chap* 4.

(2) Furgole, *tom.* 3, *chap.* 8, *sect.* 1, *n°.* 196.

(3) Collection des décisions nouvelles, *tom.* 6, *verb.* démission de biens, § 4, *n°.* 4.

une

une démission de biens, elle comprenait tacitement la même révocation.

1165. Cette révocation ne pouvait pas s'induire des dettes que le démettant contractait postérieurement; parce qu'il pouvait avoir l'intention de contracter des dettes, sans avoir celle de révoquer la démission (1).

1166. De là venait aussi que les dettes postérieures n'affectaient jamais les biens démis, quand la démission avait été faite par acte authentique, et qu'elle avait été insinuée (2).

D'ailleurs, la démission de biens était un acte translatif de propriété qui rendait les démissionnaires incontestablement propriétaires des biens qu'ils possédaient à titre de démission, tant que le démettant ne la révoquait pas (3).

Il aurait été absurde que le contrat des dettes eût eu autant d'effet, dans ce cas, que contre un acte purement à cause de mort.

Cependant les frais funéraires du démettant, ceux de la dernière maladie, et autres de cette nature, étaient des dettes tellement privilégiées, que les démissionnaires ne pouvaient pas s'en exempter (4). On regardait ces dettes comme tacitement convenues entre le démettant et les démissionnaires.

---

(1) Lebrun, des successions, *liv.* 1, *chap.* 1, *sect.* 5, *n°.* 21. Ferrières, *verb.* démission de biens. Collection des décisions nouvelles, tom. 6, *verbo* demission, § 1, *n°.* 4, et § 5, *n°.* 5.

(2) Ferrières, *ibid.*

(3) Qui post testamentum factum prædia, quæ legavit, pignori vel hypothecæ dedit, mutasse voluntatem circa legatariorium personam non videtur. *Leg.* 3, *cod. de legat.*

§ 12, *Institut. de legat.*

(4) Boullonois, des démissions, *question* 10.

1167. Bien plus, quand le démettant se mariait après la démission, la veuve était fondée à réclamer son douaire sur les biens qui y étaient compris (1); parce qu'en se mariant, il était censé avoir révoqué la démission jusqu'à cette concurrence.

La faveur du mariage avait fait admettre ce principe, même en Bretagne, où les démissions étaient irrévocables (2).

1168. Lorsque celui qui révoquait sa démission désirait jouir de ses biens, il fallait qu'il la fît signifier au démissionnaire, afin d'empêcher la continuation de jouissance (3).

1169. Enfin il était à remarquer que, lorsque celui qui avait fait la démission était tombé en démence, il ne pouvait point la révoquer. Cette révocation ne pouvait être faite que par une personne raisonnable.

Cette faculté était dévolue à son curateur; mais il ne pouvait pas l'exercer avec la même liberté. Elle était sujette à examen, et ne devait être accueillie qu'en connaissance de cause (4); car, la volonté du curateur représentant celle du démettant, on ne devait pas présumer qu'il se fût démis sans sujet.

---

(1) Collection des décisions nouvelles, *tom.* 6, *verb.* démission de biens, § 3, n°. 2.

(2) Arrêt du parlement de Bretagne, du 12 novembre 1630. Autre du mois d'août 1635. Commentaire de Duparc. Poullain, sur la coutume de Bretagne, *tom.* 2, *pag.* 464.

(3) Boucheuil, des conventions de succéder, *chap.* 8, *n°.* 29.

Boullonois, des démissions, *quest.* 10.

(4) His itaque dubitatis, tales ambiguitates decidentes, sancimus hìc repleri, quod divi Marci constitutioni deesse videtur, ut non solùm dementis, sed etiam furiosi liberi cujuscunque sexùs possint legitimas contrahere nuptias tam dote, quam ante nuptias donatione à curatore eorum præstanda æstimatione tamen in hâc regiâ urbe excellentissimi præfecti

SECTION IX.

De l'effet de cette révocation.

1170. Le droit de révoquer la démission de biens était un droit qui faisait partie de la démission même (1) : elle était révocable de sa nature.

De là venait que la révocation avait un effet rétroactif au jour de la démission.

Par conséquent, le démettant qui révoquait sa démission, reprenait les biens, francs d'hypothèques de la part des démissionnaires (2).

---

urbis, in provinciis autem virorum clarissimorum earum præsidum, vel locorum antistitum, tam opinione personæ, quam moderatione dotis, et ante nuptias donationis constituendæ, præsentibus tam curatoribus dementis vel furiosi, quam his qui ex genere eorum nobiliores sunt. *Leg.* 25, *cod. de nuptiis.*

Argument tiré de cette loi.

Lebrun, des successions, *liv.* 1, *chap.* 1, *sect.* 5, *nombre* 27.

Néanmoins, Lebrun, au même endroit, fait mention d'un arrêt du 17 mars 1671, qui se trouve dans la seconde partie du journal du palais, lequel a autorisé la révocation d'une démission, quoique cette révocation eût été faite par une femme curatrice de son mari, sans aucunes formalités; mais c'était pour un mariage inégal, contracté suivant l'avis de la famille : « Ainsi, dit cet auteur, l'ordonnance même qui donne l'autorité au magistrat, réprouvant ce mariage, autorisait assez cette curatrice pour sa révocation ». Par conséquent, cette décision ne change rien au principe.

(1) Arrêt du 16 juillet 1622, rapporté par Taisand, sur la coutume de Bourgogne, *tit.* 7, *art.* 8, *note* 4.

Lebrun, des successions, *liv.* 1, *chap.* 1, *sect.* 5, *n°.* 15.
Boucheuil, des conventions de succéder, *chap.* 8, *n°.* 10.

(2) Ferrières, *verb.* démission de biens. Collection des décisions nouvelles, tom. 6, *verb.* démission de biens. § 5, *n°.* 5.

Un créancier ne pouvait pas avoir plus de droit que son débiteur (1).

1171. Lorsque les biens affectés à la créance n'étaient pas possédés irrévocablement, l'hypothèque était exposée à la même résolution.

C'était par une suite de ces principes que le démettant pouvait même reprendre les biens qui étaient entre les mains des tiers acquéreurs (2); car la faculté de révoquer était un droit qui suivait les biens, en quelques mains qu'ils passassent.

Mais cet effet rétroactif n'avait pas lieu pour la restitution des fruits. Les démissionnaires n'en étaient comptables que du jour de la demande en révocation (3); parce qu'ils avaient perçu les fruits antérieurs, en vertu d'un titre légitime qui les leur donnait.

1172. Au surplus, cette révocation était réciproque: elle donnait aux démissionnaires le droit de contraindre le démettant de leur rendre tout ce qu'ils avaient payé pour lui en conséquence de la démission (les charges qui regardaient les fruits seulement exceptées), et à leur rembourser les impenses et améliorations par eux faites dans les biens démis (4). Ils avaient joui de ces biens non seulement de bonne foi, mais encore en qualité de légitimes propriétaires.

---

(1) Resoluto jure dantis, resolvitur jus accipientis. Régle de droit enseignée par la loi 31, *ff. de pignoribus.*

(2) Arrêt du 13 février 1657, rapporté par Taisand, sur la coutume de Bourgogne, *tit.* 7, *article* 8, *même note.* Lebrun, des successions, *liv.* 1, *chap.* 1, *sect.* 5, *n°.* 26.

(3) Ferrières, *verb.* démission de biens. Collection des décisions nouvelles, tom. 6, *verb.* démission de biens, § 4, *n°.* 5.

(4) Ferrières, *ibid.* Collection des décisions nouvelles, *tom.* 6, *ibid.*

Ces principes étaient les mêmes pour les tiers détenteurs, lorsque le bénéfice de cette révocation s'étendait jusqu'à eux. Il y avait, dans l'un et l'autre cas, identité de raison.

SECTION X.

De la révocation des démissions de biens par la survenance d'enfans.

1173. La démission de biens faite en ligne collatérale était révoquée, de plein droit, par la naissance d'un enfant légitime au démettant (1); car, dès cette naissance, les collatéraux en faveur de qui la démission avait été faite, n'avaient plus la qualité d'héritiers présomptifs du démettant, pour retenir les biens démis.

1174. Mais celle qui était faite en ligne directe n'était pas annullée, de droit, par la survenance d'un enfant légitime (2). Cette naissance ne détruisait point la volonté générale que le père avait eue de se démettre de ses biens en faveur de ses enfans.

Elle le rendait seulement participant aux biens dont le père s'était démis, en vertu de sa volonté présumée de l'avoir également compris dans sa démission.

Dans le cas de la révocation de la démission par survenance d'enfans, les démissionnaires faisaient les fruits des biens démis, leurs, jusqu'à la dénonciation de la

---

(1) Ferrières, *verb.* démission de biens. Furgole, *tom.* 3, *chap.* 8, *sect.* 1, *n°.* 191. Collection des décisions nouvelles, tom. 6, *verb.* démissions de biens, § 1, *n°.* 7.

(2) Ferrières, *ibid.* Furgole, *ibid.* Collection des décisions nouvelles, *ibid.*

naissance qui y donnait lieu (1); car, jusqu'à cette dénonciation, ils étaient censés avoir ignoré la cause de la révocation de leur titre.

1175. La légitimation d'un enfant naturel au démettant par mariage subséquent, produisait le même effet.

SECTION XI.

De la révocation de la démission de biens par la condamnation des démissionnaires à la mort civile.

1176. La confiscation des biens qui avait lieu en conséquence de la condamnation des démissionnaires à la mort civile, n'acquérait point les biens démis au fisc, quoique le démettant n'eût pas révoqué expressément la démission avant cette condamnation (2); car cette révocation était toujours présumée faite, à son égard, de la part du démettant.

La faveur du démettant avait été le fondement de cette décision.

---

(1) « La donation demeurera révoquée, quand même le donataire aurait joui des biens depuis la survenance de l'enfant : sans néanmoins que ledit donataire soit tenu de restituer les fruits par lui perçus, de quelque nature qu'ils soient, si ce n'est du jour que la naissance de l'enfant, ou sa légitimation par mariage subséquent, lui aura été notifiée par exploit ou autre acte en bonne forme; et ce, quand même la demande pour rentrer dans les biens donnés n'aurait été formée que postérieurement à ladite notification ». *Art.* 41 *de l'ordonnance de* 1731.

Argument tiré de cette disposition.

(2) Ferrières, *verb.* démission de biens. Basnage, *sur l'article* 244 *de la coutume de Normandie.*

SECTION XII.

De la révocation de la démission par le prédécès des démissionnaires et de leurs enfans.

1177. Dans l'abandon que le démettant faisait de ses biens, il n'avait intention de s'en dépouiller qu'en faveur de ses héritiers présomptifs et de leurs enfans. Lorsque ces personnes n'existaient plus, les biens rentraient nécessairement dans le patrimoine du démettant (1); car il ne devait en être privé que pour les causes pour lesquelles il s'en était dépouillé.

D'ailleurs la démission de biens était considérée comme une donation à cause de mort, qui devenait caduque par le prédécès des démissionnaires (2).

Dans cette hypothèse, les biens revenaient au démettant également libres des charges et hypothèques dont les démissionnaires pouvaient les avoir grevés; parce que ce retour s'opérait en vertu d'une cause ancienne et primordiale (3).

De là, la résolution des ventes consenties par les démissionnaires.

La veuve du démissionnaire mort avant le démettant n'avait donc pas de douaire sur les biens démis.

Cette règle cessait dans deux cas: le premier, lorsque la démission avait été faite dans le contrat de mariage du démissionnaire; et le second, lorsque la démission était faite en ligne directe.

---

(1) Arrêt du parlement de Paris, du 7 août 1767, rapporté dans la collection des décisions nouvelles, *tom.* 6, *verb.* démission de biens, § 4, *n°.* 3. Ferrières, *verbo* démission.

(2) Furgole, *tom.* 3, *chap.* 8, *section* 1, *n°.* 190.

(3) Furgole, *ibid.*, *n°.* 200.

OBSERVATION IMPORTANTE.

1178. Voilà les dispositions qui devaient être revêtues ou de la forme des donations entre-vifs, ou de celle des testamens ou codicilles (1).

L'uniformité et l'intérêt de ne pas multiplier les formes avaient été les fondemens de cette grande règle.

1179. Voici maintenant les dispositions gratuites qui n'étaient assujetties ni à l'une ni à l'autre de ces formes.

---

(1) « Les donations entre-vifs seront faites dans la forme ordinaire des contrats et actes passés par-devant notaires ». *Art. 2 de l'ordonnance des donations de* 1731.

« Toutes donations à cause de mort ne pourront dorénavant avoir aucun effet, dans les pays même où elles sont expressément autorisées par les lois ou par les coutumes, que lorsqu'elles auront été faites dans la même forme que les testamens ou les codicilles; en sorte qu'il n'y ait à l'avenir, dans nos états, que deux formes de disposer de ses biens à titre gratuit, dont l'une sera celle des donations entre-vifs, et l'autre celle des testamens ou des codicilles ». *Art. 3 de la même ordonnance.*

LIVRE III.

DES DISPOSITIONS GRATUITES QUI N'ÉTAIENT ASSUJETTIES NI AUX RÈGLES DES DONATIONS ENTRE-VIFS, NI A CELLES DES TESTAMENS OU CODICILLES.

1180. Les dons mutuels et les autres donations faites entre maris et femmes pendant et constant le mariage, et celles faites par les pères de famille aux enfans qui étaient sous leur puissance, avaient été exceptés des règles qui avaient été prescrites pour les donations entre-vifs, les testamens et les codicilles (1).

---

(1) « N'entendons comprendre dans les dispositions de la présente ordonnance, ce qui concerne les dons mutuels et autres donations faites entre maris et femmes, autrement que par le contrat de mariage, ni pareillement les donations faites par le père de famille aux enfans étant dans sa puissance ; à l'égard de toutes lesquelles donations il ne sera rien innové, jusqu'à ce qu'il ait été autrement par nous pourvu ». *Art.* 46 *de l'ordonnance des donations entre-vifs de* 1731.

« Sans rien innover en ce qui concerne les donations mutuelles à cause de mort, jusqu'à ce qu'il y ait été par nous pourvu, suivant la réserve portée par l'article 46 de notre ordonnance du mois de février 1731 ». *Art.* 77 *de l'ordonnance des testamens.*

TITRE PREMIER.

Des dons mutuels entre maris et femmes dans les pays coutumiers.

1181. Le don mutuel était la donation mutuelle et réciproque que se faisaient pendant leur mariage deux époux, au survivant l'un de l'autre, de tout ou de partie des biens de leurs successions futures (1).

1182. Quoique cette donation embrassât les biens présens et futurs de part et d'autre, néanmoins elle n'avait d'effet que sur les biens qui existaient à l'époque du décès; cette disposition n'avait que la nature de la donation à cause de mort.

De là, la liberté réciproque qu'elle laissait aux donateurs de contracter, de vendre, et de disposer sans fraude (2).

De là venait aussi qu'elle ne profitait qu'au survivant.

1183. Le don mutuel était compté au nombre des contrats de bienfaisance (3); attendu que les deux époux s'y déterminaient par l'effet de l'affection qu'ils avaient l'un pour l'autre.

Sous ce rapport, il ne devait pas être permis dans les coutumes qui prohibaient les avantages entre mari et femme.

Cependant cette marque réciproque d'estime et d'attachement y avait été expressément autorisée (4).

---

(1) Collection des décisions nouvelles, *tom.* 6, *verb.* don mutuel, § 1, *n°.* 1.

(2) Voyez ci-après page 163.

(3) Note de Bergier, sur Ricard, du don mutuel, *tom.* 2, *pag.* 6. Collection des décisions nouvelles, *tom.* 7, *verb.* donation mutuelle, § 1, *n°.* 4.

(4) « Homme et femme conjoints par mariage, constant icelui, ne se peuvent avantager l'un l'autre par donation entre-

L'intérêt de maintenir l'harmonie entre deux époux, celui de les attacher au travail et à l'économie, la réciprocité de l'avantage, et l'incertitude à qui le bénéfice en serait dévolu, avaient été les motifs de cette exception.

Néanmoins il y avait des coutumes qui avaient été si rigides, qu'elles n'avaient pu supporter que deux conjoints s'avantageassent par don mutuel. Telles étaient les coutumes de Chauni et de Normandie (1).

Ce que ces coutumes avaient fait expressément, la coutume d'Auvergne l'avait fait indirectement, en prohibant à la femme de donner à son mari (2).

Mais leurs dispositions étaient contraires à l'esprit du droit coutumier dont il est uniquement question dans ce titre.

De ce que deux conjoints avaient le droit de se donner mutuellement dans les coutumes qui prohibaient les avantages simples entre conjoints, il s'ensuivait qu'ils avaient, à plus forte raison, ce droit dans les coutumes qui leur permettaient de s'avantager.

---

vifs, par testament ou ordonnance de dernière volonté, ni autrement, directement ni indirectement, en quelque manière que ce soit, sinon par don mutuel ». *Art.* 282 *de la coutume de Paris.*

Cette disposition formait le droit commun des pays coutumiers.

(1) Coutume de Chauni, *art.* 14. Coutume de Normandie, *art.* 410.

(2) « La femme, constant son mariage, peut disposer à son plaisir et volonté..., excepté au profit de son mari ». *Art.* 9 *du tit.* 14.

Section première.

Quels maris et femmes pouvaient se faire des dons mutuels.

1184. Le droit de se faire des dons mutuels entre mari et femme dérivait de leur qualité de mari et femme (1).

De là venait qu'aussitôt que deux personnes étaient mariées, elles avaient le droit de se gratifier de la sorte.

Aussi les mineurs mariés pouvaient se faire des dons mutuels, quoiqu'ils n'eussent pas l'âge requis pour disposer de leurs biens (2).

Les lois qui regardaient la disposition des biens, ne s'y appliquaient pas (3).

1185. Quoique le mariage habilitât le mari et la femme à se faire des dons mutuels, néanmoins il y avait des coutumes où cet avantage leur était interdit, s'ils ne s'en étaient pas réservé la faculté dans leur contrat de mariage (4).

1186. Quelquefois le contrat de mariage était un obstacle au don mutuel.

---

(1) « Homme et femme conjoints par mariage, peuvent et leur loyst faire donation mutuelle l'un à l'autre ». *Art.* 280 *de la coutume de Paris.*

(2) Arrêt du 25 mai 1625, rapporté dans le journal des audiences. Autre du 14 août 1665, rapporté dans le même journal.

(3) Ricard, du don mutuel, n°. 204.

Dumoulin en donne cette raison : *non est alienatio, sed negotium utile utrique, non continens alienationem sed meliorem conditionem.*

(4) Coutume du duché de Bourgogne, *chap.* 4, *art.* 7.

Premièrement, lorsque les futurs conjoints s'y étaient interdit le droit de se donner par don mutuel pendant le mariage (1).

Secondement, lorsque l'un d'eux y avait disposé de tous ses biens en faveur de l'autre, soit à titre d'institution ou autrement (2).

1187. Enfin, le bon sens n'était pas une condition moins essentielle pour faire un don mutuel, que la qualité de mari et de femme (3), puisque l'usage de la raison était nécessaire pour contracter.

1188. Il était remarquable que les époux aubains pouvaient se donner mutuellement (4); car le don mutuel était une convention dont ils étaient capables, quoiqu'elle n'eût effet qu'après la mort.

---

(1) Auzannet a remarqué un arrêt du mois de juillet 1640, qui a jugé valable l'interdiction portée par contrat de mariage, de s'avantager par don mutuel.

C'est offenser les lois que de se permettre ce qu'elles défendent ; mais ce n'est pas les offenser que de s'interdire ce qu'elles permettent. *Pothier*, *du don mutuel*, *n°*. 27.

(2) Arrêt du 27 août 1678, rapporté dans le journal du palais. Autre du 21 janvier 1717, rendu sur les conclusions de M. de Lamoignon, avocat général.

(3) Homme et femme conjoints par mariage, sains d'entendement, peuvent donner l'un à l'autre. *Art.* 68 *de la coutume de Dunois.*

Cette disposition formait le droit commun.

(4) Lalande, sur la coutume d'Orléans, *art.* 312. Denizart, *verb.* don mutuel, *n°*. 9. Collection des décisions nouvelles, *tom.* 6, verb. *don mutuel*, § 4, *n°*. 10.

Section II.

Quels biens les conjoints pouvaient se donner par don mutuel.

1189. En général, tous les biens, de quelque nature qu'ils fussent, pouvaient être l'objet du don mutuel.

Cependant, dans les coutumes où les avantages simples étaient prohibés entre conjoints, il n'entrait dans le don mutuel que certains biens, tantôt en usufruit, tantôt en propriété, suivant que ces coutumes le réglaient. Il n'était pas permis d'étendre le don mutuel au-delà de ce que ces coutumes le permettaient (1).

1190. Les coutumes de Paris, d'Orléans et autres semblables, ne permettaient aux conjoints de se faire don mutuel que de l'usufruit des biens meubles et immeubles de leur communauté (2).

1191. D'autres leur permettaient de se donner ces biens en propriété (3).

1192. La coutume de Poitou enchérissait sur ces coutumes. Elle permettait encore la disposition des acquêts et d'une partie des propres (4).

---

(1) Pothier, du don mutuel, *nomb.* 27.

(2) « Homme et femme conjoints par mariage, peuvent et leur loyst faire donation mutuelle l'un à l'autre, de tous leurs biens, meubles et conquêts immeubles, faits durant et constant leur mariage ... pour en jouir, par le survivant d'iceux conjoints, sa vie durant seulement ». *Art.* 280 *de la coutume de Paris.*

Coutume d'Orléans, *art.* 281.

(3) Collection des décisions nouvelles, tom. 6, *verb.* don mutuel, § 3, *n°.* 6.

(4) Coutume du Poitou, *art.* 209.

1193. Celle de Dunois, en permettant de donner la propriété des meubles et acquêts, ne permettait de disposer des propres qu'en usufruit (1).

1194. Chaque coutume était souveraine dans son territoire, et réglait la disposition des biens qui y étaient situés (2).

Cette maxime était certaine, et passait pour un statut réel (3).

De là venait que le don mutuel ne pouvait excéder ce dont chaque coutume permettait de disposer à ce titre.

De là venait aussi qu'il fallait nécessairement se reporter au temps du contrat, pour savoir si les conjoints, dans leur don mutuel, avaient excédé le pouvoir que la loi de leur domicile, et celles de la situation des biens leur donnaient alors (4).

Ces deux principes étaient la conséquence de leur réalité.

1195. Quoiqu'il ne fût pas permis d'excéder les bornes prescrites par la coutume, relativement à la nature et à l'étendue du don mutuel, néanmoins il était permis aux

---

(1) Coutume du Dunois, *art.* 68.

(2) Consuetudines sunt locales, et in suis quibusque locis clauduntur. *Dumoulin, conseil* 52, *n°.* 12.

(3) Lemaître, *sur la coutume de Paris*, *art.* 280. Pothier, des donations entre mari et femme, *n°.* 16. Bergier, sur Ricard, du don mutuel, *tom.* 2, *pag.* 84, *note a.* Il cite plusieurs arrêts.

(4) Pothier, des donations entre mari et femme, *n°.* 32. Collection des décisions nouvelles, tom. 6, *verb.* don mutuel, § 1, *n°.* 7.

Cet éditeur, au nombre 8, rapporte un arrêt du parlement de Paris, rendu le 22 juin 1761, au rapport de M. l'abbé Terray, en matière de donation mutuelle.

conjoints de se donner moins qu'elle ne permettait (1). Cette faculté faisait partie du droit qu'ils avaient de ne pas se faire de don mutuel.

SECTION III.

Des conditions qui pouvaient être imposées dans les dons mutuels.

1196. Les dons mutuels étaient susceptibles de conditions, comme les autres libéralités.

Par exemple, les conjoints pouvaient faire dépendre leur don mutuel de l'arrivée d'un événement quelconque avant le décès d'aucun d'eux.

Mais les conditions, qui étaient contraires à la nature du don mutuel, le rendaient nul (2).

La clause qui donnait à l'un des époux la faculté de révoquer le don mutuel, directement ou indirectement, était de ce genre (3).

---

(1) Principes de la jurisprudence française, par Lajannès, *tom.* 2, *n°.* 480, *à la fin.*

Plaidoyer de M. Séguier, avocat général, rapporté dans la collection des décisions nouvelles, *tom.* 6, § 5, *n°.* 8.

(2) Principes de la jurisprudence française de Lajannès, *tom.* 2, *nomb.* 481.

(3) Pothier, des donations entre mari et femme, *numéro* 133.

SECTION IV.

De la forme du don mutuel.

1197. Les dons mutuels devaient être faits dans la forme prescrite par les coutumes ; parce qu'ils avaient une forme particulière, qui était étrangère aux donations entre-vifs, aux testamens et aux codicilles.

Par conséquent, ils devaient être faits dans la forme des testamens mutuels, dans les coutumes qui l'exigeaient (1), quoique les testamens mutuels eussent été abrogés par l'ordonnance des testamens ; car la même ordonnance les avait conservés à cet égard (2).

Cette assertion avait été consacrée par deux arrêts du parlement de Paris, rendus pour la coutume de Dunois, qui avait jugé valables deux dons mutuels faits par testament mutuel (3), depuis la publication de cette ordonnance.

---

(1) « Homme et femme conjoints par mariage, peuvent donner à toujours, mais l'un à l'autre par don mutuel fait entre-vifs, et confirmé par testamens par eux deux faits ensemble, ou par testament seulement, fait ensemblement ». *Art.* 68 *de la coutume de Dunois.*

Coutume de la Rochelle, *art.* 49.

(2) « Abrogeons l'usage des testamens mutuels ou faits conjointement par mari et femme ; voulons qu'à l'avenir ils soient regardés comme nuls et de nul effet, dans tous les pays de notre domination, sans rien innover en ce qui concerne les donations mutuelles à cause de mort entre mari et femme... suivant la réserve portée par l'article 46 de notre ordonnance du mois de février 1731 ». *Art.* 77 *de l'ordonnance des testamens.*

(3) Arrêt du 27 mars 1759, rendu de relevée, sur plaidoiries respectives, infirmatif de la sentence d'Orléans, du

Lorsque les coutumes ne s'en expliquaient pas, les don mutuels devaient être faits dans la forme des actes entre vifs.

1198. Il était nécessaire qu'ils fussent passés par-devar notaires, et qu'il en restât minute (1).

La nécessité d'obvier aux fraudes avait rendu l'un e l'autre indispensable.

1199. L'acceptation n'était pas nécessaire dans ces actes Les formalités des donations entre-vifs leur avaient été dé clarées étrangères (2); parce que les dons mutuels étaien moins des donations que des conventions. D'ailleurs, le dons mutuels étaient des dispositions d'un genre sin gulier.

1200. L'autorisation de la femme y était aussi indiffé rente que l'acceptation (3); parce que la femme était auto risée de droit pour faire cet acte (4).

---

8 août 1758, qui avait déclaré valable le testament mutuel du 12 septembre 1749. Autre du 11 mars 1783, qui a confirm un testament mutuel, en date du 6 décembre 1780.

On trouve les espèces de ces arrêts dans la collection des décisions nouvelles, *tom.* 6, verb. *don mutuel*, § 5, *n°*. 8 *et* § 7, *n°*. 7.

(1) Principes de la jurisprudence française de Lajannès, *tom.* 2, *nombre* 481.

(2) « N'entendons comprendre dans les dispositions de la présente ordonnance, ce qui concerne les dons mutuels faits entre maris et femmes, à l'égard desquelles donations il ne sera rien innové jusqu'à ce qu'il ait été autrement par nous pourvu ». *Art.* 46 *de l'ordonnance des donations de* 1731.

(3) Principes de la jurisprudence française de Lajannès, *tom.* 2, *nombre* ibid.

(4) « Homme et femme conjoints par mariage, peuvent, et leur loyst, faire donation mutuelle l'un à l'autre ». *Art.* 28[?] *de la coutume de Paris*.

Cette disposition formait le droit commun.

1201. Mais il était remarquable que le don mutuel ne pouvait être fait par deux actes séparés (1). Il devait être mutuel dans la forme comme dans le principe.

SECTION V.

Des conditions essentielles pour la validité des dons mutuels.

1202. Parmi les conditions qui devaient exister pour l'efficacité des dons mutuels, il y en avait de communes et de particulières.

ARTICLE PREMIER.

Des conditions communes aux dons mutuels.

1203. Premièrement, les conjoints devaient être en santé pour se faire un don mutuel (2); parce que le don mutuel était un acte entre-vifs, quoiqu'il eût la nature de la donation à cause de mort.

La santé était nécessaire dans les coutumes qui n'en parlaient pas, quoique les dons mutuels pussent s'y faire dans la forme des testamens mutuels (3). Le don mutuel y était également un acte entre-vifs.

---

(1) Denizart, *verb.* don mutuel, *nom.* 4, *n°.* 5. Bergier, sur Ricard, du don mutuel, *tom.* 2, *pag.* 35, *note* A.

(2) « Homme et femme conjoints par mariage, étant en santé peuvent, et leur loyst, faire donation mutuelle l'un à l'autre ». *Art.* 280 *de la coutume de Paris.*

Sa disposition formait le droit commun.

(3) Plaidoyer de M. Séguier, avocat général, lors de l'arrêt du 11 mars 1783, rapporté dans la collection des décisions nouvelles, *tom.* 6, verb. *don mutuel*, § 5, *n°.* 8.

D'ailleurs, le don mutuel qui avait été admis, même dans les coutumes qui défendaient aux époux de s'avantager à la vie et à la mort, afin d'entretenir l'harmonie qui devait régner entre eux, avait été fondé sur l'espérance de vivre, et sur celle d'en profiter également par l'événement incertain du prédécès.

De là venait encore que, si, lors du don mutuel, l'un des conjoints était attaqué d'une maladie qui fît craindre la mort, le don mutuel était nul, quoiqu'il ne décédât pas (1); attendu qu'il ne s'était pas trouvé dans cet état de santé qui, seul, donnait le droit de faire un don mutuel.

Cette nullité était sur-tout évidente lorsqu'il en mourait (2); car son décès justifiait le peu d'espérance qu'il avait eu d'en profiter.

Ces maximes avaient encore plus de force dans les coutumes qui exigeaient que les conjoints fussent du même âge (3), puisqu'il en résultait une plus parfaite égalité d'espérance de se survivre.

Cette identité d'espérance ne pouvait pas raisonnablement être tirée de la maladie mortelle de l'un d'eux.

Néanmoins une indisposition passagère, soit de la part du mari, soit de la part de la femme, n'empêchait pas la

---

(1) Coutume de Rheims, *art.* 234. Cet article déclarait nul le don mutuel, lorsqu'il avait été fait dans le temps que l'un des deux époux était malade de la maladie dont il serait *vraisemblablement* décédé.

Cette disposition était conforme aux principes de la matière, et devait servir de loi dans les autres coutumes.

(2) Arrêt du 1er. septembre 1612, rapporté par Joly, *liv.* 2, *chap.* 67, qui a déclaré nul le don mutuel fait entre conjoints, le mari étant malade d'une hydropisie qu'il avait depuis longtemps, et dont il était décédé vingt-deux jours après.

(3) Collection des décisions nouvelles, *tom.* 6, verb. *don mutuel*, § 6, *nombre* 7, *à la fin.*

validité du don mutuel, pourvu que ce ne fût pas une maladie où le péril de la mort fût imminent (1).

Cette décision s'appliquait également aux coutumes qui parlaient nommément de la santé des conjoints (2). C'était dans ce sens qu'elles devaient également être entendues.

De là venait que, lorsque l'un des conjoints avait été malade lors du don mutuel, il fallait considérer l'état de la maladie.

Si l'un des conjoints était atteint d'une infirmité qui dût le conduire au tombeau en peu de jours (3), le don fait dans cette conjoncture était une libéralité pure et simple, et non mutuelle ; car l'espérance d'en profiter n'était pas réciproque.

Mais si c'était une maladie de longue durée, comme la fièvre, la goutte, etc., la donation était valable (4).

La grossesse de la femme devait encore être moins un obstacle à la validité du don mutuel (5) ; car, selon l'ordre de la nature, elle devait s'attendre à une heureuse délivrance.

---

(1) Même plaidoyer.

(2) Pothier, des donations d'entre mari et femme, *nombre* 151.

(3) Arrêt du 15 décembre 1744, rendu conformément aux conclusions de M. d'Ormesson, avocat général, pour la coutume du Bar, qui exige la santé des époux, lequel a jugé que le don mutuel fait par un hydropique qui avait survécu six mois à l'acte, était nul comme fait par une personne qui n'était pas en santé.

Il n'était pas vraisemblable que, lors du don mutuel, il eût eu la même espérance de vivre que l'autre conjoint ; parce que l'hydropisie avait obtenu son dernier période.

(4) Même plaidoyer.

(5) Arrêt du 14 mai 1648, rapporté au journal des audiences, *tom.* 1, *liv.* 5, *chap.* 34, qui a déclaré valable le don mutuel fait pendant la grossesse de la femme, quoiqu'elle fût depuis morte en couches.

1204. Quoiqu'il fût contre la nature du don mutuel qu'il pût être consenti par un époux qui voyait fuir devant lui le rivage de la vie, néanmoins il y avait des coutumes qui validaient les dons mutuels, quoiqu'ils eussent été consentis par une personne au lit de la mort, lorsqu'elle survivait quarante jours à l'acte. Tel était l'esprit des coutumes de Bourbonnais, de Berry et de Poitou (1).

Dans le duché de Bourgogne, l'usage y avait obtenu la validité des dons mutuels sans limitation (2).

Que ces tempéramens étaient éloignés des principes du don mutuel !

1205. Secondement, la donation devait être la même de part et d'autre (3); parce que le don mutuel devait être parfaitement mutuel.

L'égalité qui faisait l'apanage de la mutualité avait produit cette règle.

Par conséquent, il était nécessaire que les mêmes biens fussent donnés réciproquement et de la même manière.

---

(1) Coutume de Bourbonnais, *art.* 227. Coutume de Berry, *tit.* 8, *art.* 3. Coutume de Poitou, *art.* 211.

(2) Acte de notoriété donné le 2 janvier 1787, par les deux syndics de l'ordre des avocats de Dijon, produit dans une cause jugée au châtelet, le 2 mai, même année, attestant :

« Que, dans le duché de Bourgogne, les donations mutuelles à cause de mort sont permises entre mari et femme, lorsque, par leur contrat de mariage, ils ont fait la réserve de se faire de semblables dispositions ..... que, dans le même duché, l'égalité de santé n'est pas requise pour la validité de ces sortes de dispositions, lorsque, par le contrat de mariage, les futurs époux se sont réservés la faculté de disposer réciproquement ou sans réciprocité, au profit l'un de l'autre, et que ces dispositions sont jugées bonnes, quand même l'un des disposans serait au lit de la mort, et viendrait à décéder de la maladie dont il était atteint au temps de sa disposition. »

(3) Même plaidoyer.

Le don mutuel qui n'offrait pas cette réciprocité, était nul (1) ; parce qu'il était contraire à lui-même.

De là venait que le don mutuel, dans lequel l'un des conjoints donnait en usufruit, et l'autre en propriété; ou l'un la jouissance de tous ses biens, et l'autre seulement d'une partie des siens, n'était pas valable : il était contraire à l'égalité qui en faisait la base.

Dans cette disproportion, la disposition tombait nécessairement dans le cas de la prohibition ; car elle n'en avait été distraite qu'en conséquence de la réciprocité (2).

Cependant, dans les coutumes qui permettaient les avantages simples entre conjoints, cette disproportion ne donnait pas atteinte au don mutuel, pour les biens situés dans ces coutumes ; attendu que la réciprocité parfaite émanait de la prohibition de s'avantager simplement (3).

---

(1) Bergier, sur Ricard, du don mutuel, *tome* 2, *pag.* 58, *note* A.

La coutume de la Marche réduisait seulement le don à l'égalité.

« Si, après le mariage consommé, porte l'article 290 de cette coutume, mari et femme font donation mutuelle l'un à l'autre, telle donation est valable, pourvu qu'elle soit égale ; et s'il y avait inégalité, sera réduite à égalité. »

Mais cette disposition était contraire aux principes du don mutuel, et ne devait pas être étendue aux autres coutumes.

(2) « Homme et femme conjoints par mariage, constant icelui, ne se peuvent avantager l'un l'autre par donation entre-vifs, par testament, ou ordonnance de dernière volonté ni autrement, directement ni indirectement, en quelque manière que ce soit; sinon par don mutuel ». *Art.* 282 *de la coutume de Paris.*

Cette disposition était de droit commun.

(3) Ricard, du don mutuel, *nomb.* 119. Bergier, sur cet auteur, *tom.* 2, *pag.* 58, *note* A.

Dans le duché de Bourgogne, la faculté de se faire un don mutuel disproportionné devait dériver de la réserve qui en avait été faite dans le contrat de mariage (1).

1206. Troisièmement enfin, le don mutuel ne devait pas dépasser ce dont les coutumes permettaient de disposer en ce cas, ni enfreindre la manière permise de le faire; car l'une et l'autre permission étant contraires à la règle générale, faisaient également partie de l'exception tirée de la prohibition.

Aussi on ne pouvait excéder cette permission dans aucune de ses parties, sans tomber dans la prohibition.

L'effet de cette prohibition annullait le don mutuel pour le tout (2); parce que, dans ce cas, le don mutuel perdait son privilége. Placé au-delà de la règle permise, il n'était plus considéré que comme un avantage indirect, exposé à tous les traits de la proscription.

La loi aurait été véritablement imparfaite, si elle avait laissé cette contravention impunie.

Article II.

Des conditions particulières à certains dons mutuels.

1207. Dans les coutumes qui ne permettaient aux conjoints de se faire don mutuel que des biens provenant de leur mutuelle collaboration, il était essentiel qu'il y eût communauté de biens entre eux, et qu'elle existât au temps de la dissolution du mariage (3); parce qu'il ne pouvait

---

(1) Acte de notoriété, du 2 janvier 1787, *ci-dessus*.

(2) Ricard, du don mutel, *n°*. 217. Pothier, des donations entre mari et femme, *nombre* 163. Collection des décisions nouvelles, *tom.* 6, *verb.* don mutuel, § 3, *n°*. 5.

(3) Institution du droit français, d'Argou, *tom.* 2, *liv.* 3, *chap.* 22. Principes de la jurisprudence française, par Lajannès, *tom.* 2, *nomb.* 479. Denizart, *verb.* don mutuel, *nomb.* 3, *et art.* 28.

y avoir de don mutuel sans la cause qui devait produire les biens qui pouvaient en être l'objet.

Dans ces coutumes, le don mutuel devait être égal en biens (1).

Cette égalité résultait de ce que les conjoints ne pouvaient s'y gratifier que des biens de la communauté.

De là venait que le don mutuel ne pouvait excéder, dans ces coutumes, la part de celui des conjoints qui devait le moins prendre dans la communauté.

De là venait aussi que, lorsque les parties se réservaient, par don mutuel, la faculté de disposer d'une somme, la réserve devait être égale de part et d'autre.

Mais cette égalité de biens n'était pas nécessaire dans les coutumes qui permettaient aux conjoints de se faire don mutuel des biens non communs (2).

Cette faculté excluait par elle-même toute idée d'égalité dans les dons mutuels, quant aux biens ; car il n'était pas possible que les deux conjoints eussent précisément la même quantité de propres.

De là venait que, par cette seule disposition, ces coutumes permettaient le don mutuel inégal.

Cette règle avait lieu, soit que la convention du don mutuel regardât les biens non communs, soit qu'elle regardât les biens communs. L'égalité de biens qui n'était pas dans l'esprit de ces coutumes, le permettait également.

1208. De ce que ces coutumes autorisaient les dons mutuels inégaux, il s'en suivait qu'elles autorisaient éga-

---

(1) « Homme et femme conjoints par mariage, peuvent, et leur loyst, faire donation mutuelle l'un à l'autre également ». *Art.* 280 *de la coutume de Paris.*

Cette disposition formait le droit commun, dans les coutumes qui n'admettaient le don mutuel que des biens de la communauté.

(2) Collection des décisions nouvelles, *tom.* 6 ; *verb.* don mutuel, § 5, *n°.* 8.

lement les réserves inégales. La disproportion de ces réserves était produite par le même principe.

1209. Ces maximes avaient été solennellement consacrées par arrêt rendu au parlement de Paris, conformément aux conclusions de M. l'avocat général Séguier, le 11 mars 1783 (1).

---

(1) Cet arrêt a été recueilli par l'auteur de la collection des décisions nouvelles, *tom.* 6, *verb.* don mutuel, *n°.* 8 *du* §. 5. Voici l'espèce telle qu'il la rapporte :

« Par testament mutuel, en date du 6 décembre 1780, le marquis de Courtarvel, qui s'annonce résidant au château de Lierville, et la demoiselle Foudoas, son épouse, se sont donnés l'un à l'autre réciproquement, tous leurs biens meubles, conquêts immeubles, et biens propres, pour par le survivant d'eux deux en jouir; savoir : des meubles et conquêts immeubles, en pleine propriété, et des biens propres, en usufruit seulement, aux charges portées par la coutume de Dunois, art. 68, dans laquelle est le domicile desdits sieur et dame de Courtarvel ». Les deux époux se réservent la faculté de disposer sur les meubles : le mari, de la somme de 20,000 livres; et la femme, de la somme de 10,000 livres.

» Le marquis de Courtarvel est décédé au mois d'avril 1781.

» Le comte de Courtarvel, son frère et son héritier, a formé au châtelet une demande tendante à ce que le don mutuel, du 6 décembre 1780, fût déclaré nul.

» Une sentence du châtelet, du 17 mai 1782, a ordonné l'exécution du don mutuel; et, en conséquence, que la marquise de Courtarvel jouira, en pleine propriété, de tout le mobilier et des acquêts de la succession du marquis de Courtarvel, son mari; comme aussi qu'elle jouira, en usufruit, de la terre de Lierville, et des autres propres situés en Dunois, aux charges de ladite coutume.

» Le comte de Courtarvel s'est rendu appelant de cette sentence; il a demandé que la donation contenue au testament mutuel fût déclarée nulle, comme contraire aux dispositions de la coutume de Paris, où était le domicile du marquis de Courtarvel.

Cet arrêt est si important qu'il proscrivit ce qui avait été adopté par celui du 31 mai 1775, quoiqu'il n'eût été rendu qu'après avoir consulté les chambres (1). Ce changement fut dû à la discussion profonde et lumineuse qu'apporta ce savant magistrat dans la cause qui fut alors jugée.

» La défense du comte de Courtarvel s'est réduite à quatre propositions : 1°. le marquis de Courtarvel, son frère, n'avait pas son domicile à Lierville, lorsqu'il a signé son testament mutuel, et ne l'a jamais eu en cette terre ; 2° la terre de Lierville n'est pas régie par la coutume de Dunois, qui seule permet ce genre de testament ; 3°. l'acte, en lui-même, est contraire à l'ordonnance des testamens, parce qu'il est testament mutuel ; 4°. la convention qu'il renferme est contraire aux dispositions de la coutume même du Dunois, faute d'égalité de part et d'autre. Il y a, dans l'espèce, inégalité de santé : le mari était valétudinaire ; la femme se portait bien ; inégalité d'âge : le mari avait vingt ans plus que sa femme ; inégalité de biens donnés : le mari avait beaucoup plus de propres que sa femme ; inégalité quant aux biens communs, dont la part se trouvait égale de part et d'autre : le mari s'était réservé la faculté de disposer de 20,000 liv., et la femme seulement de 10,000 liv.

» La marquise de Courtarvel soutint les propositions contraires, et demanda la confirmation pure et simple de la sentence dont était appel.

» La sentence fut confirmée, parce qu'il fut établi que le sieur de Courtarvel avait son domicile à Lierville ; que Lierville était situé dans la coutume de Dunois ; que ce testament n'était pas contraire à l'ordonnance des testamens ; et que le don mutuel était conforme, quant à la forme et au fond, à la coutume de Dunois. »

(1) « Cet arrêt avait jugé que tous et chacun les biens meubles et acquéremens immeubles dont parlait la coutume de Dunois ne devaient s'entendre que des biens de la communauté, et que cette coutume ne permettait aux conjoints de se donner, par don mutuel, que les biens de la communauté ; mais il n'était pas dit faits pendant le mariage : et qui dit tous, n'en excepte aucuns. »

De là, la différence entre ces coutumes, que, dans celles-là, les conjoints étaient exclus de la faculté de se récompenser des qualités personnelles et des considérations qui avaient donné lieu à leur union, en laissant au survivant une subsistance proportionnée au rang où l'avait élevé l'état du mariage; tandis que, dans celles-ci, ils avaient l'avantage de jouir largement de cette faculté. (1).

Seulement, il suffisait qu'il y eût égalité dans la disposition (2), comme il a été démontré dans l'article précédent.

---

(1) « Quand la coutume est muette sur la quotité d'héritages propres que les deux conjoints doivent apposer à leur don réciproque, il paraîtrait bien dur d'exiger cette proportion géométrique qui entretiendrait une égalité exacte dans la balance... S'il fallait qu'il y eût égalité parfaite, ou presque égalité, il ne pourrait y avoir de don mutuel qu'entre deux conjoints également partagés des dons de la fortune. Mais la bonne conduite d'une femme envers son mari; mais la bienveillance d'un mari à l'égard de sa femme, ne doivent-ils pas entrer dans la balance? Une femme, née dans l'opulence, ne pourra donc plus avantager, par un don mutuel, un mari qu'elle n'aura épousé que par des considérations personnelles, ou à cause de sa naissance, ou a cause de son nom, ou à cause des prérogatives de l'illustration que cette alliance devait lui procurer. Un mari qui aura choisi une femme qui ne lui aura apporté que son nom, sa vertu et sa beauté, ne pourra plus lui assurer, par un don mutuel, une subsistance proportionnée à son rang, à l'état qu'elle a tenu pendant la vie de son époux, digne de l'estime et de l'amour qu'il a eu pour elle, et capable de réparer sa perte, si elle a le malheur de lui survivre? Cette espèce de calcul qu'on veut mettre dans l'esprit de la loi, n'en a jamais fait partie. »

Plaidoyer de M. Séguier, lors de l'arrêt du 11 mars 1783.

(2) « La donation, a continue ce même magistrat, est mutuelle, est réciproque, est égale, quand l'un et l'autre donne ce qu'il a, et tout ce qu'il a : voilà la seule égalité que la justice puisse exiger (en parlant des coutumes qui avaient permis

1210. Dans les coutumes qui exigeaient que les époux fussent égaux en âge pour se faire don mutuel, il était nécessaire qu'ils fussent à-peu-près du même âge pour le rendre valable.

L'ordre de la nature, qui avait prescrit à l'homme le plus avancé en âge de payer le premier le tribut imposé à l'humanité, avait fondé la disposition de ces coutumes.

Ces coutumes avaient eu pour but d'égaliser entre époux l'espérance de recueillir le bénéfice du don mutuel.

Par conséquent, la disproportion d'âge y renversait les dons mutuels.

Parmi les coutumes qui avaient exigé cette égalité, les unes avaient fixé la différence d'âge au-dessous de laquelle le don mutuel était autorisé, et au-dessus de laquelle il était défendu; et les autres n'en avaient point parlé.

Les coutumes qui s'en étaient expliquées, variaient sur ce point.

La coutume d'Auxerre réputait les deux époux égaux, lorsque la différence des deux âges n'excédait pas quinze années (1).

---

le don mutuel même des biens non communs). Elle ne doit pas permettre que l'un donne en usufruit seulement, quand l'autre lui donne en propriété; elle ne doit pas permettre que l'un donne l'usufruit de ses propres, quand l'autre réservera à ses héritiers ou à ses enfans la jouissance des propres qu'il peut avoir; mais quand l'un et l'autre ne réservent rien; quand les deux conjoints se donnent réciproquement tout ce qu'ils possèdent; quand ils se donnent de la même manière, l'esprit de la coutume est entièrement rempli; il y a égalité dans les dons, puisqu'ils se donnent, soit en usufruit, soit en propriété, la totalité de leurs possessions; il y a égalité parfaite, parce que celui qui donne peu, en donnant tout ce qu'il a, donne autant que celui qui donne beaucoup. »

(1) Coutume d'Auxerre, *art.* 222.

Celle de Nivernois, lorsqu'elle n'excédait pas dix ans (1).

Dans cette diversité de termes, le plus réculé devait être adopté dans les coutumes qui n'en avaient préfini aucun ; car, dans le doute, on devait prendre le parti qui faisait valoir un acte, plutôt que celui qui le détruisait (2).

Cette préférence était due au don mutuel, parce qu'il était favorable (3).

C'est en adoptant ces principes, qu'un don mutuel, fait entre conjoints, dans la coutume de Senlis, qui requiert l'égalité d'âge sans préfinir aucun terme, avait été confirmé par le parlement de Paris, par arrêt du 19 février 1647 (4), quoique le mari eût douze ans de plus que sa femme.

1211. Mais, dans les coutumes qui ne requéraient pas que les époux fussent égaux en âge pour se donner mutuellement, la condition de cette égalité n'était pas né-

---

(1) Coutume de Nivernois, *art.* 27 *du chap.* 23.

(2) Quotiens dubium est, commodissum est ut actus valeat quàm pereat. *Leg.* 13, *ff. de rebus dubiis.*

Le § 1er. de la loi 192, au titre du digeste *de regulis juris*, avertit qu'une douce interprétation est autant juste que sûre : *Benigniorem interpretationem sequi, non minùs justius est quàm tutius.*

La loi 9, au titre *de rebus dubiis,* en donne un grand exemple en parlant de la donation d'entre mari et femme : *Si inter virum et uxorem donatio facta fuerit, priore defuncto cui donatum est ad eum res redit qui donaverat. Quid si simul tam is cui donatum est, quàm is qui donaverit : quæstionis decidendæ gratiâ magis placuit valere donationem : eo maximè quòd donator non supervivat, qui rem condicere possit.*

(3) *Lege eâdem.*

In benignis favorabilis est interpretatio. *Regulâ juris.*

(4) Journal des audiences, *tom.* 1, *liv.* 5, *chap.* 7.

cessaire (1) : cette condition n'était pas de la nature du don mutuel. Elle tenait du droit étroit et devait être restreinte aux coutumes qui l'exigeaient (2).

D'ailleurs la cause qui l'avait fait établir dans ces coutumes, n'était pas fondée. En effet, il arrivait que le plus jeune des époux mourait souvent le premier, et la nature n'avait pu conserver son ordre naturel à cet égard.

1212. Dans l'incertitude de savoir lequel des deux époux survivrait à l'autre, la raison prescrivait de leur laisser, dans les coutumes de don mutuel, le seul moyen qu'ils avaient de se témoigner leur affection.

1213. Quand les deux époux étaient en bonne santé, quelque disproportion que l'âge pût mettre entre l'un et l'autre, le don mutuel devait avoir lieu ; car la mort était aussi à craindre pour le plus jeune que pour le plus âgé : ils pouvaient également espérer de se survivre l'un à l'autre.

Tel était le droit commun.

1214. Dans les coutumes où le don mutuel était prohibé aux conjoints, lorsqu'ils avaient des enfans, il était nécessaire, pour le rendre valable, qu'il n'en existât aucun lors de la dissolution du mariage (3).

---

(1) C'est encore un des points jugés par l'arrêt du 11 mars 1783, *ci-dessus rapporté.*

(2) Odiosa sunt restringenda. *Regulâ juris.*

Odiosum est quicquid est contra jus commune. *Regulâ juris.*

(3) « Homme et femme conjoints par mariage, peuvent, et leur loyst, faire donation mutuelle l'un à l'autre, pourvu qu'il n'y ait enfans, soit des deux conjoints ou de l'un d'eux, lors du décès du premier mourant ». *Art.* 280 *de la coutume de Paris.*

Quoique la coutume se servit du mot *enfans*, au pluriel, il était certain que l'existence d'un seul enfant suffisait pour empêcher le don mutuel.

De là venait que, lorsqu'il existait des enfans au décès du premier mourant, soit de leur mariage ou d'un mariage antérieur, le don mutuel était nul (1); parce qu'il n'avait été admis, dans ces coutumes, que sous cette condition.

La naissance d'un posthume produisait le même effet; parce qu'il était regardé comme né lorsque son père décédait.

Le mot *enfans* comprenait les enfans de tous les degrés: non seulement les fils et les filles, mais encore les petits-fils, les petites-filles, les arrière-petits-fils et tous les descendans.

De là venait que, si l'un des deux époux, n'ayant point de fils à la mort du premier mourant, avait un petit-fils, ou arrière-petit-fils, son existence emportait également la nullité du don mutuel.

L'intérêt des enfans avait fait introduire cette condition.

Cependant, lorsque les enfans étaient incapables de succéder au décédé, leur existence n'était pas un obstacle à l'exécution du don mutuel (2). Ils étaient considérés, dans ce cas, comme non existans.

1215. La condition de la non existence d'enfans n'était pas de la nature du don mutuel.

Aussi l'existence des enfans n'excluait pas le don mutuel, sans une disposition expresse de la coutume.

Par conséquent, le don mutuel avait lieu dans les coutumes qui ne parlaient pas de cette exclusion, quoiqu'il y eût des enfans.

---

(1) Ferrières, sur cet article de la coutume de Paris, *nomb.* 5.

(2) Pothier, des donations entre mari et femme, *nombres* 188 *et* 189.

SECTION VI.

Si le don mutuel était sujet à l'insinuation.

1216. Quoique le don mutuel n'eût lieu que sur les biens qui existeraient au temps du décès, et qu'il n'eût point d'effet rétroactif, néanmoins il devait être insinué dans les quatre mois de sa date.

Cette formalité avait été prescrite par la coutume de Paris (1).

La jurisprudence des arrêts avait étendu sa disposition aux autres coutumes (2).

1217. Quoique cette insinuation fût rigoureusement prescrite, néanmoins les héritiers du mari ne pouvaient pas opposer à la femme le défaut de cette insinuation (3); car le mari, en sa qualité de mari, devait la faire insinuer pour sa femme.

De là venait que, lorsque la femme souffrait du défaut de cette insinuation de la part des ayans-cause du mari, pour raison des dispositions frauduleuses qu'il avait faites, ses héritiers devaient l'en indemniser (4).

L'ordonnance des donations ni les déclarations intervenues en conséquence ne regardaient point l'insinuation du don mutuel dont il s'agit (5).

---

(1) Le don mutuel, pour être valable, doit être insinué dans les quatre mois du jour du contrat ». *Art.* 284.

(2) Principes de la jurisprudence française, par Lajannès, *tom.* 2, *nomb.* 481.

(3) Ferrières, *sur l'article* 284 *de la coutume de Paris.* Denizart, *verb.* don mutuel, *n°.* 25.

(4) Ferrières, *loco citato.*

(5) Bergier, sur Ricard, *tom.* 2, *pag.* 20, *note* A.

Ainsi, il suffisait que l'insinuation du don mutuel fût faite au domicile des parties (1).

Au fond, ce n'était qu'une insinuation de forme qui ne pouvait nuire ni aux créanciers ni à la femme (2).

SECTION VII.

De la révocation du don mutuel.

1218. Quoique le don mutuel fût une donation à cause de mort, néanmoins il n'était pas libre à l'un des époux de le révoquer sans le consentement de l'autre (3); parce que le don mutuel avait le caractère des engagemens synallagmatiques et réciproques (4).

Ainsi, il ne pouvait être révoqué que par le consentement mutuel, prêté de la même manière qu'il avait été donné (5).

1219. Cette règle avait lieu même avant que le don mutuel ne fût insinué (6). L'insinuation n'était qu'une formalité créée pour lui donner la publicité; et l'engagement des parties dérivait de leur consentement.

---

(1) Bergier, *ibid.* Denizart et autres ont erré sur cet article.

(2) Ferrières, *ibid.* Denizart, *ibid.*, n°. 20. Bergier, *ibid.*

(3) Ledit don mutuel n'est révocable, sinon du consentement des deux conjoints ». *Art.* 284 *de la coutume de Paris.*

Cette disposition était de droit commun.

(4) Est pactio duorum, in idem placitum consensus. *Leg.* 1, § 1, *ff. de pactis.*

(5) Quæ consensu contrahuntur, contrariâ voluntate dissolvuntur. § *ult. institut. quibus modis tollitur oblig.*

(6) Pothier, des donations entre mari et femme. *Nombre* 173.

Telle était l'issue naturelle de la dissolution des contrats (1).

1220. De là résultait particulièrement l'irrévocabilité du don mutuel.

Mais cette irrévocabilité n'empêchait pas les époux de lui donner atteinte par les dettes qu'ils contractaient chacun de leur côté (2).

Le don mutuel leur laissait la même liberté qu'auparavant.

Ainsi la puissance du mari sur les biens de la communauté n'en était pas diminuée (3).

1221. Ils pouvaient également, chacun en droit soi, faire des dispositions particulières gratuites par actes entre-vifs (4); car il était de la nature du don mutuel de les souffrir.

1222. A l'égard des dispositions universelles gratuites, celles-ci leur étaient réciproquement prohibées (5); parce qu'elles sapaient entièrement les fondemens du don mutuel.

En général, les dispositions universelles et de quote étaient frauduleuses.

Cependant ces dispositions se soutenaient, lorsqu'elles avaient été approuvées par l'autre conjoint, et dans un temps non suspect (*).

---

(1) Nihil tam naturale est, quàm eo genere quodve dissolvere, quo colligatum est. *Leg.* 35, *ff. de regul. jur.*

(2) Collection des décisions nouvelles, *tom.* 6, verb. *don mutuel*, § 2, *n°.* 7.

(3) Denizart, *verb.* don mutuel, édition de 1775, *nombre* 5.

(4) Collection des décisions nouvelles, *tom.* 6, *ibid.*

(5) Collection des décisions nouvelles, *ibid.*

(*) *Dans un temps non suspect.* La suite de cette section fait sentir le sens qu'on doit attacher à ces termes.

La présence du conjoint à la disposition équivalait à une approbation expresse (1).

---

(1) Le 13 novembre 1696, le sieur Duchesne et sa femme se font un don mutuel des effets de leur communauté, meubles et conquêts.

Le lendemain 14, le sieur Duchesne et la demoiselle Valentine Duchesne, sa sœur, font entre eux une donation mutuelle, par laquelle le sieur Duchesne donne à sa sœur, en cas qu'elle survive, l'usufruit de tous ses biens propres et acquêts, sans aucune exception, si ce n'est de 1,500 liv. qu'il se reserve pour en disposer par testament ; comme aussi la demoiselle Duchesne donne à son frère, en cas qu'il survive, l'usufruit de tous ses biens mobiliers propres et acquêts. L'épouse du sieur Duchesne fut présente à cet acte, et le signa.

Le sieur Duchesne vint à décéder avant sa femme et sa sœur. Contestation s'éleva entre elles.

La sœur demanda à être mise en possession de tous les immeubles que son frère avait lors de son décés, pour en jouir par elle, en usufruit, sa vie durant.

La veuve Duchesne demanda, au contraire, que les immeubles, conquêts de la communauté d'entre elle et son mari, fussent distraits de la donation universelle faite par le défunt au profit de sa sœur. Son principal moyen consistait à dire que le mot *acquêt* ne comprend pas *les conquêts*.

La sœur répliquait que le mot *acquêt*, vis-à-vis des étrangers, comprenait les *conquêts* ; que, sous cette qualité d'acquêts, les conquêts étaient compris dans le legs universel des acquêts, fait à un étranger ; que le don mutuel fait la veille entre les époux, qui ne lui en avaient fait aucune part, avait été visiblement fait par les deux époux, de concert, en fraude de la donation mutuelle projetée entre elle et son frère ; que la veuve Duchesne ayant paru dans l'acte de donation mutuelle, et l'ayant signé, elle devait être censée avoir dérogé au don mutuel fait la veille en sa faveur, et avoir consenti que les conquêts de la communauté d'entre elle et son mari fussent compris, à son préjudice, dans la donation universelle et mutuelle entre lui et sa sœur.

Par sentence contradictoire rendue au châtelet, le 31 jan-

1223. Pour les donations testamentaires ou à cause de mort, elles ne portaient aucune atteinte au don mutuel (1), à moins qu'elles ne se trouvassent agréées de la part du conjoint survivant, ou que la coutume ne l'obligeât à les exécuter (2).

Uniquement faites pour n'avoir lieu qu'après la mort de leur auteur, elles étaient présumées faites dans le dessein de diminuer l'effet du bénéfice du don mutuel à l'égard du conjoint survivant.

1224. Il ne suffisait pas que la révocation du don mutuel fût mutuelle, il était encore nécessaire, pour la rendre valable, qu'elle fût faite dans un temps où l'espérance d'en profiter fût encore égale (3). Elle ne pouvait être faite que quand les choses étaient entières.

Ainsi, cette révocation était inefficace, quand elle était faite, lorsque l'un des conjoints était imminemment menacé de la mort.

Cette conséquence était étayée de l'autorité de deux arrêts (4), remarquables par l'espace du temps qui les séparait.

---

vier 1726, il fut ordonné que le don mutuel subsisterait pour les meubles seulement.

L'éditeur de la collection des décisions nouvelles a tiré cette espèce du journal manuscrit de M. de Lambon.

(1) Collection des décisions nouvelles, *tom.* 6, verb. *don mutuel*, § 2, *n°.* 3.

(2) Coutume de Sens, *art.* 113. Celle de Laon, *art.* 49. Ces coutumes imposaient aux donataires mutuels l'obligation d'acquitter le testament du défunt; mais cela ne s'entendait que des legs modiques, et cette modicité s'estimait, eu égard à la quantité et à la valeur des biens compris au don mutuel. Pothier, *des donations d'entre mari et femme*, *nomb.* 231.

(3) Ricard, du don mutuel, *nomb.* 231.

(4) Arrêt du parlement de Paris, du 10 février 1586, donné en la troisième chambre des enquêtes, au rapport de M. Ti-

1225. Quelque parité qu'il dût y avoir entre l'acte du don mutuel et celui qui le révoquait, ils différaient néanmoins en ce que l'acte de révocation n'était pas sujet à l'insinuation (1).

1226. Quoique le don mutuel tînt des conventions, néanmoins il y avait des coutumes dans lesquelles les dons mutuels pouvaient être révoqués par l'un des conjoints sans le consentement de l'autre. Les coutumes de Poitou et de Mantes étaient de ce nombre (2).

Les règles de la justice exigeaient que ces révocations unilatérales fussent dénoncées, pour être valables (3); elles devaient être connues, pour éviter les surprises dont un conjoint aurait pu user envers l'autre.

L'effet de cette révocation était d'annuller le don mu-

---

raqueau, au profit d'un nommé Jean Connet, qui a jugé que la revocation faite par une femme dans son testament, étant au lit malade de la maladie dont elle était décédée, ne pouvait être d'aucun effet, quoique le mari y eût prêté son consentement. Cet arrêt a été noté par Ricard.

Autre du même parlement, du 24 juillet 1685, rendu sur les conclusions de M. de Lamoignon, lors avocat général, qui a jugé que la révocation d'un don mutuel qui avait été faite par Me. J. B. Daubry, procureur au châtelet, six heures avant la mort, était nulle, quoique du consentement des deux. Cet arrêt, qui est rapporté au journal du palais, a entériné les lettres de rescision prises contre la révocation souscrite.

(1) Ricard, *ibid.*, *n°*. 233.

(2) Coutume de Poitou, *art.* 215.

Coutume de Mantes, *art.* 145.

(3) Recueil civil de Lacombe, *verb.* don mutuel, *part.* 2, *sect.* 4, *n°*. 2.

Cet auteur cite deux arrêts qui l'ont ainsi jugé : l'un du 25 juin 1591, rendu pour la coutume d'Amiens ; et l'autre, du 9 juillet 1618, rendu pour celle de Chartres.

tuel de part et d'autre. Il ne pouvait subsister contre aucun des donateurs, une donation étant la condition de l'autre.

Les dispositions de ces coutumes étaient contraires à l'esprit général du droit coutumier, qui était de considérer les dons mutuels comme des dispositions entre-vifs, quant à leur révocation.

Ainsi ces dispositions devaient être renfermées dans le territoire de ces coutumes.

SECTION VIII.

Si les dons mutuels étaient révoqués par la survenance d'enfans.

1227. Dans les coutumes où le don mutuel ne pouvait avoir lieu lorqu'il y avait des enfans, il était évident que la naissance d'un enfant ou d'un petit enfant légitime aux deux époux ou à l'un d'eux, révoquait le don mutuel.

La légitimation d'un enfant naturel par mariage subséquent produisait le même effet.

Cependant il était remarquable que leur prédécès avant la dissolution du mariage, redonnait la vie au don mutuel qui ne lui avait été ôtée que conditionnellement (1). Cette révocation ne recevait son complément que par leur existence, au moment de l'ouverture du don mutuel.

Mais, dans les coutumes où les époux pouvaient se donner mutuellement, quoiqu'il y eût des enfans, leur

---

(1) Un arrêt du 4 avril 1710, rendu pour la coutume de Chartres, l'a ainsi jugé. Cet arrêt a été remarqué par Rousseau de Lacombe, dans son recueil civil de jurisprudence, *verb.* don mutuel, *part.* 2, *sect.* 3, *n°.* 2.

naissance postérieure ne donnait aucune atteinte au don mutuel; parce que les principes des dons mutuels étaient différens de ceux des donations entre-vifs (1).

TITRE II.

Des donations entre maris et femmes dans les pays de droit écrit.

1228. Quoique le droit romain eût prohibé au mari et à la femme de se donner irrévocablement pendant la vie, néanmoins il ne leur avait pas défendu de se laisser un gage de reconnaissance de leur union passée. Les motifs qui avaient fait proscrire entre eux les donations irrévocables, justifiaient pleinement cette maxime (2).

1229. Moins rigide que le droit coutumier, il ne contraignait pas un époux à être liberal pour être gratifié, ni qu'une liberalité fût la condition de l'autre. Arbitres de leurs sentimens, chacun était le maître de ses bienfaits.

De là venait que le mari pouvait disposer en faveur de sa femme, et la femme en faveur de son mari, sans que le mari et la femme qui étaient l'objet de cette disposition, fussent obligés d'en faire autant de leur part, quoique la reconnaissance l'exigeât.

De là venait aussi qu'ils pouvaient également se donner mutuellement.

1230. L'intention de se gratifier entre mari et femme

---

(1) « N'entendons comprendre dans les dispositions de la présente ordonnance ce qui concerne les dons mutuels » *Art.* 46 *de l'ordonnance de* 1731.

Argument tiré de cette disposition.

(2) Ne mutuo amore invicem spoliarentur donationibus non temperantes, sed profusâ erga se facilitate ». *Leg.* 1 *ff.* 1, *de donat. inter vir. et uxor.*

n'était point traversée, dans les pays de droit écrit, par l'existence des enfans. Ils pouvaient se donner également : le droit romain avait vu ces avantages d'un œil favorable.

1231. Ils cimentaient la bienveillance entre les époux, et il leur avait permis d'en user dès le mariage.

1232. Lorsqu'ils s'étaient oubliés, ou qu'ils étaient sur le point d'être surpris par la mort, ils pouvaient employer le dernier moment de la vie à récompenser le survivant.

1233. Et, soit que les dispositions fussent simples ou mutuelles, elles étaient également valables; car le droit romain n'avait pas considéré, dans ces dispositions, la chance des espérances.

1234. Ces liberalités pouvaient être faites tant par donation entre-vifs que par donation à cause de mort.

Cette règle avait lieu, quoique les époux fussent au lit de la mort : cette circonstance ne les empêchait pas de se donner par acte entre-vifs (1)

Le titre entre-vifs n'en changeait pas la nature.

Considérées intrinsèquement comme des donations à cause de mort, quoique consignées dans un acte entre-vifs, elles ne devenaient certaines et assurées que par le décès de l'époux donateur; car elles avaient également besoin de sa persévérance jusqu'à la mort, pour acquérir le caractère de donation (2).

Ne venalitia essent matrimonia, *Leg.* 2, *ff. eodem.*

Ne concordia pretio conciliari videretur neve melior in paupertatem incideret, deterior fieret. *Leg.* 3, *ff. eodem.*

(1) Cum qui absolutè donaret, non tam mortis causâ, quàm morientem donare. *Leg.* 42, § *ult. in fin.*, *ff. de mortis causâ donat.*

(2) Cum hic status esset donationum inter virum et uxorem, quem anteà retulimus : imperator noster Antoninus Augustus ante excessum divi Severi patris sui, oratione in

Uniquement faites dans le dessein de gratifier le survivant, celles qui étaient entre-vifs devenaient également caduques, lorsque l'époux qui en avait été l'objet, décédait avant celui qui avait donné (1).

Cette caducité avait lieu, quoique la donation eût été suivie de tradition réelle. Cette tradition ne changeait pas en donation entre-vifs une libéralité qui n'était naturellement qu'à cause de mort (2).

SECTION PREMIÈRE.

Quels époux pouvaient se donner tant par donation entre-vifs, que par donation à cause de mort.

1235. Le champ de la liberalité était ouvert à tous les époux: chacun avait le droit d'y moissonner.

Cette règle avait lieu, quoique le mariage fût de peu de durée (3).

---

senatu habitâ, auctor fuit senatui censendi, Fulvio Aemiliano et Mummio Albino consulibus, ut aliquid laxaret ex juris rigore. Oratio autem imperatoris nostri *de confirmandis donationibus*, non solùm ad ea pertinet, quæ nomine uxoris à viro comparata sunt, sed ad omnes donationes inter virum et uxorem factas. *Leg.* 32, *ff. de donat. inter virum et uxorem.*

(1) Si inter virum et uxorem donatio facta fuerit; priore defuncto cui donatum est, ad eum res redit qui donaverat. *Leg.* 9, *ff. de rebus dubiis.*

(2) Sciendum est, donationem inter virum et uxorem nil valeat.... proinde si corpus sit, quod donatur : nec traditio quicquam valet. *Leg.* 3, § 6, *ff. de donat. inter vir. et uxor.*

(3) Non tantùm duorum mensium, sed et minoris temporis maritus uxoris testamento scriptus succedit : nec legata nec fideicommissa seu donationes temporis hujus angustia capi prohibet. *Leg.* 19, *cod. de legatis.*

1236. La disproportion d'âge n'était pas, dans les pays de droit écrit, un obstacle aux donations entre mari et femme, quoique mutuelles; car le plus vieux pouvait donner au plus jeune, et le plus jeune au plus vieux (1).

1237. Dans toutes les occurrences de la vie, ils pouvaient indifféremment user, ou de la donation entre-vifs, ou de la donation à cause de mort, même dans le cas d'une disposition mutuelle.

Cette règle avait lieu quoique l'un d'eux fût au lit de la mort; parce que ceux qui étaient dangereusement malades avaient, dans ces pays, le droit de disposer par acte entre-vifs (2).

Seulement la donation, soit mutuelle, soit simple, était inefficace de la part des époux dont l'union n'était pas licite (3). Ils étaient traités comme concubinaires.

SECTOIN II.

Quels biens les époux pouvaient se donner.

1238. Le droit romain n'avait pas été avare en faveur des héritiers du sang, comme le droit coutumier l'avait été dans les dispositions de dernière volonté.

---

(1) Mathæus, de afflict., *decis.* 6. Molinæus, *consil.* 15, *num.* 11. Ferrières, *in quæst.* 365 *de Guy-Pape.*

(2) Eum qui absoluté donaret, non tam mortis causâ, quàm morientem donare. *Lég.* 42, § *ult.*, *in fin.*, *ff. de mortis causâ donat.*

(3) Uxor illicita viro donare non potest effectualiter, nec etiam potest talis donatio confirmari. Argument tiré de la loi 7, *cod. de donat. inter vir. et uxor*, conçu en ces termes : Si ex voluntate patris tui filio tutoris nupta es : collata in maritum donatio ipso jure irrita est : sed si matrimonium jure non valuit : licet ipso jure donatio tenuerit : quia tamen indigna persona ejus fuit, qui nec maritus potest dici : utiles actiones super revocandis his tibi competunt.

De là, l'aptitude qu'on avait, dans le droit romain, de disposer au profit des étrangers.

1239. Et certes, ce qu'on pouvait faire, dans les pays de droit écrit, en faveur d'un étranger, on pouvait, à plus forte raison, le faire en faveur d'un époux chéri.

De là aussi, la liberté qu'avaient les époux de se donner entièrement tous leurs biens, soit par donation simple ou mutuelle, tant par acte entre-vifs, que par acte à cause de mort.

La légitime était seulement réservée à leurs enfans communs.

Cependant, lorsque l'époux donateur avait des enfans d'un premier mariage, il ne pouvait donner à l'autre que la valeur d'une part d'enfant (1), quoiqu'il reçût de sa part les avantages les plus étendus.

Bien plus, lorsqu'il n'avait que les biens que son premier époux lui avait donnés, il ne pouvait rien donner au second (2).

Cette incapacité cessait, lorsque les enfans du premier lit décédaient (3); car l'incapacité dans un cas, et la réduction dans l'autre, n'avaient été prononcées qu'en leur faveur.

1240. Quoique ceux qui n'avaient pas été unis en légitime mariage, ne pussent se donner, néanmoins les libéralités qu'ils s'étaient faites, valaient jusqu'à concurrence des alimens. Ils ne devaient pas être traités plus défavorablement que ceux qui avaient vécu dans le libertinage, sans ombre de mariage.

1241. Enfin, il est à remarquer que, le droit romain permettant aux époux de se donner soit simplement,

(1) Edit des secondes noces.

(2) Edit des secondes noces.

(3) Impedimenti causâ cessante, cessat impedimentum. Régle de droit écrit enseignée par Tiraqueau, dans son traité sur la régle *cessante*.

soit mutuellement, la donation mutuelle des biens régis par la loi romaine était valable, quoiqu'elle fût inégale, et quant à la disposition, et quant aux biens : c'en était une conséquence (*).

Cette règle devait avoir lieu, quoique l'inégalité fût très-considérable ; parce qu'elle était une suite du même principe (1).

SECTION III.

Des conditions qui pouvaient être insérées efficacement dans les donations entre mari et femme.

1242. Les donations entre mari et femme étaient susceptibles des mêmes conditions que les donations à cause de mort, faites en faveur d'autres personnes.

Cette règle avait lieu, quoique la donation fût faite par acte entre-vifs ; parce qu'elle était également à cause de mort.

De là venait aussi que la règle *donner et retenir* ne viciait point les donations entre-vifs faites entre mari et femme (2).

(*) Je n'ai point eu égard à l'arrêt du 22 décembre 1618, rendu par le parlement de Paris, qui a jugé le contraire entre parties domiciliées à Lyon, pays régi par le droit écrit, dont Bardet rapporte l'espèce, *tom.* 1, *liv.* 1, *chap.* 50 ; parce qu'il ne se concilie avec aucun principe. Aussi on trouve à la fin du dispositif cette note importante : *Plurimis, quos fama et meritum nobilissimos in foro produxit, contrà senatûs opiniorem reclamantibus.*

(1) Ratio ubi eadem est, idem jus statuitur. *Règle de droit enseignée par Tiraqueau, au lieu ci dessus cité.*

(2) « N'entendons comprendre dans les dispositions de la présente ordonnance ce qui concerne les donations faites entre maris et femmes, à l'égard desquelles donations il ne sera rien innové ». *Art.* 46 *de l'ordonnance de* 1731.

SECTION IV.

De la forme des donations entre maris et femmes.

1243. Quoique les donations entre-vifs et les donations à cause de mort entre maris et femmes fussent de même nature, au fond, néanmoins elles différaient essentiellement, quant à la forme.

ARTICLE PREMIER.

De la forme des donations entre-vifs entre maris et femmes.

1244. La forme des donations faites entre-vifs, entre mari et femme, devait être la même que celle des donations entre-vifs en général ; car il n'y en avait qu'une pour disposer entre-vifs à titre gratuit (1).

Par conséquent, ces donations devaient être faites par-devant deux notaires, ou un notaire en présence de deux témoins (2); et il fallait qu'il en restât minute (3).

1245. Dans les lieux qui exigeaient d'autres formalités pour l'acte de donation, ces formalités devaient être observées (4); parce qu'elles y étaient également nécessaires.

---

(1) « En sorte qu'il n'y ait à l'avenir, dans nos états, que deux formes de disposer de ses biens à titre gratuit, dont l'une sera celle des donations entre-vifs, et l'autre celle des testamens ou codicilles ». *Art.* 3 *de l'ordonnance de* 1731.

(2) « Les donations entre vifs seront faites dans la forme ordinaire des contrats et actes passés par-devant notaires ». *Art.* 2 *de la même ordonnance.*

(3) « Tous actes portant donation entre-vifs seront passés par-devant notaires, et il en restera minute, à peine de nullité ». *Art.* 1 *de la même ordonnance.*

(4) « Et en y observant les autres formalités qui y ont eu

1246. Bien plus, quoique l'acceptation des donations entre-vifs ne fût exigée que pour lier le donateur envers le donataire, parce que ces donations devaient être irrévocables, et que, par conséquent, cette acceptation parût inutile dans les donations entre-vifs, faites entre mari et femme, puisqu'ils avaient la faculté de les révoquer, néanmoins elles devaient également être acceptées (1); parce que l'acceptation était de l'essence des donations entre-vifs, et qu'elle était nécessaire pour donner le caractère de donations entre-vifs, à celles faites dans cette forme entre mari et femme.

Par conséquent, elles devaient être acceptées expressément (2), par la raison que les formalités devaient être accomplies *in formâ specificâ.*

1247. La forme des donations mutuelles devait être la même. Il y avait parité de raison.

Par conséquent, elles devaient être acceptées expressément de part et d'autre.

Cependant ces donations étaient valables sans tradition (3); car la tradition, en cessant d'être nécessaire, dans les pays de droit écrit, pour la perfection des donations entre-vifs, avait également cessé de l'être, dans les

lieu jusqu'à présent, suivant les différentes lois, coutumes et usages des pays soumis à notre domination ». *Suite de l'art. 2 ci-dessus.*

(1) Furgole, *tom.* 5, *pag.* 363, *édition de* 1775.

(2) « L'acceptation de la donation sera expresse, sans que les juges puissent avoir aucun égard aux circonstances dont on prétendrait induire une acceptation tacite ou présumée, et ce, quand même le donataire aurait été présent à l'acte de donation, et qu'il l'aurait signé, ou quand il serait entré en possession des choses données ». *Art.* 6 *de la même ordonnance.*

(3) Furgole, *tom.* 5, *pag.* 361.

mêmes, pays, pour l'efficacité de celles faites entre mari et femme (1).

La raison en était même plus forte.

Cette tradition était tellement inutile, que la donation d'une pension annuelle, faite par le mari à sa femme, était confirmée par la mort, quoiqu'il fût impossible de faire la tradition des pensions à venir (2).

1248. Enfin ces donations n'étaient point sujettes à la loi de l'insinuation (3); attendu qu'elles ne recevaient leur perfection que par la mort des donateurs.

1249. Il était remarquable que ces donations valaient, dans cette forme, comme donations à cause de mort, quoiqu'en général une donation entre-vifs ne pût valoir, dans cette forme, si elle n'avait été revêtue des formalités des donations à cause de mort (4). Ces donations avaient été exceptées de cette règle (5).

---

(1) Mulier quædam, cum res ipsi à conjuge donatæ essent, neque tamen traditæ, voluit marito mortuo, et donationem silentio prætereunte, res vindicare, quasi harum domina tam donatione quàm maritali facta. *Novelle* 162, *cap.* 1.

(2) Si stipulata fuerit mulier annuum (dari): id ex stipulatu petere, constante matrimonio, non potest. Sed si manente matrimonio decessisse maritus proponatur: posse dici donationem confirmari ex senatusconsulto. *Leg.* 33, *ff. de donat. inter vir. et uxor.*

(3) Dolive, *liv.* 4, *chap.* 4 et 28. Catelan, *liv.* 5, *chap.* 9. Furgole, *tom.* 5, *pag.* 361.

(4) « Toutes donations à cause de mort ne pourront dorénavant avoir aucun effet dans les pays mêmes où elles sont expressément autorisées... que lorsqu'elles auront été faites dans la même forme que les testamens ou les codicilles ». *Commencement de l'article* 3 *ci-dessus.*

(5) « N'entendons comprendre, dans les dispositions de la présente ordonnance, les donations faites entre maris et femmes, à l'égard desquelles donations il ne sera rien innové. » *Art.* 46 *de la même ordonnance.*

ARTICLE II.

De la forme des donations à cause de mort entre mari et femme.

1250. Les donations à cause de mort entre maris et femmes devaient être faites dans la même forme que les dispositions à cause de mort (1); parce qu'il n'en avait pas été institué d'autre, pour disposer, à cet égard, à titre gratuit.

1251. En suivant cette forme, ils ne pouvaient se donner mutuellement par un seul et même acte; la loi le leur prohibait (2).

Cette prohibition avait lieu, quoiqu'il leur fût réservé de se faire des donations mutuelles; car cette faculté ne s'appliquait qu'aux donations faites dans la forme des actes entre-vifs (3).

SECTION V.

De la révocation de ces donations.

1252. La persévérance qui était exigée pour donner l'être aux donations entre-vifs faites entre maris et femmes, prouvait par elle-même que ces donations n'étaient pas

(1) Article 3 de l'ordonnance de 1731 ci-dessus.

(2) « Abrogeons l'usage des testamens mutuels, faits par mari et femme ou par d'autres personnes; voulons qu'à l'avenir ils soient regardés comme nuls et de nul effet dans tous les pays de notre domination ». *Art. 77 de l'ordonnance des testamens.*

(3) « Sans rien innover en ce qui concerne les donations mutuelles entre mari et femme, conformément à la réserve portée par l'article 46 de notre ordonnance du mois de février 1731 ». *Même article.*

irrévocables. De là, par conséquent, le droit de les révoquer (1).

Celles faites entre eux dans la forme des donations à cause de mort, étaient, à plus forte raison, révocables; parce que telles donations étaient révocables de leur nature.

Cette révocation était l'effet du changement de volonté, dont le repentir d'avoir donné était la cause.

Cette révocation s'effectuait de deux manières, expressément ou tacitement.

1253. La révocation était expresse, lorsque le conjoint donateur déclarait qu'il révoquait la donation (2), soit dans un acte exprès, soit dans un testament ou tout autre acte de dernière volonté.

1254. La révocation était tacite, lorsque le donateur donnait les mêmes biens à une autre personne, ou qu'il les vendait (3).

1255. Elle s'induisait encore de la séparation de corps (4).

1256. Lorsque la femme révoquait par acte entre-vifs la donation qu'elle avait faite à son mari, elle n'avait pas besoin de son autorisation pour faire cet acte; parce que sa présence qui aurait été nécessitée pour cette autorisation, aurait été souvent une raison pour l'empêcher de la révoquer.

---

(1) Fas esse eum, qui donavit, pœnitere. *Leg.* 32, § 2, *ff. de donat. inter vir. et uxor.*

(2) Non confirmatur donatio si ab eo qui donavit, fuerit expressim revocata. *Leg.* 18, *cod. de donat. inter vir. et uxor.*

(3) Manifestum est non solùm donatione, sed etiam venditione, vel alio quolibet modo rebus alienatis, revocatam esse à viro in mulierem factam donationem. *Lege* 12, *cod. de donat. inter vir. et uxor.*

(4) Non confirmatur donatio si divortium sequatur. *Leg.* 18, *cod. eodem titulo.*

1257. La liberté de ces révocations rendait efficace même celle faite par un codonateur à l'insu de l'autre. Dans ce cas, celui qui avait retiré sa libéralité, était privé de celle qui lui avait été faite (1), lorsqu'elle était une condition de la sienne.

Cependant il profitait de la donation de son conjoint, lorsque celui-ci, après avoir eu connaissance de la révocation de la donation qui lui avait été faite, avait vécu pendant un certain temps, et qu'il était mort sans révoquer la sienne. Cette circonstance déposait qu'il avait voulu demeurer seul donateur.

1258. Il était remarquable que la constitution de l'hypothèque sur le fonds donné ne révoquait point la donation, quoique les lois du Digeste et du Code le décidassent ainsi (2), attendu qu'elles avaient été abrogées par la novelle 162. (3).

SECTION VI.

Si ces donations étaient révoquées par la mort civile du donateur.

1259. Loin que les donations entre-vifs faites entre maris et femmes fussent révoquées par la mort civile, elles étaient au contraire confirmées (4); parce que la mort civile produisait le même effet que la mort naturelle.

---

(1) Serres, *sur l'art.* 77 *de l'ordonnance des testamens.*

(2) Leg. 32, § 4, *ff. de donat. inter. vir. et uxor. Leg.* 18, *cod. eodem.*

(3) Et sancimus, ut tametsi maritus eam rem postea hypothecæ det, tamen qui id silentio præteriit abalienasse non videatur. *Cap.* 1.

(4) Res uxoris quæ vel successione quâlibet, vel emptione vel etiam largitione viri in eam antè reatum jure per-

1260. Cette décision s'appliquait également aux donations qu'ils s'étaient faites dans la forme des donations à cause de mort (1), quoique, de droit commun, celles-ci fussent renversées par la mort civile des donateurs. Les donations à cause de mort entre maris et femmes avaient été exceptées de cette règle (2).

Dans tous ces cas, l'intérêt du fisc était postposé au leur (3), quand ces donations avaient été consenties avant le crime (4).

Par conséquent, la clause codicillaire maintenait le testament pour les donations que le mari et la femme s'étaient faites, quoique la mort civile l'annullât, quant aux autres dispositions.

---

venerant, damnato ac mortuo ex pœnâ, marito, vel in servilem conditionem ex pœnæ qualitate deducto vel illibatas esse præcipio, nec alieni criminis infortunio adstringi uxorem; cum paternis maternisve ac propriis bonis frui eam integro legum statuto religiosum sit : et donatio maritalis ante tempus criminis ac reatûs collata in uxorem.... Observanda sit, tanquam si maritum ejus natura non pœna subduxerit. *Leg.* 24, *cod. de donat. inter vir. et uxor.*

(1) Cum igitur deportatione matrimonium minimè dissolvitur, et nihil vitii mulieris incurrit : humanum est donationem, quæ mortis causâ ab initio facta est tali exilio subsecuto confirmari, tanquam si mortuo marito rata habeatur. *Leg.* 13, § 1, *ff. de donat. inter vir. et uxor.*

(2) Recueil civil de Lacombe, *verbo* donation, part. 2, sect. 4, n.° 3, à la fin, et *verbo* mort.

(3) Fisco nostro ad easdem res nullam in posterum communionem habituro. *Leg.* 24, *cod. de donat. inter vir. et uxor.*, *in fine.*

(4) Leg. 24 et 13 *ci-dessus.*

SECTION VII.

De la révocation de ces donations par la survenance d'enfans.

1261. Les donations que les maris et les femmes se faisaient pendant le mariage, soit par disposition entre-vifs, soit par disposition à cause de mort, ne se révoquaient pas par survenance d'enfans. La raison qui faisait valoir celles qu'ils se faisaient par leur contrat de mariage, nonobstant la naissance des enfans, se rencontrait dans celles-ci (1).

D'ailleurs ces donations étaient révocables, et celles par contrat de mariage ne l'étaient pas.

La légitimation n'était pas plus efficace.

Ces donations étaient seulement réduites, dans ces cas.

SECTION VIII.

De l'effet de ces donations quand elles étaient confirmées par la mort.

1262. Toutes les donations faites entre maris et femmes, dans les pays de droit écrit, étaient censées faites sous la condition d'être confirmées par la mort (2).

De là venait que, lorsqu'elles avaient été confirmées par la mort, elles remontaient au jour qu'elles avaient été faites (3).

---

(1) Ubi eadem ratio, ibi idem jus statuitur. *Regulâ juris.*

(2) Donationes quas uxor in suum maritum vel maritus in suam uxorem confert, ita firmas esse per silentium donatoris vel donatricis sancimus. *Leg.* 25, *cod. de donat. inter vir. et uxor.*

(3) Si mortis causâ inter virum et uxorem donatio facta

Cet effet rétroactif ne nuisait, ni aux créanciers, ni aux acquéreurs, ni aux donataires postérieurs du donateur; car cette condition lui retenait la propriété des choses données pour en user à son gré.

Cet effet rétroactif était restreint à acquérir à l'époux donataire les fruits qu'il avait perçus, pendant le mariage, des choses données (1), et à soutenir la donation contre l'effet de la mort civile de l'époux donateur pour ses crimes postérieurs (2).

1263. De ce qu'en pays de droit écrit, les donations entre-vifs entre mari et femme, étaient confirmées par la mort, il en était de même de celles qu'ils faisaient en faveur des enfans que l'un et l'autre avaient eus d'un autre mariage, lorsque ces donations étaient censées faites à eux-mêmes (3). Il n'y avait pas de raison de traiter avec plus de rigueur la donation qu'on regardait comme faite au mari dans la personne de ses enfans, que celle qui lui était faite directement.

---

sit; morte secutâ reducitur ad id tempus donatio, quo interposita fuisset. *Leg.* 40, *ff. de mortis causâ donat.*

Silentium donatoris vel donatricis ad illud tempus referatur quo donatio conscripta sit. Nec in cæterum subtilem divisionem facti vel juris introduci posse. *Leg.* 25, *cod. de donat. inter vir. et uxor. in fine.*

(1) Si is servus, qui uxori mortis causâ donatus est, priùs quàm vir decederet, stipulatus est: in pendenti puto esse causam obligationis, donec vir aut moriatur, aut suspicione mortis, propter quam donavit, liberetur. Quidquid autem eorum inciderit, quod donationem aut perimat, aut confirmet, id quoque causam stipulationis aut confirmabit, aut resolvet. *Leg.* 20, *ff. de donat. inter vir. et uxor.*

(2) Voyez la section 6 ci-dessus.

(3) Oratio non solùm virum et uxorem complectitur, sed etiam cæteros qui propter matrimonium donare prohibentur: ut putà donat socer nurui vel et contrà : v

Aussi, par arrêt du parlement de Provence, la donation d'une belle-mère au fils de son mari non émancipé, fut jugée valable (1); parce que la donatrice était morte sans avoir révoqué la donation.

De là, la nécessité de les révoquer, pour les rendre sans effet.

Lorsque le repentir faisait la matière d'un procès, pouvait-il n'être pas écouté?

Blanche Bailly, femme de Jacques Baline, devenue veuve et libre, obtint des lettres de rescision, en tant que de besoin, contre la donation entre-vifs universelle, qu'elle avait faite en faveur de Reine Baline, fille d'un premier lit de son mari et non émancipée, et elle obtint gain de cause, par arrêt du parlement de Paris, du 17 juin 1687 (2).

TITRE III.

Des donations faites hors contrat de mariage, en pays de droit écrit, par les pères de famille, à leurs enfans non émancipés.

1264. La puissance paternelle empêchait le père et le fils de contracter ensemble d'une manière irrévocable (3).

---

genero vel contra: vel consocer consocero, qui copulatos matrimonio in potestate habet. *Leg.* 32, § 13, *ff. de donat. inter vir. et uxor.*

Si nurus socero donaverit: mortem nurûs et perseverentiam in supremam diem voluntatem ejus spectare non oportet. *Leg. eàdem.* § 15, *ff. eod.*

(1) Recueil de Boniface, *tom.* 1, *liv.* 7, *titr.* 3, *chap.* 8.

(2) Journal des audiences.

(3) Actiones adversùs patrem filio præstari non possunt, dum in potestate ejus est filius. *Leg.* 7, *ff. de oblig. et actionibus.*

Ne cum filio familias pater furti agere possit, non juris

De là, l'incapacité de se donner par donation entre-vifs ; parce que l'irrévocabilité était de l'essence de la donation entre-vifs.

Cependant la donation entre-vifs du père au fils non émancipé, devenait efficace pour le fils, lorsque le père mourait donateur du fils (1).

SECTION PREMIÈRE.

Quels biens pouvaient être l'objet de cette donation ; charges et conditions qui pouvaient y être apposées.

1265. De ce que la donation entre-vifs, faite par le père de famille à son fils non émancipé, exigeait la persévérance jusqu'à la dernière volonté du donateur, pour la rendre valable, il s'ensuivait qu'elle était donation à cause de mort, sous la forme de la donation entre-vifs.

Par conséquent, elle pouvait être faite des biens présens et à venir ; parce que c'était le propre de la donation à cause de mort de comprendre les uns et les autres.

De là venait que l'effet réservé dans la donation pour appartenir au donataire, en cas de non disposition, faisait partie des biens donnés, quand le donateur n'en avait pas disposé.

Par conséquent, le fils pouvait être chargé de payer les dettes et charges de la succession de son père, même les légitimes. Le donateur pouvait, en outre, lui

---

constitutio, sed natura rei impedimento est, quod non magis cum his quos in potestate habemus, quàm nobiscum ipsi agere possumus. *Leg.* 16, *ff. de furtis.*

(1) Donationes quas parentes in liberos cujuscunque sexûs in potestate suâ constitutos conferunt : ita firmas esse per silentium donatoris sancimus. *Leg.* 25, *cod. de donat. inter vir. et uxor.*

imposer toutes les autres conditions qu'il jugeait à propos, quoiqu'elles dépendissent de sa volonté : c'était également le propre de la donation à cause de mort, que le donateur se préférât au donataire.

SECTION II.

De la forme de cette donation.

1266. Cette donation devait être revêtue de la forme de la donation entre-vifs (1).

Par conséquent, il fallait qu'elle fût passée par-devant notaire ; qu'il en restât minute ; et qu'elle fût acceptée (2) ; parce que ces formalités avaient été établies pour constituer la forme entre-vifs des dispositions gratuites.

1267. Elle valait, dans cette forme, quoiqu'elle dût être confirmée par la mort ; car la donation entre-vifs, faite par le père de famille à son fils non émancipé, avait été également exceptée de la règle générale (3).

1268. Cette donation était valable sans insinuation ; parce qu'elle ne dépouillait pas le donateur de la propriété des choses données (4).

De là venait aussi que les choses données n'étaient pas sujettes à la loi de la tradition.

---

(1) Réponse du parlement de Toulouse à M. le chancelier d'Aguesseau, lors de l'ordonnance de 1731.

(2) Articles 1, 2 et 6 de la même ordonnance, *ci-dessus rapportés.*

(3) « N'entendons comprendre dans les dispositions de la présente ordonnance, les donations faites par le père de famille aux enfans étant dans sa puissance ; à l'égard desquelles donations il ne sera rien innové ». *Art. 46 de la même ordonnance.*

(4) Initio dominium non transfertur. *Leg. 18, cod. de donat. inter vir. et uxor.*

Section III.

De la révocation de cette donation.

1269. De ce que la donation entre-vifs du père de famille en faveur de son fils qu'il avait sous sa puissance, ne le dépouillait pas de la propriété de ce qu'il lui donnait, il s'ensuivait que cette donation n'était qu'une destination de volonté (1).

De là, le droit qu'il avait de la révoquer.

Cette règle avait lieu, quoique la donation eût été faite pour droit de légitime; parce que la légitime n'était due à l'enfant qu'après la mort du père.

Cette révocation s'effectuait de toutes les manières par lesquelles une personne faisait passer la propriété de ses biens à une autre.

Cependant il perdait ce droit en émancipant son fils : l'émancipation changeait la nature de la donation (3).

De là venait que, lorsqu'il n'avait pas révoqué la donation avant que d'émanciper son fils, il ne pouvait pas la révoquer après l'émancipation.

Dans ce cas, la donation était valable, quoiqu'elle

---

(1) Destinationem magis paternæ voluntatis factam, quàm perfectam donationem. *Leg.* 11, *in fin. cod. de donationibus.*

(2) Pater, qui filiæ quam habuit in potestate, mancipia donavit, et peculium emancipatæ non ademit : ex postfacto donationem videbatur perfecisse. *Leg.* 31, § 2, *ff. de donationibus.*

(3) Sanè si ea quæ in tuâ positis potestate donaveras, post emancipationem contra tuam tenuerint voluntatem; horum penès te dominium remansit. *Leg.* 17, § 1, *cod. de donationibus.*

comprît des biens à venir, et qu'elle fût infectée du vice *donner* et *retenir*; parce qu'elle n'était assujettie aux règles des donations entre-vifs (1), que quant à la forme.

SECTION IV.

De l'effet de cette donation lor qu'elle n'avait pas été révoquée.

1270. Quoique, dans le principe, cette donation ne fût qu'une destination de volonté, néanmoins elle avait un effet rétroactif au jour de sa date, lorsqu'elle n'avait pas été révoquée (2). Elle marchait de pas égal avec la donation entre-vifs, faite entre mari et femme (3).

De là venait qu'elle n'était point détruite par la mort civile que le donateur avait encourue par la condamnation capitale, pour crime commis postérieurement à la donation.

Mais cet effet rétroactif ne nuisait point aux créanciers ni aux acquéreurs ou donataires postérieurs, tant que la propriété des choses données avait résidé sur la tête du donateur; parce qu'il avait été le maître d'en disposer.

---

(1) Article 46 de l'ordonnance de 1731, *ci-dessus rapporté.*

(2) Silentium donatoris ad illud tempus referatur quo donatio conscripta sit. *Leg.* 25, *cod. de donat. inter vir. et uxor.*

(3) Argument tiré de cette loi.

LIVRE IV.

DES SUBSTITUTIONS.

1271. En disposant de ses biens, l'homme avait la liberté d'y ajouter des dispositions secondaires.

Ces dispositions s'appelaient *substitutions*. Elles étaient la voie par laquelle une personne pouvait faire passer ses biens d'une personne à une autre.

L'ordre des affections avait inventé ce genre de disposition.

1272. Non seulement il était permis de suivre ce penchant de prédilection dans les actes entre-vifs, mais même dans les actes à cause de mort.

1273. Quelquefois elles avaient pour but de conserver les biens dans les familles, et plus souvent de prévenir la dissipation d'un aîné.

1274. On parvenait à toutes ces fins par le moyen de la substitution fidéicommissaire. Elle pouvait efficacement être employée dans les dispositions entre-vifs et dans celles à cause de mort (1).

---

(1) « Dans la résolution que nous avons prise de faire cesser l'incertitude et la diversité des jugemens qui se rendent dans les différens tribunaux de notre royaume, quoique, sur le fondement des mêmes lois, la matière des donations entre-vifs et celle des testamens nous ont paru, par leur importance, devoir être les premiers objets de notre attention, et elles ont fait le sujet de nos ordonnances des mois de février 1731, et d'août 1735. Nous nous sommes proposés ensuite d'établir la même uniformité de jurisprudence à l'égard des substitutions fidéicommissaires qui peuvent se faire également par l'un et par l'autre genre de dispositions ». *Préambule de l'ordonnance des substitutions de l'année* 1747.

1275. Indépendamment de cette substitution, il y en avait encore d'autres.

1276. Les unes avaient pour objet de donner un successeur au gratifié, dans le cas que ce gratifié décédât avant son bienfaiteur, ou en cas qu'en lui survivant, il ne pût ou ne voulût profiter de la libéralité. De là les substitutions vulgaires.

1277. Les autres de prévoir le décès du gratifié dans l'âge de la pupillarité. De là, les substitutions pupillaires.

1278. Et celles-ci, de lui donner un successeur, au cas qu'il décédât dans un âge plus avancé, par exemple, avant l'âge de vingt-cinq ans, ou qu'il décédât sans enfans. De là, les substitutions compendieuses.

1279. Enfin il y en avait encore d'autres pour donner un appui aux infirmes, et des alimens aux personnes capables de s'oublier jusqu'à se les ôter. De là, les substitutions exemplaires et officieuses.

1280. Mais ces substitutions appartenaient privativement aux dernières volontés.

Pour plus de clarté, on a divisé ce livre en sept titres.

TITRE PREMIER.

De la substitution fidéicommissaire contractuelle.

1281. La substitution fidéicommissaire était une libéralité faite en faveur d'une personne pour la rendre à une autre.

1282. En admettant cette manière de disposer dans les actes entre-vifs, il était incontestable que les donateurs et les instituans avaient le droit de grever de substitution leurs donataires ou héritiers institués, quels qu'ils fussent.

De là, le droit qu'avaient entre eux les codonateurs et les coinstituans de se substituer réciproquement.

1283. Le droit de substituer en faveur d'une personne donnait la faculté de le faire en faveur de plusieurs (1). Cette faculté en dérivait naturellement.

De là, le droit de les appeler pour recueillir également ou inégalement (2).

De là encore, celui de charger, soit le donataire, soit l'institué, de rendre la libéralité à celui des appelés que bon leur semblerait (3).

1284. Les donateurs et les instituans avaient encore le droit de grever de substitution la personne qui serait élue (4).

1285. Non seulement ils avaient le droit de substituer concurremment en faveur de plusieurs personnes, mais encore de les substituer successivement les unes aux autres (5).

De là, la division des substitutions fidéicommissaires en simples et graduelles.

Elles étaient simples, lorsque celui à qui l'on devait

---

(1) Domat, des lois civiles, *tom.* 1, *partie* 2, *liv.* 5, *tit.* 3, *sect.* 3, *art.* 1.

(2) Domat, *ibid.*

(3) « Lorsque la donation ou l'institution contractuelle aura été faite à la charge de remettre les biens donnés à celui que le donateur ou le donataire voudra choisir, celui qui sera élu ne pourra, sous prétexte de l'élection faite en sa faveur, être chargé d'aucune substitution ». *Art.* 14 *du titre premier de l'ordonnance des substitutions.*

Argument tiré de cet article.

(4) Même argument.

(5) Domat, des lois civiles, *tom.* 1, *partie* 2, *liv.* 5, *tit.* 3, *sect.* 3, *art.* 2.

restituer, n'était pas chargé lui-même de restituer à un autre : graduelles, lorsqu'il l'était.

1286. Le droit de faire des substitutions graduelles, qui était sans bornes dans leur principe, avait été restreint à deux degrés, le donataire ou institué non compris (1).

L'ambition qu'avait l'homme de mettre perpétuellement sa volonté à la place de celle de la loi, avait été le motif de cette restriction.

Cette restriction n'empêchait pas d'étendre la substitution au-delà de ces deux degrés ; parce que le nombre des substitués pouvait être diminué par la mort ou par le refus d'accepter la libéralité (2).

Seulement, dans ce cas, la substitution s'éteignait en faveur du substitué qui complétait le deuxième degré (3).

1287. La substitution fidéicommissaire passait successivement d'appelé en appelé jusqu'au degré qui l'éteignait, sans interruption en faveur des héritiers de l'ap-

---

(1) « L'article 39 de l'ordonnance d'Orléans sera exécuté ; et, en conséquence, toutes les substitutions faites par contrat de mariage ou autre acte entre-vifs, en quelques termes qu'elles soient conçues, ne pourront s'étendre au-delà de deux degrés de substitués, outre le donataire ou l'héritier institué ». *Art.* 30 *du même titre de l'ordonnance des substitutions.*

(2) « Lorsque le grevé de substitution aura renoncé à la disposition faite en sa faveur, sans s'être immiscé dans les biens substitués, ou qu'il sera mort sans l'avoir acceptée ni expressément ni tacitement, le substitué du premier degré en prendra la place; en sorte que les degrés de substitution ne seront comptés qu'après lui et dans les mêmes cas de renonciation ou d'abstention d'un des substitués, il ne sera point censé avoir rempli un degré ; et celui qui sera appelé après lui, prendra sa place ; le tout, encore que la renonciation ou l'abstention du grevé ou dudit substitué n'eût pas été gratuite ». *Art.* 37 *du même titre.*

(3) Argument tiré de l'article 30 ci-dessus.

pelé qui était décédé avant que de recueillir, ni en faveur de ceux de l'appelé décédé après avoir recueilli, quand même ils auraient été leurs enfans; parce que la transmission et la représentation avaient été proscrites en matière de substitution (1).

Cependant la substitution s'évanouissait lorsqu'elle n'avait été faite qu'en cas que le donataire ou l'institué décéderaient sans enfans, et qu'ils en avaient laissé, capables de leur succéder (2).

---

(1) « Ceux qui sont appelés à une substitution, et dont le droit n'aura point été ouvert avant leur décès, ne pourront, en aucun cas, en avoir transmis l'espérance à leurs enfans ou descendans, encore que la substitution soit faite en ligne directe par des ascendans, et qu'il y ait d'autres substitués appelés à la même substitution, après ceux qui sont décédés et leurs enfans ou descendans ». *Art.* 20 *du même titre.*

« La représentation n'aura point lieu dans les substitutions, soit en ligne directe ou collaterale, et soit que ceux en faveur de qui la substitution aura été faite, y aient été appelés collectivement, ou qu'ils aient été désignés en particulier, et nommés suivant l'ordre de la parenté qu'ils avaient avec l'auteur de la substitution; le tout à moins qu'il n'ait ordonné, par une disposition expresse, que la représentation y aurait lieu, ou que la substitution serait déférée suivant l'ordre des successions légitimes ». *Art.* 21 *du même titre.*

(2) « Dans les substitutions faites sous la condition que le grevé vienne à décéder sans enfans, le cas prévu par la condition sera censé être arrivé, lorsqu'au jour du décès du grevé, il n'y aura aucuns enfans légitimes et capables des effets civils, sans qu'on puisse avoir égard à l'existence des enfans naturels, même légitimés, autrement que par mariage subséquent, ni pareillement à l'existence des enfans morts civilement par condamnation pour crimes, ou incapables des effets civils par la profession solennelle de la vie religieuse, ou pour quelqu'autre cause que ce soit ». *Art.* 23 *du même titre.*

L'existence d'un seul enfant suffisait.

1288.

1288. La substitution s'évanouissait également, quoiqu'il n'y eût pas été fait mention de cette condition, lorsque la disposition avait été faite par l'ascendant en faveur d'un descendant, et que le grevé avait également laissé des enfans capables de lui succéder. Dans ce cas, cette condition se suppléait de droit (1).

La piété paternelle, qui ne permettait pas de croire que l'ascendant eût voulu substituer son hérédité au préjudice de ses descendans, enfans du grevé, avait été le motif de cette règle de droit.

Cette règle avait lieu, quoiqu'il eût substitué à ce grevé un autre descendant; parce qu'il n'était pas croyable qu'il eût voulu priver les enfans du grevé de la libéralité qu'il avait faite à leur père, pour cet autre descendant, sans

---

(1) Cum avus filium, ac nepotem ex altero filio hæredes instituisset, à nepote petiit, ut si intra annum trigesimum moreretur, hæreditatem patruo suo restitueret. Nepos liberis relictis intra ætatem suprà scriptam vita decessit. Fideicommissi conditionem conjectura pietatis respondi defecisse: quod minùs scriptum, quam dictum fuerat inveniretur. *Leg. 102, ff. de condit. et demonstr.*

Cum acutissimi ingenii vir, et meritò ante alios excellens Papinianus in suis statuerit responsis, si quis filium suum hæredem instituit, et restitutionis post mortem onerari subegit, non aliter hoc videri disposuisse, nisi cum filius ejus sine sobole vitam suam reliquerit: nos hujus sensum meritò mirati, plenissimum ei donamus eventum: ut si quis hæc disposuerit, non tamen filium hæredem instituens, sed etiam filiam, vel ab initio nepotem vel neptem, pronepotem vel proneptem vel aliam deinceps posteritatem, et eam restitutionis post obitum gravamini subjugaverit: non aliter hoc sensisse videatur, nisi ii qui restitutione onerari sunt, sine filiis vel filiabus, nepotibus vel neptibus, pronepotibus vel proneptibus fuerint defuncti: ne videatur testator alias successiones propriis anteponere. *Leg. 30, cod. de fideicommissis.*

s'en être expliqué : car, dans le doute, il était présumé avoir également pensé à eux de préférence (1).

Néanmoins, dans l'un et l'autre cas, le cours de la substitution n'était point interrompu par l'existence des enfans, quand l'auteur de la substitution s'en était expliqué expressément, et qu'il avait substitué le cadet à l'aîné, quoiqu'il laissât des enfans (2). Dans ce cas, la présomption légale de leur vocation exclusive cessait (3).

SECTION PREMIÈRE.

Qui pouvait substituer par acte entre-vifs.

1289. La substitution fidéicommissaire était moins une disposition qu'une condition de la première disposition. Or chacun était le maître d'apposer à sa libéralité les conditions qui lui convenaient. Par conséquent, tous ceux qui avaient le droit de disposer de leurs biens, à titre gratuit, par acte entre-vifs, pouvaient les substituer (4).

De là venait que le mineur ayant la faculté de disposer efficacement de ses biens, dans son contrat de mariage, au profit de ses enfans à naître, ou de l'un d'eux, il pouvait valablement substituer en leur faveur; car la substitution en était une conséquence.

---

(1) In pari causâ melior est causa descendentium possidentis. *Regula juris.*

(2) Bergier, sur Ricard, *tom.* 2, *pag.* 401, *note* a.

(3) Provisione hominis cessat provisio legis. *Regula juris.*

(4) « Les substitutions fidéicommissaires, dans les pays où elles sont en usage, pourront être faites par toutes personnes capables de disposer de leurs biens, de quelqu'état et condition qu'elles soient ». *Art.* 1 *du tit.* 1 *de l'ordonnance des substitutions.*

Le parlement de Paris avait confirmé de pareilles substitutions, soit avant (1), soit depuis l'ordonnance des substitutions (2).

---

(1) Arrêt du 13 mars 1741, rendu en faveur de M. le duc d'Olone, rapporté par Lacombe, dans ses arrêts notables.

M. le duc de Bouteville, son père, avait donné en minorité, par son contrat de mariage, des terres considérables à l'aîné mâle, avec charge de substitution graduelle et perpétuelle. La donation était attaquée par des créanciers qui n'avaient contracté avec lui que postérieurement à cette disposition; elle fut confirmée par l'arrêt.

(2) Arrêt du 7 mars 1768, entre le sieur marquis de Strada et le sieur Tridon, procureur au parlement.

« Par le contrat de mariage de Jean-Hyacinte de Strada, avec demoiselle Marie-Silvie de Saint-Julien, de l'année 1757, Jean de Strada, père, du consentement de Jean-Hyacinte, son fils, et celui-ci conjointement, substituèrent la terre de Sarliève aux descendans mâles qui naîtraient du mariage. L'arrêt de 1768 jugea, à la vérité, que l'auteur de la substitution était Jean de Strada, père; mais il était grevé envers Jean-Hyacinte, son fils, d'une précédente substitution: il fallait donc le consentement de Jean-Hyacinte fils, pour donner effet à cette nouvelle substitution. Il fut jugé que le consentement du fils validait les conditions que le père avait apposées à la remise de l'ancien fidéicommis: le fils était mineur; s'il n'avait pas la capacité de donner et de substituer, il ne pouvait pas consentir à une substitution qui le privait éventuellement des biens qu'il devait recueillir librement. L'arrêt ordonna, en conséquence, que la terre de Sarliève demeurerait distraite de la saisie réelle que le sieur Tridon avait faite, pour les vacations qui lui étaient dues, à raison d'un procès qui s'était élevé, en 1755, entre Jean-Hyacinte de Strada et le sieur Ternier. La substitution avait été publiée en la sénéchaussée d'Auvergne, le 21 mai 1770. L'arrêt réserva les droits des créanciers de Jean-Hyacinte de Strada, antérieurs à cette époque. »

Chabrol, sur la coutume d'Auvergne, *tom.* 2, *pag.* 167.

1290. Mais les mêmes conditions, qui étaient exigées pour donner, étaient nécessaires pour substituer.

Ainsi, une femme qui ne pouvait donner sans l'autorité de son mari, ne pouvait substituer sans cette même autorité.

Par la même raison, le fils de famille qui ne pouvait, dans les pays de droit écrit, donner entre-vifs sans le consentement de son père, ne pouvait substituer sans le même consentement.

Par conséquent, ceux qui étaient dangereusement malades ne pouvaient faire une substitution, par acte entre-vifs, des biens situés en pays de coutume (1).

SECTION II.

Qui pouvait être grevé de substitution.

1291. La substitution fidéicommissaire, étant une condition de la première disposition, et cette condition ne pouvant être imposée qu'au donataire ou à l'institué ; il était clair qu'il n'y avait que le gratifié qui pût être chargé de fidéicommis (2).

De là conséquemment le droit de grever de substitution les seconds et ultérieurs appelés ; car ils jouissaient des biens avant que d'être dans le cas de les rendre.

---

(1) Par arrêt rendu le 10 juillet 1738, sur les conclusions de M. l'avocat général Gilbert, entre le duc et la duchesse de Luxembourg, contre le sieur Destouteville, il a été jugé par le parlement de Paris, que la donation faite par feu M. de Seignelay, ministre, à son fils aîné, de différentes terres situées dans les coutumes de Sens et d'Auxerre, était nulle, comme faite en maladie ; la substitution que cette donation contenait était également nulle. Denizart, *verbo* substitution, *nomb.* 77.

(2) Quem non honoro, gravare non possum. *Leg.* 9, *cod. de fideicommis.*

SECTION III.

En faveur de qui la substitution contractuelle pouvait être faite ?

1292. La substitution était une libéralité : par conséquent, il n'était pas permis de substituer en faveur de ceux à qui on ne pouvait donner. Il y avait identé de raison.

Ainsi, par exemple, on ne pouvait pas substituer une disposition universelle en faveur de son enfant naturel, quoiqu'il fût né *ex soluto et solutâ*, et que l'auteur de la substitution n'eût point de descendans en mariage légitime ; car la défense de lui faire une pareille disposition directement, et en premier, y mettait un obstacle invincible.

Cette règle avait lieu, quoique le contraire eût été jugé par arrêt du parlement de Paris, du mois de juillet 1646 (1); car nos mœurs avaient changé depuis cet arrêt (2).

Mais, cette incapacité cesant, il était permis de substituer au profit de qui que ce fût, même en faveur d'une personne à naître (3) ; parce que les substitutions contractuelles étaient valables, quoique le substitué ne fût ni né ni conçu.

De là, le droit de substituer en faveur d'une personne à désigner.

Et, de même qu'il était permis de donner à des enfans

---

(1) L'espèce de cet arrêt est rapportée, *pag.* 336 *et* 337.

(2) *Voyez* plus haut, *pag.* 25 *et* 26.

(3) Faber, *cod. liv.* 6, *tit.* 6, *diff.* 9, *n°.* 1. Maynard, *liv.* 5, *chap.* 37, *à la fin.* Ferrières, *sur la question* 612 *de Guy-Pape.* Domat, des substitutions, *tom.* 1, *part.* 2, *liv.* 5, *tit.* 3, *sect.* 2, *art.* 6.

nés et à naître (1), de même il était permis de substituer en faveur de personnes nées et à naître. Il y avait parité de raison.

1293. Pour juger de la capacité des substitués contractuellement, il fallait se reporter au temps de l'acte, pour les fidéicommis purs, et au temps de l'événement de la condition, pour les fidéicommis conditionnels ; parce qu'on suivait également, à leur égard, les règles des contrats.

SECTION IV.

Quels biens pouvaient être substitués contractuellement.

1294. Tout ce qui pouvait être l'objet d'une libéralité, et qui, par conséquent, était dans le commerce, pouvait être substitué.

De là venait aussi que les immeubles de toute nature, les offices, les rentes constituées, les deniers comptans, les droits, les effets, les bestiaux, les meubles meublans, et autres choses mobilières, pouvaient être l'objet d'une substitution (2).

---

(1) « Voulons qu'en cas qu'une donation faite à des enfans nés et à naître..... vaille même à l'égard des enfans qui naîtront dans la suite ». *Art.* 12 *de l'ordonnance de* 1731.

(2) « Les biens qui sont immeubles par leur nature, pourront être chargés de substitution, encore qu'ils fussent réputés meubles à certains égards, par les dispositions des lois ou coutumes des lieux ». *Art.* 2 *du tit.* 1 *de l'ordonnance des substitutions.*

« Les offices et les rentes constituées à prix d'argent ou autrement, pourront être chargés de substitution, soit dans les pays où les biens de la susdite qualité sont réputés immeubles, soit dans ceux où ils sont regardés comme meubles ». *Art.* 3 *du même titre.*

« Les deniers comptans, meubles, droits et effets mobiliers

Cependant le mobilier en particulier ne pouvait être substitué, sans en ordonner la vente et l'emploi du prix en biens-fonds (1).

Néanmoins les bestiaux et ustensiles des domaines pouvaient être substitués avec les domaines dont ils faisaient partie, quoique la substitution fût particulière, sans en ordonner la vente (2).

Il en était de même des meubles meublans et autres choses mobilières qui servaient à l'usage ou à l'ornement des châteaux et maisons qui étaient substitués (3).

L'usage et la valeur intrinsèque qu'en retirait le principal, avait été le motif de cette exception.

---

sont censés compris dans la substitution, lorsqu'elle sera apposée à une disposition universelle ou faite par forme de quote ». *Art. 4 du même titre.*

(1) « Les biens mentionnés dans l'article précédent ne pourront être chargés d'aucune substitution particulière, qu'en cas qu'il ait été ordonné expressément par l'auteur de la substitution, qu'il sera fait emploi des deniers comptans, ou de ceux qui proviendront de la vente, ou du recouvrement desdits meubles, droits ou effets mobiliers ». *Art. 5 du même titre.*

(2) « N'entendons comprendre dans la disposition des deux articles précédens, les bestiaux et ustensiles servant à faire valoir les terres, lesquels seront censés compris dans les substitutions desdites terres, sans distinction entre les dispositions universelles et particulières; et le grevé de substitution ne sera point tenu de les vendre et d'en faire emploi ». *Art. 6 du même titre.*

(3) « Les meubles meublans et autres choses mobilières qui servent à l'usage ou à l'ornement des châteaux ou maisons, pourront être chargés des mêmes substitutions que les châteaux ou maisons où ils seront, pour être conservés en nature; pourvu, néanmoins, que l'auteur de la substitution l'ait ainsi expressément ordonné, soit qu'il s'agisse d'une substitution universelle, ou qu'elle soit particulière ». *Art. 7 du même titre.*

Mais il n'était permis de substituer que la même quotité de biens qu'il était permis de donner.

Bien plus, quand la substitution avait été faite par un ascendant, elle ne comprenait point la légitime du grevé, à moins que la substitution n'eût été faite pour cause de dissipation, et au profit de ses enfans (1).

SECTION V.

Des conditions qui pouvaient être apposées dans les substitutions contractuelles.

1295. Il en était des substitutions comme des autres dispositions ; en les faisant, on avait la faculté d'y apposer les charges et les conditions que l'on jugeait à propos.

Ainsi, quoique le fidéicommis ne dût naturellement être rendu qu'après le décès du gratifié, néanmoins on pouvait charger soit le donataire, soit l'institué, de rendre les biens après un certain temps, comme aussi faire dépendre la substitution du cas où le donataire ou l'institué décéderaient sans laisser des enfans.

Cette condition n'avait pas besoin d'être exprimée dans les substitutions dont un ascendant grevait son descendant. Elle était sous-entendue de droit (2).

Cette condition pouvait être restreinte aux enfans mâles ;

---

(1) Ferrières, *verbo* substitution. Denizart, *verbo* légitime, *nomb.* 58, 59, 60, 61 *et* 62.

(2) Ut si quis hæc disposuerit, non tamen filium hæredem instituens, sed etiam filiam, vel ab initio nepotem vel neptem, pronepotem vel proneptem, vel aliam deinceps posteritatem, et eam restitutionis post obitum gravamini subjugaverit : non aliter hoc sensisse videatur, nisi ii qui restitutione onerati sunt, sine filiis vel filiabus, nepotibus vel neptibus, pronepotibus vel proneptibus fuerint defuncti. *Leg.* 30, *cod. de fideicommissis.*

et, dans ce cas, l'existence des filles ne faisait point obstacle au substitué, et ne l'empêchait pas de recueillir la substitution (1).

Cette restriction avait lieu, quoiqu'un ascendant eût été l'auteur de la substitution, et que le descendant en eût été grevé sous cette condition (2). Cette prévoyance restrictive anéantissait la prévoyance générale de la loi (3).

1296. En chargeant le gratifié de rendre les biens qu'on lui donnait, on pouvait également le charger de rendre les siens propres, ou ceux d'un tiers (4), au même substitué ou à un autre. La validité de cette condition dépendait seulement de l'acceptation efficace, de la part du grevé, de la disposition principale (5).

1297. En un mot, il n'y avait de conditions proscrites, dans cette matière, que celles qui blessaient les lois et les mœurs, ou qui étaient contraires à la nature et à l'objet de la substitution.

Par exemple, les effets mobiliers ne pouvaient pas être substitués à la charge d'être conservés en nature (6); parce

---

(1) Furgole, traité des testamens, *tome* 2, *chap.* 7, *nomb.* 106.

(2) Furgole, *ibid.*

(3) Mantica, de conjectur. ult., *vol. lib.* 11 *et tit.* 15, *n.* 1.

(4) Furgole, traité des substitutions, *page* 13, *édition* de 1775.

(5) « Et, en cas que le donataire accepte la libéralité faite sous cette condition, il ne lui sera plus permis de diviser les deux dispositions faites à son profit, et de renoncer à la seconde, pour s'en tenir à la première, quand même il offrirait de rendre les biens compris dans la seconde disposition, avec les fruits par lui perçus ». *Art.* 16 *du tit.* 1 *de l'ordonnance des substitutions.*

(6) « Faisons défenses de faire aucune substitution universelle ou particulière, sous la condition de conserver en nature aucuns autres effets mobiliers que ceux qui sont mentionnés

que leur dépérissement naturel était contraire à la nature de la substitution, dont le but était de conserver les biens au substitué.

Cependant les bestiaux et ustensiles servant à faire valoir les terres, pouvaient être substitués, à la charge d'être conservés (1).

Il en était de même des meubles meublans et autres choses mobilières qui servaient à l'usage ou à l'ornement des châteaux et maisons (2).

Le droit de stipuler la conservation de ces objets en nature, n'avait lieu, que lorsque les terres, les châteaux et les maisons dont ils dépendaient, étaient également substitués (3).

Il en résultait néanmoins que le caractère de la substitution dépendait de la volonté du substituant.

1298. Aussi, il avait la puissance de donner à la substitution les effets de la représentation, et de la rendre transmissible aux héritiers des substitués (4).

1299. Il pouvait lui donner ce caractère de deux manières : ou en ordonnant expressément que la représenta-

---

dans les deux articles précédens, à peine de nullité de la substitution à l'égard desdits effets ». *Art.* 8 *du tit.* 1 *de la même ordonnance.*

(1) Article 6 du même titre *ci-dessus rapporté.*

(2) Article 7 du même titre *ci-dessus rapporté.*

(3) Argument tiré de la disposition de ces deux articles.

(4) « La représentation n'aura pas lieu dans les substitutions, soit en directe ou collatérale, et soit que ceux en faveur de qui la substitution aura été faite, y aient été désignés en particulier, et nommés suivant l'ordre de la parenté qu'ils avaient avec l'auteur de la substitution ; le tout à moins qu'il n'ait ordonné, par une disposition expresse, que la représentation y aurait lieu, ou que la substitution serait déférée suivant l'ordre des successions légitimes ». *Art.* 21 *du tit.* 1 *de l'ordonnance des substitutions.*

tion aurait lieu dans la substitution ; ou qu'elle serait déférée suivant l'ordre des successions légitimes (1). Ces deux expressions avaient le même sens ; car la représentation avait lieu, de plein droit, dans les successions légitimes (2).

SECTION VI.

Des manières d'exprimer les substitutions contractuelles.

1300. Le but de la substitution fidéicommissaire était de faire passer les biens donnés du donataire à un tiers ; et quelquefois de celui-ci à un autre.

Par conséquent, la manière d'exprimer cette disposition transitoire et successive était de charger le premier appelé de rendre au second, et le second au troisième, etc., ou de les substituer les uns aux autres.

Cependant la défense faite au donataire d'aliéner les biens donnés hors de la famille, ou de tester tant qu'il n'aurait point d'enfans, emportait, de plein droit, substitution en faveur des plus proches parens de ce donataire, en cas de contravention de sa part à cette défense (3) ; car le motif de cette défense était, dans l'un et l'autre cas, de leur faire passer les biens.

1301. Mais une simple défense d'aliéner, sans dire en faveur de qui on l'avait faite, ne passait que pour un conseil, qui n'opérait point de substitution (4) ; parce

---

(1) Même article.

(2) Quis enim nascit jus repræsentationis habere locum in successionibus ab intestato, *ait Cujacius in consilio suo decimo quinto.*

(3) Principes de la jurisprudence française, par Le-Prévôt de Lajannès, *tom.* 1, *nomb.* 138 *et* 140.

(4) Mêmes principes, *ibid.*, *n.* 140.

que la défense d'aliéner n'emportait substitution, que lorsqu'elle avait pour objet l'avantage d'un tiers.

1302. Enfin, pour qu'il y eût substitution, il fallait que le donataire immédiat fût chargé de restituer la chose même qui lui avait été donnée (1).

Ainsi, celui qui avait donné à Pierre sa maison, à la charge qu'après sa mort, il ferait 500 liv. de rente viagère à Paul, ou qu'il lui paierait 4000 liv., n'aurait point fait de substitution, quoique la charge imposée, en ce cas, au donataire, eût, en partie, l'effet de la substitution.

Ces principes s'appliquaient également à l'institué, parce qu'il y avait identité de raison.

SECTION VII.

De l'acceptation des substitutions contractuelles.

1303. Quoique l'acceptation fût de l'essence des donations entre-vifs, néanmoins elle n'était pas nécessaire pour la validité d'une substitution contractuelle, quoiqu'elle fût elle-même une seconde donation; parce qu'elle valait en vertu de l'acceptation seule du donataire immédiat. Le droit romain et le droit français avaient été unanimes sur ce point (2).

---

(1) Principes de Lajannés, *tom.* 1, *n.* 143.

(2) Sed, cùm postea benigni juris interpretatione divi principes ei qui stipulatus non sit, utilem actionem juxta donatoris voluntatem competere admiserint; actio quæ sorori tuæ, si in rebus humanis ageret, competebat, tibi accommodabitur. *Leg.* 3, *cod. de donat. quæ sub modo vel conditione*.

« Lorsqu'une donation aura été faite en faveur du donataire et des enfans qui en naîtront, ou qu'elle aura été chargée de substitution au profit desdits enfans, ou autres personnes

L'acceptation du donataire, qui donnait la perfection à la donation, et qui l'obligeait, par voie de conséquence, à rendre ce qui ne lui avait été donné qu'à cette charge, avait été le motif de cette décision.

Les substitutions qui étaient à la suite des institutions contractuelles, et des donations de biens présens et à venir, en étaient, à plus forte raison, exemptes; parce que la faveur du contrat de mariage les avait exemptées elles-mêmes de l'acceptation.

SECTION VIII.

De la nature des substitutions contractuelles.

1304. Les substitutions contractuelles empruntaient leur nature des dispositions entre-vifs dont elles étaient une suite.

Par conséquent, elles étaient également irrévocables (1).

1305. Cette irrévocabilité s'appliquait non seulement aux substitutions qui étaient faites dans les donations entre-vifs, mais encore à celles qui étaient ajoutées aux institutions contractuelles; parce que les institutions contractuelles tenaient de la nature des dispositions entre-vifs (2).

---

nées ou à naître, elle vaudra, en faveur desdits enfans ou autres personnes, par la seule acceptation dudit donataire; encore qu'elle ne soit pas faite par contrat de mariage, et que les donateurs soient des collatéraux ou des étrangers ». *Art.* 11 *de l'ordonnance des donations.*

(1) « Les substitutions faites par un contrat de mariage, ou par une donation entre-vifs bien et dûment acceptée, ne pourront être révoquées, ni les clauses d'icelles changées, augmentées ou diminuées par une convention ou disposition postérieure, même du consentement du donataire ». *Art.* 11 *du tit.* 1 *de l'ordonnance des substitutions.*

(2) « La disposition de l'article précédent aura lieu pareil-

Cette règle avait lieu, à plus forte raison, à l'égard des substitutions qui étaient faites en conséquence de donations de biens présens et à venir. Ces donations avaient plus de réalité que les institutions contractuelles.

De là venait que le donateur ni l'instituant ne pouvaient révoquer ces substitutions, en changer les clauses, les augmenter ni les diminuer par aucun acte postérieur (1).

1306. Le consentement des donataires ni celui des institués ne pouvaient les y autoriser; car le concours du donateur et du donataire ne pouvait enlever aux substitués une espérance qui leur avait été acquise, à l'instant même du contrat, par l'acceptation du donataire (2).

1307. Cette espérance qui ne pouvait leur être ravie ni enlevée par le mutuel consentement du donateur et du donataire, pouvait encore moins l'être par la renonciation de ce dernier (3).

1308. Le droit de renoncer à la donation lui était incontestablement acquis; parce qu'il était libre à une personne de renoncer au droit qui lui avait été dévolu; mais, dans ce cas, les biens donnés passaient aux substitués (4).

1309. Cette transition avait lieu, quoique les substitués

---

lement par rapport aux institutions contractuelles. Voulons que lesdites institutions, comme aussi les substitutions qui y seront apposées, soient irrévocables, soit entre nobles ou roturiers, dans tous les pays où elles sont en usage ». *Art.* 12 *du même titre.*

(1) Articles 11 et 12 du titre 1 de l'ordonnance des substitutions, *ci-dessus rapportés.*

(2) Mêmes articles.

(3) « Et, en cas que le donataire renonce à la donation faite en sa faveur, la substitution sera ouverte au profit d'iceux qui y auront été appelés ». *Même article* 11.

(4) Même article 11.

ne fussent ni nés ni conçus lors de la renonciation du donataire (1).

Dans ce cas, on nommait un curateur à la substitution, pour régir les biens (2).

1310. Mais il était remarquable que cette irrévocabilité était subordonnée à la validité de la disposition principale, à la capacité du donataire et de l'institué, et à la forme de l'acte.

Ainsi, lorsque la donation principale était entre-vifs et hors contrat de mariage, il était nécessaire qu'elle fût bien et dûment acceptée, pour rendre irrévocable la substitution qui y avait été ajoutée (3). L'irrévocabilité de la substitution dépendait de l'efficacité de la donation, quand le substitué n'avait pas lui-même accepté la substitution.

SECTION IX.

Si les substitutions contractuelles devaient être intrinsèquement irrévocables.

1311. Les substitutions contractuelles suivaient la nature de la disposition dont elles étaient une charge.

Par conséquent, lorsque la substitution était apposée

---

(1) Argument tiré de la disposition de l'article 11 *ci-dessus*.

Quando lex non distinguit, nec nos distinguere debemus. *Regula juris*.

(2) En cas que le premier substitué.... ne soit pas encore né, il sera nommé un curateur à la substitution ». *Art.* 5 *du tit.* 2 *de l'ordonnance des substitutions.*

(3) Les substitutions faites par une donation entre-vifs bien et dûment acceptée, ne pourront être révoquées....... ». *Art.* 11 *du tit.* 1 *de la même ordonnance.*

à une donation entre-vifs, qui contenait des meubles et effets qui devaient entrer dans la substitution, ces meubles et effets devaient être détaillés et estimés dans un état qui devait être signé du donateur et du donataire, pour faire partie de la substitution (1) ; car le défaut de cet état estimatif les excluait de la substitution, comme le défaut de détail les excluait de la donation.

Cette exclusion était fondée sur ce que toute libéralité faite par acte entre-vifs devait avoir un objet déterminé. Or, une donation et une substitution de meubles ou effets n'avaient rien que d'incertain, lorsque leurs quantité, qualité et valeur n'avaient point été constatées par un état estimatif annexé à la minute de l'acte.

1312. Mais cet état estimatif n'était pas nécessaire pour comprendre dans une substitution les meubles et effets mobiliers qui faisaient partie d'une institution contractuelle (2). Cette exception avait été fondée sur la différence qu'il y avait entre une donation entre-vifs et une institution contractuelle.

Cet état n'était pas non plus nécessaire pour comprendre dans une substitution les meubles et effets mobiliers qui faisaient partie d'une donation de biens présens et à venir (3); parce que la donation de biens présens et à venir différait également de la donation entre-vifs.

---

(1) « Les substitutions apposées aux donations entre-vifs ne pourront avoir leur effet à l'égard des meubles ou effets mobiliers, qu'en cas qu'il en ait été fait un état signé des parties et annexé à la minute de la donation : lequel état contiendra l'estimation desdits meubles et effets ; le tout à peine de nullité de la substitution à l'égard desdits effets, sans préjudice, au surplus, de l'exécution de l'art. 15 de notre ordonnance du mois de février 1731, concernant les donations ». *Art.* 9 *du tit.* 1 *de l'ordonnance des substitutions.*

(2) Argument tiré de l'art. 9 du titre 1 de l'ordonnance des substitutions ci-dessus, fondé sur la règle *inclusio unius, est exclusio alterius.*

(3) Même argument.

Dans

Dans ces deux cas, le donataire ne pouvait être comptable, envers le substitué, des meubles et effets existans, dont il ne devenait pas, au moment de la donation, propriétaire à l'exclusion du donateur.

De là il résultait que la substitution contractuelle ne changeait pas la condition de celui qui la faisait.

Cette conséquence était forcée, parce que la substitution n'était qu'une seconde disposition qui était de même nature que la première sur laquelle elle était entée. Les droits du substituant dépendaient donc de la première disposition.

1313. Quand la première disposition était une vraie donation entre-vifs, la substitution qui la suivait n'ajoutait rien à l'expropriation du donateur; cette expropriation était l'effet de la disposition principale; et il ne lui restait aucun droit sur l'une ni sur l'autre disposition.

Au contraire, quand la première disposition n'avait pas les caractères de l'irrévocabilité intrinsèque, et qu'elle laissait au donateur la faculté de l'augmenter ou de la diminuer, cette faculté ne lui était point ravie par la substitution qu'il y ajoutait; car l'accessoire n'avait pas la vertu de changer la nature du principal.

Par conséquent, la substitution qui suivait une institution contractuelle n'empêchait pas l'instituant de vendre et aliéner des biens de l'institution, quoiqu'ils dussent faire partie de ceux de la substitution.

L'instituant tenait ce droit de la nature de l'institution.

De là venait que les substitués étaient obligés d'entretenir les ventes faites par l'instituant, quoiqu'elles fussent postérieures à la substitution, quand elles avaient été faites sans fraude (1). Les seconds et ultérieurs institués n'avaient pas plus de droit que le premier.

---

(1) Les adjudications, par décret, des biens substitués ne pourront avoir aucun effet contre les substitués...., si ce

Section X.

De l'insinuation des substitutions contractuelles.

1314. Celui qui recevait un bienfait à la charge de le rendre à un autre, n'était pas propriétaire incommutable des biens qu'il recevait à ce titre.

Par conséquent, de même que le public devait être instruit du passage de la propriété du donateur sur la tête du donataire, de même le public devait être instruit que celui qui avait reçu ces biens n'en était pas propriétaire irrévocable ; d'ailleurs l'intérêt des substitués l'exigeait.

De là, l'origine de l'insinuation des substitutions, inventée par le droit français (1).

1315. Non seulement le donataire qui possédait, mais encore celui qui ne possédait pas ; non seulement le donataire par donation entre-vifs, mais encore le donataire par donation de biens présens et à venir, et les institués, devaient faire insinuer la substitution qui avait été appliquée à leur titre (2) : l'intérêt public l'exigeait également.

---

n'est que lesdits biens eussent été vendus pour les dettes de l'auteur de la substitution ». *Art.* 55 *du tit.* 1 *de l'ordonnance des substitutions.*

Argument tiré de cette disposition générale.

(1) La première de nos lois françaises qui ait statué sur cet objet important, a été l'ordonnance d'Henri II, donnée à Saint-Germain-en-Laye, au mois de mai 1553.

Les Romains, qui ne connaissaient les substitutions que dans les actes de dernière volonté, n'avaient pas besoin de cette formalité, à cause de la publicité qu'ils donnaient aux testamens lors de leur ouverture.

(2) « Toutes les substitutions fidéicommissaires, faites par acte entre-vifs, seront publiées en jugement, l'audience tenant, et enregistrées au greffe du siége où la publication

1316. Ils étaient responsables du défaut de cette publicité sur leurs biens libres (1); et ils ne pouvaient profiter des fruits des biens substitués, que lorsqu'ils y avaient satisfait (2).

Cependant la privation des fruits ne s'appliquait pas aux pupilles, mineurs et interdits, ni aux églises, hôpitaux, communautés ou autres qui jouissaient du privilége des mineurs (3); parce que c'étaient les tuteurs, curateurs,

---

sera faite, le tout à la diligence des donataires, héritiers institués, qui seront grevés de substitutions, même des héritiers légitimes, lorsque la charge de la restitution du fidéicommis tombera sur eux, dans le cas de droit ». *Art.* 18 *du tit.* 2 *de l'ordonnance des substitutions.*

(1) « Le substitué aura hypothèque sur les biens libres de celui qui aura fait des aliénations des biens substitués, tant pour les sommes capitales qui lui seront dues, que pour les dépens, dommages-intérêts, à compter du jour que celui qui aurait fait lesdites aliénations, aura recueilli les biens substitués ». *Art* 17 *du même titre.*

Argument tiré de cette disposition.

(2) « Les fruits des biens substitués appartiendront au grevé, du jour qu'ils lui seront dus de droit, lorsqu'il aura fait procéder à la publication et enregistrement de la substitution, dans le délai de six mois, sinon il ne pourra les prétendre que du jour de ladite publication et enregistrement. Voulons que les fruits échus avant ledit jour soient adjugés, et ceux qu'il aurait perçus restitués, par forme de peine, à celui qui sera appelé après lui à la substitution; et, s'il n'était pas encore né, à l'hôpital du lieu où le jugement sera rendu, ou à l'hôpital le plus prochain, s'il n'y en a point dans ledit lieu ». *Art.* 41 *du même titre.*

(3) « N'entendons comprendre dans la disposition de l'art. 41 les pupilles, mineurs ou interdits, ni les églises, hôpitaux, communautés, ou autres qui jouissent du privilége des mineurs; et, en cas que leurs tuteurs ou curateurs, syndics ou autres administrateurs aient négligé de satisfaire à ladite formalité, ils seront condamnés, en leur

syndics et autres administrateurs qui devaient, dans c cas, supporter la peine de leur négligence (1).

1317. Cette insinuation consistait dans la publicatio de la substitution en jugement, l'audience tenant, e dans son enregistrement au greffe du siége où elle étai publiée (2).

1318. La publication et l'enregistrement des substitu tions devaient être faits : 1°. aux bailliages, sénéchaussée ou autre siége royal ressortisant nuement aux parlemen ou conseils-supérieurs dans l'étendue desquels était le lie du domicile de l'auteur de la substitution, au jour d l'acte qui la contenait ; 2°. et aux bailliages, sénéchaus sées et autre siége ressortissant pareillement aux parlemen et conseils-supérieurs dans l'étendue desquels étaient si tuées les maisons et terres substituées, ou les fonds chargé de rentes foncières, et autres droits réels qui étaient com pris dans la substitution (3).

1319. Cette règle devait avoir lieu, quoique l'auteur d la substitution eût son domicile et les biens de la substi tution situés dans une justice seigneuriale qui eût le pri

---

propre et privé nom, en telles sommes qu'il appartiendra au profit du premier appelé à la substitution, ou de l'hôpi tal ci-dessus marqué ». *Art.* 44 *du même titre.*

(1) Même article.

(2) Art. 18 du même titre, *ci-dessus.*

(3) « La publication et l'enregistrement des substitution seront faits au bailliage, sénéchaussée ou autre siége royal ressortissant nuement en nos cours de parlement ou conseils-supérieurs dans l'étendue ou le ressort desquels était le lieu du domicile de l'auteur de la substitution, au jour de l'acte qui la contiendra, et pareillement dans les siéges de la même qualité, dans l'étendue ou le ressort desquels seront situées les maisons et terres substituées, ou les fonds chargés de rentes foncières et autres droits réels qui seront compris dans la substitution ». *Art.* 19 *du même titre.*

vilége de ressortir nuement au parlement ou conseil-supérieur (1); car il n'était pas possible de se dispenser d'obéir à la loi, quand elle commandait.

En conséquence, lorsqu'une substitution comprenait des rentes constituées sur le roi, le clergé, les provinces, la ville de Paris, ou autre, ou des offices, elle devait être publiée et enregistrée dans les bailliages, sénéchaussées, etc., ressortissans nuement aux parlemens ou conseils-supérieurs, tant dans le lieu où ces rentes se payaient, ou dans lesquelles se faisait l'exercice de ces offices, que dans le lieu du domicile de celui qui avait fait la substitution (2).

1320. Cette publication et cet enregistrement devaient être faits dans les six mois, à compter du jour de l'acte qui contenait la substitution (3).

Cependant cette formalité pouvait être remplie après ce délai (4); parcequ'il n'était pas de rigueur.

---

(1) « La disposition de l'article précédent aura lieu, encore que l'auteur de la substitution eût son domicile, ou que les biens fussent situés en tout ou en partie dans une justice seigneuriale ressortissant immédiatement en nos cours de parlement ou conseils-supérieurs; auquel cas, la publication et l'enregistrement se feront dans le siége royal de la qualité marquée dans l'article précédent, qui a la connaissance des cas royaux ». *Art.* 20 *du même titre.*

(2) « Lorsque la substitution comprendra des rentes constituées sur nous, ou sur notre bonne ville de Paris ou autres villes, sur le clergé ou sur les pays d'états, sur des offices, elle sera publiée et enregistrée dans les siéges de la qualité ci-dessus marquée, tant du lieu où lesdites rentes se paient ou dans lequel se fait l'exercice desdits offices, que du lieu du domicile de l'auteur de la substitution ». *Art.* 22 *du même titre.*

(3) « Les publication et enregistrement des substitutions seront faits dans six mois, à compter du jour de l'acte qui les contiendra ». *Art.* 27 *du même titre.*

(4) « Pourra néanmoins être procédé à la publication et à l'enregistrement des substitutions, après l'expiration du délai de six mois ». *Art.* 29 *du même titre.*

Par cette indulgence, les grevés de substitution avaient le moyen de réparer leur négligence, et d'éclairer le public sur leur fortune.

SECTION XI.

De l'insinuation des actes d'emploi et de remploi.

1321. Le donataire grevé de substitution devait faire emploi du prix des meubles et effets estimés dans le contrat (1).

1322. Il devait faire emploi du prix de la vente des offices et du rachat des rentes constituées qui faisaient partie de la substitution (2).

1323. Il devait encore remplacer les contrats et effets qui lui étaient remboursés, dépendans de la même substitution (3).

1324. Cet emploi devait être fait en bon père de famille.

Le prix devait d'abord être employé à acquitter les dettes, et à rembourser les rentes et autres charges dont les biens substitués étaient grevés, à moins qu'il ne fût

---

(1) « Le donataire, chargé de substitution, sera tenu de faire emploi du prix des meubles et effets qui auraient été compris dans l'état mentionné en l'article précédent ». *Art.* 10 *du tit.* 1er. *de l'ordonnance des substitutions.*

(2) « Les offices et les rentes constituées à prix d'argent ou autrement. . chargés de substitution, et, en cas de vente, suppression ou réunion desdits offices, ou de rachat desdites rentes, il sera fait emploi du prix desdits offices, porté par le contrat de vente, ou qui aura été fixé par nous, ou du principal desdites rentes, en cas de remboursement ». *Art.* 3 *du même titre.*

(3) Même article.

plus avantageux de continuer de payer les arrérages des rentes et les charges, que d'en rembourser les capitaux(1).

Dans ce dernier cas, le prix devait être employé en acquisitions d'immeubles ou de rentes, afin d'augmenter les fonds et les revenus de la substitution (2).

1325. Le même emploi devait avoir lieu pour les deniers qui restaient après les dettes payées, lorsque l'auteur de la substitution ne s'en était pas expliqué (3); parce qu'il y avait même raison.

1326. Quand il y avait des rentes ou des charges à rembourser, le grevé devait soumettre l'emploi du prix des meubles et des autres effets aux juges qui devaient voir ce qui était le plus utile à la substitution (4).

1327. L'emploi de tous ces deniers devait être fait dans les trois mois, à compter du jour qu'il les avait reçus (5).

---

(1) « En cas que l'auteur de la substitution n'ait pas expliqué ses intentions sur ledit emploi, lesdits deniers seront employés, d'abord au paiement des dettes et remboursement des rentes ou autres charges, dont les biens substitués seront tenus, si ce n'est qu'il fût plus avantageux à la substitution de continuer de payer les arrérages desdites rentes et charges, que d'en rembourser les capitaux, ce que nous laissons à la prudence des juges ». *Art.* 11 *du tit.* 2 *de l'ordonnance des substitutions.*

(2) « Et le surplus ou le total, s'il n'y a pas de dettes, rentes ou charges que l'on puisse acquitter, ne pourra être employé qu'en acquisitions de fonds de terre ou maisons, ou en rentes foncières ou constituées ». *Même article.*

(3) Même article.

(4) Même article.

(5) « Le grevé de substitution sera tenu de faire emploi des deniers qu'il pourra recevoir.... dans trois mois, au plus tard, après qu'il aura reçu lesdits deniers ». *Art.* 13 *du même titre.*

1328. Ses biens libres répondaient du retard et du défaut de cet emploi (1), et l'hypothèque remontait au jour de la donation (2).

1329. Lorsque le grevé avait employé les deniers en acquisitions de fonds ou de rentes, ces acquisitions ne lui appartenaient pas plus incommutablement que les fonds originaires de la substitution. De là, la necessité d'en instruire le public, et conséquemment l'obligation de les faire également insinuer (3).

Ainsi la publication et l'enregistrement des actes d'emploi devaient être faits aux bailliages, sénéchaussées ou autres siéges royaux, ressortissans nuement aux parlemens ou conseils-supérieurs, dans l'étendue desquels étaient

---

(1) « Faute par celui qui sera chargé de substitution d'avoir fait l'emploi ou le remploi, il en demeurera responsable sur tous les biens libres, ensemble de tous dépens, dommages-intérêts envers ceux qui sont appelés après lui à la substitution ». *Art.* 15 *du même titre.*

(2) « Le substitué aura hypothèque sur les biens libres de celui qui aura négligé de faire ledit emploi ou remploi, tant pour les sommes capitales qui lui seront dues, que pour les dépens, dommages et intérêts, à compter du jour que celui qui n'aurait pas fait ledit emploi ou remploi aura recueilli les biens substitués ». *Art.* 17 *du même titre.*

(3) « Dans tous les cas où l'emploi ci dessus ordonné aura été fait en acquisitions de maisons ou terres, rentes foncières, ou autres droits réels, ou en constitutions des rentes mentionnées dans l'article précédent, voulons que tant la substitution que l'acte d'emploi soient publiés et enregistrés aux siéges de la qualité marquée par les articles 19 et 20, dans lesquels lesdites maisons ou terres, ou les héritages chargés desdites rentes foncières, ou droits réels, sont situés, ou dans lesquels lesdites rentes sont payées; et, en cas que la substitution y eût été déjà publiée et enregistrée il suffira d'y publier et enregistrer l'acte d'emploi ». *Art.* 2[illegible] *du même titre.*

situés les immeubles, rentes foncières et autres droits réels qui avaient été acquis (1).

1330. Lorsque c'étaient des contrats de rente sur le roi, le clergé, les provinces ou les villes, la publication et l'enregistrement de ces actes devaient être faits aux bailliages, sénéchaussées, etc. du lieu où ces rentes se payaient (2).

1331. Il était même nécessaire de faire publier et enregistrer la substitution dans ces bailliages et sénéchaussées, lorsqu'elles ne l'y avaient pas été (3); parce que la substitution et les actes d'emploi ne faisaient qu'un.

1332. Le grevé y était forcé pour éviter la perte du produit de ces fonds et rentes (4).

Sa négligence devait également l'en priver, à moins qu'il ne fût mineur, ou dans le cas de jouir du même privilége.

1333. Cette publication et cet enregistrement devaient aussi être faits dans les six mois qui suivaient chaque acte d'emploi (5).

1234. Lorsque le donataire avait négligé de le faire dans ce temps, il avait également la liberté d'y faire procéder après. L'intérêt de la substitution l'exigeait.

1335. Non-seulement le donataire devait faire insi-

---

(1) Art. 23 du titre 2 de l'ordonnance des substitutions, *ci-dessus*.

(2) Même article.

(3) Même article.

(4) Article 41 du même titre, *ci-dessus*.

(5) « Le délai de six mois, ci-dessus prescrit, ne courra que du jour de l'acte qui contiendra l'emploi des deniers provenans de la substitution ». *Art. 30 du même titre.*

nuer la substitution et les actes d'emploi, mais même le substitué y était obligé, lorsqu'il devait rendre les biens à un autre, et que le donataire était décédé sans y avoir satisfait (1); car il n'en était pas plus propriétaire que le donataire.

De là, l'obligation de faire l'emploi des deniers qu'il recevait des fonds de la substitution (2).

De là, la même indemnité et la même hypothèque, en cas de négligence ou faute d'y satisfaire (3).

---

(1) « Voulant assurer pleinement l'observation des régles ci-dessus prescrites pour la conservation des droits des substitués, et pour la sureté des familles, ordonnons qu'a l'avenir les donataires qui seront grevés de substitution, ou ceux qui en prendront la place a leur défaut, ne pourront se mettre en possession des biens compris dans la substitution, qu'en vertu d'une ordonnance du premier officier du siége, ou, en son absence, de celui qui le suit dans l'ordre du tableau, laquelle ordonnance ils ne pourront obtenir qu'en rapportant l'acte de publication et d'enregistrement de la substitution ». *Art.* 35 *du titre* 2.

Argument tiré de cette disposition.

(2) « Tout ce qui a été réglé ci-dessus, au sujet dudit emploi ou remploi, sera observé par chacun de ceux qui recueilleront successivement les biens substitués ». *Art.* 16 *du même titre*.

(3) « Faute par celui qui sera chargé de substitution d'avoir fait l'emploi ou le remploi, il en demeurera responsable sur tous les biens libres, ensemble de tous dépens, dommages intérêts envers ceux qui sont appelés après lui à la substitution ». *Art.* 15 *du même titre*.

« Le substitué aura hypothèque sur les biens libres de celui qui aura négligé de faire ledit emploi ou remploi, ou qui aura fait des aliénations des biens substitués, tant pour les sommes capitales qui lui seront dues, que pour les dépens, dommages et intérêts, à compter du jour que celui qui n'aurait pas fait ledit emploi ou remploi, ou qui aurait fait lesdites aliénations, aura recueilli les biens substitués ». *Art.* 17 *du même titre*.

SECTION XII.

De l'effet de cette insinuation.

1336. Quand le donataire avait fait insinuer la substitution et les actes d'emploi, dans les délais prescrits, ses créanciers n'avaient aucune hypothèque sur les biens substitués, quoiqu'ils eussent contracté avec le grevé, avant que de faire procéder à l'insinuation (1); parce que cette insinuation avait un effet rétroactif au jour des actes qui portaient la substitution ou l'emploi.

1337. Ils en étaient également privés, quand leur hypothèque n'intervenait que postérieurement à l'insinuation de l'un et de l'autre acte, quoiqu'elle eût été faite après le temps prescrit (2): dans ce cas, l'insinuation était antérieure à l'hypothèque.

---

(1) « Lorsque la substitution aura été dûment publiée et enregistrée dans le délai de six mois, elle aura effet même contre les créanciers et les tiers acquéreurs, à compter du jour de la date de l'acte ». *Art.* 28 *du tit.* 2 *de l'ordonnance des substitutions.*

« Dans le cas marqué par l'article 23 (ci-dessus), le délai de six mois ne courra que du jour de l'acte qui contiendra l'emploi des deniers provenant de la substitution, et lorsque la publication et enregistrement, requis par ledit article, auront été faits dans ledit délai, la substitution aura effet sur les biens mentionnés audit article, à compter du jour dudit acte, même contre les créanciers et tiers acquéreurs ». *Art.* 30 *du même titre.*

(2) « Pourra néanmoins être procédé à la publication et à l'enregistrement des substitutions, après l'expiration du délai de six mois; mais, en ce cas, la substitution n'aura effet contre les créanciers et les tiers acquéreurs, que du jour qu'il aura été satisfait auxdites formalités, sans qu'elle puisse être opposée à ceux qui auront contracté avant ledit jour ». *Art.* 29 *du même titre.*

Argument tiré de cette disposition.

1338. Dans aucun de ces cas, les acquéreurs du grevé et leurs ayans-cause ne pouvaient se maintenir dans les acquisitions qu'ils avaient faites des biens qui devaient revenir au subtitué (1). Ils devaient s'imputer d'avoir acquis des biens d'un homme qu'ils savaient n'en être pas le propriétaire incommutable.

De là, le droit du substitué de prendre les biens substitués, libres des hypothèques du grevé (2).

De là, le droit encore de déposséder les acquéreurs et ayans-cause du grevé (3).

1339. Ce droit était ouvert en faveur du substitué, quoiqu'il fût héritier pur et simple du grevé (4).

L'ordre public sur les substitutions et l'intérêt de subvenir aux substitués, avaient été le motif de cette règle.

Dans ce cas, le substitué devait rendre aux acquéreurs le prix, frais et loyaux coûts de leurs contrats (5). Sa qualité d'héritier du vendeur l'y obligeait irrévocablement.

Bien plus, il avait le droit de déposséder les acqué-

---

(1) Articles 28 et 30 *du même titre ci-dessus.*

(2) « Toutes les aliénations faites par le grevé, au préjudice de la substitution, à compter du jour qu'elle doit avoir effet contre les créanciers et les tiers acquéreurs, suivant les articles précédens, ne pourront nuire aux substitués ». *Art.* 31 *du même titre.*

(3) Même article.

(4) « Et, en cas qu'ils revendiquent les biens aliénés, les acquéreurs seront tenus de les délaisser, sauf leur recours sur les biens libres du vendeur », *Même article.*

(5) « Ce qui sera observé, encore que le substitué se trouve en même temps héritier pur et simple du vendeur, sans néanmoins qu'en ce cas il puisse déposséder l'acquéreur, qu'après l'avoir remboursé entièrement du prix de l'aliénation, frais et loyaux coûts ». *Suite de l'art.* 31.

reurs judiciaires, lorsque les biens avaient été vendus pour les dettes du grevé (1). La justice n'avait pas le droit de leur faire un titre irrévocable au préjudice du substitué.

Les mêmes principes avaient lieu contre les créanciers et tiers acquéreurs du premier substitué en faveur du second (2) : la condition du second grevé était la même que celle du premier.

1340. Mais, quand la substitution et les actes d'emploi n'avaient pas été insinués dans les délais prescrits, et que le grevé avait contracté ou vendu avant que de les faire insinuer, le substitué était obligé de respecter les hypothèques et les ventes (3).

---

(1) « Les adjudications, par décret, des biens substitués, ne pourront avoir aucun effet contre les biens substitués, lorsque les substitutions auront eté publiées et enregistrées suivant les régles qui sont prescrites par le titre suivant; ce qui sera observé, encore que le substitué eût un droit ouvert à ladite substitution avant le décret, et même avant la saisie réelle, et qu'il n'eût point formé d'opposition audit décret ». *Art.* 55 *du titre premier.*

(2) « Toutes les aliénations faites par un des substitués au préjudice de la substitution, à compter du jour qu'elle doit avoir son effet contre les créanciers et les tiers acquéreurs, ne pourront nuire aux substitués; et, en cas qu'ils revendiquent les biens aliénés, les acquéreurs seront tenus de les délaisser, sauf leurs recours sur les biens libres du vendeur, ce qui sera observé, encore que le substitué se trouve en même temps héritier pur et simple du vendeur, sans néanmoins qu'en ce cas il puisse déposséder l'acquéreur, qu'après l'avoir remboursé entiérement du prix de l'aliénation, frais et loyaux coûts ». *Art.* 31 *du titre* 2.

(3) « Pourra néanmoins être procédé à la publication et à l'enregistrement des substitutions, après l'expiration du délai de six mois; mais, en ce cas, la substitution n'aura effet contre les créanciers et les tiers acquéreurs, que du jour qu'il aura été satisfait auxdites formalités, sans qu'elle puisse être opposée à ceux qui auraient contracté avant ledit jour ». *Art.* 29 *du tit.* 2.

A plus forte raison, les ventes judiciaires de cette époque (1).

De là, le droit des créanciers et des tiers acquéreurs d'opposer, en ce cas, au substitué le défaut de publication et d'enregistrement de la substitution (2).

Ils avaient ce droit, quoique le substitué fût mineur, et qu'il n'eût qu'un recours inutile contre le tuteur et le grevé (3).

La bonne foi dans laquelle la loi les présumait, ne permettait pas de sacrifier leurs intérêts à celui du substitué.

Cette règle avait lieu, quoiqu'ils eussent eu une parfaite connaissance de la substitution, lorsqu'ils avaient contracté avec le grevé; parce que cette connaissance devait dériver de la publication et de l'enregistrement de la substitution, pour leur être contraire (4).

---

(1) « Les adjudications, par décret, des biens substitués ne pourront avoir aucun effet contre les biens substitués, lorsque les substitutions auront été publiées et enregistrées ». *Art.* 55 *du titre premier.*

Argument tiré de cette disposition.

(2) « Les créanciers et tiers acquereurs pourront opposer le défaut de publication et d'enregistrement de la substitution, même aux pupilles, mineurs ou interdits, et à l'église, hôpitaux, communautés et autres qui jouissent du privilége des mineurs, sauf le recours desdits pupilles, mineurs et autres ci-dessus mentionnés, contre leurs tuteurs, curateurs, syndics, ou autres administrateurs ». *Art.* 32 *du tit.* 2.

(3) « Sans qu'ils puissent être restitués contre ledit défaut, quand même lesdits tuteurs, curateurs, syndics ou autres administrateurs se trouveraient insolvables. *Même article.* Voyez les articles 15 et 17 du même titre, ci-dessus rapportés.

(4) « Le défaut de publication et d'enregistrement ne pourra être suppléé ni regardé comme couvert par la connaissance que les créanciers ou les tiers acquéreurs pour-

1341. Bien plus, que la substitution et les actes d'emploi fussent insinués dans les délais ou non, la femme du grevé avait hypothèque subsidiaire sur les biens substitués, tant pour sa dot, que pour ses gains de survie (1).

La seconde et ultérieure femmes du grevé avaient le même droit.

L'intérêt public qui le commandait pour la facilité des mariages et la conservation des dots des femmes, l'avait emporté sur celui des substitués.

1342. Ce qui avait lieu pour les femmes du premier

---

ront avoir eue de la substitution, ou par autres voies que celles de la publication et de l'enregistrement; voulons que le présent article soit observé, à peine de nullité ». *Art.* 33 *du même titre.*

(1) « L'hypothèque ou le recours subsidiaire, accordé aux femmes sur les biens substitués, en cas d'insuffisance des biens libres, aura lieu tant pour le fonds ou capital de la dot, que pour les fruits ou intérêts qui en seront dus ». *Art.* 44 *du titre premier.*

« Ladite hypothèque aura lieu pareillement en faveur de la femme et de ses enfans, tant pour le fonds que pour les arrérages du douaire, soit coutumier ou préfix, à la charge néanmoins que si le douaire préfix excédait le douaire coutumier, il sera réduit sur le pied dudit douaire coutumier, eu égard à la quantité des biens du mari, tant libres que substitués, sur lesquels le douaire doit avoir lieu, suivant la disposition des coutumes ». *Art.* 45 *du même titre.*

« Dans les pays où la stipulation de l'augment de dot est usitée soit sous ce nom ou sous celui d'agencement, de gaïn de survie ou de donation à cause de noces, ladite hypothèque subsidiaire aura lieu, tant pour le principal que pour les intérêts dudit augment, et ce jusqu'à concurrence de la quotité qui est réglée par les statuts, coutumes et usages desdits pays, sans néanmoins qu'en aucun cas, la femme puisse exercer ladite hypothèque pour une plus grande quotité que le tiers de la dot, encore que l'augment fût plus considérable ». *Art.* 46 *du même titre.*

grevé, avait également lieu pour celle du second ou ultérieur grévé (1). Le même intérêt public le sollicitait.

Seulement, cette hypothèque subsidiaire cessait, quand elle était contraire au vœu de l'auteur de la substitution. Ce qui arrivait toutes les fois que celui qui avait fait la substitution, était un parent collatéral ou un étranger, et qu'elle était faite en faveur de tout autre que des enfans du grevé (2).

Néanmoins, dans ce cas, l'hypothèque subsidiaire de la femme avait lieu, quand le grevé n'était tenu de rendre que dans le cas qu'il décéderait sans enfans (3); car l'auteur de la substitution ne pouvait penser à eux sans penser également au mariage du grevé.

1343. Mais il était remarquable que la femme n'avait aucun recours sur les biens substitués pour les aliéna-

---

(1) « Toutes les dispositions des articles précédens, sur l'hypothèque subsidiaire des femmes, auront lieu également dans tous les degrés de substitution, et en faveur de chacune des femmes que ceux qui sont grévés de substitution se trouveront avoir épousées successivement ». *Art.* 52 *du même titre.*

« Exception graduée en faveur des enfans des premiers lits, quand ils devaient recueillir la substitution.

« Sans néanmoins qu'aucune desdites femmes puisse exercer ladite hypothèque contre les enfans ou descendans d'un mariage antérieur au sien, lorsque ce seront eux qui recueilleront l'effet de la substitution ». *Même article.*

(2) « Lesdites dispositions seront pareillement observées, encore que l'auteur de la substitution soit un parent collatéral, ou un étranger, pourvu néanmoins qu'elle soit faite en faveur des enfans du grevé, ou en faveur d'un autre, au cas que le grevé vienne à décéder sans enfans ». *Art.* 53 *du même titre.*

(3) Même article.

tions

tions et obligations qu'elle avait consenties de ses biens dotaux (1). Son consentement volontaire l'en excluait.

1344. Il était encore remarquable qu'elle n'avait non plus aucun recours sur ces biens, pour le préciput, la donation des bagues et joyaux, ni pour le deuil et autres libéralités de ce genre (2). Ces gains de survie n'étaient pas regardés comme des dispositions fondamentales et nécessaires du contrat de mariage.

---

(1) « Lorsque les biens qui sont propres à la femme, en pays coutumier, ou ses biens dotaux, en pays de droit écrit, auront été aliénés, de son consentement, pendant le mariage, elle n'aura aucun recours pour raison de ce, sur les biens substitués ; ce qui sera observé même dans les pays où l'aliénation desdits biens est regardée comme nulle et de nul effet, sauf à elle a se pourvoir contre les détenteurs desdits biens, suivant les dispositions des lois, coutumes ou statuts qui y seront observés ». *Art.* 49 *du même titre.*

« Il n'y aura pareillement aucun recours sur les biens substitués pour l'indemnité de la femme qui se sera obligée volontairement pour son mari pendant le mariage, quand même elle aurait acquitté en tout ou en partie les dettes auxquelles elle serait obligée, et ce sans distinction entre les pays où les obligations des femmes pour leurs maris sont réputées nulles, et ceux où elles sont regardées comme valables ». *Art.* 50 *du même titre.*

(2) « La femme du grevé de substitution n'aura aucun recours sur les biens substitués, pour le préciput, la donation des bagues et joyaux, et stipulations non comprises aux articles précédens, ni pareillement pour son deuil ». *Art.* 48 *du même titre.*

SECTION XIII.

Du sort des créanciers des donateurs et des subsituans.

1345. Celui qui donnait son bien, ne pouvait nuire à ses créanciers (1).

1346. Son bien était chargé d'acquitter ses dettes (2).

1347. Il ne passait au donataire qu'avec cette charge (3). De là, le droit qu'avaient ses créanciers de suivre ce bien entre les mains des donataires.

1348. Les donataires particuliers n'en étaient pas exempts, quoiqu'ils ne pussent être convenus personnellement pour les dettes de leur donateur (4). L'action personnelle n'excluait pas l'action réelle (5).

1349. Ce droit de suite appartenait même aux créanciers chirographaires ; parce qu'ils ne devaient pas être dupes de la perfidie de leur débiteur, ni souffrir que le donataire s'enrichît à leur détriment (6).

---

(1) Cette maxime est du droit naturel.

(2) Bona non dicuntur, nisi deducto ære alieno. *Leg.* 39, § 1, *ff. de verbor. signif.*

(3) Res transit cum suâ causâ. *Leg.* 67, *ff. de contrahend. empt.*

(4) Æris alieni quod ex hæreditariâ causâ venit, non ejus qui donationis titulo possidet, sed totius juris successoris onus est. Si itaque nemini obligata prædia per donationem consecuta es, supervacuam geris sollicitudinem, nec vel hæredes donatricis vel ejus creditores te jure possint convenire. *Leg.* 15, *cod. de donationibus.*

(5) Personalis obligatio non sequitur singularem possessorem, sed realis sic, *ait Salicetti super eam legem.*

(6) Summum jus, summa æquitas. *Reg. jur.*

De là, l'origine de l'action Paulienne, dont le bénéfice était de révoquer la donation, lorsque les créanciers étaient en perte (1), quoiqu'il ne fût pas apparent que le donataire eût trempé dans la perfidie de leur débiteur (2).

Le droit français avait enchéri sur ces textes. Il déclarait nulles les donations de biens meubles et immeubles, faites en fraude des créanciers (3); et lorsque les donataires les avaient acceptées pour leur préjudicier, ils étaient punis comme complices de fraude (4).

1350. Le donateur n'avait pas plus de droit en substituant son bien.

De là aussi, le droit qu'avaient ses créanciers de poursuivre le remboursement de leur dû sur les biens substitués, et même de les faire vendre judiciairement sur la tête du grevé, pour en obtenir le paiement (5).

---

(1) Si quid gestum sit in fraudem creditorum: Labeo ait omnimodò revocandum, si fraudati sint creditores. *Leg.* 6, § 6, *ff. quæ in fraudem creditorum.*

(2) Simili modo dicimus etsi cui donatum est, non esse quærendum an sciente eo cui donatum (est) gestum sit : sed hoc tantùm an fraudentur creditores. Nec videtur injuria adfici is qui ignoravit, cum (ei) lucrum extorqueatur, non damnum infligatur. In hoc tamen, qui ignorantes, ab eo qui solvendo non sit, liberalitatem acceperunt, hactenùs actio erit danda, quatenùs locupletiores facti sunt : ultrà non. *Lege eâdem*, § 7.

(3) « Déclarons nulles toutes donations de biens meubles ou immeubles, faites en fraude des créanciers ». *Art.* 4 *du tit.* 2 *de l'ordonnance de* 1673.

(4) « Voulons que, s'il paraît que les donations soient faites et acceptées en fraude des créanciers, les donataires soient punis comme complices des fraudes et banqueroutes ». *Edit du mois de mai* 1609.

(5) Les adjudications par décret des biens substitués ne pourront avoir aucun effet contre les biens substitués, lorsque

1351. Ce droit appartenait principalement aux créanciers de ceux qui, les premiers, avaient mis ces biens dans la famille (1). Ils devaient passer avant ceux de l'auteur de la substitution (2).

Cette règle devait également avoir lieu, en faveur des créanciers, pour les créances que l'auteur de la substitution avait eu le droit de contracter postérieurement sur les biens substitués, et dont le donataire immédiat aurait été tenu ; parce que le substitué ne pouvait avoir plus de droit que lui (3).

Par une suite de ce principe, ils avaient le même droit contre lui.

SECTION XIV.

De la révocation de la substitution contractuelle par la survenance d'enfans au substituant.

1352. La substitution était une seconde ou ultérieure libéralité; elle trompait, comme la première, l'attente de celui à qui il naissait un enfant; et il n'était pas moins instant de lui subvenir. Il y avait les mêmes motifs.

Le coup qui frappait la première disposition, frappait

---

les substitutions auront été publiées et enregistrées ; ce qui sera observé, encore que le substitué eût un droit ouvert à ladite substitution avant le décret, et même avant la saisie réelle, et qu'il n'eût point formé d'opposition audit décret ; le tout, si ce n'est que les biens eussent été vendus pour les dettes de l'auteur de la substitution, ou pour d'autres dettes ou charges antérieures à ladite substitution ». *Art.* 55 *du titre* 1er. *de l'ordonnance des substitutions.*

(1) Même article.

(2) Qui prior est tempore, potior est jure. *Regula juris.*

(3) Même article.

également la seconde, etc. Par conséquent, la substitution était également révoquée par la survenance d'enfans au substituant (1).

1353. La naissance d'un posthume, ou la légitimation d'un enfant naturel par mariage subséquent la révoquait aussi (2); car chacun de ces événemens en produisait la cause et les effets.

1354. Le retour du fils unique qu'on croyait mort au temps de la substitution, devait produire le même effet; parce qu'il n'y avait aucune différence entre n'avoir point d'enfans et ne croire plus à l'existence de ceux que l'on avait.

Dans ce cas, le retour du fils produisait la même sensation dans le cœur du père, que la naissance inopinée d'un enfant.

---

(1) Toutes donations entre-vifs, faites par personnes qui n'avaient point d'enfans ou de descendans actuellement vivans, dans le temps de la donation, de quelque valeur que lesdites donations puissent être, et à quel titre qu'elles aient été faites, même celles qui auraient été faites en faveur de mariage, par autres que par les conjoints ou les ascendans, demeureront révoquées de plein droit par la survenance d'un enfant légitime du donateur, même d'un posthume, ou par la légitimation d'un enfant naturel par mariage subséquent, et non par aucune autre sorte de légitimation ». *Art.* 39 *de l'ordonnance de* 1731.

(2) *Article* 39 *de l'ordonnance de* 1731, ci-dessus.

SECTION XV.

De la révocation de la substitution contractuelle par l'ingratitude du grevé, et par celle du substitué.

1355. Il aurait été contre toutes les règles que l'ingratitude du grevé eût nui aux droits du substitué; parce que personne ne doit souffrir de la faute d'un autre (1).

1356. Ce principe inné acquérait une double force en faveur du substitué, puisque le grevé, en acquérant la libéralité pour lui-même, avait contracté l'obligation de lui conserver les biens.

Par conséquent, l'ingratitude du donataire immédiat ne privait pas le substitué des biens de la substitution.

1357. Mais l'ingratitude personnelle du substitué envers l'auteur de la substitution, lui était aussi pernicieuse que celle du donataire au donataire lui-même; parce qu'il était également donataire.

Cette règle avait lieu, quoique le substitué n'eût été encore que dans le cas de l'expectative du bienfait. Cette circonstance ne changeait pas sa condition, ni la noirceur de son ingratitude.

---

(1) Alteri per alterum iniqua conditio non debet inferri, *Leg.* 74, *ff. de Regul. jur.*

SECTION XVI.

De la révocation de la substitution faute par le donataire de satisfaire aux conditions de la donation.

1358. La demeure opiniâtre du donataire de remplir envers le donateur les charges et les conditions qu'il lui avait imposées par la donation, le dépouillait, sans contredit, des biens donnés. Ils ne lui avaient été donnés que sous la condition d'y satisfaire.

Cependant elle ne produisait pas le même effet vis-à-vis du substitué; car, de même que la renonciation du donataire ne nuisait pas à celui auquel il était chargé de rendre, de même son défaut de satisfaire aux charges de la donation envers le donateur ne nuisait pas non plus au substitué; parce que le substitué ne devait pas souffrir de la demeure du greve.

Dans ce cas, les biens de la propriété et de l'usufruit desquels le donateur s'était dépouillé, ne rentraient pas dans son patrimoine, mais ils passaient au substitué.

Lorsque le substitué n'était ni né ni conçu, il était nommé un curateur à la substitution.

Cependant le donateur devait être préféré au curateur, lorsque sa conduite ou ses infirmités ne l'excluaient pas de l'administration des biens substitués.

SECTION XVII.

De la révocation de la substitution par le prédécès du donataire au substituant.

1359. Quoique la renonciation du donataire, sa négligence et son ingratitude ne fussent pas contraires aux intérêts de celui qui lui était substitué; néanmoins, étant considéré comme seul donataire, son décès arrivé, avant celui du donateur, faisait revenir les biens sous la domination du donateur. Il faisait également défaillir la substitution; parce que, dans ce cas, les biens revenaient au donateur, par un moyen purement de droit.

Par conséquent, lorsque, par le décès du donataire, les biens donnés devaient rentrer dans le patrimoine du donateur, en vertu du droit de retour, la substitution s'évanouissait; car, dans ce cas, la loi ne prononçait point l'ouverture de la substitution en faveur du substitué.

1360. La substitution s'évanouissait également, lorsque la donation de biens présens et à venir, ou l'institution contractuelle, devenaient caduques par le prédécès du donataire ou de l'institué; parce que le substitué ne pouvait recevoir les biens que de la part de l'un ou de l'autre.

Section XVIII.

S'il était permis de substituer après coup aux biens qui avaient été donnés par actes entre-vifs.

1361. L'irrévocabilité qui accompagnait ces actes était contraire à cette prétention; parce qu'on ne pouvait substituer une chose au profit d'une personne, sans avoir le droit de l'ôter au donataire.

Or, on ne pouvait ôter à une personne ce qu'on lui avait assuré par ces actes : par conséquent, on ne pouvait substituer après coup aux biens donnés par acte entre-vifs (1).

---

(1) « Les biens qui auront été donnés par un contrat de mariage, ou par une donation entre-vifs, sans aucune charge de substitution, ne pourront en être grevés par une donation ou disposition portérieure, encore qu'il s'agisse d'une substitution faite par un père à ses enfans; que la substitution comprenne expressément les biens donnés, et qu'elle soit faite en faveur des enfans ou descendans du donateur ou donataire ». *Art.* 13 *du tit.* 1er. *de l'odonnance des substitutions.*

1362. Cette règle avait lieu, soit que les biens eussent été donnés par une donation entre-vifs proprement dite, soit qu'ils ne l'eussent été que par une institution contractuelle, ou par une donation de biens présens et à venir (1) : ces dispositions liaient également les mains à ceux qui les avaient faites.

1363. On n'avait pas même le droit de le faire, quoique, lors de ces libéralités, on s'en fût réservé expressément la faculté (2); parce que cette faculté aurait donné le droit d'ôter ce qui aurait été donné incommutablement.

Cependant, quand, après une première disposition, il restait encore des biens libres à une personne, elle pouvait les donner au premier donataire et lui imposer pour condition que les biens qu'il lui avait précédemment donnés, seraient chargés de substitution envers telle ou telle personne (3).

Mais on conçoit que cette substitution ne prenait de la consistance que par l'acceptation que le premier donataire faisait de cette seconde libéralité, (4); car, par le fait de la nouvelle libéralite, le donateur n'acquérait

---

(1) Même article.

(2) « Le contenu en l'article 13 sera observé ; quand même le contrat de mariage ou l'acte de donation contiendrait une réserve faite par le donateur de la faculté de charger, dans la suite, de substitution les biens par lui donnés ; laquelle réserve sera regardée, à l'avenir, comme nulle et de nul effet ». *Art.* 15 *du même titre.*

(3) « N'entendons rien innover, par les articles 13 et 15, en ce qui concerne les dispositions par lesquelles le donateur ferait une nouvelle libéralité au donataire, soit entre-vifs, soit à cause de mort, à condition que les biens qu'il lui avait précédemment donnés, demeureraient chargés de substitution ». *Art.* 16 *du même titre.*

(4) « Et, en cas que le donataire accepte la nouvelle libéralité faite sous ladite condition, il ne lui sera plus permis de diviser les deux dispositions faites à son profit, et de renoncer a

pas le droit de substituer les biens qu'il avait déjà donnés, et sur lesquels il n'avait aucune puissance.

1364. Il était remarquable que cette acceptation ne laissait au donataire aucun retour au repentir (1).

Par conséquent, il lui importait infiniment de ne pas accepter témérairement cette nouvelle libéralité.

1365. Dans le cas de l'efficacité de cette substitution, elle était sujette aux mêmes règles, lorsque cette nouvelle libéralité était faite par acte entre-vifs.

Par conséquent, l'une et l'autre libéralité devaient être publiées et enregistrées, dans les six mois du jour de cet acte, lorsque l'acceptation avait été faite le même jour. La substitution n'avait effet que de ce jour (2).

1366. Lorsque cette libéralité était portée dans un acte à cause de mort, le délai de la publication et de l'enregistrement ne courait (après le décès de l'auteur de la substitution) que du jour de l'acceptation de cette nouvelle libéralité, ou du jour que le donataire en avait demandé l'exécution. Cette substitution n'avait également effet, qu'à compter de l'une ou de l'autre de ces époques (3).

1367. Quoiqu'on ne pût substituer après coup aux

---

la seconde, pour s'en tenir à la première, quand même il offrirait de rendre les biens compris dans la seconde disposition, avec les fruits par lui perçus ». *Suite de l'article* 16.

(1) Même article.

Non est enim æquitas hoc probare patitur, si quod legatorum nomine perceperit, legatarius offerat, *dit le* § 1 *de la loi* 70, *ff. de legat.* 2.

(2) « Dans le cas porté par l'article précédent, où le donataire aurait accepté la nouvelle libéralité faite sous la condition de substitution, même pour les biens précédemment donnés, ladite substitution n'aura effet que du jour qu'il l'aura acceptée, ou qu'il en aura fait ordonner l'exécution à son profit ». *Art.* 17 *du même titre.*

(3) Même article.

biens déjà donnés entre-vifs, néanmoins le mari et la femme, ou l'un d'eux, pouvaient substituer après coup aux biens qu'ils s'étaient donnés entre-vifs pendant le mariage (1); parce que ces donations étaient révocables, quoiqu'elles eussent été faites entre-vifs et irrévocablement.

1368. Le père de famille avait le même droit à l'égard des donations entre-vifs qu'il avait faites, hors contrat de mariage, à ses enfans qui étaient encore sous sa puissance (2): ces donations étaient également révocables, quoique faites entre-vifs et irrévocablement.

Cependant le père perdait ce droit en émancipant ses enfans; parce que l'émancipation rendait irrévocable la donation entre-vifs qu'il leur avait faite, comme il a été demontré au titre III du livre III.

1369. Cette substitution ne portait sur les biens précédemment donnés, que lorsqu'elle avait été nommément faite de ces biens, ou que les termes de la substitution les comprenaient virtuellement. Dans le doute, elle ne devait pas leur être appliquée. (3).

---

(1) « N'entendons que la disposition des articles 13 et 15 ne puisse avoir effet pour les donations entre mari et femme, ou faite par le père de famille aux enfans étant en sa puissance ». *Art.* 18 *du même titre.*

La disposition de cet article ne s'appliquait qu'aux pays de droit écrit.

(2) Même article.

(3) Respondi ea extrà causam bonorum defuncti computari debere, et propterea fideicommisso non contineri, quia ea habitura esset etiam alio hærede existente : planè nominatim maritus uxoris fideicommittere potest, ut et ea restituat. *Leg.* 68, *ff. de legat.* 2.

Cette décision s'appliquait également aux donations du père

TITRE II.

De la substitution fidéicommissaire testamentaire.

1370. Dans tous les pays où la faction du testament était permise, les substitutions fidéicommissaires testamentaires étaient reçues.

1371. Elles servaient à faire passer successivement la succession ou le legs d'un héritier ou d'un légataire à un autre.

1372. Ces substitutions n'étaient pas admises dans les coutumes de la Marche, Bourbonnais, Nivernais, Montargis, Sedan et Auvergne (1).

1373. Quoique la coutume de Normandie n'eût, sur cette matière, aucun statut prohibitif, il n'en était pas moins constant dans l'usage que les substitutions fidéicommissaires testamentaires n'y étaient pas adoptées (2).

---

de famille aux enfans sous sa puissance, parce qu'elles avaient été égalées aux donations entre-vifs entre maris et femmes.

Argument tiré de la loi 25, *cod. de donat. inter vir. et uxor.*, et de l'article 18 *du titre* 1 *de l'ordonnance des substitutions.*

(1) Marche, *art.* 255. Bourbonnais, *art.* 324. Nivernois, *chap.* 13. Montargis, *chap.* 13, *art.* 1er. Sedan, *art.* 132. Auvergne, *tit.* 12, *art.* 53.

« Substitution d'héritier, faite en testament ou autre disposition de dernière volonté, n'a lieu et ne vaut aucunement audit pays, par légat ni autrement, en quelque manière que ce soit ». *Art.* 53 *du titre* 12 *de la coutume d'Auvergne.*

Mais il ne fallait pas confondre les dispositions conditionnelles avec les substitutions. *Voyez* Chabrol, *tom.* 2, *pag.* 126 *et suiv.*

(2) Basnage, *sur l'article* 255 *de la coutume de Normandie.*

L'ordonnance des substitutions ne les avait maintenues que dans les pays où elles étaient en usage (1).

1374. A ces exceptions près, les substitutions fidéicommissaires étaient reçues dans les dispositions à cause de mort, avec la même latitude que dans les dispositions entre-vifs.

1375. Ainsi on pouvait y substituer une ou plusieurs personnes; et, dans ce dernier cas, les substituer réciproquement, conjointement, ou successivement, soit en les désignant ou en laissant le choix au grevé, ou en se le réservant.

1376. Les substitutions graduelles ne pouvaient pas être plus étendues dans les testamens que dans les contrats. La puissance des testateurs n'était pas, à cet égard, plus grande que celle des donateurs (2).

1377. De même que la substitution fidéicommissaire contractuelle passait successivement d'appelé en appelé jusqu'au degré qui l'éteignait, sans interruption en faveur des héritiers de l'appelé qui était décédé avant que de recueillir, ni en faveur de ceux de l'appelé décédé après avoir recueilli, quand même ç'auraient été ses enfans; de même la substitution fidéicommissaire testamentaire passait de degré en degré jusqu'à son extinction sans interruption: car la transmission et la repré-

---

(1) « Les substitutions fidéicommissaires, dans les pays où elles sont en usage, pourront être faites par toutes personnes ». *Art.* 1 *du tit.* 1.

(2) « L'article 59 de l'ordonnance d'Orléans sera exécuté; et, en conséquence, toutes les substitutions faites, soit par contrat de mariage ou autre acte entre-vifs, soit par disposition à cause de mort, en quelques termes qu'elles soient conçues, ne pourront s'étendre au-delà de deux degrés de substitués, outre le donataire, l'héritier institué ou le légataire, ou autre qui aura recueilli le premier les biens du testateur ». *Art.* 30 *du tit.* 1 *de l'ordonnance des substitutions.*

sentation avaient été également proscrites dans les substitutions fidéicommissaires testamentaires (1).

1378. Cependant la substitution s'évanouissait également, lorsqu'elle n'avait été faite qu'en cas que l'héritier institué ou le légataire décéderaient sans enfans, et qu'ils en avaient laissé d'habiles à leur succéder (2).

1379. Elle s'évanouissait encore, quoiqu'il n'y eût pas été fait mention de cette condition, lorsque la substitution avait été faite par un ascendant en faveur de son descendant, et que le grevé avait également laissé des enfans capables de lui succéder. Dans ce cas, cette condition se suppléait, de droit, dans les substitutions fidéicommissaires testamentaires (3).

---

(1) « Ceux qui sont appelés à une substitution, et dont le droit n'aura pas été ouvert avant leur décès, ne pourront, en aucun cas, être censés en avoir transmis l'espérance à leurs enfans ou descendans, encore que la substitution soit faite en ligne directe par des ascendans, et qu'il y ait d'autres substitués appelés à la même substitution, après ceux qui seront décédés, et leurs enfans ou descendans ». *Art.* 20 *du même titre.*

« La représentation n'aura point lieu dans les substitutions, soit en directe ou collatérale, et soit que ceux en faveur de qui la substitution aura été faite, y aient été désignés en particulier, et nommés suivant l'ordre de la parenté qu'ils avaient avec l'auteur de la substitution ; le tout à moins qu'il n'ait été ordonné, par une disposition expresse, que la représentation y aurait lieu, ou que la substitution serait déférée suivant l'ordre des successions légitimes ». *Art.* 21 *du même titre.*

(2) « Dans les substitutions faites sous la condition que le grevé vienne à décéder sans enfans, le cas prévu par l'édit sera censé arrivé, lorsqu'au jour du décès du grevé, il n'y aura aucuns enfans légitimes et capables des effets civils, sans qu'on puisse avoir égard à l'existence des enfans naturels, même légitimés autrement que par mariage subséquent ». *Art.* 23 *du même titre.*

(3) Cum avus filium, ac nepotem ex altero filio hæredes

1380. Cette règle avait lieu, quoique le testateur eût substitué au grevé un autre descendant, frère du grevé; car il n'était pas non plus croyable qu'il eût voulu priver les enfans du grevé de la libéralité qu'il avait faite à leur père, pour cet autre descendant, sans s'en être expliqué; et, dans le doute, il devait être présumé les avoir également préférés.

Néanmoins, dans l'un et l'autre cas, le cours de la substitution n'était point interrompu par l'existence des enfans du grevé, quand l'auteur de la substitution s'en était expliqué disertement, et qu'il avait substitué le cadet à l'aîné, quoiquil laissât des enfans habiles à lui succéder: alors la présomption légale de leur vocation exclusive cessait également dans la substitution fidéicommissaire testamentaire.

1381. Cependant il était remarquable que, de même que deux personnes ne pouvaient point tester, par le même acte, l'une en faveur de l'autre, de même ils ne pouvaient point se faire de substitution fidéicommissaire mutuelle par testament, quoiqu'elles le pussent par contrat: l'exclusion de l'une était l'exclusion de l'autre.

---

instituisset à nepote petiit, ut si intrà annum trigesimum moreretur, hæreditatem patruo suo restitueret. Nepos liberis relictis intrà ætatem suprà scriptam vitâ decessit. Fideicommissi conditionem conjectura pietatis respondi defuisse : quod minùs scriptum quàm dictum fuerat inveniretur. *Leg.* 102, *ff. de condit. et demonstr.*

Section première.

Qui pouvait faire des substitutions fidéicommissaires testamentaires.

1382. Ceux qui avaient le droit de disposer de leurs biens par testament, avaient aussi le droit d'y faire des substitutions fidéicommissaires (1); car les substitutions fidéicommissaires n'étaient que de secondes ou ultérieures dispositions des mêmes biens.

1383. Ce droit appartenait à toute personne, de quelque état et condition qu'elle fût, pourvu qu'elle eût d'ailleurs la capacité de tester (2).

Par conséquent, le fils de famille qui ne pouvait, dans les pays de droit écrit, disposer par testament de ses biens *non castrenses* ou *non quasi-castrenses*, même avec le consentement de son père, comme il a été vu plus haut, ne pouvait non plus les substituer par testament, avec le même consentement (3).

1384. Cependant, lorsque le fils de famille pouvait tester, soit dans les pays de droit écrit, soit dans ceux de coutume, il pouvait faire des substitutions fidéicommissaires testamentaires : le droit de l'un lui donnait le droit de l'autre.

---

(1) « Les substitutions fidéicommissaires, dans les pays où elles sont en usage, pourront être faites par toutes personnes capables de disposer de leurs biens, de quelqu'état et condition qu'elles soient ». *Art.* 1 *du tit.* 1 *de l'ordonnance des substitutions.*

(2) Même article.

(3) Même article.

Sciendum est eos demùm fideicommissum posse relinquere, qui testandi jus habent. *Leg.* 2, *ff. de legat.* 1.

1385. Bien plus, comme le testament du fils de famille valait en vertu de la clause codicillaire, lorsqu'il mourait père de famille, de même le fidéicommis était également valable (1).

SECTION II.

Quelles personnes pouvaient être grevées de substitution fidéicommissaire testamentaire.

1386. La substitution fidéicommissaire testamentaire était une charge de la disposition principale, comme la substitution fidéicommissaire contractuelle (2) ; car on ne pouvait concevoir un fidéicommis, sans une libéralité faite en faveur d'une première personne chargée de la rendre à une autre (3).

Par conséquent, il n'y avait également que ceux que le testateur gratifiait qui pussent être chargés de substitution fidéicommissaire.

De là venait que, soit l'héritier institué, soit le lé-

---

(1) Sed filius familias fideicommissum reliquerit, non valet. Si tamen manumissi decessisse proponantur : constanter dicemus fideicommissum relictum videri, quasi nunc datum, cum mors ei contigerit ; videlicet si duraverit voluntas post manumissionem. Hæc utique nemo credet in testamentis nos esse probaturos ; quia nihil in testamento valet, quotiens ipsum testamentum non valet : sed (valet) si aliàs fideicommissum quis reliquerit. *Leg.* 1, § 1, *ff. de legat.* 3.

(2) Qui testamento manumittitur, et neque legatum, neque hæreditatem capit, fideicommissum præstare cogendus non est. *Lèg.* 94, § *ult.*, *ff. de legat.* :

(3) Ab eo qui neque legatum, neque fideicommissum, neque hæreditatem, vel mortis causâ donationem accepit, nihil per fideicommissum relinqui potest. *Leg.* 9, *cod. de fideicommissis.*

gataire, pouvaient être chargés de fidéicommis; parce que l'un et l'autre avaient part à la bienveillance du testateur (1).

Mais on regardait comme gratifié, non-seulement celui à qui on donnait, mais encore celui à qui on n'ôtait point son bien, lorsqu'on avait droit de l'en priver (2). On n'était pas moins bienfaisant à son égard.

De là venait aussi qu'une personne avait le droit de charger ses héritiers *ab-intestat* de fidéicommis (3).

Seulement, elle n'avait pas ce droit à l'égard de ceux à qui elle devait la légitime, lorsqu'ils avaient été passés sous silence (4).

---

(1) Is enim demum pecuniam ex causâ fideicommissi præstare cogendus est, qui aliquid ejusdem generis vel similis ex testamento consequitur. *Leg.* 94, § *ult.*, *ff. eodem.*

(2) Sciendum est autem eorum fideicommitti quem posse, ad quos aliquid perventurum est morte ejus, vel dum eis datur, vel dum eis non adimitur. *Leg.* 1, § 6, *ff. de leg.* 3.

(3) Prætereà intestatus quoque moriturus potest rogare eum ad quem bona sua vel legitimo jure, vel honorario pertinere intelligit; ut hæreditatem suam totam, partemve ejus, aut rem aliquam, veluti fundum, pecuniam alicui restituat, § 10, *institut. de fideicomm. hæred.*

(4) Quidam filium suum à sacris paternis remisit, et posteà testamento condito eum præteriit, nullo ei penitùs relicto, aliis hæredibus derelictis. Ipsum autem, quem neque hæredem, neque exhæredatum fecit, fideicommisso prægravavit. Quærebatur si utile esset hujusmodi fideicommissum? Tota igitur antiqua dubietate super hoc explosa, nobis in hoc casu placuit, ut emancipatus (ut potè injuriâ à patre affectus) non compellatur fideicommissum à suâ persona relictum præstare. Quod etiam in aliis personis quas exhæredari necesse est, locum habere censemus. *Leg.* 31, *cod. de fideicommissis.*

Planè si filium impuberem exhæredaverit, fideicommissum legitimus hæres præstare cogendus non erit, nisi idem et patri hæres fuerit. *Leg.* 94; *ff. de legat.* 1.

Le motif de leur prétérition avait fondé cette exception.

SECTION III.

En faveur de qui les substitutions fidéicommissaires testamentaires pouvaient être faites.

1387. Les substitutions fidéicommissaires testamentaires étaient également des libéralités.

Par conséquent, on ne pouvait faire des substitutions fidéicommissaires testamentaires, qu'en faveur de ceux au profit desquels on pouvait tester.

De là venait qu'on ne pouvait substituer en faveur des étrangers, qu'on appelait aubains; parce qu'on ne pouvait tester en leur faveur.

1388. Bien plus, comme la quotité de biens dont on pouvait gratifier une personne par testament, ne pouvait être la même à l'égard de tous, la substitution était proportionnée à ce qui pouvait leur être donné directement; car la faculté de disposer en faveur des personnes qui ne pouvaient recevoir que des legs modiques, ne s'augmentait point en leur donnant indirectement, ni par le moyen de personnes interposées.

1389. La capacité des substitués se réglait par les mêmes principes que celle des légataires; parce que les fidéicommis avaient été égalés aux legs (1).

Par conséquent, la capacité des substitués était nécessaire, en pays coutumier, au temps du décès du testateur dans les fidéicommis purs, et au temps de l'événement de la condition dans les fidéicommis conditionnels.

Par conséquent, de même que la capacité des légataires était nécessaire, en pays de droit écrit, et au temps du

---

(1) Legata et fideicommissa æquiparantur. *Leg.* 1, *ff. de legat.* 1.

testament, et au temps du décès du testateur, dans les legs purs, de même la capacité des substitués, en même pays, était nécessaire en l'un et en l'autre temps dans les fidéicommis purs; parce qu'il y avait parité de raison.

Cependant, lorsque un tel fidéicommis était en faveur d'un ascendant ou d'un descendant, la capacité du substitué n'était nécessaire qu'au temps du décès du testateur. Cette exception qui avait lieu, dans ce cas, en faveur des légataires ascendans ou descendans, devait également avoir lieu en faveur des substitués ascendans ou descendans. Il y avait parité de raison.

Seulement la capacité des uns et des autres substitués n'était exigée qu'au temps de l'évenement de la condition dans les fidéicommis conditionnels; attendu que cette capacité était suffisante dans les legs conditionnels.

Section IV.

Quels biens pouvaient être substitués fidéicommissairement par testament.

1390. Les substitutions fidéicommissaires testamentaires, et les substitutions fidéicommissaires contractuelles, marchaient de pas égal à cet égard.

1391. Les meubles, les immeubles et les choses corporelles et incorporelles, pouvaient également être l'objet d'une substitution fidéicommissaire testamentaire. La puissance du disposant était la même dans l'un et l'autre cas (1).

---

(1) « Les biens qui sont immeubles par leur nature pourront être chargés de substitution, encore qu'ils fussent réputés meubles, à certains égards, par les dispositions des lois ou coutumes des lieux ». *Art. 2 du tit. 1 de l'ordonnance des substitutions.*

« Les offices et les rentes constituées à prix d'argent ou autrement, pourront être chargés de substitution, soit dans

De là venait aussi que le testateur n'avait pas le droit de faire entrer dans une substitution particulière des meubles et effets mobiliers, sans en ordonner la vente et l'emploi du prix (1); quoique les bestiaux et ustensiles des domaines, et les meubles meublans et autres choses mobilières servant à l'usage ou à l'ornement des châteaux ou maisons, pussent être substitués particulièrement avec les domaines, châteaux et maisons en dépendans, sans en ordonner la vente ni l'emploi du prix (2); car la faveur des dernières volontés ne don-

---

les pays où les biens de la susdite qualité sont réputés immeubles, soit dans ceux où ils sont regardés comme meubles ». *Art.* 3 *du même titre.*

» Les deniers comptans, meubles, droits et effets mobiliers sont censés compris dans la substitution, lorqu'elle sera apposée à une disposition universelle ou faite par forme de quote ». *Art.* 4 *du même titre.*

(1) « Les biens mentionnés dans l'article précédent ne pourront être chargés d'aucune substitution particulière, qu'en cas qu'il ait été ordonné expressément par l'auteur de la substitution, qu'il sera fait emploi des deniers comptans, ou de ceux qui proviendront de la vente ou du recouvrement desdits meubles, droits ou effets mobiliers ». *Art.* 5 *du même titre.*

(2) « N'entendons comprendre dans la disposition des deux articles précédens, les bestiaux et ustensiles servant à faire valoir les terres; lesquels seront censés compris dans les substitutions desdites terres, sans distinction entre les dispositions universelles et particulières; et le grevé de substitution ne sera point tenu de les vendre et d'en faire emploi ». *Art.* 6 *du même titre.*

» Les meubles meublans et autres choses mobilières qui servent à l'usage ou à l'ornement des châteaux ou maisons, pourront être chargés des mêmes substitutions que les châteaux ou maisons où ils seront pour être conservés en nature; pourvu néanmoins que l'auteur de la substitution l'ait ainsi expressément ordonné, soit qu'il s'agisse d'une substitution universelle, ou qu'elle soit particulière ». *Art.* 7 *du même titre.*

nait pas au testateur la puissance de s'élever au-dessus de la loi, même en matière de fidéicommis (1).

Quant à la quotité et à la qualité des biens qui pouvaient être substitués, il était remarquable que la substitution ne pouvait pas s'étendre au-delà des biens dont il n'était pas permis de disposer par testament, ni porter sur les biens indisponibles.

De là venait que la légitime de celui à qui on avait donné un substitué, ne pouvait être grevée de substitution, à moins que la substitution n'eût été faite pour cause de dissipation, et en faveur des enfans du grevé ou de l'un d'eux (2).

Il en était de même des réserves coutumières (3): il y avait identité de raison.

Cependant, quoique les coutumes de Touraine et d'Anjou gênassent beaucoup les dispositions des pères, en assurant aux enfans, à titre de réserves coutumières, la totalité de leurs portions héréditaires, il était néanmoins devenu certain que les pères pouvaient substituer la moitié de ces réserves. C'était la disposition de l'arrêt de réglement du 6 septembre 1674, vulgairement connu sous le nom de l'arrêt de *Beuil*. Cet arrêt portait qu'à l'avenir la légitime des enfans, en Touraine et en Anjou, serait fixée à la moitié de tous les biens suivant l'article 298 de la coutume de Paris; que l'autre moitié pourrait désormais être substituée. Cette jurispru-

---

(1) Nemo facere potest, ne leges locum habeant in suo testamento. *Leg.* 55, *ff. de legat.* 1.

(2) Ferrières, *verbo* substitution. Denizart, *verbo* légitime, *nomb.* 58, 59, 60, 61 *et* 62.

(3) Denizart, *verb.* réserves coutumières, *n°.* 33; et au nombre 34, il fait mention d'un arrêt du parlement de Paris, rendu en la grand'chambre, sur les conclusions de M. l'avocat général Chauvelin, le 15 juin 1736, qui a jugé que les quatre quints des propres ne pouvaient être substitués par testamens, même en ligne collatérale.

dence avait été fondée sur ce que ces coutumes ne laissant aux pères la liberté de disposer, ni de leurs propres, ni de leurs acquêts, ni par testament, ni même entre-vifs, les magistrats, sages interprètes des lois, avaient trouvé juste de modérer la trop grande rigueur de ces coutumes anciennes, et d'autoriser les pères à pourvoir, par la substitution de la moitié de leurs biens, à la conservation du lustre et de la splendeur de leurs maisons (1).

SECTION V.

Des conditions qui pouvaient être imposées aux substitutions fidéicommissaires testamentaires.

1392. Les substitutions fidéicommissaires testamentaires étaient susceptibles des mêmes conditions que les substitutions fidéicommissaires contractuelles (2).

Par conséquent, on pouvait charger soit les héritiers, soit les légataires, de rendre les biens après un certain temps.

Comme aussi faire dépendre la substitution d'un événement incertain, *v. g.*, du cas où les uns ou les autres décéderaient sans postérité.

1393. Cette condition n'avait pas non plus besoin d'être exprimée dans les substitutions testamentaires, dont un ascendant grevait son descendant ; parce qu'elle y était également sous-entendue de droit (3).

---

(1) Devaricourt, sur Denizart, *verb.* réserves coutumières, *n°.* 29.

(2) Liberum est vel puré, vel sub conditione relinquere fideicommissum, vel ex certo die. § 2, *in fin. institut. de fideicommiss. hæred.*

(3) Ut si quis hæc disposuerit, non tamen filium hæredem instituens, sed etiam filiam vel ab initio nepotem vel neptem, pronepotem vel proneptem vel aliam deinceps posteritatem

1394. Cette condition pouvait également être restreinte, dans les substitutions fidéicommissaires testamentaires, aux enfans mâles, et, dans ce cas, l'existence des filles n'en empêchait point l'effet ; parce qu'il y avait parité de raison.

Par conséquent, les héritiers et les légataires chargés de rendre la libéralité pouvaient également être chargés de rendre leurs propres biens, soit au même substitué, soit à un autre, et la validité de cette substitution dépendait également de la disposition principale (1).

Par conséquent, les effets mobiliers ne pouvaient pas être substitués à la charge d'être conservés en nature (2), quoiqu'on pût imposer cette condition au grevé de substitution d'un domaine, d'un château ou maison, pour les bestiaux et ustensiles, meubles meublans, et autres effets mobiliers en dépendant (3). Ce qui était permis dans un cas, était défendu dans l'autre.

---

et eam restitutionis post obitum gravamini subjugaverit : non aliter hoc sensisse videatur nisi ii qui restitutione onerati sunt, sine filiis vel filiabus nepotibus vel neptibus, pronepotibus vel proneptibus fuerint defuncti. *Leg.* 30, *cod. de fideicommissis.*

(1) « Et, en cas que le donataire accepte la libéralité faite sous cette condition, il ne lui sera plus permis de diviser la disposition faite à son profit ». *Art.* 16 *du même titre.*

(2) « Faisons défenses de faire aucune substitution universelle ou particulière, sous la condition de conserver en nature aucuns autres effets mobiliers que ceux qui sont mentionnés dans les deux article précédens, à peine de nullité de la substitution à l'égard desdits effets ». *Art.* 8 *du même titre.*

Ces deux articles sont rapportés à la page suivante.

(3) « N'entendons comprendre dans la disposition des deux articles précédens, les bestiaux et ustensiles servant à faire valoir les terres, lesquels seront censés compris dans les substitutions desdites terres, sans distinction entre les dispositions universelles et particulières, et le grevé de substitution ne sera point tenu de les vendre et d'en faire emploi ». *Art.* 6 *du même titre.*

Par conséquent, le testateur avait aussi le droit de donner à la substitution le caractère de la représentation (1).

SECTION VI.

De la manière d'exprimer les substitutions fidéicommissaires testamentaires.

1395. Les substitutions fidéicommissaires testamentaires avaient également pour objet de faire passer les biens des héritiers ou des légataires à des tierces personnes, et quelquefois de celles-ci à d'autres.

Par conséquent, elles devaient être exprimées de la même manière que les substitutions contractuelles, soit qu'il s'agît d'une substitution simple, graduelle, nominative ou collective. Il y avait, dans tous ces cas, parité de raison (2).

---

(1) « Les meubles meublans et autres choses mobilières qui servent à l'usage ou à l'ornement des châteaux ou maisons, pourront être chargés des mêmes substitutions que les châteaux ou maisons où ils seront, pour être conservés en nature; pourvu que l'auteur de la substitution l'ait ainsi expressément ordonné, soit qu'il s'agisse d'une substitution universelle, ou qu'elle soit particulière ». *Art.* 7 *du même titre.*

« La représentation n'aura point lieu dans les substitutions, soit en directe ou en collatérale, et soit que ceux, en faveur de qui la substitution aura été faite, y aient été désignés en particulier, et nommés suivant l'ordre de la parenté qu'ils avaient avec l'auteur de la substitution; le tout, à moins qu'il n'ait ordonné, par une disposition expresse, que la représentation y aurait lieu, ou que la substitution serait déférée suivant l'ordre des successions légitimes ». *Art.* 21 *du même titre.*

(2) Ubi ratio eadem est, ibi jus idem statuitur. *Regula juris.*

SECTION VII.

Des substitutions fidéicommissaires dans les codicilles.

1396. Les codicilles étaient le siége des fidéicommis ; parce que les fidéicommis étaient des dispositions de prière ou de charge ; et les codicilles avaient été créés expressément pour ce genre de dispositions (1).

Par conséquent, les substitutions fidéicommissaires pouvaient également être faites par codicille ; car ces substitutions n'étaient que des fidéicommis.

1397. Mais il était remarquable que, dans les pays où les substitutions fidéicommissaires testamentaires étaient proscrites, elles l'étaient également dans les codicilles ; parce que les codicilles dérivaient des testamens.

De là venait aussi que, dans les pays où le fils de famille ne pouvait substituer par testament ses biens non *castrenses* ou non *quasi-castrenses*, il ne pouvait non plus le faire par codicille (2).

Cependant, lorsqu'il décédait père de famille, le fidéicommis était valable, quoique celui porté par testament dépourvu de la clause codicillaire ne le fût pas (3) ;

---

(1) Verbis præcariis per hujusmodi ordinationem jura non faciunt irritas voluntates. *Leg.* 2, *cod. de jure codicillorum.*

(2) Sciendum est eos demum fideicommissum posse relinquere, qui testandi jus habent. *Leg.* 2, *ff. de legat.* 1.

Codicilli totiens valent, quotiens quis testamentum quoque facere possit. *Leg.* 8, § 1, *ff. de jure codicillorum.*

(3) Sed si filius familias fideicommissum reliquerit, non valet. Si tamen manumissi decessisse proponantur : constanter dicemus fideicommissum relictum videri, quasi non datum, cum mors ei contigerit ; videlicet si duraverit voluntas post

parce que la capacité de codiciller n'était pas exigée au même temps que celle de tester (1).

1398. La capacité des substitués codicillairement se réglait par les mêmes principes que celle des substitués testamentairement. Dans ce cas, le codicille était assimilé au testament.

Par conséquent, les substitués devaient être capables et au temps du codicille et au temps du décès du codicillant, dans les fidéicommis purs.

Section VIII.

Des substitutions fidéicommissaires dans les donations à cause de mort.

1399. Les donations à cause de mort étaient susceptibles de toutes sortes de charges et conditions (2).

Les substitutions fidéicommissaires étaient une de ces charges. Par conséquent, elles pouvaient également être faites dans les donations à cause de mort.

De là venait aussi que le fils de famille qui pouvait, dans une donation à cause de mort, donner ses biens,

---

manumissionem. Hæc utique nemo credet in testamentis nos esse probaturos ; quia nihil in testamento valet, quotiens ipsum testamentum non valet : sed (valet) si alias fideicommissum quis reliquerit. *Leg.* 1, § 1, *ff. de legat.* 3.

(1) Non hoc ita intelligemus, ut exigamus potuisse eum eo tempore quo scribit eos codicillos, testamentum facere. *Leg.* 8, § 1, *de jure codicillorum.*

(2) Donatio mortis causâ instituta, sive conditione faciendi aut non faciendi suspensa, sive ex aliquo notato tempore promissa, sive animo dantium accipientiumve sententiis (quantum jus sinit) cognominata : sub hâc fieri debet observatione ut (quas leges indulgent) actiones, conditiones, pactionesque contineat. *Leg.* 25, *cod. de donationibus.*

quoique non *castrenses* et non *quasi-castrenses*, avec le consentement de son père, pouvait substituer les mêmes biens avec le même consentement (1). Le pouvoir de l'un était la conséquence de l'autre.

1400. Mais il était aussi remarquable que, dans les pays où les substitutions fidéicommissaires testamentaires étaient prohibées, elles l'étaient également dans les donations à cause de mort (2).

1401. Il était encore remarquable que la capacité des substitués par donation à cause de mort dans les fidéicommis purs, n'était nécessaire qu'au temps de la mort du donateur ; parce que la condition des substitués ne devait pas être pire que celles des donataires.

SECTION IX.

Des substitutions fidéicommissaires dans les actes de partage, et dans ceux de démission de biens.

1042. Non-seulement les substitutions fidéicommissaires pouvaient être faites par testament, codicille ou donation à cause de mort, mais encore dans les démissions de biens et dans les actes de partage. En effet, les démissionnaires et ceux qui prenaient les biens d'un défunt en conséquence du partage qu'il avait fait, pouvaient être chargés également de remettre ces biens à d'autres.

1403. Quand les substitutions étaient faites en faveur de

(1) Et cui mortis causâ donatum est, posse substitui constat in hunc modum, ut promittat alicui si ipse capere non possit, vel sub aliâ conditione. *Leg.* 10, *ff. de mortis causâ donat.*

(2) « Substitution d'héritier faite en testament, ou autre disposition de dernière volonté, n'a lieu et ne vaut aucunement audit pays ». *Art.* 53 *du tit.* 12 *de la coutume d'Auvergne.*

tierces personnes, et, par conséquent, à autres qu'aux héritiers présomptifs, les démissions et les actes de partage devaient être revêtus de la forme des codicilles, pour rendre ces substitutions valables (1); parce qu'ils perdaient la nature de dispositions *ab-intestat*, à l'égard des substitués.

Considérés comme des donataires à cause de mort, leur capacité n'était nécessaire qu'au temps de la mort du disposant, dans les fidéicommis purs.

1404. Bien plus, les substitutions fidéicommissaires, qui étaient proscrites dans les testamens, les codicilles, et les donations à cause de mort, l'étaient également dans les démissions de biens et dans les actes de partage (2). C'étaient aussi des dispositions de dernière volonté.

SECTION X.

De la nature des substitutions fidéicommissaires, dans les actes à cause de mort.

1405. Les substitutions fidéicommissaires testamentaires étaient de la nature des dispositions à cause de mort.

Par conséquent, elles pouvaient être révoquées après coup, à l'exemple des dispositions à cause de mort. En effet, elles ne devenaient immuables qu'après le décès du testateur.

Cette immuabilité était même subordonnée à la validité

---

(1) « Les dispositions qui seront faites au profit d'autres que les enfans et descendans, dans les actes de partage, seront regardées comme de nul effet, et ne seront exécutées que celles qui concerneront lesdits enfans ou descendans ». *Art. 18 de l'ordonnance des testamens.*

Argument tiré de cette disposition.

(2) Article 53 du titre 12 de la coutume d'Auvergne *ci-dessus.*

de la disposition principale ; car ce qui était nécessaire pour l'une était exigé pour l'autre.

1406. A l'égard de la manière dont cette révocation devait être faite, elle était fort simple : semblable aux legs, elle se révoquait de même.

SECTION XI.

De la révocation des substitutions fidéicommissaires testamentaires, par la survenance d'enfans.

1407. Quand la survenance d'enfans renversait l'institution universelle testamentaire, pour cause de prétérition, elle renversait également la substitution universelle qui y avait été ajoutée, soit que cette substitution fût dans le testament même qui contenait l'institution, soit qu'elle eût été faite par un codicille (1). Il y avait identité de raison.

De là venait aussi que la clause codicillaire ne maintenait point cette substitution contre le vice de la prétérition (2).

1408. Mais les substitutions qui avaient été apposées aux legs, ne souffraient point de cette naissance, à l'instar des legs (3).

---

(1) « En cas de préterition d'aucun de ceux qui ont droit de légitime, le testament sera déclaré nul quant à l'institution d'héritier, sans même qu'elle puisse valoir comme fidéicommis ; et, si elle a été chargée de substitution, ladite substitution demeurera pareillement nulle ; le tout encore que le testament contînt la clause codicillaire, laquelle ne pourra produire aucun effet à cet égard ». *Art.* 53 *de l'ordonnance des testamens.*

(2) Même article.

(3) « Sans préjudice, néanmoins, de l'exécution du testament en ce qui concerne le surplus des dispositions du testateur ». *Suite du même article.*

1409. A l'égard des substitutions fidéicommissaires qui étaient contenues dans les donations à cause de mort, la survenance d'enfans ne leur donnait aucune atteinte. Elles y jouissaient des mêmes avantages que les dispositions principales.

1410. Les substitutions qui étaient annullées par la survenance d'enfans, reprenaient leur vigueur, quand la disposition principale revivait en conséquence du décès de l'enfant dont la naissance l'avait renversée. Il y avait parité de raison.

1411. La légitimation d'un enfant naturel par mariage subséquent produisait le même effet que la naissance d'un enfant légitime.

SECTION XII.

De la révocation de ces substitutions par l'ingratitude du grevé.

1412. L'ingratitude était une faute personnelle dont les effets ne devaient atteindre que celui qui l'avait commise.

Cette règle, admise en matière de contrat, devait également avoir lieu dans les actes à cause de mort, quoique la disposition principale qui servait de base à la substitution, fût de nature à être révoquée, de plein droit, par l'inimitié survenue entre le testateur et le grevé. Cette inimitié ne devait pas nuire au substitué.

Par conséquent, le substitué devait recueillir le bienfait de la substitution, aussitôt après le décès du testateur, lorsque le légataire ne s'était pas réconcilié avec lui.

Cependant, lorsque, par suite de l'ingratitude du grevé, le testateur avait révoqué de fait la disposition qu'il lui avait faite, la substitution sur laquelle elle avait été entée, était inefficace ; car elle ne pouvait exister sans la disposition qui lui servait de base.

De là, la différence entre la révocation réelle et de fait, et celle qui avait lieu de plein droit en conséquence de l'inimitié, que la première détruisait la disposition; au lieu que la seconde, sans l'anéantir, en rendait seulement indigne celui qui était coupable d'ingratitude; et la substitution passait à celui qui venait après lui dans l'ordre des affections marquées du donateur.

SECTION XIII.

De la substitution fidéicommissaire qui pouvait être ajoutée après coup aux dispositions à cause de mort.

1413. Non-seulement les substitutions fidéicommissaires pouvaient être faites à la suite des dispositions à cause de mort, mais même après coup (1).

La révocabilité qui accompagnait ces dispositions, avait été le fondement de cette règle.

Ces substitutions devaient au moins être revêtues des mêmes formalités que les codicilles; attendu qu'elles étaient de véritables libéralités.

---

(1) « Les donations à cause de mort sont susceptibles de substitution après coup, aux biens donnés, dans les pays où elles sont en usage ». *Art.* 18 *du tit.* 1er. *de l'ordonnance des substitutions.*

TITRE

TITRE III.

De la substitution vulgaire.

1414. La substitution vulgaire était l'institution d'un second héritier, qui devait prendre la place du premier, en cas que celui-ci ne pût ou ne voulût l'être (1).

1415. Cette substitution avait été inventée pour prévenir la chute des dernières volontés (2) qui pouvait arriver, si l'héritier institué mourait avant le testateur; s'il renonçait à l'hérédité; s'il était incapable de succéder; ou s'il s'en rendait indigne (3).

1416. Tant d'inconvéniens ne pouvaient être efficacement écartés par la nomination d'un second héritier: de là, le droit d'en nommer un troisième, un quatrième, etc. (4).

Par conséquent, quand un testateur craignait la mort prématurée de l'héritier institué, son incapacité ou le refus de devenir son héritier, et qu'il en craignait autant d'un second, il avait le droit de substituer plusieurs personnes, afin de soutenir, par une longue suite d'héritiers, l'exécution de sa volonté.

---

(1) Lucius Titius hæres esto, si mihi Lucius Titius hæres non erit, tunc Seius hæres mihi esto. *Leg.* 1, § 1, *ff. de vulg. et pupil. subst.*

(2) Ipsis testamentorum conditoribus sic gravissima caducorum observatio visa est, ut et substitutiones introducerent, ne fiant caduca. *Leg. unic. in princip.*, *cod. de cad. toll.*

(3) Domat, des lois civiles, *tom.* 1, *part.* 2, *liv.* 5 *des substitutions, à la preface.*

(4) Potest quis in testamento plures gradus hæredum facere, ut putà, si ille hæres non erit, ille hæres esto et deinceps plures. *Institut. de vulgari substitutione.*

1417. Il avait le même droit en matière de legs (1). Il avait en cela le même intérêt.

1418. En matière de substitution vulgaire, la puissance du testateur n'était pas bornée comme en celle des substitutions fidéicommissaires. Dans la substitution vulgaire, l'acceptation du premier héritier ou du premier légataire annullait la vocation de tous les autres, en quelque nombre qu'ils fussent, loin de fonder leur droit (2).

Les seconds et ultérieurs appelés ne devaient être héritiers ou légataires, que lorsque ceux qui les précédaient ne pouvaient ou ne voulaient l'être. Par conséquent, il n'y avait pas de raison d'en réduire le nombre.

De là venait que, lorsque l'appelé immédiatement à la place de l'héritier mourait avant que l'héritier eût accepté, il ne transmettait rien à ses héritiers (4).

1419. Cette substitution de personnes n'avait d'autre objet que de s'assurer un héritier ou un légataire. Nul testateur n'était privé de ce droit.

C'est pourquoi la substitution vulgaire était aussi universellement employée dans les testamens que la substitution fidéicommissaire.

1420. Bien plus, dans les coutumes où les substitu-

---

(1) Ut hæredibus substitui potest, ita etiam legatariis. *Leg.* 50, *ff. de legat.* 2.

(2) Quamdiù prior hæres institutus hæreditatem adire potest, substitutus non potest. *Leg.* 3, *ff. de acquir. vel amit. hæred.*

(3) Quo gradu hæres liberis substituatur, nihil interest. *Leg.* 13, *ff. de vulg. et pupill. subst.*

(4) Toties videtur hæres institutus, etiam in causâ substitutionis, adiisse, quoties adquirere sibi possit. Nam si mortuus esset, ad hæredem non transferret substitutionem. *Leg.* 81, *ff. eodem.*

tions testamentaires étaient prohibées, on ne comprenait pas la substitution vulgaire dans cette prohibition (1); parce que la substitution vulgaire n'était, à proprement parler, qu'une institution ou un legs.

Seulement cette substitution était proscrite dans les coutumes qui avaient prohibé l'institution d'héritier (2). Sa proscription était virtuellement comprise dans cette prohibition.

Mais elle était admise dans celles où l'institution se convertissait en legs (3); parce qu'elle se conservait en vertu de la même conversion.

A combien plus forte raison, cette substitution devait-elle se maintenir dans ces coutumes, lorsqu'elle n'avait été employée que pour soutenir la volonté du testateur à l'égard d'un legs.

SECTION PREMIÈRE.

Qui pouvait faire des substitutions vulgaires.

1421. Ceux qui avaient le droit de tester pouvaient faire des substitutions vulgaires; parce que ce n'était que le droit d'appeler une ou plusieurs personnes à la place d'une autre, pour recueillir, à son défaut, la libéralité testamentaire.

---

(1) Coquille, sur la coutume de Nivernois, *tit.* 33, *art.* 10. Dumoulin, sur la coutume d'Auvergne, *tit.* 12, *art.* 53. Lebrun, des successions, *liv.* 3, *chap.* 2, *n°.* 46. Henrys et Bretonnier, *tom.* 1, *liv.* 6, *quest.* 23.

(2) Coutume de Lorris, *chap.* 13. *art.* 1.

Arrêt du 31 août 1722, rapporté dans le dictionnaire des arrêts de Brillon, *tom.* 6, verbo *testament*, *n°.* 15, *pag.* 593.

(3) Chabrol, sur la coutume d'Auvergne, *tom.* 1, *pag.* 122, 123, 124, 125 et 126.

Ces substitutions étaient interdites, en pays de droit écrit, aux fils de famille, qui n'avaient ni biens *castrenses* ni biens *quasi-castrenses*; parce que, ne pouvant tester de leurs autres biens, il leur était impossible d'appeler de secondes ou ultérieures personnes pour recueillir testamentairement ces biens.

SECTION II.

En faveur de qui elles pouvaient être faites.

1422. La loi qui permettait de gratifier une personne dans un premier degré, le permettait également dans un second ou autre subséquent; parce qu'elle était une dans ses dispositions.

Mais, quand elle s'y opposait, sa résistance était la même, soit qu'il s'agît de gratifier dans un second degré ou autre ultérieur.

Par conséquent, ceux qui étaient exclus des libéralités testamentaires ne pouvaient être substitués vulgairement.

1423. Mais il était remarquable que la capacité des substitués vulgairement n'était nécessaire qu'au temps du décès du testateur, lorsque leur droit était ouvert avant qu'il ne mourût; et seulement au moment de l'ouverture de ce droit, lorsqu'il ne s'ouvrait qu'après sa mort (1); car la substitution vulgaire était, de droit, conditionnelle (2).

---

(1) Furgole, des testamens, *tom.* 1, *chap.* 6, *n°.* 31, *à la fin.*

(2) Si filius meus mihi hæres non erit, Seius hæres esto. *Leg.* 2, § 3, *ff. de vulgari et pupill. subst.*

SECTION III.

Quels biens pouvaient être substitués vulgairement.

1424. La substitution vulgaire était elle-même la première disposition, quoique ceux qui devaient la recueillir en second ou ultérieur degré, fussent appelés *substitués* (1).

Elle n'avait été inventée que pour maintenir cette première disposition.

Par conséquent, elle comprenait, de droit, tous les biens qui composaient cette disposition, soit meubles, immeubles, noms, droits, raisons et actions, sans aucune espèce de précaution quelconque.

Seulement, à l'exemple de la disposition principale, la substitution vulgaire ne pouvait pas comprendre les biens dont il n'était pas permis de disposer par testament. La puissance du testateur n'était pas plus grande dans ce cas que dans les autres.

SECTION IV.

Des charges et conditions qui pouvaient être apposées à la substitution vulgaire.

1425. La substitution vulgaire était toujours conditionnelle; parce qu'elle ne pouvait avoir effet qu'à défaut du premier appelé.

---

(1) Hæredes aut institui dicuntur, aut substitui : Instituti primo gradu ; substitui secundo, vel tertio. *Leg. 1, ff. de vulg. et pupill. subst.*

Cependant, indépendamment de cette conditionalité, il était libre d'ajouter à la substitution vulgaire des charges et des conditions (1).

Cette liberté faisait partie du droit de disposer.

SECTION V.

De la manière d'exprimer les substitutions vulgaires.

1426. L'objet de la substitution vulgaire était de s'assurer un héritier ou un légataire, au cas que les premiers ne pussent ou ne voulussent l'être.

Le testateur qui craignait ces événemens, et qui voulait les prévenir, devait nécessairement s'en expliquer d'une manière positive.

Cependant la substitution d'un tel, en cas que tel ne fût point héritier ou légataire, y pourvoyait suffisamment (2); car il s'appliquait à tous les cas où l'héritier ou le légataire manquerait.

Bien plus, la simple substitution vulgaire d'une personne à une autre suffisait (3); parce qu'on ne pouvait substituer vulgairement à une personne, sans avoir l'intention de pourvoir à tous les événemens qui avaient fait inventer cette substitution.

---

(1) Qui substituit, aut purè aut sub conditione solet substituere. *Leg.* 8, *in princip.*, *ff. de vulg. et pupill. subst.*

(2) Despeisses, *tom.* 2, *part.* 1, *tit.* 2, *sect.* 1, *n°.* 5, *quarto.*

(3) Despeisses, *ibid.*

SECTION VI.

Des substitutions vulgaires dans les codicilles.

1427. Les dispositions directes étaient bannies des codicilles, et, par conséquent, la substitution vulgaire qui en faisait partie (1).

Cependant, de même que les institutions d'héritiers valaient à titre de fidéicommis dans les codicilles, de même les substitutions vulgaires y étaient valables au même titre (2).

Les substitutions vulgaires qui n'étaient que de secondes institutions, jouissaient des mêmes prérogatives que les premières.

De là venait que les substitutions vulgaires étaient maintenues par la clause codicillaire, dans tous les cas où les dispositions testamentaires étaient soutenues en vertu de cette clause.

---

(1) In codicillis substituere directo nemo potest. § *penult.*, *institut. de codicillis.*

(2) Scœvola respondit : si pater filium suum impuberem ex asse scripserit hæredem, eique codicillis substituerit, deinde filius impubes decesserit : licèt substitutio inutilis sit (quia codicillis hæreditas neque dari neque adimi potest), tamen benignâ interpretatione placet ut frater qui ab intestato pupillo successit, substitutis fideicommisso obligetur. Quod si invicem fuerint substituti : et in fideicommisso substitutionem valere. Unoque eorum mortuo, qui supersunt, totum accipiunt. *Leg.* 76, *ff. ad senatusconsul. trebell.* §

SECTION VII.

De la substitution vulgaire dans les donations à cause de mort.

1429. Quoique l'acceptation du donataire dût concourir pour distinguer la donation à cause de mort des autres dispositions de même nature, néanmoins la présence du donataire ni d'un fondé de pouvoir de sa part n'était pas rigoureusement nécessaire pour la perfection de cette donation, et, le fût-elle, elle n'empêchait pas d'y faire concourir successivement plusieurs donataires.

De même que le prédécès ou l'incapacité du donataire rendait cette donation caduque, de même le donateur, en faisant une donation de cette nature, pouvait prévoir tous ces cas, et substituer vulgairement un second donataire au premier.

Bien plus, dans ce cas, un fils de famille pouvait substituer vulgairement les biens dont son père avait l'usufruit, avec son consentement, quoiqu'avec ce consentement, il ne pût le faire ni par testament, ni par codicille; puisqu'avec le consentement de son père, il pouvait les donner par donation à cause de mort.

SECTION VIII.

De la révocation des substitutions vulgaires.

1429. Les causes qui révoquaient les institutions, les legs et les donations à cause de mort, révoquaient également les substitutions vulgaires.

Par conséquent, la survenance d'un enfant révoquait les substitutions vulgaires qui étaient à la suite des institutions d'héritier, lorsqu'il avait été prétérit.

Celles qui avaient été faites pour soutenir les legs, n'étaient pas révoquées; parce que les legs ne recevaient aucune atteinte de la survenance d'enfans.

1430. Mais, de même que les legs se révoquaient de plein droit par l'inimitié qui était survenue entre le testateur et le légataire, de même les substitutions vulgaires qui faisaient suite aux legs, étaient également révoquées, de plein droit, par l'inimitié qui survenait entre le testateur et le substitué. La substitution vulgaire suivait le sort de la disposition principale à laquelle elle avait été ajoutée, et dont elle était l'accessoire (1).

Par conséquent, les substitutions vulgaires qui suivaient les institutions d'héritier ne pouvaient être révoquées que par une volonté aussi solennelle que celle qui avait produit l'institution.

Cette conséquence était fondée sur ce que les substitutions vulgaires qui avaient été ajoutées à une institution d'héritier, étaient elles-mêmes des institutions d'héritier, à la différence des fidéicommis universels qui mettaient le substitué à la place de l'héritier, sans le faire héritier (2).

TITRE IV.

De la substitution pupillaire.

1431. Non-seulement il était permis d'instituer un second ou ultérieur héritier, ou légataire pour recueillir les biens, en cas que les premiers ne pussent ou ne voulussent l'être; mais encore lorsqu'ils avaient recueilli le legs ou l'hérédité, s'ils décédaient avant leur puberté (3).

---

(1) Stipulatio sequitur naturam principalis contractûs. *Règle de droit, enseignée par Tiraqueau, dans son traité de jure constituti possessorii, n°.* 38.

(2) Qui semel est hæres, non potest desinere esse hæres. *Leg.* 88, *in fin.*, *ff. de hæred. instit.*

(3) Si hæres erit et intrà pubertatem decesserit : tunc Caius Seius hæres mihi esto. *Leg.* 1, *ff. de vulg. et pupill. subst.*

1432. Cette substitution s'appelait *pupillaire* ; parce qu'elle était fondée sur la pupillarité.

1433. Mais elle s'évanouissait, aussitôt que l'héritier ou le légataire était entré dans l'âge de puberté (1).

1434. Bien plus, dans les pays de droit écrit, les pères avaient le droit de faire le testament de leurs enfans impubères (2) ; et, en leur substituant pupillairement, ils donnaient également un héritier aux biens de leurs enfans (3), lorsqu'ils étaient sous leur puissance.

1435. Cette substitution s'évanouissait également à la puberté (4) ; parce que la volonté des pères ne s'étendait pas, après leur mort, au temps où leurs enfans avaient la faculté de disposer par testament (5). A l'exemple des

---

(1) Cessante tempore substitutionis, cessat substitutio. *Regula juris.*

(2) Moribus institutum est, ut cùm ejus ætatis filii sint in quâ ipsi sibi testamentum facere non possunt ; parentes eis faciant. *Institut. de pupill. substit.*

(3) Liberis suis impuberibus, quos in potestate quis habet, non solùm ita substituere potest ; id est, ut, si ei hæredes non extiterint, alius sit ei hæres : sed eo ampliùs ut si hæredes ei extiterint, et adhuc impuberes mortui fuerint, sit eis aliquis hæres. *Institut. eodem.*

(4) In pupillari substitutione licèt longius tempus comprehensum fuerit, tamen finietur substitutio pubertate. *Leg.* 14, *ff. de vulg. et pupill. substit.*

Masculo igitur usque ad quatuor duodecim annos substitui potest, feminæ usque ad duodecim annos : et si hoc tempus excesserint, substitutio evanescit. § 8, *Instit. de pupill. substit.*

(5) Legibus concessum est parentibus consilium capere pro liberis, quamdiù consilii essent incapaces, sed noluerunt leges patriam potestatem extendi post mortem parentum ultrà liberorum pubertatem. *Ferrières*, verb. *substitution pupillaire.*

étrangers, ils ne pouvaient pas donner un héritier aux biens personnels de leurs enfans détenus pubères (1).

1436. La substitution pupillaire faite par le père qui avait ses enfans sous sa puissance, faisait passer encore ses biens aux substitués, lorsque les grevés décédaient avant lui, quoiqu'il n'en eût pas parlé (2). Cette substitution comprenait, de droit, la substitution vulgaire (3), à moins qu'il n'eût témoigné une volonté contraire (4).

Mais il n'en était pas de même des autres substitutions

---

(1) Extraneo verò, vel filio puberi hæredi instituto, ita substituere nemo potest, ut si hæres extiterit, et intrà aliquod tempus decesserit; alius ei sit hæres. § 9, *Institut. de pupill. substit.*

(2) Si non extiterit hæres filius, tunc substitutus patri sit hæres. *Institut. de pupill. substit.*

(3) Hoc jure utimur, ut cùm pater impuberi filio in alterum casum substituisset, in utrumque casum substituisse intelligatur: sive filius hæres non extiterit, sive extiterit et impubes decesserit. *Leg.* 4, *ff. de vulg. et pupill. substit.*

Je conçois bien que, lorsqu'un père substituait à son pupille, il entendait que le substitué eût ses biens, préférablement à ses héritiers, et qu'il devait être son héritier à leur exclusion, quoique le pupille décédât avant lui; parce qu'il ne lui avait préféré que le pupille : mais je ne conçois pas que, lorsqu'il lui substituait au cas qu'il ne pût ou ne voulût être son héritier, le décès de cet enfant en pupillarité acquît également les biens au substitué, quoique cet enfant eût succédé à son père, et qu'il eût été son héritier; parce que ce cas était diamétralement opposé à ceux qui avaient eté prévus : *non videbatur in hunc casum substitutus*, et c'était trop accorder à la faveur des dernières volontés contre des héritiers légitimes.

(4) Si modò non contrariam defuncti voluntatem extitisse probetur. *Leg*, 4, *cod. de impub. et aliis subst.*

pupillaires (1) ; parce qu'elles n'étaient regardées que comme des substitutions fidéicommissaires conditionnelles.

1437. La faculté de substituer pupillairement jusqu'à la puberté de l'héritier ou du légataire donnait le droit de substituer pupillairement pour un moindre temps (2).

Dans ce cas, la substitution pupillaire cessait au temps préfix; parce qu'elle ne pouvait pas s'étendre au-delà du temps pour lequel elle n'avait point été faite (3).

1438. Comme aussi le père qui avait plusieurs enfans impubères pouvait substituer pupillairement à l'un d'eux, sans substituer ainsi à tous; parce qu'il avait la liberté de ne substituer pupillairement à aucun (4).

1439. Les héritiers du substitué décédé avant la personne à laquelle il avait été substitué, n'acquéraient aucun droit sur les biens substitués, quoique le grevé décédât avant sa puberté; parce que l'espérance des substitutions pupillaires n'était pas transmissible (5).

---

(1) Extraneo verò, hæredi instituto, ita substituere nemo potest, ut si hæres extiterit; alius ei sit hæres : sed hoc solùm permissum est, ut eum per fideicommissum testator obliget alii hæreditatem ejus vel totam vel pro parte restituere. Quod jus quale sit, suō loco trademus. § *ult. institut. de pupill. substit.*

(2) Si ita quis substituerit, si filius meus intrà decimum annum decesserit, Seius hæres esto : deindè hic ante quartum decimum (annum) post decimum decesserit : magis est ut non possit bonorum possessionem substitutus petere. Non enim videtur in hunc casum substitutus. *Leg.* 21, *ff. de vulg. et pupill. subst.*

(3) Lege eâdem.

(4) Qui plures libéros habet, potest quibusdam substituere, neque utique necesse habet omnibus; sicuti potest nulli substituere. *Leg.* 38, *ff. de vulg. et pupill. substit.*

(5) Qui habebat filium et filiam impuberes, instituto filio hærede, filiam exhæredavit : et si filius intrà pubertatem

SECTION PREMIÈRE.

Qui pouvait substituèr pupillairement.

1440. La substitution pupillaire, qui ne donnait pas le substitué pour successeur aux biens du pupille, n'était considérée que comme une substitution fidéicommissaire, ainsi qu'il a été déjà remarqué; et cette substitution pouvait être faite par tous ceux qui avaient le droit de faire des substitutions fidéicommissaires testamentaires.

1441. Mais, à l'égard de la substitution pupillaire qui donnait le substitué pour successeur aux biens du pupille, et qui avait l'effet de la substitution vulgaire, celle-là ne pouvait être faite que par le père qui jouissait de la puissance paternelle sur ses enfans; parce que la substitution pupillaire proprement dite dérivait de la puissance paternelle (1).

1442. Lorsque le père n'avait pas la puissance paternelle sur ses enfans, étant lui-même sous celle de son père, ce droit n'appartenait qu'à celui-ci qui avait également ses petits-enfans sous sa puissance.

De-là venait que la mère et les autres ascendans qui n'avaient pas la puissance paternelle sur leurs enfans,

---

decessisset, filiam eidem substituit : sed filiæ si antequàm nuberet decessisset, uxorem suam, item sororem suam substituit. Quæro cum filia pubes prior decesserit, deindè frater ejus impubes, an filii hæreditas ad uxorem, et sororem testatoris jure substitutionis pertineat? Respondi secundùm ea quæ proponerentur, non pertinere. *Leg.* 47, *ff. eodem tit.*

(1) Moribus introductum est, ut quis liberis impuberibus testamentum facere possit, donec masculi ad quatuordecim annos perveniat, feminæ ad duodecim. Quod sic erit accipiendum, si sint in potestate. *Leg.* 2, *ff. de vulg. et pupill. subst.*

ne pouvaient pas aussi efficacement leur substituer pupillairement (1).

1443. Le droit de substituer pupillairement n'était pas ravi au père ni à l'aïeul par les secondes ni ultérieures noces qu'ils contractaient (2); car les seconds mariages ne leur ôtaient pas la puissance paternelle sur les enfans des premiers lits.

SECTION II.

Qui pouvait être substitué pupillairement.

1444. La substitution pupillaire improprement dite pouvait porter sur la tête de tout pupille qui avait été institué héritier ou légataire, soit qu'il fût enfant du substituant ou non, soit qu'il lui fût absolument étranger.

1445. A l'égard de la substitution pupillaire proprement dite, et qui devait comprendre les biens du grevé, il n'y avait que les enfans impubères de celui qui faisait la substitution, et qui étaient sous sa puissance, qui pussent être grevés d'une telle substitution (3).

Les petis-enfans qui étaient sous la puissance de leur aïeul, pouvaient l'être aussi (4).

1446. Dans les pays de droit écrit du ressort du parlement de Paris, les petits-enfans ne pouvaient pas être ainsi substitués pupillairement par leur aïeul ; parce que les enfans y étaient émancipés par leur mariage.

---

(1) Serres, institution du droit français. *Liv.* 2, *tit.* 16.

(2) Domat, des lois civiles, *tom.* 1, *part.* 2, *liv.* 5, *tit.* 2, *sect.* 1, *art.* 9, *à la note.*

(3) Liberi impuberi si sint in potestate. *Leg.* 2, *ff. de vulg. et pupill. substit.*

(4) Nepotibus etiam possumus et deinceps. *Leg. eâdem.*

1447. Non-seulement les enfans pouvaient être ainsi substitués pupillairement, mais encore les posthumes, lorsque, par leur naissance, ils devaient passer sous la puissance de celui qui faisait la substitution ; parce qu'ils étaient regardés comme nés.

Mais les enfans émancipés ne pouvaient pas être ainsi substitués pupillairement, quoiqu'ils fussent impubères, ni ceux à naître, lorsqu'ils ne devaient pas tomber sous la puissance de celui qui avait fait la substitution (2). Il y avait même motif.

A plus forte raison, les enfans qui étaient étrangers au testateur ne pouvaient point être substitués, quant à leurs propres biens.

SECTION III.

En faveur de qui la substitution pupillaire pouvait être faite.

1448. Ceux qui ne pouvaient recevoir des libéralités testamentaires, ne pouvaient être l'objet d'une substitution pupillaire; car la substitution pupillaire était une libéralité qui ne pouvait être transmise qu'à ceux qui étaient capables d'accepter directement une donation de la part de l'auteur de la substitution. Mais, à cette exception près, il était libre de faire cette substitution au profit de qui que ce soit, parent ou étranger, même d'un posthume, ou d'une autre personne à naître.

Seulement il était essentiel que le substitué fût né ou conçu au temps du décès de l'impubère auquel il avait été substitué; car la capacité de ceux qui étaient substitués pupillairement devait exister au temps de

---

(1) Posthumis planè possumus. *Leg. eâdem.*

(2) Cæterùm emancipatis non possumus. *Leg.* 2, *ff. eodem titulo.*

l'ouverture de la substitution (1), lorsqu'elle donnait la qualité d'héritier.

Section IV.

Quels biens pouvaient être substitués pupillairement.

1449. Tous les biens qui composaient la disposition principale, pouvaient être substitués pupillairement.

De là, la liberté de les substituer tous ou seulement une partie.

De là venait que, lorsque cette subsitution était universelle, elle comprenait la légitime du grevé (2); parce que, pendant la pupillarité, il n'avait pas d'action pour en demander la distraction.

1450. Cette règle avait lieu tant en pays de coutume, qu'en pays de droit écrit. Il y avait même raison.

De là, la fin de non-recevoir qui s'élevait contre les héritiers du grevé, lorsqu'ils la demandaient après sa mort; ils ne pouvaient avoir plus de droit que lui (3).

1451. Bien plus, cette substitution comprenait encore les

---

(1) Si is qui hæres institutus est, filio substitutus sit: nihil oberit ei in substitutione si tunc capere possit, cùm filius decessit. Contrà quoque potest pœnas in testamento pupilli pati, licèt in patris passus non sit. *Leg.* 11, *ff. de vulg. et pupill. substit.*

(2) Non solùm autem hæredibus institutis impuberibus liberis ita substituere parentes possunt ut si hæredes eis extiterint, et ante pubertatem mortui fuerint, sit eis hæres, is quem ipsi voluerunt, sed etiam exhæredatis. § 4, *institut. de pupill. subst.* Argument tiré de cette disposition.

(3) Hæredem ejusdem potestatis, jurisque esse cujus fuit defunctus constat. *Leg.* 59, *ff. de regul. jur.* Argument tiré de cette règle.

les biens du grevé situés en pays de droit écrit, lorsqu'il avait été sous la puissance de celui qui avait fait la substitution, et qu'il décédait avant l'âge de puberté (1).

1452. Ces biens ne pouvaient être substitués en partie ; parce que le pupille ne pouvait décéder, pour ses biens, *partim testatus et partim intestatus.*

SECTION V.

Des charges et conditions qui pouvaient être apposées aux substitutions pupillaires.

1453. Quoique la substitution pupillaire fût une disposition conditionnelle (2), on avait encore le droit d'y apposer des charges et conditions ou de la faire purement et simplement (3).

C'est pourquoi le substitué pupillairement pouvait être chargé de rendre les biens à une autre personne, s'il venait en âge de tester (4).

---

(1). Itaque eo casu si quid exhæredato pupillo ex hæreditatibus legatisve aut donationibus propinquorum aut amicorum acquisitum fuerit : id omne ad substitutum pertinebit, §. *eod.*

(2) Si filius meus hæres erit, et intrà pubertatem decesserit, tunc Caius Seius hæres mihi esto. *Leg.* 1, *ff. de vulg. et pupill. substit.*

(3) Qui liberis impuberibus substituit : aut purè aut sub conditione solet substituere. *Leg.* 8, *ff. eodem.*

(4) Sicuti conceditur unicuique ab eo ad quem legitima ejus hæreditas vel bonorum possessio perventura est, fideicommissum dare : ita et ab eo ad quem impuberis filii legitima hæreditas vel bonorum possessio perventura est, fideicommissa rectè dabuntur. *Leg.* 92, § 2, *ff. de legat.* 1.

SECTION VI.

De quelle manière devait être exprimée la substitution pupillaire.

1454. Le but de la substitution pupillaire proprement dite était de donner un nouveau successeur à l'auteur de la substitution, et d'en donner un au grevé lui-même, s'il décédait avant que d'avoir passé l'âge de la pupillarité; et même de rendre le substitué successeur immédiat du testateur, lorsqu'il mourait avant le substituant.

On parvenait à ce but par l'expression de l'âge pupillaire dans ces termes :

S'il décède en pupillarité, je substitue tel : *s'il est héritier et décède en pupillarité, je lui substitue..... : Je substitue à mon fils impubère, ou je lui substitue pupillairement.* Chacune de ces expressions avait la même valeur.

Ces termes suffisaient, à plus forte raison, pour exprimer la substitution pupillaire simple et improprement dite.

1455. Mais il était remarquable qu'un père ne pouvait faire le testament de son pupille, s'il ne faisait également le sien (1); ni, par conséquent, lui substituer pupillairement, s'il ne disposait de ses biens personnels.

Cette règle s'appliquait également à l'aïeul, lorsqu'il avait le droit de substituer pupillairement à ses petits-enfans; parce qu'il y avait même raison (2).

Cependant le père de famille avait le droit de faire le

---

(1) Liberis suis testamentum nemo facere potest nisi et sibi faciat, § 5, *institut. de pupill. substit.*

(2) Quisquis autem impuberi testamentum facit sibi quoque debet facere. *Leg.* 2, § *quisquis.*, *ff. de vulg. et pupill. substit.*

testament de son pupille, sans faire le sien, quand il était soldat et qu'il testait militairement (1).

Ce droit faisait partie des attributs du testament militaire.

Section VII.

De la substitution pupillaire dans les codicilles.

1456. Quoique les substitutions pupillaires proprement dites fussent des dispositions directes, et qu'elles ne pussent être faites dans les codicilles, elles y valaient néanmoins à titre de fidéicommis (2).

De là venait qu'elles étaient soutenues dans les testamens par la clause codicillaire, lorsque le testament pouvait valoir comme codicille.

De là venait aussi que les substitutions pupillaires, qui ne comprenaient pas les biens du grevé, y étaient, à plus forte raison, valables, sur-tout dans les pays coutumiers, où les substitutions pupillaires ne valaient que comme des legs.

---

(1) Cæterùm soli filio non poterit, nisi fortè miles sit. *Leg.* 2, § *eod.*

(2) Scævola respondit si pater filium suum impuberem ex asse scripserit hæredem eique codicillis substituerit, deinde filius impubes decesserit : licèt substitutio inutilis sit (quia codicillis hæreditas neque dari, neque adimi potest), tamen benignâ interpretatione placet, ut frater qui ab-intestato pupillo successit, substitutis fideicommisso obligetur. Quòd si invicem fuerint substitui : et in fideicommisso substitutionem valere : unoque eorum mortuo, qui supersunt, totum accipiunt. *Leg.* 76, *ff. ad senatûs consultum trebellianum.*

Section VIII.

De la substitution pupillaire dans les donations à cause de mort.

1457. Les donations à cause de mort ne faisaient point d'héritiers; cependant les substitutions pupillaires qui y étaient faites devaient valoir, à l'égard des héritiers *ab-intestat*, comme charges de la succession (1); parce que les donations à cause de mort étaient des charges imposées aux héritiers *ab-intestat*, et qu'ils devaient acquitter en conséquence de leur adition d'hérédité.

En effet, celui qui donnait à cause de mort diminuait la masse des biens de son hérédité, et imposait, par voie de conséquence, à son héritier, l'obligation de souffrir cette délibation.

La substitution pupillaire, dans une donation à cause de mort, faisait partie de cette charge (2).

Section IX.

De la révocation de la substitution pupillaire.

1458. Les substitutions pupillaires étaient révocables comme les autres dispositions à cause de mort.

1459. Elles se révoquaient de la même manière que les dispositions principales, auxquelles elles se rapportaient.

Ainsi, les substitutions pupillaires qui avaient été ajoutées aux legs, ou qui avaient été faites dans des codicilles, se révoquaient *nudâ voluntate*, et par un simple acte de

---

(1) Argument tiré de la loi 76, *ff. ad senatûs consultum trebellianum* ci-dessus.

(2) Argument tiré de la même loi.

révocation; attendu que les legs et les dispositions codicillaires se révoquaient de cette sorte.

Au contraire, celles qui avaient été faites aux institutions d'héritier, ne pouvaient être révoquées que par un acte revêtu des formalités des testamens : car les institutions d'héritier ne pouvaient se révoquer que de cette manière.

1460. Cependant, lorsque ces substitutions ne valaient qu'à titre de fidéicommis, elles pouvaient se révoquer, dans ce cas, aussi facilement que les fidéicommis. Ainsi, elles se révoquaient par les mêmes causes.

De là venait aussi que, lorsque la cause de la révocation cessait, elles revivaient avec la disposition principale qui leur servait de base (1).

TITRE V.

De la substitution exemplaire.

1461. Non-seulement on pouvait substituer à l'héritier ou au légataire, s'il décédait avant la puberté, mais encore s'il mourait dans un âge plus avancé, *verbi gratiâ*, avant celui de vingt-cinq ans (2).

1462. Cette substitution laissait également une barrière entre les biens du substituant et ceux du grevé; parce qu'elle ne valait non plus qu'à titre de fidéicommis (3).

---

(1) Rupto testamento paterno, rumpitur pupillare. Et, remanente paterno, remanet pupillare. Barthole, sur le § 1 de la loi 16, *ff. de vulg. et pupill. substit.*

(2) Centurio filio, si intrà quintum et vicesimum annum ætatis sine liberis vitâ decesserit, directo substituit. *Leg.* 15, *ff. de vulg. et pupill. substit.*

(3) Extraneo vero vel filio puberi hæredi instituto, ita substituere nemo potest, ut si hæres extiterit et intrà aliquod tempus decesserit, alius ei sit hæres. Sed hoc solùm permissum

Cette règle avait lieu, quel que fût l'auteur de la substitution.

1463. Le même principe avait lieu, quoique cette substitution eût été indéfinie, et que le substitué eût été appelé, n'importe l'âge auquel le grevé serait décédé sans enfans (1).

Cependant, lorsqu'une semblable substitution avait été faite par un ascendant sur un descendant qui ne jouissait pas de la raison, elle comprenait également ses biens, lorsqu'il mourait dans cet état.

Cela avait lieu sur-tout lorsque la substitution n'avait été faite que jusqu'à un certain âge, et que le grevé était mort dans la démence, avant que d'avoir atteint cet âge.

1464. Bien plus, lorsque le grevé décédait avant l'auteur de la substitution, le substitué succédait immédiatement au testateur.

1465. Ces maximes avaient été fondées sur ce que la substitution d'un ascendant, à l'égard d'un descendant privé de la raison, avait été assimilée à celle faite par le père de famille, à l'égard de son fils impubère; parce que la démence ramenait à l'état de l'enfance celui qui en était atteint (2).

De là venait qu'on attribuait à cette substitution les

---

est, ut eum per fideicommissum testator obliget alii hæreditatem vel totam vel pro parte restituere, § *ult. institut. de pupill. substit.*

(1) § *eod.*

(2) Quâ ratione excitati, etiam constitutionem in nostro posuimus codice, qua prospectum est, ut si qui mente captos habeant filios vel nepotes vel pronepotes cujuscunque sexûs vel gradûs : liceat eis etsi puberes sint, ad exemplum pupillaris substitutionis, certas personas substituere, § 1, *institut. de pupill. substit.* De là vient son nom de substitution exemplaire.

mêmes effets qu'à la substitution pupillaire, et qu'elle comprenait, de droit, la substitution vulgaire.

1466. Par conséquent, de même que la substitution pupillaire s'évanouissait aussitôt que le pupille était parvenu à l'âge de la puberté, de même la substitution exemplaire s'évanouissait, aussitôt, que le grevé recouvrait la raison (1).

Cette règle avait lieu, quoique le grevé décédât sans tester; parce qu'à l'exemple de la substitution pupillaire, cette substitution cessait par le seul effet de la guérison (2).

1467. Son abstention de tester, quand il le pouvait, loin de faire présumer qu'il eût voulu approuver le testament qui conservait la mémoire de sa démence, faisait présumer, au contraire, qu'il n'avait voulu d'autres héritiers que ceux de son sang, et qu'il n'existât entre eux aucune prédilection.

1468. Mais il était remarquable qu'à l'exemple de la substitution pupillaire, la substitution exemplaire n'avait l'effet de comprendre les biens du grevé, et de la rendre vulgaire, que dans les pays de droit écrit.

SECTION PREMIÈRE.

Qui pouvait substituer exemplairement.

1469. Le droit de substituer exemplairement appartenait au père, à la mère, à l'aïeul, à l'aïeule et aux autres ascendans, tant paternels que maternels; parce que ce droit ne dépendait pas de la puissance paternelle. Il émanait d'une source plus pure, des sentimens naturels

(1) Sin autem resipuerint, eamdem substitutionem infirmari sancimus: et hoc ad exemplum pupillaris substitutionis: quæ, postquàm pupillus adoleverit, infirmatur. *Même paragraphe.*

(2) Même paragraphe.

dont tous les ascendans sont égalemant animés en faveur de l'existence et du bien-être de ceux à qui ils ont donné la vie (1).

1470. Le convol en secondes noces ne portait point obstacle au droit de substituer exemplairement, quoique les nouvelles alliances refroidissent le cœur des pères et mères qui les contractent.

L'état des enfans en démence est si déplorable, qu'on n'a pas pensé qu'un nouveau mariage pût changer, à leur égard, les sentimens de leurs père et mère (2).

1471. Les enfans ne pouvaient pas substituer exemplairement à leurs ascendans, quoiqu'ils fussent en démence (3). Le droit de leur succéder s'y opposait. D'ailleurs il aurait répugné que des enfans eussent eu ce droit à l'égard de ceux qui leur avaient donné la vie.

1472. Les frères ni les sœurs n'avaient point ce droit entre eux ; parce que le droit naturel n'avait pas marqué celui qui devait survivre à l'autre.

Le droit de substituer exemplairement pour ses propres biens appartenait à quiconque en avait la libre disposition.

Dans ce cas, le fils disposant de ses biens en faveur de son père, avait autant de droit sur son père, que le père sur le fils, et, à plus forte raison, le frère sur le

---

(1) Humanitatis intuitu parentibus indulgemus, ut si filium, nepotem vel pronepotem cujuscunque sexûs habeant, nec alia proles descendentium eis sit, iste tamen filius vel filia, nepos vel nepotis, pronepos vel pronepotis mente captus, vel mente capta perpetuò sit ; vel si duo vel plures isti fuerint, nullus vero eorum sapiat, liceat iisdem parentibus, quos voluerint his substituere. *Leg.* 9, *cod. de impub. et al. substit*,

(2) Leg, 9, *cod. de impub. et al. susbtit.* ci-dessus.

Boërius, *quest.* 188. Fusarius, *quest.* 489. Papon, *in princip*, *note*, *pag.* 587.

(3) Papon, *ibid.*, *pag.* 588.

frère (1). Chacun était le maître d'apposer à sa libéralité les conditions qu'il jugeait à propos, en conservant le respect qu'il devait aux lois et aux mœurs.

SECTION II.

Qui pouvait être substitué exemplairement.

1473. Quand des personnes avaient atteint l'âge de tester, et qu'elles ne pouvaient le faire à cause de leurs infirmités, il avait été permis à ceux qui leur avaient donné la vie de faire leur testament, et, par conséquent, de leur substituer exemplairement (2).

De là venait que non-seulement les enfans, mais encore les petits-enfans et autres descendans, de quelque âge et de quelque sexe qu'ils fussent, pouvaient être substitués exemplairement, par leurs ascendans lorsqu'ils étaient privés du bon sens (3); parce qu'ils étaient dans l'incapacité de tester.

1474. Les sourds et les muets de naissance étaient dans le même cas (4); parce qu'ils étaient dans la même incapacité.

Incapables d'exprimer leur volonté, ils avaient été justement comparés à ceux qui n'en avaient pas (5).

---

(1) Papon, *ibid.*, *pag. ibid.*

(2) Liceat eis substituere. *Leg.* 9, *cod. de impub. et al. substit.*

(3) Si qui mente captos habeant filios vel nepotes vel pronepotes cujuscunque sexûs vel gradûs, liceat eis, etsi puberes sint... substituere, § 1, *instit. de pupill. substit.*

(4) Gothof, *ad legem humanitatis.*

(5) Mutus et surdus à natura æquiparantur pupillo. Tiraqueau, *tractatus de privilegiis piæ causæ*, *nonum privilegium*, *n.* 2.

Argument tiré du § *pupillo*, de la loi *servo invito.*

Par conséquent, tous ceux qui ne pouvaient tester, pouvaient être substitués exemplairement. Il y avait parité de raison.

Cependant on ne devait pas étendre cette conséquence à ceux qui avaient été interdits pour cause de prodigalité, quoiqu'ils ne pussent tester : cet empêchement ne dérivait pas des infirmités naturelles, mais de la loi civile qui les avait enchaînés pour la conservation de leurs biens, en faveur de leurs héritiers légitimes.

Néanmoins, lorsque la substitution n'embrassait que les biens de celui qui la faisait, le prodigue pouvait être compris dans cette substitution.

Ce qui avait lieu, à plus forte raison, pour ceux qui pouvaient être compris dans la première.

1475. Les personnes saines d'entendement, pouvaient même être comprises dans la seconde ; parce que, dans ce cas, cette substitution dégénérait en substitution fidéicommissaire conditionnelle.

Telle était celle : *j'institue, ou je fais un tel pour mon légataire, et, en cas qu'il décède sans enfans, je lui substitue...*

1476. Les étrangers pouvaient être ainsi substitués.

SECTION III.

En faveur de qui la substitution exemplaire devait être faite.

1477. Ceux qui pouvaient être substitués exemplairement, pouvaient l'être, quoiqu'ils fussent mariés, et qu'ils eussent des enfans de leur mariage. Cette circonstance ne changeait pas leur condition.

Mais, dans ce cas, le père, la mère, l'aïeul ou autre ascendant qui substituait exemplairement, devait se comporter de la même manière que l'aurait fait l'enfant auquel il substituait, s'il eût été dans le cas de pouvoir tester. Sans contredit, il aurait préféré ses enfans.

Par conséquent, quand l'enfant auquel on substituait de la sorte, avait lui-même des enfans, ses enfans, ou l'un d'eux, devaient lui être substitués (1),

1478. Il n'était pas permis de s'écarter de cette règle, quand même les enfans de l'insensé auraient été eux-mêmes insensés. Dans ce cas, ils avaient encore le droit de leur substituer (2) : cette précaution était dictée par la sagesse.

1479. Lorsque l'insensé n'avait point d'enfans, ses frères ou sœurs, ou l'un d'eux, devaient lui être substitués (3), parce qu'ils étaient censés devoir s'intéresser à son état plus particulièrement que toute autre personne.

1480. Lorsque l'insensé n'avait ni frère, ni sœur, on laissait à la sagesse de l'ascendant de choisir les personnes qui devaient le remplacer auprès de son fils (4).

Ce choix devait porter sur ceux à qui il pouvait donner; car, quoique cette substitution exigeât des soins, elle n'était pas moins une libéralité.

1481. Mais il était remarquable que la capacité du substitué n'était exigée qu'au temps du décès du substituant; parce que la substitution exemplaire était également conditionnelle.

---

(1) Sed si filii vel alii descendentes ex hujusmodi mente captâ personâ, sapientes sint : non liceat parenti qui vel quæ testatur, alios quam ex eo descendentes, unum, vel certos, vel omnes substituere. *Leg.* 9, § 2, *cod. de impub. et al. substit.*

(2) Argument tiré de la loi 9, *cod. de impub. et al. subst.* ci-dessus.

(3) Sin verò etiam liberi testatoris vel testatricis sint sapientes, ex his verò personis quæ mente captæ sunt, nullus descendat : ad fratres eorum unum, vel certos, vel omnes eamdem fieri substitutionem oportet. *Leg.* 9, § 3, *cod. de impub. et al. substit.*

(4) Serres, institution du droit français, *liv.* 2, *tit.* 4, § 13, à la fin.

1482. Il était encore remarquable que, lorsque cette substitution ne devait comprendre que les biens de celui qui la faisait, elle pouvait être faite en faveur d'autres personnes que des enfans du grevé. La liberté de disposer, en faveur de qui on voulait, les lois et les bienséances gardées, donnait incontestablement ce droit.

SECTION IV.

Quels biens pouvaient être substitués exemplairement.

1483. Cette substitution pouvait comprendre tous les biens de la disposition principale, ou être réduite à une partie.

De là venait que, lorsqu'elle était universelle, elle comprenait la légitime du grevé qui décédait durant sa minorité (1); parce que, pendant la minorité, il n'avait pas intérêt d'en demander la distraction.

1484. Cette règle avait lieu tant en pays coutumier, qu'en pays de droit écrit. Il y avait parité de raison.

De là, la fin de non-recevoir qui s'élevait également contre ses héritiers, lorsqu'ils demandaient cette distraction après sa mort (2). Il n'avait pu leur transmettre un droit qu'il n'avait pas eu.

---

(1) Liceat eisdem parentibus, legitimâ portione, ei vel eis relictâ, quos voluerint his substituere. *Leg.* 9, *cod. de impub. et al. substit.*

(2) « Le marquis de Langey, décédé à la bataille de Fontenoy, fit un testament le 4 mai 1745; il institua pour son légataire universel l'enfant que sa femme portait alors dans son sein; et si cet enfant, ajouta t-il, vient à mourir avant de naître, ou un jour à venir, sans postérité, avant d'être parvenu à sa majorité, je lui substitue le marquis de Rothelin, le marquis de Morache et autres, au nombre de cinq.

L'enfant décéda à l'âge de vingt-deux ans, sans être marié. Sa mère, héritière des meubles; sa tante, héritière des pro-

1485. Elle comprenait encore sa légitime, quoiqu'il fût décédé après sa majorité, lorsqu'il n'en avait pas demandé la distraction. Son silence emportait la confirmation de la substitution de la légitime (1).

---

pres, demandèrent la distraction de la légitime du marquis de Langey fils. Elles se fondaient sur les principes généraux que l'enfant est saisi, de plein droit, de sa légitime, comme d'un bien héréditaire et patrimonial; que si les pères avaient le pouvoir de grever la légitime pendant tout le cours de la minorité de leurs enfans qui viendraient à mourir avant d'être majeurs, et sans enfans, il en résulterait qu'ils ne laisseraient point de succession, point de traces de leur existence et de leur propriété; enfin, que, dans ce cas singulier, ce serait le père qui aurait transmis directement, et par sa seule volonté, un bien qui formait le patrimoine sacré et inviolable de ses enfans. Les légataires répliquaient que le père n'avait chargé ses immeubles de substitution, que pendant la minorité de son fils; que par-là il n'avait fait que ce que la loi aurait fait elle-même, puisqu'elle défend l'aliénation de tous les immeubles des mineurs. Son fils, disaient-ils, n'avait donc point d'intérêt à faire réduire la substitution pour former sa légitime : il eût été non-recevable à la réclamer; et, comme ses héritiers n'ont d'autre droit que le sien, le même motif qui eût arrêté sa poursuite, arrête la leur à plus forte raison. Par arrêt du lundi 28 mai 1770, conforme aux conclusions de M. Séguier, avocat général, la mère et la tante du marquis de Langey furent déboutées de leur demande en distraction de la légitime de leur fils et neveu, et la sentence du châtelet fut confirmée. Plaidans : M^{es}. Target, Racine et Caillard, pour les légataires, et M^{es}. Legouvé et Dutrousseau, pour la marquise de Montebise et la tante du marquis de Langey; il y eut des mémoires imprimés dans cette cause. La difficulté naissait, comme on voit, de ce que l'enfant ne peut, dans aucun cas, être privé de sa légitime, que par l'exhérédation; il n'y en avait point, et il ne pouvait y en avoir dans cette espèce : donc l'enfant laissant de droit une succession, devait nécessairement laisser une légitime. *Legitima beneficium legis non parentis. Leg. si adrogator*, § 1, *ff. de adopt.* Denizart, *verbo* légitime, *nomb.* 56.

(1) « Les biens qui auront été donnés par un contrat de mariage ou par une donation entre-vifs, sans aucune charge

De là, la même fin de non-recevoir contre ses héritiers.

1486. Et enfin les propres biens du grevé situés dans les pays de droit écrit, lorsque cette substitution avait le caractère de la véritable substitution exemplaire (1).

Ces biens ne pouvaient y être compris en partie; car, dans ce cas, elle avait autant d'effet que la substitution pupillaire d'où elle avait été empruntée.

---

de substitution, ne pourront être grevés par une donation ou disposition postérieures, encore qu'il s'agisse d'une donation faite par un père à ses enfans; que la substitution comprenne expressément les biens donnés, et qu'elle soit faite en faveur des enfans ou descendans du donateur ou du donataire ». *Art.* 13 *du tit.* 1 *de l'ordonnance des substitutions.*

« N'entendons rien innover, par l'article 13, en ce qui concerne les dispositions par lesquelles le donateur ferait une nouvelle libéralité au donataire, soit entre-vifs ou à cause de mort, à condition que les biens qu'il lui avait précédemment donnés demeureraient chargés de substitution; et, en cas que le donataire accepte la nouvelle libéralité faite sous ladite condition, il ne lui sera plus permis de diviser les deux dispositions faites à son profit, et de renoncer à la seconde pour s'en tenir à la première, quand même il offrirait de rendre les biens compris dans la seconde disposition, avec les fruits par lui perçus ». *Art.* 10 *du même titre.*

Argument tiré de ces dispositions, parce que le consentement tacite opérait autant que le consentement exprès.

(1) Ut occasione hujusmodi substitutionis ad exemplum pupillaris. *Leg.* 9, *cod. eod.*

SECTION V.

Si la substitution exemplaire était susceptible des charges et conditions.

1487. La substitution exemplaire était également conditionnelle ; parce que son existence dépendait de l'état constant de l'insensé.

Cependant, à l'exemple de la substitution pupillaire, cette substitution pouvait dépendre encore d'autres conditions (1), sur-tout lorsqu'elle n'était qu'improprement exemplaire.

SECTION VI.

De la manière d'exprimer les substitutions exemplaires.

1488. L'objet de la substitution exemplaire était de faire passer les biens du substituant et ceux du grevé au substitué, à quelque âge que le grevé décédât, s'il n'avait pas cessé d'être en démence ; et même de rendre le substitué successeur immédiat du substituant, dans le cas où le grevé mourrait avant lui.

On remplissait cet objet par des termes aussi naturels que simples :

Si mon fils décède en fureur, je lui substitue, ou je substitue exemplairement à mon petit-fils qui est sourd et muet.

1489. Mais il était remarquable qu'à l'exemple de la substitution pupillaire, un ascendant ne pouvait substituer exemplairement, qu'il ne disposât de ses propres biens ; parce que la substitution exemplaire n'avait été admise qu'à l'imitation de la substitution pupillaire.

---

(1) Sub conditione autem institutum si substituat, id est, si mihi hæres erit : non aliàs existet hæres ex substitutione, nisi et ex institutione hæres fuerit. *Leg. 8, ff. de vulg.. et pupill. substit.*

Cependant, de même que le père de famille qui était soldat, pouvait disposer des biens de son pupille sans disposer des siens, en testant militairement; de même l'ascendant qui était soldat pouvait disposer des biens du descendant privé de la raison, sans disposer des siens, lorsqu'il testait militairement. Ces deux substitutions se réglaient par les mêmes principes.

Par conséquent, ces termes, *je substitue à.... s'il décède sans enfans* exprimaient suffisamment la substitution exemplaire imparfaite, lorsqu'elle ne devait comprendre que les biens du testateur.

Section VII.

Si les enfans de celui à qui on substituait exemplairement devaient être institués ou exhérédés, lorsqu'ils ne devaient pas profiter de la substitution.

1490. Si la loi permettait aux ascendans de faire le testament de leurs descendans, lorsqu'ils n'étaient pas en état de le faire, ce n'était qu'à la charge de se comporter, comme leurs enfans auraient dû le faire, s'ils avaient pu tester.

Par conséquent, lorsque celui qui ne pouvait tester avait plusieurs enfans, et que l'ascendant qui faisait son testament, n'appelait que l'un d'eux pour recueillir le bénéfice de la substitution, il devait instituer les autres en leur légitime, ou en ce qu'il leur donnait, ou les exhéréder s'ils le méritaient (1); parce qu'il n'était pas à présumer que le fils en eût oublié aucun, s'il eût pu tester:

(1) Despeisses, *tom.* 2, *part.* 1, *tit.* 2, *sect.* 3, *n°.* 9 Serres, institution du droit français, *liv.* 2, *tit.* 16, § 1, *vers la fin.*

La

La prétérition de l'un d'eux empêchait donc l'effet du testament du père à l'égard des biens du fils.

Mais il n'en était pas de même lorsque la substitution de l'ascendant ne devait avoir d'effet que sur ses propres biens. Dans ce cas, il n'avait pas fait le testament de son fils.

SECTION VIII.

De la substitution exemplaire dans les codicilles.

1491. A l'instar des substitutions pupillaires, les substitutions exemplaires pouvaient également être faites dans les codicilles, mais elles n'y valaient aussi qu'à titre de fidéicommis (1).

Le principe que les substitutions directes ne pouvaient valoir comme telles dans les codicilles, s'appliquait également aux substitutions exemplaires.

Mais elles se soutenaient dans les testamens, en vertu de la clause codicillaire, lorsqu'ils pouvaient valoir comme codicilles.

Elles y étaient, à plus forte raison, valables, lorsqu'elles n'avaient l'effet que de la substitution exemplaire imparfaite, sur-tout dans les pays coutumiers où elles n'avaient que la force de legs.

SECTION IX.

De la substitution exemplaire dans les donations à cause de mort.

1492. Les substitutions exemplaires qui étaient faites dans les donations à cause de mort, y valaient comme donations à cause de mort; parce que les dispositions accessoires empruntaient leur caractère de la nature de l'acte.

---

(1) Despeisses, *ibid.* n°. 6. Recueil civil de Lacombe, *verbo* substitution, *part.* 1, *sect.* 3, n°. 4.

Par conséquent, elles étaient une charge de la succession que l'héritier devait également acquitter.

SECTION X.

De la révocation des substitutions exemplaires.

1493. Les substitutions exemplaires étaient révocables comme les dispositions auxquelles elles se rapportaient.

Elles se révoquaient de la même manière, et pour les mêmes causes.

Par conséquent, la survenance d'enfans qui renversait les dispositions principales, renversait également les substitutions exemplaires qui en faisaient suite.

SECTION XI.

De la révocation des substitutions exemplaires par la survenance d'enfans aux grevés.

1494. De ce que la substitution exemplaire devait être faite au profit des enfans du grevé ou de l'un d'eux, il s'ensuivait qu'elle était révoquée, lorsqu'elle avait été faite en faveur d'un étranger, aussitôt qu'il naissait un enfant légitime au grevé, quoiqu'il n'eût ni enfant ni espérance d'en avoir au temps de la substitution. Par l'existence de cet enfant, la substitution se trouvait faite en faveur d'une personne prohibée (1).

(1) Ex facto quæritur, qui filium habebat mutum puberem, substituit Titium. Mutus duxit uxorem post mortem patris, et nascitur ei filius. Quæro an rumpatur testamentum? Respondi beneficia quidem principalia ipsi principes solent interpretari: verùm voluntatem principis inspicientibus, potest dici eatenùs id eum tribuere voluisse, quatenùs filius ejus in eâdem valetudine perseverat. Et ut quemadmodùm jure civili pubertate finitur pupillare testamentum, ità princeps imitatus sit

1495. Bien plus, la naissance de cet enfant révoquait également la substitution exemplaire, quoiqu'elle eût été faite en faveur d'un frère ou d'une sœur de celui qui était né, lorsqu'il avait été passé sous silence.

1496. Mais il était remarquable que cette révocation était regardée comme non avenue, lorsque celui dont la naissance avait produit cette révocation, était mort avant le grevé.

La légitimation par mariage subséquent produisait les mêmes effets.

1497. Lorsque cette substitution ne comprenait que les biens du testateur, cette survenance d'enfant ne produisait aucun effet.

Cette règle avait lieu sur-tout dans les pays de coutume.

TITRE VI.

De la substitution officieuse.

1498. Non-seulement il était permis de substituer aux enfans en démence, mais encore à ceux qui étaient prodigues, ou qui avaient un penchant à la prodigalité ; car s'il importait à un père et à une mère d'assurer à un

jus in eo qui propter infirmitatem non potest testari. Nam etsi furioso filio substituisset, diceremus desinere valere testamentum eum resipuisset : quia jam posset sibi testamentum facere. Etenim iniquum incipit fieri beneficium principis, si adhuc id valere dicamus. Auferret enim testamenti factionem homini sanæ mentis. Igitur etiam adgnatione sui hœredis dicendum est rumpi substitutionem quia nihil interest, alium hæredem instituerit ipse filius posteà : an jure habere cœperit suum hæredem. Nec enim aut patrem aut principem de hoc casu cogitasse verisimile est, ut eum qui posteà nasceretur, exhæredaret. Nec interest quemadmodùm beneficium principale intercedat circa testamenti factionem, utrùm in personâ unius, an compluriuum. *Leg. 43, ff. de vulg. et pupill. substit.*

tiers les biens de leur enfant imbécille, afin qu'il prît soin de son existence, il ne leur importait pas moins de prévenir la ruine de celui qui était prodigue.

Cette substitution avait été encore empruntée des dispositions des lois romaines (1).

1499. Mais, comme l'objet de cette substitution n'avait pas été de faire le testament du prodigue, mais seulement de le garantir de la misère en lui assurant des alimens par la substitution, en faveur d'un autre, de la propriété des biens qu'on lui laissait ou qu'on lui devait laisser ; cette substitution avait les mêmes effets dans les pays coutumiers que dans ceux régis par le droit écrit (2).

---

(1) Si furioso puberi, quanquàm majori viginti quinque annis curatorem pater testamento dederit, eum prætor dare debet secutus patris voluntatem. His consequens est, ut si prodigo curatorem dederit pater, voluntatem ejus sequi debeat prætor, eumque dare curatorem. Sed utrùm omnimodò, an ita, si futurum esset ut, nisi pater aliquid testamento cavisset, prætor ei bonis interdicturus esset? Et maximè si filios habeat iste prodigus? potuit tamen pater et aliàs providere nepotibus suis, si eos jussisset hæredes esse, et exhæredasset filium : eique, quod sufficeret, alimentorum nomine ab eis certum legasset, additâ causâ necessitateque judicii sui. *Leg.* 16; *ff. de curatorib. furioso vel prodigo et aliis extrà minores dandis.*

Multi non notæ causâ exhæredant filios, nec ut eis obsint, sed ut eis consulant. *Leg.* 28, *ff. de liberis et posth. hæred. instit.*

Argument tiré de ces dipositions.

(2) Ferrières, dictionnaire de pratique, *verbo* substitution.

SECTION PREMIÈRE.

Qui pouvait faire cette substitution.

1500. Si quelqu'un était intéressé à prévenir la ruine des enfans, et empêcher que, par leur mauvaise conduite, ils ne se réduisissent à une extrême nécessité, c'était, sans contredit, les auteurs de leurs jours (1).

Par conséquent, les pères, les mères et les autres ascendans, avaient le droit de mettre un frein à la prodigalité de leurs enfans, en substituant les biens qu'ils devaient leur laisser.

1501. Non-seulement les ascendans avaient ce droit, mais même les parens collatéraux, pour les biens qui devaient leur passer après leur décès. Ils avaient, à cet égard, un droit égal à celui des pères et mères.

Ce droit leur appartenait principalement dans les pays où les lois affectaient les biens aux familles. C'était une raison de plus pour autoriser cette substitution.

SECTION II.

Qui pouvait être ainsi substitué.

1502. La substitution officieuse avait pour objet de garantir une personne de l'indigence que son peu d'économie faisait craindre.

Ainsi, non-seulement celui qui, par l'excès de ses profusions et de ses dépenses frivoles, travaillait à sa ruine, devait être substitué de la sorte; mais même celui en qui on aurait remarqué ce penchant. Il était de la sagesse des

---

(1) Leg. 16, ff. de curat. furioso, et leg. 28, ff. de liberis posthum. *ci-dessus.*

parens de prévenir ce désordre, en arrêtant le mal à sa source (1).

SECTION III.

En faveur de qui cette substitution devait être faite.

1503. L'objet de cette substitution était, comme il a été déjà remarqué, de prévenir la ruine du dissipateur, et de conserver les biens à sa famille.

1504. Quand celui qui ne devait pas avoir la disposition des biens que les lois du sang lui destinaient, était marié, et qu'il avait des enfans, ou qu'on avait espoir qu'il en eût, la substitution devait être faite en leur faveur (2), soit qu'ils fussent nés ou à naître, ou en faveur de l'un d'eux; parce qu'ils étaient les premiers de sa famille (3).

1505. Mais, quand il n'en avait pas, ni espérance d'en avoir, la substitution était valable en faveur de ses frères ou sœurs ou de l'un d'eux (4); parce qu'ils tenaient le premier rang après les enfans.

---

(1) Ut eis consulant. *Leg.* 28, *ff. de liberis et posthum. hæred. instit.*

(2) Debet pater providere nepotibus. *Leg.* 16, *ff. de curatoribus furioso vel prodigo, vel aliis extrà minorès dandis.*

(3) Et maximè, si filios habeat iste prodigus. *Lege eâdem.*

(4) Recueil civil de Lacombe, *verbo* exhérédation, *sect.* 5, n°. 5.

SECTION IV.

Quels biens pouvaient faire partie de cette substitution.

1506. La substitution qui était faite pour cause de dissipation, ou par la crainte qu'elle n'arrivât, donnait au père, à la mère et aux autres ascendans, le droit de substituer non-seulement les biens qu'ils faisaient passer à leur enfant à titre de libéralité, mais même ceux qui devaient lui arriver à titre de légitime. Ils n'étaient obligés, dans ce cas, que de lui laisser des alimens (1).

Le motif de conserver les biens à sa famille ne s'y appliquait pas moins.

Le même droit était accordé aux parens collatéraux, même pour les réserves coutumières (2). Il y avait même raison.

SECTION V.

Si la cause de la dissipation devait être exprimée dans cette substitution.

1507. Le droit de substituer faisait incontestablement partie de celui de disposer.

Par conséquent, il n'était pas nécessaire de donner

---

(1) Ei qui alimentorum nomine aliquid legasset. *Leg.* 16, *ff. eodem titulo.*

(2) Denizart, *verb.* réserves coutumières, *n°.* 35 *et* 36. Il rapporte deux arrêts du parlement de Paris, qui l'ont ainsi jugé. L'un est du 15 mars 1748, et l'autre du 9 mai 1759.

la raison d'une substitution qui tenait si évidemment au droit de celui qui la faisait (1).

Cependant les biens qui devaient composer la légitime de celui à qui on substituait, ne pouvaient pas être enveloppés dans cette substitution, si la cause de la dissipation n'y était disertement exprimée (2).

La légitime était une portion que la nature et les lois déféraient aux enfans, dans les biens de leurs pères et mères, et il était nécessaire qu'ils fissent connaître les motifs qu'ils avaient de se dispenser de payer une dette aussi sacrée (3).

Il en était de même des réserves coutumières (4); parce que leur affectation à la famille leur attribuait les privilèges attachés à la légitime.

Par conséquent, une substitution qui était faite *pour de bonnes et justes considérations*, n'embrassait point ces portions sacrées; parce qu'elles ne pouvaient être substituées sans une cause légitime. Et, pour savoir si elle était de cette nature, elle devait nécessairement être exprimée.

D'ailleurs ces considérations vagues et indéfinies ne désignaient rien, pour trop désigner.

Ce qui vient d'être dit de la cause s'appliquait à la crainte, quand elle était le motif de la substitution. Il y avait parité de raison.

---

(1) Arrêt du 1er. avril 1686, rapporté au journal du palais. Autre du 19 février 1704, rendu sur les conclusions de M. l'avocat général Joly de Fleury.

(2) Arrêt rendu en la grand'chambre, le 23 avril 1708, cité par Ferrières, *verbo* substitution.

(3) Additâ causâ necessitateque judicii. *Leg.* 16, *ff. eodem.*

(4) Arrêt du 15 mars 1748, rendu sur les conclusions de M. Lebret, avocat général, cité par Lacombe, dans son recueil de jurisprudence civile, *verbo* substitution, *sect.* 5, *n°.* 4, *à la fin.*

SECTION VI.

De la révocation de cette substitution, et si elle était révoquée par la survenance d'enfans au grevé.

1508. La substitution officieuse se révoquait comme les autres substitutions portées dans les actes à cause de mort.

1509. Bien plus, elle se révoquait également par la survenance d'un enfant au grevé, lorsqu'elle avait été faite en faveur d'un parent collatéral ou d'un étranger.

Dans ce cas, la substitution se trouvait faite en faveur d'une personne prohibée (1).

1510. Mais le prédécès de cet enfant à son père redonnait la vie à la substitution; parce qu'elle n'avait cédé qu'à son avantage.

De là, la différence de l'effet de la survenance d'enfant dans les dispositions entre-vifs, et celles à cause de mort.

TITRE VII.

De la substitution compendieuse.

1511. Quoiqu'il fallût de certains mots pour exprimer en particulier la substitution vulgaire, la pupillaire, l'exemplaire et la fidéicommissaire, néanmoins elles étaient comprises, *in se et per se*, dans les termes, *j'institue mon fils et lui substitue Titius*; parce que ces

(1) Argument tiré de la loi 43, *ff. de vulg. et pupill. substit.*, ci-dessus.

termes indéfinis s'appliquaient à tous les temps et à toutes les circonstances, dans lesquels le décès de l'héritier institué pouvait arriver.

De là venait que cette substitution équivalait à la substitution vulgaire, lorsque l'héritier institué ne pouvait ou ne voulait être l'héritier du testateur; à la substitution pupillaire, lorsqu'il était impubère et qu'il décédait avant la puberté; à la substitution fidéicommissaire, lorsqu'il décédait après la puberté (1); et à la substitution exemplaire, lorsqu'il était insensé, ou sourd et muet (2).

Par conséquent, Titius était héritier du testateur, si son fils décédait avant lui, ou qu'il renonçât à sa succession; il était héritier du testateur et du pupille, s'il décédait en pupillarité, et qu'il eût été sous la puissance du substituant; il était encore héritier de l'un et de l'autre, quoique le grevé décédât après la puberté, lorsqu'il était insensé ou

---

(1) Precibus tuis manifestius exprimere debueras, maritus quondam tuus miles defunctus, quem testamento facto hæredem communem filium vestrum instituisse proponis, et secundùm hæredem scripsisse, utrùmne in primum casum, an in secundùm filio suo, quem habuit in potestate mortis tempore, si intrà decimum quartum suæ ætatis annum, aut posteà decesserit, substituerit. Nam non est incerti juris, quòd si quidem in patris militis positus potestate, primo tantùm casu habuit substitutum, et patri hæres extitit; eo defuncto ad te omnimodò ejus pertineat successio. Si verò substitutio in secundum casum, vel expressa, vel compendiosa, non usque ad certam ætatem facta reperiatur: siquidem intrà pubertatem decesserit, eos habeat hæredes quos pater ei constituit, et adierint hæreditatem. Si verò post pubertatem tunc ejus te successionem obtinente, veluti ex causâ fideicommissi bona quæ cum moreretur patris ejus fuerint, à te peti possunt. *Leg.* 8, *cod. de impuber. et aliis substitutionibus.*

(2) Mantica, de conject. ultim. vol. *Lib.* 5, *tit.* 16, *num.* 22. Grassus, § *substitutio*, *quest.* 61, *num.* 1. Despeisses, *tom.* 2, *part.* 1, *tit.* 1, *sect.* 5, *nomb.* 4.

sourd-muet ; et seulement du testateur, lorsque le grevé n'était ni insensé ni sourd-muet.

1512. Cette substitution s'appelait *compendieuse;* parce qu'elle comprenait toutes ces différentes substitutions, sous une même signification et en peu de mots.

1513. Elle ne comprenait pas la substitution officieuse, quant aux fonds de la légitime et à ceux des réserves coutumières ; parce que la légitime et les réserves coutumières ne pouvaient être substituées sans en exprimer le motif.

CONCLUSION.

1514. Voilà les différens genres de dispositions gratuites que l'on pouvait faire pendant le cours de la vie, tant par acte entre-vifs, que par acte à cause de mort.

1515. Ces dispositions devaient nécessairement être par écrit (1); parce que la preuve testimoniale n'en était pas admissible.

1516. Les écrits destinés à recevoir ces dispositions, devaient être revêtus de la forme que la nature de chaque disposition exigeait (2).

---

(1) « Tous actes portant donation entre-vifs, seront passés par-devant notaires, et il en restera minute à peine de nullité ». *Art.* 1 *de l'ordonnance des donations entre-vifs.*

« Toutes dispositions testamentaires ou à cause de mort, de quelque nature qu'elles soient, seront faites par écrit. Déclarons nulles toutes celles qui ne seraient faites que verbalement, et défendons d'en admettre la preuve par témoins, même sous prétexte de la modicité de la somme dont il aurait été disposé ». *Art.* 1 *de l'ordonnance des testamens*

(2) « Les donations entre-vifs seront faites dans la forme ordinaire des contrats et actes passés par-devant notaires, et en y observant les autres formalités qui y ont eu lieu jusqu'à présent, suivant les différentes lois, coutumes et usages des pays soumis à notre domination ». *Art.* 2 *de l'ordonnance des donations entre-vifs.*

« Toutes donations à cause de mort, à l'exception de celles qui se feront par contrat de mariage, ne pourront dorénavant avoir aucun effet, dans les pays mêmes où elles sont expressément autorisées par les lois ou par les coutumes, que lorsqu'elles auront été faites dans la même forme que les testamens ou les codicilles; en sorte qu'il n'y ait à l'avenir, dans nos états, que deux formes de disposer de ses biens à titre gratuit, dont l'une sera celle des donations entre-vifs, et l'autre celle des testamens ou des codicilles ». *Art.* 3 *de la même ordonnance.*

Par conséquent, les dispositions entre-vifs devaient avoir la forme des donations entre-vifs ; et les dispositions à cause de mort, celle des testamens ou codicilles.

1517. Les dispositions gratuites qui se trouvaient répandues dans des actes différens, étaient radicalement nulles, si elles n'étaient du nombre de celles qui pouvaient être faites de la sorte (1) ; parce qu'elles n'étaient pas revêtues de la forme constitutive de leur existence.

1518. Cette règle avait lieu, quoique ces dispositions gratuites eussent été faites par des reconnaissances de devoir, par des quittances ou des ventes. Une forme simulée ne pouvait suppléer celle qui avait été expressément exigée.

1519. D'ailleurs la défense de disposer gratuitement dans une autre forme, résultait de la forme qui avait été prescrite pour le faire (2).

Aussi le parlement de Paris, par arrêt du mois d'août 1771, avait déclaré nul l'avantage qu'un mari avait fait à

---

(1) Même article.

« N'entendons comprendre dans les dispositions de la présente ordonnance, ce qui concerne les dons mutuels et autres donations faites entre maris et femmes, autrement que par le contrat de mariage, ni pareillement les donations faites par le père de famille aux enfans étant dans sa puissance ; à l'égard de toutes lesquelles donations il ne sera rien innové, jusqu'à ce qu'il ait été autrement par nous pourvu ». *Art.* 46 *de la même ordonnance.*

« Abrogeons l'usage des testamens ou codicilles mutuels, ou faits conjointement, soit par mari et femme, ou par d'autres personnes ; voulons qu'à l'avenir ils soient regardés comme nuls et de nul effet, dans tous les pays de notre domination ; sans préjudice néanmoins de l'exécution des actes de partage entre enfans et descendans, et pareillement sans rien innover en ce qui concerne les donations mutuelles à cause de mort, faites entre maris et femmes ». *Art.* 77 *de l'ordonnance des testamens.*

(2) Unius inclusio, est exclusio alterius. *Regula juris.*

sa femme, sous l'apparence de reconnaissance de dot (1), quoiqu'il eût été confirmé par la mort du mari qui était décédé sans avoir changé de volonté, et que cet avantage fût soutenu par les dispositions des lois romaines (2); parce que les règles avaient changé.

Par conséquent, ces avantages, qui n'étaient pas contenus dans des actes de forme gratuite, ne pouvaient valoir *in vim relicti*.

1520. A combien plus forte raison cela avait lieu, lorsqu'on avait employé ce moyen pour avantager une personne prohibée; car, ne pouvant lui donner, la déclaration de lui

---

(1) Bergier, sur Ricard, *tom.* 2, *pag.* 69, *note* A; voici comme il en a fait l'espèce :

« Un mari, dans la vue d'avantager sa femme, lui avait donné quittance d'une certaine somme pour augmentation de dot, sans l'avoir reçue. La femme, après la mort de son mari, demanda cette somme; elle convenait bien que son mari ne l'avait pas reçue, et que la quittance qu'il lui en avait donnée, était un avantage qu'il avait voulu lui faire; mais elle soutenait que cet avantage était valable, ayant été confirmé par la mort de son mari, décédé sans avoir changé de volonté. Le premier juge l'avait jugé ainsi; mais l'arrêt a infirmé la sentence, et donné congé de la demande de la femme ». Les parties étaient domiciliées en pays de droit écrit.

Quand la femme n'aurait pas fait cet aveu, cette quittance aurait été également déclarée nulle, si elle n'avait prouvé d'où elle en avait reçu le montant; parce que le défaut de cette preuve aurait fait regarder cette quittance comme une donation, tout ce que la femme gagne par son travail et industrie appartenant à son mari, suivant la disposition de la loi *Quintus Mutius* du digeste, au titre des donations entre maris et femmes.

(2) Quod de suo maritus constante matrimonio donandi animo in dotem adscripsit : si eamdem donationem legitimè confectam non revocavit, qui incrementum doti dedit, et durante matrimonio mortem obiit : ab hæredibus mariti, quatenùs liberalitas interposita munita est, peti potest. *Leg.* 2, *cod. de dote cautâ non numeratâ.*

devoir ni la vente faite à son profit ne pouvaient valoir. La loi et la jurisprudence étaient d'accord sur ce point (1).

Cependant les remises, qui n'étaient que la suite d'une composition, étaient jugées différemment, quoiqu'elles fussent gratuites; parce qu'elles n'étaient pas faites *animo donandi*.

De là, la différence entre ce qui était gratuit dans le principe, et ce qui ne le devenait que par convention *animo tractandi*.

C'est sous ce rapport qu'il faut entendre le passage qui se trouve dans le premier titre de ce traité, où il a été dit que les gratifications faites par des remises ou des renonciations, n'étaient pas sujettes aux formalités des donations entre-vifs.

Ces avantages indirects n'avaient pas plus de valeur dans les actes de forme gratuite; parce que cette circonstance ne validait point des libéralités proscrites (2).

1521. Quoique l'écriture soit la base des dispositions gratuites, néanmoins elle n'était pas nécessaire en matière de libéralité de choses mobilières, lorsqu'elles avaient été livrées à l'instant du don. Il était inutile de dresser d'acte, d'employer des formalités pour donner l'être à une libéralité qui avait été consommée par la tradition.

---

(1) Lacombe, recueil civil de jurisprudence, verb. *avantage indirect, sect.* 2. Denizart, verb. *avantage indirect*, et verbo *concubinage*, *nomb.* 17, 18 *et* 19.

(2) Qui testamentum faciebat, ei qui usque ad certum modum capere poterat, legavit licitam quantitatem: deindè ita locutus est: *Titio centum do, lego, quæ mihi pertulit: quæ ideo ei non cadi quod omnem fortunam et substantiam, si quam à matre susceperat, in sinu meo habui sine ullâ cautione. Item eidem Titio reddi et solvi volo de substantiâ meâ centum quinquaginta quæ ego ex reditibus prædiorum ejus, quorum ipse fructum percipi et distraxi, item de kalendario siqua à matre receperat Titius in rem meam converti.* Quæro an Titius ea exigere potest? Respondit si Titius supra scripta ex ratione suâ ad testatorem pervenisse probare potuerit, exigi videtur enim eo, quòd ille plus capere non poterat, in fraudem legis hæc in testamento adjecisse. *Leg.* 27, *ff. de probationibus.*

Cette règle s'appliquait tant aux dons mutuels faits par l'homme en santé (1), qu'à ceux faits par l'homme qui était

---

(1) Après le décès de Claude Baillard, le partage de la succession fut fait entre sa veuve, commune en biens avec lui, Pierre Baillard, son frère, et ses cohéritiers. La veuve et les héritiers de Claude Baillard soutinrent qu'il devait se trouver de l'argent comptant; et, comme il ne s'en trouvait point, ils prétendirent qu'il avait été volé. Cette circonstance donna lieu à une clause dans le partage qui fut fait depuis, par laquelle les parties partageantes firent des réserves de tous droits et actions à ce sujet, même de poursuivre extraordinairement ceux ou celles qui pourraient avoir soustrait cet argent, que l'on faisait monter à une somme au moins de 6,000 livres. Pierre Baillard, qui souscrivit aussi cette clause, cinq ans après ce partage, déclara qu'il était vrai qu'il avait 4,000 liv.; mais que cette somme avait été donnée à sa femme par Claude Baillard, quelques jours avant sa mort, dans le temps que tous ceux qui l'environnaient d'ordinaire étaient à vêpres Il soutint, en conséquence, que, ne s'agissant que du don d'une chose mobilière *suivie de la tradition*, il n'y avait point de reproches à lui faire, ni d'action à intenter contre lui. Les choses en cet état, les parties, sur l'extraordinaire, furent mises hors de cour, et renvoyées à fins civiles. La veuve Baillard étant décédée, ses héritiers et représentans obtinrent sentence qui condamnait Pierre Baillard a leur restituer la somme de 2,000 livres, pour la moitié qui revenait à la veuve Baillard dans les 4,000 liv. en question. Pierre Baillard interjeta appel de cette sentence au châtelet, où, le 14 mai 1767, intervint sentence infirmative de celle du juge de Fresne, sauf l'action en récompense qu'elle permit aux héritiers de la veuve de Claude Baillard d'exercer comme ils aviseraient. Sur l'appel en la grand'chambre, les appelans soutenaient que la clause insérée en l'acte de partage, excluait toute idée d'action en récompense; que Pierre Baillard ayant souscrit cette clause, et convenant avoir les 4,000 livres en ses mains, il devait en rendre la moitié à la veuve ou à ses représentans: ils ajoutaient qu'il était prouvé, par les informations, que Pierre Baillard avait spolié la succession de son frère; qu'il ne pouvait point faire passer cette somme comme une donation suivie de tradition, attendu qu'il s'agissait de plus de 1,000 l.;

snr

sur le point de mourir (1). Il y avait parité de raison.

De là venait que les héritiers n'avaient pas le droit de réclamer l'argent ni les meubles qui avaient été ainsi donnés (2). Le titre n'était nécessaire que pour les libéralités qui entraînaient des suites après elles, c'est-à-dire, lorsqu'il y avait une propriété immobilière à appuyer, ou des actions à fonder, soit contre le donateur ou ses héritiers, soit contre des tiers, comme s'il s'agissait de la donation d'une créance;

---

enfin, que cette prétendue donation était nulle, aux termes de la coutume et de l'ordonnance de 1731 et de 1735, n'ayant point été faite par acte devant notaire, avec minute. Pierre Baillard persistait à soutenir que le défunt avait pu, de son vivant, donner à qui il avait jugé à propos; que la donation avait été suivie de tradition, ce qui suffisait; que, sur l'extraordinaire, les parties avaient été mises hors de cour: enfin, que la veuve de Claude Baillard, représentée par ses héritiers, n'avait que son action en récompense, ainsi que le châtelet l'avait jugé.

Par arrêt du mardi 19 janvier 1768, audience de relevée, la sentence du châtelet fut confirmée avec dépens. D'Héricourt, sur Denizart, *verbo* tradition, *n°*. 6.

(1) Arrêt rendu le 25 mars 1746, qui a aussi jugé valables les dispositions verbales faites par un malade, en faveur d'un procureur de Vierzon en Berry; parce qu'elles avaient été suivies de tradition, et que le malade avait lui-même remis au légataire la chose léguée, de la main à la main. Lacombe, recueil civil de jurisprudence, *verbo* testament. *Note sur l'article* 1 *de l'ordonnance de* 1735.

(2) Si quidem donationis causâ ei quem affectione patris te dilexisse proponis, tuam accipere pecuniam permisisti, et hanc tuam liberalitatem ille remunerans te à procuratore suo aliam pecuniam sumere præcipit, rebusque humanis ante perceptionem fuit exemptus, nec quod dederas recuperare (cum perfectam habuit donationem) nec quod tibi dari mandavit, nec dum tibi traditum, petere potest à procuratore. *Leg.* 8, *ff. de act. et oblig.* Argument tiré de cette disposition.

mais non pour retenir une libéralité de fait, et consommée par la tradition actuelle et effective (1).

Cependant cette manière de donner aux incapables n'était pas un titre pour leur retenir la chose donnée; parce que la prohibition de leur donner embrassait toutes les manières possibles de le faire.

1522. Non-seulement les dons manuels étaient valables sans écriture, mais même les dépôts verbaux faits entre les mains d'une personne pour remettre à une autre, à titre de libéralité, après la mort du déposant (2); car les dépôts verbaux étaient, en matière de disposition gratuite non écrite, ce que les choix étaient en matière de disposition gratuite écrite, le droit de confier à un tiers la remise d'une libéralité. Par conséquent, les dépôts verbaux étaient une suite du droit de faire des libéralités manuelles.

Il en était de même des dépôts qui devaient tourner à l'avantage de la cause pie (3). Il y avait identité de raison.

---

(1) Furgole, sur l'art. 2 de l'ordonnance de 1731. Pothier, traité des donations, *pag.* 64 *du tom.* 6 *de ses œuvres posthumes.* Denizart, *au mot* donation. Chabrol, sur la coutume d'Auvergne, *tom.* 2, *pag.* 66 *et suiv.* Bergier, sur Ricard, des donations, *tom.* 1, *pag.* 225 *et* 404.

(2) Publia Mævia, cum proficisceretur ad maritum suum, arcam clausam cum veste et instrumentis commendavit Gaiæ Seiæ: et dixit ei: cum salva, sanave venero, restitues mihi: certè si aliquid mihi humanum contigerit, filio meo quem ex alio matrimonio suscepi (restitues) defunctâ eâ intestatâ, desidero, res commendatæ cui restitui debeam, filio an marito? Paulus respondit filio. *Leg.* 26, *ff. depositi vel contrà.* Ce dépôt avait été fait entre-vifs.

(3) Après la mort de Pierre Gouillard, marchand à Dammartin, ses héritiers firent assigner Martin Delagarde, chantre de l'église collégiale de la même ville, en condamnation d'une somme de 900 livres que lui avait remise Pierre Gouillard, étant malade à l'extrémité.

Delagarde répondit que cette somme lui avait été remise

1523. Mais, de même qu'on ne pouvait donner manuellement aux personnes prohibées, de même on ne pouvait faire de dépôts entre des mains tierces pour le leur remettre ; la loi s'y opposait également.

De là venait le droit d'éxiger des dépositaires, le serment de purification (1), lorsqu'ils étaient connus.

1524. Bien plus, lorsqu'il s'agissait de l'intérêt des créanciers, ces manières de donner n'avaient pas plus de force contre eux que les autres ; car l'obligation de leur subvenir était la même.

Cette règle devait avoir lieu, quoiqu'il s'agît d'un dépôt fait pour la décharge de la conscience et par manière de restitution, afin de ne pas laisser glisser la fraude sous le manteau de la conscience.

D'ailleurs, des créanciers qui réclamaient une dette légitime, méritaient plus de faveur que ceux à qui était destinée une restitution ; puisque ceux-ci n'étaient que créanciers comme eux, et que les premiers avaient sur

---

pour faire prier Dieu pour Gouillard, et qu'il offrait de l'employer pour une fondation, *s'en rapportant néanmoins à la prudence de la Cour, pour prononcer ce qu'elle jugerait à propos sur le dépôt de 900 livres, et sur l'exécution d'icelui.*

Malgré la résistance des héritiers, la Cour, par arrêt rendu sur les conclusions de M. l'avocat général Gilbert, le 26 février 1738, a ordonné qu'il serait fait un emploi de ce qui restait des 900 livres ès mains de Delagarde, en présence des héritiers. Denizart, *verbo* moribond, *nomb.* 7.

(1) Le parlement de Rouen a jugé, par un arrêt rendu le 29 novembre 1696, qu'un legs remis par un moribond à son confesseur, pour être employé aux usages indiqués sous le sceau de la confession, serait exécuté, en affirmant, par le confesseur, que ce legs lui avait été déposé sous le sceau de la confession ; qu'il n'y avait rien pour lui ni pour ses parens, ni pour personne prohibée. Denizart, *verbo* confession *nomb.* 15.

les seconds l'avantage d'avoir une créance connue e établie (1).

Aussi, par arrêt du 15 mai 1733, le parlement d Rouen condamna un confesseur à remettre, aux créan ciers de son pénitent le montant d'un billet qu'il lu avait confié pour l'acquit de sa conscience et sous le scea de la confession (2).

---

(1) Confessio testatoris jurata non nocet creditoribus. Bene dicti, *ad cap. Raynutius* in verbis *si absque liberis more retur*, *sect.* 1, *num.* 28.

(2) Denizart, *verbo* confession, *nomb.* 17.

ORDONNANCE DE LOUIS XV,

ROI DE FRANCE ET DE NAVARRE,

POUR *fixer la jurisprudence sur la nature, la forme, les charges ou les conditions des Donations.*

Donnée à Versailles au mois de Février 1731.

LOUIS, par la grâce de Dieu, Roi de France et de Navarre : A tous présens et à venir, SALUT. La Justice devroit être aussi uniforme dans ses Jugemens, que la Loi est une dans sa disposition, et ne pas dépendre de la différence des temps et des lieux, comme elle fait gloire d'ignorer celles des personnes. Tel a été l'esprit de tous les Législateurs, et il n'est point de Loix qui ne renferment le vœu de la perpétuité et de l'uniformité; leur principal objet est de prévenir les procès, encore plus que de les terminer; et la route la plus sûre pour y parvenir, est de faire régner une telle conformité dans les décisions, que, si les Plaideurs ne sont pas assez sages pour être leurs premiers Juges, ils sçachent au moins que, dans tous les Tribunaux, ils trouveront une Justice toujours semblable à elle-même, par l'observation constante des mêmes régles. Mais, comme si les Loix et les Jugemens devoient éprouver ce caractère d'incertitude et d'instabilité, qui est presque inséparable de tous les ouvrages humains, il arrive quelquefois que, soit par un défaut d'expression, soit par les différentes manières d'envisager les mêmes objets, la variété des Jugemens forme d'une seule loi, comme autant de Loix différentes, dont la diversité et souvent l'opposition, contraires à l'honneur de la Justice, le sont encore plus au bien public. De là naît, en effet, cette multitude de conflits de Jurisdiction, qui ne sont formés par un Plaideur trop habile, que pour éviter, par le changement de Juges, la Jurisprudence qui lui est contraire, et s'assurer celle qui lui est favorable; en sorte que le fond même de la contestation se trouve décidé par le seul Jugement qui règle la compétence du Tribunal. Notre amour pour la Justice, dont nous regardons l'administration comme le premier devoir de la Royauté, et le désir que nous avons de la faire respecter également dans tous nos États, ne nous permettent pas de tolérer plus long-temps une diversité de Jurisprudence qui produit de si grands inconvéniens : Nous aurions pu la faire cesser avec plus d'éclat et de satisfaction pour Nous, si nous avions différé de faire publier le Corps de Loix qui seront faites dans cette vue, jusqu'à ce que toutes les parties d'un projet si important eussent été également achevées ; mais l'utilité qu'on doit attendre de la perfection de cet ouvrage, ne pouvant être aussi prompte que Nous le désirerions, notre affection pour nos Peuples, dont nous préférerons toujours l'intérêt à toute autre considération, Nous a déterminé à leur procurer l'avantage présent de profiter, au moins en partie, d'un travail dont Nous nous hâterons de leur faire bientôt recueillir tout le fruit, et Nous leur en donnons comme les prémices, par la décision des questions qui regardent la nature, la forme et les charges ou les conditions essentielles des donations : matière qui, soit par sa simplicité, soit par le peu d'opposition qui s'y trouve entre les principes du Droit Romain et ceux du Droit François, Nous a paru la plus propre à fournir le premier exemple de l'exécution du plan que Nous nous sommes proposé. Avant que d'y établir des règles invariables, Nous avons jugé à propos de Nous faire informer exactement par les principaux Magistrats de nos Parlemens et de nos Conseils supérieurs, des différentes Jurisprudences qui s'y observent ; et Nous avons eu la satisfaction de voir, dans l'exposition des moyens propres à les concilier, que ces Magistrats, uniquement occupés du bien de la Justice, Nous ont proposé souvent de préférer la Jurisprudence la plus simple, et par-là même la plus utile, à celle que le préjugé de la naissance et une ancienne habitude pouvoient leur rendre plus respectable ; ou, s'il y a eu de la diversité de sentimens sur quelques points, elle n'a servi, par le compte qui Nous en a été rendu dans notre Conseil, qu'à développer encore plus les veritables principes que Nous devons suivre, pour rétablir successivement dans les différentes matières de la Jurisprudence où l'on observe les mêmes Loix, cette uniformité parfaite, qui n'est pas moins honorable au Législateur, qu'avantageuse à ses sujets. A CES CAUSES, et autres à ce Nous mouvant, de l'avis de notre Conseil, et de notre certaine science, pleine puissance et autorité royale, Nous avons dit, déclaré et ordonné, disons, déclarons et ordonnons, voulons et Nous plaît ce qui suit :

ARTICLE PREMIER.

Tous Actes portant donation entre-vifs seront passés par-devant Notaires, et il en restera minute, à peine de nullité.

II. Les donations entre-vifs seront faites dans la forme ordinaire des Contrats et Actes passés par-devant Notaires, et en y observant les autres formalités qui y ont eu lieu jusqu'à présent, suivant les différentes Loix, Coutumes et Usages des Pays soumis à notre domination.

III. Toutes donations à cause de mort, à l'exception de celles qui se feront par Contrat de mariage, ne pourront dorénavant avoir aucun effet, dans les Pays mêmes où elles sont expressément autorisées par les Loix ou par les Coutumes, que lorsqu'elles auront été faites dans la même forme que les Testamens ou les Codicilles; en sorte qu'il n'y ait à l'avenir dans nos États que deux formes de disposer de ses biens à titre gratuit, dont l'une sera celle des donations entre-vifs, et l'autre celle des Testamens ou des Codicilles.

IV. Toute donation entre-vifs, qui ne seroit valable en cette qualité, ne pourra valoir comme donation ou disposition à cause de mort, ou testamentaire, de quelque formalité qu'elle soit revêtue.

V. Les donations entre-vifs, même celles qui seroient faites en faveur de l'Église, ou pour causes pies, ne pourront engager le Donateur, ni produire aucun autre effet, que du jour qu'elles auront été acceptées par le Donataire, ou par son Procureur général ou spécial, dont la procuration demeurera annexée à la minute de la donation; et en cas qu'elle eût été acceptée par une personne qui auroit déclaré se porter fort pour le Donataire absent, ladite donation n'aura effet que du jour de la ratification expresse que ledit Donataire en aura faite par Acte passé par-devant Notaires, duquel Acte il restera minute : Défendons à tous Notaires et Tabellions d'accepter les donations comme stipulans pour les Donataires absens, à peine de nullité desdites stipulations.

VI. L'acceptation de la donation sera expresse, sans que les Juges puissent avoir aucun égard aux circonstances dont on prétendroit induire une acceptation tacite ou présumée; et ce, quand même le Donataire auroit été présent à l'Acte de donation, et qu'il l'auroit signé, ou quand il seroit entré en possession des choses données.

VII. Si le Donataire est mineur de vingt-cinq ans, ou interdit par autorité de Justice, l'acceptation pourra être faite pour lui, soit par son Tuteur ou son Curateur, soit par ses père ou mère, ou autres ascendans, même du vivant du père et de la mère, sans qu'il soit besoin d'aucun avis de parens pour rendre ladite acceptation valable.

VIII. L'acceptation pourra aussi être faite par les Administrateurs des Hôpitaux, Hôtels-Dieu, ou autres semblables établissemens de charité, autorisés par nos Lettres-Patentes registrées en nos Cours, et par les Curés et Marguilliers, lorsqu'il s'agira de donations entre-vifs faites pour le Service divin, pour fondations particulières, ou pour la subsistance et le soulagement des pauvres de leur Paroisse.

IX. Les femmes mariées, même celles qui ne seront communes en biens, ou qui auront été séparées par Sentence ou par Arrêt, ne pourront accepter aucunes donations entre-vifs, sans être autorisées par leurs maris, ou par Justice à leur refus : N'entendons néanmoins rien innover sur ce point à l'égard des donations qui seroient faites à la femme, pour lui tenir lieu de bien paraphernal, dans les pays où les femmes mariées peuvent avoir des biens de cette qualité.

X. N'entendons pareillement comprendre dans la disposition des Articles précédens, sur la nécessité et la forme de l'acceptation dans les donations entre-vifs, celles qui seroient faites par contrat de mariage aux conjoints, ou à leurs enfans à naître, soit par les conjoints mêmes, ou par les ascendans, ou parens collatéraux, même par des étrangers; lesquelles donations ne pourront être attaquées ni déclarées nulles, sous prétexte de défaut d'acceptation.

XI. Lorsqu'une donation aura été faite en faveur du Donataire et des enfans qui en naîtront, ou qu'elle aura été chargée de substitution au profit desdits enfans, ou autres personnes nées ou à naître, elle vaudra en faveur desdits enfans, ou autres personnes, par la seule acceptation dudit

Donataire, encore qu'elle ne soit pas faite par contrat de mariage, et que les Donateurs soient des collatéraux ou des étrangers.

XII. Voulons pareillement qu'en cas qu'une donation, faite à des enfans nés et à naître, ait été acceptée par ceux qui étoient déjà nés dans le temps de la donation, ou par leurs Tuteurs et autres dénommés dans l'Article VII, elle vaille, même à l'égard des enfans qui naîtront dans la suite, nonobstant le défaut d'acceptation faite de leur part, ou pour eux, encore qu'elle ne soit pas faite par contrat de mariage, et que les Donateurs soient des collatéraux ou des étrangers.

XIII. Les institutions contractuelles et les dispositions à cause de mort qui seroient faites dans un contrat de mariage, même par des collatéraux ou par des étrangers, ne pourront être attaquées par le défaut d'acceptation.

XIV. Les Mineurs, les Interdits, l'Église, les Hôpitaux, Communautés, ou autres qui jouissent des priviléges des Mineurs, ne pourront être restitués contre le défaut d'acceptation des donations entre-vifs; le tout sans préjudice du recours, tel que de droit, desdits Mineurs ou Interdits contre leurs Tuteurs ou Curateurs, et desdites Églises, Hôpitaux, Communautés, ou autres jouissant des priviléges des Mineurs, contre leurs Administrateurs, sans qu'en aucun cas la donation puisse être confirmée, sous prétexte de l' nsolvabilité de ceux contre lesquels ledit recours pourra être exercé.

XV. Aucune donation entre-vifs ne pourra comprendre d'autres biens que ceux qui appartiendront au Donateur dans le temps de la donation; et si elle renferme des meubles ou effets mobiliers, dont la donation ne contienne pas une tradition réelle, il en sera fait un état signé des Parties, qui demeurera annexé à la minute de ladite donation; faute de quoi, le Donataire ne pourra prétendre aucuns desdits meubles ou effets mobiliers, même contre le Donateur ou ses héritiers : Défendons de faire dorénavant aucunes donations des biens présens et à venir, (si ce n'est dans le cas ci-après marqué) à peine de nullité desdites donations, même pour les biens présens, et ce encore que le Donataire eût été mis en possession, du vivant du Donateur, desdits biens présens, en tout ou en partie.

XVI. Les donations qui ne comprendroient que les biens

présens, seront pareillement déclarées nulles, lorsqu'elles seront faites à condition de payer les dettes et charges de la succession du Donateur, en tout ou en partie, ou autres dettes et charges que celles qui existoient lors de la donation, même de payer les légitimes des enfans du Donateur, au-delà de ce dont ledit Donataire peut en être tenu de droit, ainsi qu'il sera réglé ci-après; laquelle disposition sera observée généralement à l'égard de toutes les donations faites sous des conditions dont l'exécution dépend de la seule volonté du donateur; et en cas qu'il se soit réservé la liberté de disposer d'un effet compris dans la donation, ou d'une somme fixe à prendre sur les biens donnés, voulons que ledit effet ou ladite somme ne puissent être censés compris dans la donation, quand même le Donateur seroit mort sans en avoir disposé; auquel cas, ledit effet ou ladite somme appartiendront aux héritiers du Donateur, nonobstant toutes clauses ou stipulations à ce contraires.

XVII. Voulons néanmoins que les donations faites par contrat de mariage en faveur des conjoints ou de leurs descendans, même par des collatéraux ou par des étrangers, soient exceptées de la disposition de l'Article XV ci-dessus, et que lesdites donations faites par contrat de mariage puissent comprendre, tant les biens à venir que les biens présens, en tout ou en partie; auquel cas, il sera au choix du Donataire de prendre les biens tels qu'ils se trouveront au jour du décès du Donateur, en payant toutes les dettes et charges, même celles qui seroient postérieures à la donation, ou de s'en tenir aux biens qui existoient dans le temps qu'elle aura été faite, en payant seulement les dettes et charges existantes audit temps.

XVIII. Entendons pareillement que les donations des biens présens, faites à condition de payer indistinctement toutes les dettes et charges de la succession du Donateur, même les légitimes indéfiniment, ou sous d'autres conditions dont l'exécution dépendroit de la volonté du Donateur, puissent avoir lieu dans les contrats de mariage, en faveur des conjoints ou de leurs descendans, par quelques personnes que lesdites donations soient faites, et que le Donataire soit tenu d'accomplir lesdites conditions, s'il n'aime mieux renoncer à ladite donation; et en cas que ledit Donateur, par contrat de mariage, se soit réservé la liberté de disposer d'un effet compris dans la donation de ses biens présens, ou d'une somme fixe à prendre sur lesdits biens, voulons que, s'il meurt sans en avoir disposé, ledit effet ou ladite somme appartiennent au Donataire ou à ses héritiers, et soient censés compris dans ladite donation.

XIX. Les donations faites dans les contrats de mariage en ligne directe, ne seront pas sujettes à la formalité de l'insinuation.

XX. Toutes les autres donations, même les donations rémunératoires ou mutuelles, quand même elles seroient entièrement égales, ou celles qui seroient faites à la charge de services et de fondations, seront insinuées suivant la disposition des Ordonnances, à peine de nullité.

XXI. Ladite peine de nullité n'aura pas lieu néanmoins à l'égard des dons mobiles, augmens, contre-augmens, engagemens, droits de rétention, agencemens, gains de noces et de survie dans les pays où ils sont en usage; à l'égard de toutes lesquelles stipulations ou conventions, à quelque somme ou valeur qu'elles puissent monter, notre Déclaration du 25 Juin 1729 sera exécutée suivant sa forme et teneur.

XXII. L'exception portée par l'Article précédent et par ladite Déclaration, aura pareillement lieu à l'égard des donations de choses mobiliaires, quand il y aura tradition réelle, ou quand elles n'excéderont pas la somme de mille livres une fois payée.

XXIII. Dans tous les cas où l'insinuation est nécessaire, à peine de nullité, les donations d'immeubles réels, ou de ceux qui, sans être réels, ont une assiette selon les Loix, Coutumes ou Usages des lieux, et ne suivent pas la personne du Donateur, seront insinuées, sous ladite peine de nullité, aux Greffes des Bailliages ou Sénéchaussées Royales, ou autre Siége Royal ressortissant nuement en nos Cours, tant du domicile du Donateur, que du lieu dans lequel les biens donnés sont situés, ou ont leur assiette; et à l'égard des donations de choses mobiliaires, même des immobiliaires qui n'ont point d'assiette et suivent la personne, l'insinuation s'en fera seulement au Greffe du Bailliage ou Sénéchaussée Royale, ou autre Siége Royal ressortissant nuement en nos Cours, du domicile du donateur : Défendons faire aucunes insinuations dans d'autres Jurisdictions Royales, ou dans les Justices Seigneuriales, même dans celles des Pairies; et en cas que le Donateur y ait son domicile, ou que les biens donnés y soient situés, l'insinuation sera faite au Greffe du siége qui a la connaissance des cas royaux, dans le lieu dudit domicile ou de la situation des biens donnés, le tout à peine de nullité.

XXIV. Sera tenu à l'avenir dans chaque Bailliage ou Sénéchaussée Royale, un Registre particulier, qui sera cotté et paraphé à chaque feuillet par le premier Officier du Siége, clos et arrêté à la fin de chaque année par ledit Officier; dans lequel Registre sera transcrit en entier l'acte de donation, si elle est faite par un acte séparé, sinon la partie de l'acte qui contiendra la donation, ses charges ou conditions, sans en rien omettre; à l'effet de quoi, la grosse ou expédition dudit acte seront représentées, sans qu'il soit nécessaire de rapporter la minute.

XXV. Le dépositaire dudit registre sera tenu d'en donner communication toutes les fois qu'il en sera requis, et sans ordonnance de Justice, même d'en délivrer un extrait signé de lui, si les parties le demandent; le tout sauf son salaire raisonnable, et ainsi qu'il est réglé par notre Déclaration du 17 du présent mois.

XXVI. Lorsque l'insinuation aura été faite dans les délais portés par les Ordonnances, même après le décés du Donateur ou du Donataire, la donation aura son effet du jour de sa date, à l'égard de toutes sortes de personnes: Pourra néanmoins être insinuée après lesdits délais, même après le décès du Donataire, pourvu que le Donateur soit encore vivant; mais elle n'aura effet, en ce cas, que du jour de l'insinuation.

XXVII. Le défaut d'insinuation des donations qui y sont sujettes, à peine de nullité, pourra être opposé, tant par les Tiers-Acquéreurs et Créanciers du Donateur, que par ses Héritiers, Donataires postérieurs ou Légataires, et généralement par tous ceux qui y auront intérêt, autres néanmoins que le Donateur; et la disposition du présent Article aura lieu, encore que le Donateur se fût chargé expressément de faire insinuer la donation, à peine de tous dépens, dommages et intérêts, laquelle clause sera regardée comme nulle et de nul effet.

XXVIII. Le défaut d'insinuation pourra pareillement être opposé à la femme commune en biens ou séparée d'avec son mari, et à ses héritiers, pour toutes les donations faites à son profit, même à titre de dot; et ce, dans tous les cas où l'insinuation est nécessaire, à peine de nullité, sauf à elle ou à ses héritiers, d'exercer leur recours, s'il y écheoit, contre le mari ou ses héritiers, sans que, sous prétexte de leur insolvabilité, la donation puisse être confirmée en aucun cas, nonobstant le défaut d'insinuation.

XXIX. N'entendons néanmoins qu'en aucun cas ledit recours puisse avoir lieu, quand il s'agira de donations faites à la femme pour lui tenir lieu de bien perapherna1, si ce n'est seulement lorsque le mari aura eu la jouissance de cette nature de bien, du consentement exprès ou tacite de la femme.

XXX. Le mari ni ses héritiers ou ayans cause ne pourront, en aucun cas, et quand même il s'agiroit de donations faites par d'autres que par le mari, opposer le défaut d'insinuation à la femme commune ou séparée, ou à ses héritiers ou ayans cause, si ce n'est que ladite donation eût été faite pour tenir lieu à la femme de bien paraphernal, et qu'elle en eût eu la libre jouissance et administration.

XXXI. Les Tuteurs, Curateurs, Administrateurs ou autres, qui, par leur qualité, sont tenus de faire insinuer les donations faites par eux ou par d'autres personnes, aux Mineurs ou autres étant sous leur autorité, ne pourront pareillement, ni leurs héritiers ou ayans cause, opposer le défaut d'insinuation auxdits Mineurs, ou autres Donataires, dont ils ont eu l'administration, ni à leurs héritiers ou ayans cause.

XXXII. Les Mineurs, l'Eglise, les Hôpitaux, Communautés, ou autres qui jouissent du privilége des Mineurs, ne pourront être restitués contre le défaut d'insinuation, sauf leur recours, tel que de droit, contre leurs Tuteurs ou Administrateurs, et sans que la restitution puisse avoir lieu, quand même lesdits Tuteurs ou Administrateurs se trouveroient insolvables.

XXXIII. N'entendons comprendre, dans les dispositions des Articles précédens qui concernent l'insinuation, les Pays du ressort de notre Cour de Parlement de Flandre.

XXXIV. Si les biens que le Donateur aura laissés en mourant sans en avoir disposé, ou sans l'avoir fait autrement que par des dispositions de dernière volonté, ne suffisent pas pour fournir la légitime des enfans, eu égard à la totalité des biens compris dans les donations entre-vifs par lui faites, et de ceux qui n'y sont pas renfermés, ladite légitime sera prise premièrement sur la dernière donation, et subsidiairement sur les autres, en remontant des dernières aux premières; et en cas qu'un ou plusieurs des Donataires soient du nombre des enfans du Donateur, qui auroient eu droit de demander leur légitime, sans la donation qui leur a été faite, ils retiendront les biens à eux donnés jusqu'à concurrence de la valeur de leur légitime, et ils ne seront tenus de la légitime des autres que pour l'excédant.

XXXV. La dot, même celle qui aura été fournie en deniers, sera pareillement sujette au retranchement pour la légitime, dans l'ordre prescrit par l'article précedent : ce qui aura lieu, soit que la légitime soit demandée pendant la vie du mari, ou qu'elle ne le soit qu'après sa mort, et quand il auroit joui de la dot pendant plus de trente ans, ou quand même la fille dotée auroit renoncé à la succession par son contrat de mariage ou autrement, ou qu'elle en seroit exclüse de droit, suivant la disposition des Loix, Coutumes ou Usages.

XXXVI. Dans le cas où la donation des biens présens et à venir, pour le tout ou pour partie, a été autorisée par l'article XVII, si elle comprend la totalité des biens présens et à venir, le Donataire sera tenu indéfiniment de payer les légitimes des enfans du Donateur, soit qu'il en ait été chargé nommément par la donation, soit que cette charge n'y ait pas été exprimée; et lorsque la donation ne contiendra qu'une partie des biens présens et à venir, le Donataire ne sera obligé de payer lesdites légitimes au-delà de ce dont il en peut être tenu de droit, suivant l'Article XXXIV, qu'en cas qu'il en ait été expressément chargé par la donation, et non autrement; auquel cas d'expression de ladite charge, le Donataire sera tenu directement, et avant tous les autres Donataires, quoique postérieurs, d'acquitter lesdites legitimes, pour la part et portion dont il aura été chargé dans la donation; et si ladite portion n'y a pas été expressément déterminée, elle demeurera fixée à telle et semblable portion que celle pour laquelle les biens présens et à venir se trouveront compris dans la donation; sauf au Donataire, dans tous les cas portés par le présent Article, de renoncer, si bon lui semble, à la donation.

XXXVII. Si néanmoins le Donataire, par contrat de mariage, de la totalite ou de partie des biens présens et à venir, déclare qu'il opte de s'en tenir aux biens qui appartenoient au Donateur au temps de la donation, et qu'il renonce aux biens postérieurement acquis par ledit Donateur, suivant la faculté qui lui est accordée par l'Article XVII, les legitimes des enfans se prendront sur lesdits biens postérieurement acquis, s'ils suffisent; sinon, ce qui s'en manquera sera pris sur tous les biens qui appartenoient au Donateur dans le temps de la donation, si elle comprend la totalité desdits biens; et en cas que la donation ne soit que d'une partie des biens, et qu'il y ait plusieurs Donataires, la disposition de l'Article XXXIV sera observée entre eux selon sa forme et teneur.

XXXVIII. La prescription ne pourra commencer à courir en faveur des Donataires contre les Légitimaires, que du jour de la mort de ceux sur les biens desquels la légitime sera demandée.

XXXIX. Toutes donations entre-vifs, faites par personnes qui n'avoient point d'enfans ou de descendans, actuellement vivans dans le temps de la donation, de quelque valeur que lesdites donations puissent être, et à quelque titre qu'elles ayent été faites, et encore qu'elles fussent mutuelles ou rémunératoires, même celles qui auroient été faites en faveur de mariage, par autres que par les conjoints ou les ascendans, demeureront révoquées, de plein droit, par la survenance d'un enfant légitime du Donateur, même d'un posthume, ou par la légimation d'un enfant naturel, par mariage subséquent, et non par aucune autre sorte de légitimation.

XL. Ladite révocation aura lieu, encore que l'enfant du Donateur ou de la Donatrice fût conçu au temps de la donation.

XLI. La donation demeurera pareillement révoquée, quand même le Donataire seroit entré en possession des biens donnés, et qu'il y auroit été laissé par le Donateur depuis la survenance de l'enfant, sans néanmoins que ledit Donataire soit tenu de restituer les fruits par lui perçus, de quelque nature qu'ils soient, si ce n'est du jour que la naissance de l'enfant, ou sa légitimation par mariage subséquent, lui aura été notifiée par Exploit ou autre Acte en bonne forme, et ce quand même la demande pour rentrer dans les biens donnés, n'auroit été formée que postérieurement à ladite notification.

XLII. Les biens compris dans la donation révoquée de plein droit rentreront dans le patrimoine du Donateur, libres de toutes charges et hypothèques du chef du Donataire, sans qu'ils puissent demeurer affectés, même subsidiairement, à la restitution de la dot de la femme dudit Donataire, reprises, douaires, ou autres conventions matrimoniales : ce qui aura lieu, quand même la donation auroit été faite en faveur du mariage du Donataire, et insérée dans le contrat, et que le Donateur se seroit obligé comme caution, par ladite donation, à l'exécution du contrat de mariage.

XLIII. Les donations, ainsi révoquées, ne pourront revivre ou avoir de nouveau leur effet, ni par la mort de l'enfant du donateur, ni par aucun acte confirmatif; et si le donateur veut donner les mêmes biens au même Donataire, soit avant ou après la mort de l'enfant, par la naissance duquel la donation avoit été révoquée, il ne le pourra faire que par une nouvelle disposition,

XLIV. Toute clause ou convention, par laquelle le Donateur auroit renoncé à la révocation de la donation pour survenance d'enfant, sera regardée comme nulle, et ne pourra produire aucun effet.

XLV. Le Donataire, ses héritiers, ou ayans cause, ou autres détenteurs des choses données, ne pourront opposer la prescription, pour faire valoir la donation révoquée par la survenance d'enfant, qu'après une possession de trente années, qui ne pourront commencer à courir que du jour de la naissance du dernier enfant du Donateur, même posthume, et ce sans préjudice des interruptions telles que de droit.

XLVI. N'entendons comprendre dans les dispositions de la présente Ordonnance, ce qui concerne les dons mutuels et autres donations faites entre maris et femmes, autrement que par le contrat de mariage, ni pareillement les donations faites par le père de famille aux enfans étant en sa puissance; à l'égard de toutes lesquelles donations il ne sera rien innové, jusqu'à ce qu'il y ait été autrement par Nous pourvu.

XLVII. Voulons au surplus que la présente Ordonnance soit gardée et observée dans tout notre Royaume, Terres et Pays de notre obéissance, à compter du jour de la publication qui en sera faite : Abrogeons toutes Ordonnances, Loix, Coutumes, Statuts et Usages différens, ou qui seroient contraires aux dispositions y contenues; sans neanmoins que les donations faites avant ladite publication puissent être attaquées, sous prétexte qu'elles ne seroient pas conformes aux règles par Nous prescrites, notre intention étant qu'elles soient exécutées ainsi qu'elles auroient pu et dû l'être auparavant, et que les contestations nées et à naître sur leur exécution, soient décidées suivant les Loix et la Jurisprudence qui ont eu lieu jusqu'à présent dans nos Cours à cet égard.

Si

Si donnons en mandement à nos amés et féaux les Gens tenant nos Cours de Parlement, Grand-Conseil, Chambres des Comptes, Cours des Aydes, Baillifs, Sénéchaux, et tous autres nos Officiers, que ces Présentes ils gardent, observent, entretiennent, fassent garder, observer et entretenir; et pour les rendre notoires à nos Sujets, les fassent lire, publier et registrer: Car tel est notre plaisir. Donné à Versailles au mois de Février, l'an de grâce mil sept cent trente-un, et de notre Règne le seizième. *Signé*, LOUIS. *Et plus bas*, par le Roi, Phélyppeaux. *Visa*, Chauvelin. Et scellée du grand Sceau de cire verte.

Registrée, oui, et ce requérant le Procureur-Général du Roi, pour être exécutée selon sa forme et teneur; et Copies collationnées envoyées aux Bailliages et Sénéchaussées du Ressort, pour y être lues, publiées et registrées: Enjoint aux Substituts du Procureur-Général du Roi, d'y tenir la main, et d'en certifier la Cour dans le mois, suivant l'Arrêt de ce jour. A Paris, en Parlement, le neuf Mars mil sept cent trente-un.

Signé Dufranc.

DÉCLARATION DU ROI,

Concernant les Insinuations.

Donnée à Versailles le 17 Février 1731.

Louis, par la grâce de Dieu, Roi de France et de Navarre : A tous ceux qui ces présentes Lettres verront, Salut. Le feu Roi notre très honoré Seigneur et Bisaïeul ordonna par l'Edit du mois de Décembre 1703, que toutes donations entre-vifs, soit de meubles ou immeubles, à l'exception de celles qui auroient été faites en ligne directe par contrat de mariage, seroient insinuées et enregistrées ès Registres des Greffiers des Insinuations Laïques créées par le même Edit, dans le temps et sous les peines portées par les anciennes Ordonnances ; et par la Déclaration du 19 Juillet 1704, il accorda à ceux qui avoient acquis lesdits Offices de Greffiers des Insinuations Laïques, la faculté de commettre à l'exercice d'iceux dans le ressort du Siege de leur établissement. En conséquence de cette disposition, Nous avons déclaré par l'Article premier de notre Déclaration du 30 Novembre 1717, que toutes les insinuations qui avoient été faites jusqu'alors, et celles qui seroient faites dans la suite aux Bureaux établis dans les Justices des Seigneurs particuliers, seroient aussi valables que si elles avoient été faites dans les Justices Royales. Mais ayant reconnu depuis que la liberté d'insinuer les donations, soit dans les Juridictions Royales qui ne ressortissent pas nuement en nos Cours, soit dans les Justices des Seigneurs, pouvait être sujette à plusieurs inconvéniens, et faciliter en quelques occasions les moyens d'en dérober la connoissance aux Parties intéressées, Nous avons jugé nécessaire de rappeler les dispositions des anciens Réglemens à cet égard, et même de fixer, d'une manière encore plus précise qu'il n'a été fait jusqu'à présent, les Bureaux dans lesquels les insinuations des donations entre-vifs doivent être faites. A ces causes, et autres à ce Nous mouvant, de l'avis de notre Conseil, et de notre certaine science, pleine puissance et autorité royale, Nous avons dit, déclaré et ordonné, et par ces Présentes signées de notre main, disons, déclarons et ordonnons, voulons et Nous plaît ce qui suit :

ARTICLE PREMIER.

Qu'à compter du jour de l'enregistrement des Présentes, toutes donations entre-vifs de meubles ou immeubles, mutuelles, réciproques, rémunératoires, onéreuses, même à la charge de services et fondations, en faveur de mariage, et autres faites en quelque forme et manière que ce soit (à l'exception de celles qui seroient faites par contrat de mariage en ligne directe), soient insinuées ; savoir : celles d'immeubles réels, ou d'immeubles fictifs, qui ont néanmoins une assiette, aux bureaux établis pour la perception des droits d'insinuation près les Bailliages ou Sénéchaussées Royales, ou autre Siége Royal ressortissant nuement en nos Cours, tant du lieu du domicile du Donateur, que de la situation des choses données ; et celles de meubles ou de choses immobiliaires qui n'ont point d'assiette, aux Bureaux établis près lesdits Bailliages, Sénéchaussées ou autre Siége Royal ressortissant nuement en nos Cours, du lieu du domicile du Donateur seulement ; et au cas que le Donateur eût son domicile, ou que les biens donnés fussent situés dans l'étendue de Justices Seigneuriales, l'insinuation sera faite aux Bureaux établis près le Siége qui a la connoissance des cas Royaux dans l'étendue desdites Justices, le tout dans les temps et sous les peines portées par l'Ordonnance de Moulins, et la Déclaration du 17 novembre 1690 : Déclarons nulles et de nul effet, toutes les insinuations qui seroient faites à l'avenir en d'autres Juridictions, dérogeant à tous Edits et Declarations à ce contraires.

II. Voulons qu'à commencer au premier Juillet prochain ; les Commis établis dans chacun desdits Bureaux, lesquels seront tenus de prêter serment par-devant le Lieutenant Général des Siéges ci-dessus nommés, tiennent un Registre séparé, coté et paraphé par ledit Lieutenant Général, ou par le premier ou plus ancien Officier du Siége en son absence, dans lequel les Actes de donations, si elles sont faites par un Acte séparé, sinon, la partie de l'Acte qui contiendra la donation, avec toutes ses charges et conditions, seront insérés et enregistrés tout au long, pour le paraphe desquels Registres il sera pris dix sols pour ceux de cinquante feuillets et au-dessous, vingt sols pour ceux de cent feuillets, et trois livres pour ceux qui contiendront plus de cent feuillets.

III Lesdits Commis seront tenus de communiquer lesdits

Registres, sans déplacer, à tous ceux qui le demanderont, et de fournir des extraits ou expéditions en papier, suivant qu'ils en seront requis, des Actes y insérés; et ne sera pris que dix sols pour le droit de recherche dans chaque Registre, et pareille somme pour chaque extrait délivré; et en cas qu'ils fussent requis de délivrer des expéditions entières des Actes enregistrés, il leur sera payé par rôle de grosse le même droit qui se paye pour les expéditions en papier au Greffe du Siége près lequel ils sont établis.

IV. Lesdits Registres seront clos et arrêtés à la fin de chaque année par le Lieutenant-Général, ou le premier ou plus ancien Officier du Siége en son absence, et quatre mois après, seront mis au greffe de la Juridiction; à quoi faire lesdits Commis seront contraints par corps, à la diligence des Substituts de nos Procureurs-Généraux; et sera dressé procès-verbal par le Lieutenant-Général, ou par le premier ou plus ancien Officier du Siége, de l'état desdits Registres, au bas duquel le Greffier de la Juridiction s'en chargera pour en donner communication toutes fois et quantes, même en fournir des extraits *gratis* à nos Fermiers ou à leurs Commis, en lui remboursant les frais du papier timbré seulement, à peine de cent livres d'amende, qui sera encourue sur le simple procés-verbal desdits Commis.

V. Lesdits Greffiers seront pareillement tenus de communiquer lesdits Registres, sans déplacer, à tous ceux qui le demanderont, et de fournir des extraits ou expéditions aussi en papier, suivant qu'ils en seront requis, des Actes y insérés; leur défendons de prendre, pour raison de ce, d'autres droits que ceux qui seront attribués aux Commis par l'art. III des Présentes.

VI. N'entendons déroger à l'Article III de notre Déclaration du 20 mars 1708, en ce qu'il ordonne l'insinuation des donations par forme d'augmens, ou contre-augmens, dons mobiles, engagemens, droits de rétention, agencement, gains de noces et de survie, dans les pays où ils sont en usage: Voulons que lesdits Actes soient insinués, conformément à la Déclaration, et les droits payés suivant le Tarif, en même temps que ceux du contrôle, dans les lieux où le contrôle est établi; et dans ceux où le contrôle n'a pas lieu, dans les quatre mois du jour et date desdits Actes, sans néanmoins que le défaut d'insinuation desdits Actes puisse emporter la peine de nullité, et ce, conformément à notre Déclaration du

25 Juin 1729 ; lesquels droits, lorsqu'ils auront été payés en même temps que ceux du contrôle, appartiendront aux Fermiers qui auront insinué lesdits Actes sans répétition.

VII. Voulons pareillement que ladite peine de nullité ne puisse avoir lieu à l'égard des donations de choses mobiliaires, quand il y aura tradition réelle, ou quand elles n'excéderont la somme de mille livres, au cas qu'elles n'eussent pas été insinuées, conformément à l'Article Ier. des Présentes : Voulons que les Parties qui auraient négligé de les faire insinuer, soient seulement sujettes à la peine du double droit, et que les droits desdites donations soient payés conformément à ce qui est prescrit par l'Article précédent : Voulons, au surplus, que les Ordonnances, Edits et Déclarations enregistrés en nos Cours, concernant les Insinuations, soient exécutés suivant leur forme et teneur, dans toutes les dispositions auxquelles il n'est pas dérogé par ces Présentes. Si donnons en mandement à nos amés et féaux Conseillers, les Gens tenant notre Cour de Parlement à Paris, que ces présentes ils ayent à faire enregistrer, et le contenu en icelles garder et observer selon leur forme et teneur, nonobstant tous Edits, Déclarations, Ordonnances, Réglemens, et autres choses à ce contraires, auxquelles nous avons dérogé et dérogeons par ces Présentes : Car tel est notre plaisir. Donné à Versailles, le dix-septième jour de Février, l'an de grâce mil sept cent trente-un, et de notre Règne le seizième. *Signé*, LOUIS. *Et plus bas*, Par le Roi, Phelypeaux. Vu au Conseil, Orry. Et scellée du grand Sceau de cire jaune.

Registrée, ouï, et ce requérant le Procureur-Général du Roi, pour être exécutée selon sa forme et teneur ; et Copies collationnées envoyées aux Bailliages et Sénéchaussées du Ressort, pour y être lues, publiees et registrées : Enjoint aux Substituts du Procureur-Général du Roi d'y tenir la main, et d'en certifier la Cour dans un mois, suivant l'Arrêt de ce jour. A Paris, en Parlement, le neuf mars mil sept cent trente-un.

Signé Dufranc.

DÉCLARATION DU ROI,

Portant que l'Artois n'est point censé compris dans les Articles XIX, XX et suivans, jusqu'à l'Article XXXII de l'Ordonnance du mois de Février 1731, concernant les formalités des Insinuations des Donations.

Donnée à Versailles le 17 Janvier 1736.

LOUIS, par la grâce de Dieu, Roi de France et de Navarre : A tous ceux qui ces présentes Lettres verront, SALUT. L'objet que Nous nous sommes proposé dans notre Ordonnance du mois de Février 1731, ayant été de fixer la Jurisprudence des différens Tribunaux de notre Royaume, sur plusieurs questions qui concernent la nature, la forme, et les charges ou conditions des Donations ; Nous y avons établi, par les Articles XIX, XX et suivans, les régles qui doivent être observées par rapport à la formalité des Insinuations : et par l'Article XXXIII de la même Ordonnance, Nous avons déclaré que Nous n'entendions comprendre, dans les Articles qui regardent cette matière, les pays qui sont du Ressort de notre Cour de Parlement de Flandres, où la formalité des insinuations n'a jamais été en usage. Mais il nous a été représenté que notre Province d'Artois était dans le même cas, la formalité de l'insinuation n'y ayant jamais été observée ; et que sur ce fondement le feu Roi, notre très-honoré Seigneur et bisaïeul, par sa Déclaration du 15 septembre 1704, enregistrée en notre Cour de Parlement à Paris, le 24 septembre suivant, auroit dispensé ladite Province de l'établissement des Offices de Greffiers des Insinuations, ordonnant en même temps qu'il en seroit usé dans ladite Province comme par le passé à l'égard des Actes et Contrats, qui, sans cette Déclaration, auroient été sujets à l'insinuation, suivant l'Edit du mois de décembre 1703. Ainsi, les raisons qui nous ont porté à excepter les pays du ressort du Parlement de Flandres de la disposition des Articles de notre Ordonnance du mois de Février 1731, qui concernent la formalité de l'insinuation,

Nous engagent à expliquer de la même manière nos intentions en faveur de l'ancien usage de notre Province d'Artois sur cette matière. A CES CAUSES, et autres à ce Nous mouvant, de l'avis de notre Conseil, et de notre certaine science, pleine puissance et autorité royale, Nous avons dit et déclaré, et par ces Présentes signées de notre main, disons et déclarons que, dans les Articles XIX, XX et suivans de notredite Ordonnance du mois de Février 1731, jusqu'à l'Article XXXII, Nous n'avons entendu comprendre notredite Province d'Artois : Dérogeons auxdits Articles pour ce regard seulement ; et en conséquence, voulons qu'en ce qui concerne la formalité de l'insinuation, il en soit usé dans notredite Province, ainsi que par le passé, et avant notredite Ordonnance, laquelle sera au surplus exécutée selon sa forme et teneur. SI DONNONS EN MANDEMENT à nos amés et féaux Conseillers les Gens tenant notre Cour de Parlement à Paris, que ces Présentes ils ayent à faire lire, publier et enregistrer, et le contenu en icelles garder, faire garder et observer de point en point, selon leur forme et teneur, sans y contrevenir, permettre ni souffrir qu'il y soit contrevenu en aucune sorte et manière que ce soit : CAR tel est notre plaisir. En témoin de quoi Nous avons fait mettre notre scel à cesdites Présentes. DONNÉ à Versailles, le dix-septième jour de Janvier, l'an de grâce mil sept cent trente-six, et de notre Régne le vingt-uniéme. *Signé* LOUIS. *Et plus bas*, Par le Roy, BAUYN. Et scellée du grand Sceau de cire jaune.

Registrée, ouï, et ce requérant le Procureur-Général du Roi, pour être exécutée selon sa forme et teneur ; et Copies collationnées envoyées aux Bailliages et Senéchaussees du Ressort, pour y être lues, publiées et registrées. Enjoint aux Substituts du Procureur-Général du Roi, d'y tenir la main, et d'en certifier la Cour dans un mois, suivant l'Arrêt de ce jour. A Paris, en Parlement, le vingt-huit Fevrier mil sept cent trente-six.

Signé YSABEAU.

LETTRES-PATENTES DU ROI,

Concernant l'Insinuation de tous Dons, en cas de survie, faits dans les Contrats de Mariage.

Données à Versailles le 3 juillet 1769.

Louis, par la grâce de Dieu, Roi de France et de Navarre : A tous ceux qui ces présentes Lettres verront, Salut. Par l'Article XIX de notre Ordonnance du mois de Février 1731, concernant les Donations, Nous avons exempté de la formalité de l'insinuation les donations faites dans les contrats de mariage, en ligne directe seulement : Par l'Article XX, Nous avons assujetti à cette formalité toutes les autres donations, même rémunératoires ou mutuelles ; ce qui comprend toutes les donations faites par un mari à sa femme, ou par une femme à son mari, ou les dons mutuels et réciproques qu'ils peuvent se faire par contrat de mariage : Et par notre déclaration du 17 Février de la même année, Nous avons, en expliquant cette formalité de l'insinuation, marqué bien clairement encore notre volonté sur l'assujettissement dans lequel Nous désirions maintenir les donations mutuelles, réciproques, rémunératoires, et toute espèce de donation entre-vifs, excepté celles qui seroient faites en ligne directe par contrat de mariage : Mais ayant été instruit de la diversité de Jurisprudence qui s'est établie dans les différens Parlemens de notre Royaume, et dans les diverses Chambres de notre Parlement de Paris même, la formalité de l'insinuation à l'égard des dons faits dans un contrat de mariage par un mari à sa femme, ou par une femme à son mari, ou les dons mutuels et réciproques que peuvent se faire l'un et l'autre lors du contrat, ne paraissant à plusieurs de nos Cours d'une nécessité indispensable qu'au domicile seulement des Parties contractantes, et d'autres la regardant comme nécessaire, tant au domicile, que dans les lieux de la situation des biens ; d'autres enfin ayant pensé que l'insinuation étoit absolument inutile pour cette espèce de donation, lors de laquelle il n'y a ni tradition, ni transmission de propriété, le Donateur n'étant dépouillé d'aucun des biens qu'il donne, et le Donataire ne devenant réellement propriétaire qu'au moment du décès du Donateur, ce qui ne porte aucun préjudice aux créanciers du Donateur dont l'hypothèque subsiste, ni à l'héritier qui doit connaître l'état de la succession avant de se porter héritier; Nous avons cru devoir faire cesser cette diversité de Jurisprudence très-préjudiciable à l'état des biens et de la tranquillité de nos Sujets qui peuvent avoir négligé la formalité prescrite en tout ou en partie; et voulant, par une loi uniforme, déterminer l'esprit des Ordonnances qui portent quelques dispositions à cet égard, et qui n'ont établi la formalité de l'insinuation, que pour donner aux donations une authenticité capable de prémunir ceux qui ont ou peuvent avoir par la suite des droits sur les biens donnés contre toute espèce de surprise. A CES CAUSES, et autres à ce Nous mouvant, de l'avis de notre Conseil, et de notre certaine science, pleine puissance et autorité royale, Nous avons dit et déclaré, disons et déclarons, qu'à compter du jour de l'enregistrement des Présentes, tous les dons de survie, faits dans les contrats de mariage par un mari à sa femme, ou par la femme à son mari, tous les dons mutuels reciproques, rémunératoires, faits par l'un et l'autre dans lesdits contrats, soient exempts, jusqu'au jour du décès du Donateur, de la formalité de l'insinuation, soit au domicile des contractans, soit aux bureaux des lieux de la situation des biens donnés, à la charge néanmoins que lesdites donations de l'espèce ci-dessus détaillée, seront insinuées au domicile du Donateur dans les quatre mois, a compter du jour de son décès, dérogeant à tous Edits et Déclarations à ce contraires: N'entendons néanmoins déroger aux dispositions de l'article XX de l'Ordonnance de 1731, concernant les Donations, en ce qui concerne les Donations absolues et de biens présens du mari à la femme et de la femme au mari, qui continueront d'être assujetties à la formalité de l'insinuation, suivant les dispositions des Ordonnances, à peine de nullité. SI DONNONS EN MANDEMENT à nos amés et féaux Conseillers les Gens tenant notre Cour de Parlement à Paris, que ces Présentes ils ayent à faire registrer, et le contenu en icelles garder et observer selon sa forme et teneur, cessant et faisant cesser tous troubles et empêchemens à ce contraires: CAR tel est notre plaisir. En témoin de quoi Nous avons fait mettre notre scel à cesdites Présentes. DONNÉ à Versailles le troisième jour de juillet, l'an de grâce mil sept cent soixante-neuf, et de notre Règne le cinquante-quatrième. *Signé*, LOUIS. *Et plus bas*, Par le Roi, PHELYPPEAUX. Et scellées du grand Sceau de cire jaune.

Registrées, ouï, et ce requérant le Procureur-Général du Roi, pour être exécutées selon leur forme et teneur; et Copies collationnées envoyées aux Bailliages et Sénéchaussees du Ressort, pour y être lues, publiées et registrées : Enjoint aux Substituts du Procureur-Genéral du Roi, d'y tenir la main, et d'en certifier la Cour dans le mois, suivant l'Arrêt de ce jour. A Paris, en Parlement, toutes les Chambres assemblées, le onze Juillet mil sept cent soixante-neuf.

Signé YSABEAU.

ORDONNANCE DE LOUIS XV,

ROI DE FRANCE ET DE NAVARRE,

Concernant les Testamens.

Donnée à Versailles au mois d'Août 1735.

LOUIS, par la grâce de Dieu, Roi de France et de Navarre : A tous présens et à venir, SALUT. Dans la résolution générale que Nous avons prise de faire cesser toute diversité de Jurisprudence entre les différentes Cours de notre Royaume, sur les matières où elles suivent les mêmes Loix, Nous avons donné notre première attention aux questions qui naissent sur les dispositions que les hommes font de leurs biens à titre gratuit; et c'est dans cet esprit que Nous avons fait publier notre ordonnance du mois de Févrièr 1731, qui fixe la Jurisprudence sur ce qui regarde la nature, la forme, les charges et les conditions des donations entre-vifs. Nous suivons à présent l'ordre naturel, en portant nos vues sur un autre genre de dispositions gratuites; c'est-à-dire, sur celles qui se font à cause de mort, et où la Loi permet aux hommes d'exercer un pouvoir qui s'étend au-delà des bornes de leur vie. L'opposition qui règne à cet égard entre l'esprit du Droit Romain, toujours favorable à la liberté indéfinie des Testateurs, et celui du Droit François, qui semble n'avoir travaillé qu'à restreindre et à limiter leur pouvoir, peut être regardée, à la vérité, comme la première origine d'une variété de Jurisprudence qui se fait sentir dans cette matière, encore plus que dans aucune autre; mais la principale cause d'une si grande diversité a été l'incertitude que les sentimens des Interprètes, souvent contraires les uns aux autres, et quelquefois aux Loix mêmes qu'ils expliquent, semblent avoir répandue dans les Jugemens. Ce n'est pas seulement sur des questions peu intéressantes que les esprits se sont partagés; c'est sur les points mêmes les plus essentiels de la Jurisprudence, pour assurer la validité et l'effet des dernières volontés. Telles sont la solennité ou la forme extérieure des dispositions testamentaires, l'institution d'héritier, le vice de la prétérition des enfans du Testateur, la manière de laisser ou de fixer la légitime, les différentes détractions, soit de cette portion sacrée, dont le privilége est fondé sur la loi naturelle, soit de celles que des Loix positives accordent aux héritiers institués sous le nom de Quarte Falcidie et de Quarte Trébellianique, le droit d'élection donné par le Testateur à son héritier; enfin l'exécution et l'effet des dispositions que le domicile du Testateur, le lieu où le Testament a été fait, et la situation des biens semblent assujettir à des Loix différentes, ou même contraires. C'est sur des matières si importantes que Nous jugeons à propos de rendre la Jurisprudence entièrement uniforme dans tous les Tribunaux de notre Royaume. Notre intention n'est point de faire, dans cette vue, un changement réel aux dispositions des Loix qu'ils ont observées jusqu'à présent; Nous voulons, au contraire, en affermir l'autorité par des règles tirées de ces Loix mêmes, et expliquées d'une manière si précise, que l'incertitude ou la variété des maximes ne soit plus désormais une matière toujours nouvelle d'inquiétude pour les Testateurs, de doutes pour les Juges, et de procès ruineux pour ceux mêmes qui les gagnent: Nous ne pouvons parvenir plus sûrement a un si grand bien, qu'en Nous faisant rendre un compte exact des usages et des maximes de chaque Parlement ou Conseil-Supérieur de notre Royaume, sur la matière des Testamens, ainsi que Nous l'avons fait sur celle des Donations entre-vifs; et Nous y avons eu la même satisfaction de voir ces Compagnies, souvent divisées dans leurs opinions, mais toujours unies par l'amour de la Justice, tendre également, quoique par des voies différentes, au grand objet du bien public. Quand Nous n'aurions fait que nous déterminer entre ces voies pour en autoriser une seule, l'établissement d'une règle fixe et certaine auroit toujours été un grand avantage pour nos Sujets; mais notre affection pour eux a été encore plus loin, et dans le choix que nous étions obligés de faire, Nous avons toujours préféré la régle la plus conforme à cette simplicité qui a été appelée *l'amie des Loix*, parce qu'elle prévient ces distinctions ou ces interprétations spécieuses, dont on abuse si souvent pour en éluder la disposition, sous prétexte d'en mieux pénétrer l'esprit. C'est ainsi qu'en éloignant tout ce qui peut rendre les Jugemens incertains et arbitraires, Nous remplirons le principal objet de la Loi, qui est de tarir, autant qu'il est possible, la source des procès, d'affermir la tranquillité et l'union des Citoyens, et de leur faire goûter les fruits de cette justice, que nous regardons comme le fondement du bonheur des Peuples, et de la gloire la plus solide des Rois. A CES CAUSES, et autres à ce Nous mouvant, de l'avis de notre Conseil, et de notre certaine science, pleine puissance et autorité royale, Nous avons dit, déclaré et ordonné, disons, déclarons et ordonnons, voulons et Nous plaît ce qui suit :

ARTICLE PREMIER.

Toutes dispositions testamentaires ou à cause de mort, de quelque nature qu'elles soient, seront faites par écrit : Déclarons nulles toutes celles qui ne seroient faites que verbalement, et défendons d'en admettre la preuve par Témoins, même sous prétexte de la modicité de la somme dont il auroit été disposé.

II. Déclarons pareillement nulles toutes dispositions qui ne seroient faites que par signes, encore qu'elles eussent été rédigées par écrit sur les fondemens desdits signes.

III. Voulons aussi que les dispositions qui seront faites par Lettres missives, soient regardées comme nulles et de nul effet.

IV. L'usage des Testamens nuncupatifs écrits, et des Testamens mystiques ou secrets, continuera d'avoir lieu dans les Pays de Droit Ecrit et autres, où lesdites formes de tester sont autorisées par les Coutumes ou Statuts.

V. Lorsque le testateur voudra faire un Testament nuncupatif écrit, il en prononcera intelligiblement toutes les dispositions en présence au moins de sept Témoins, y compris le Notaire ou Tabellion, lequel écrira lesdites dispositions à mesure qu'elles seront prononcées par le Testateur; après quoi sera fait lecture du Testament entier audit Testateur, de laquelle lecture il sera fait mention par ledit Notaire ou Tabellion, et le Testament sera signé par le Testateur, ensemble par le Notaire ou Tabellion et par les autres Temoins, le tout de suite et sans divertir à autres actes; et en cas que le Testateur déclare qu'il ne sçait ou ne peut signer, il en sera fait mention.

VI. Il suffira que les Témoins qui assisteront au Testament nuncupatif écrit, y ayent été présens tous ensemble, sans qu'il soit nécessaire de faire mention qu'ils ayent été priés et convoqués à cet effet; ce qui aura lieu pareillement à l'égard de tous les Testamens et autres Actes de dernière volonté, où la présence des Témoins est nécessaire.

VII. Si le Testateur est aveugle, ou si dans le temps du Testament il n'a pas l'usage de la vue, il sera appelé un Témoin, outre le nombre porté par l'Article V, lequel signera le Testament avec les autres Témoins.

VIII. Si le Testateur ne peut parler, soit par un défaut naturel, ou autrement, il ne pourra faire de disposition à cause de mort, que dans la forme portée par les art. IX et XII ci-après.

IX. Lorsque le Testateur voudra faire un testament mystique ou secret, il sera tenu de signer ses dispositions, soit qu'il les ait écrites lui-même, ou qu'il les ait fait écrire par un autre; sera le papier qui contiendra lesdites dispositions, ensemble le papier qui servira d'enveloppe, s'il y en a une, clos et scellé avec les précautions en tel cas requises et accoutumées; le Testateur présentera ledit papier ainsi clos et scellé à sept Témoins au moins, y compris le Notaire ou Tabellion, ou il le fera clore et sceller en leur présence, et il déclarera que le contenu audit papier est son Testament écrit et signé de lui, ou écrit par un autre et signé de lui : ledit Notaire ou Tabellion en dressera l'acte de suscription, qui sera écrit sur ledit papier ou sur la feuille qui servira d'enveloppe, et sera ledit acte signé, tant par le Testateur que par le Notaire ou Tabellion, ensemble par les autres Témoins, sans qu'il soit nécessaire d'y apposer le sceau de chacun desdits Témoins : Tout ce que dessus sera fait de suite, et sans divertir à autres actes; et en cas que le Testateur, par un empêchement survenu depuis la signature du Testament, ne puisse signer l'acte de suscription, il sera fait mention de la déclaration qu'il en aura faite, sans qu'il soit besoin en ce cas d'augmenter le nombre des Témoins.

X. Si le Testateur ne sçait signer, ou s'il n'a pu le faire lorsqu'il a fait écrire ses dispositions, il sera appelé à l'acte de suscription un Témoin, outre le nombre porté par l'Article précédent, lequel signera ledit acte avec les autres Témoins, et il y sera fait mention de la cause pour laquelle ledit Témoin aura été appelé.

XI. Ceux qui ne sçavent ou ne peuvent lire, ne pourront faire de dispositions dans la forme du Testament mystique.

XII. En cas que le Testateur ne puisse parler, mais qu'il puisse écrire, il pourra faire un Testament mystique, à la charge que ledit Testament sera entièrement écrit, daté et signé de sa main; qu'il le présentera au Notaire ou Tabellion et aux autres Témoins, et qu'au haut de l'acte de suscription il écrira en leur présence que le papier qu'il présente est son Testament; après quoi ledit Notaire ou Tabellion écrira l'acte de suscription, dans lequel il sera fait mention que le testateur a écrit ces mots en présence dudit Notaire ou Tabellion et des Témoins; et sera au surplus observé tout ce qui est prescrit par l'Article IX.

XIII. N'entendons par les dispositions des Articles V et IX déroger aux Statuts ou Coutumes observés dans les lieux régis par le Droit Ecrit, qui exigent un nombre de Témoins moindre que celui qui est porté auxdits Articles, à la charge néanmoins d'appeler un Témoin, outre le nombre requis par lesdites Coutumes ou Statuts, dans les cas mentionnés aux Articles VII et X.

XIV. La forme qui a eu lieu jusqu'à présent à l'égard des Codicilles, continuera d'être observée, et il suffira qu'ils soient faits en présence de cinq Témoins, y compris le Notaire ou Tabellion : N'entendons pareillement déroger aux Statuts ou Coutumes qui exigent un moindre nombre de Témoins pour les Codicilles.

XV. Le nombre de Témoins requis par les Articles V, VII, IX et X, ne sera point nécessaire pour la validité des Testamens, Codicilles ou autres Actes de dernière volonté faits entre enfans ou descendans, dans les Pays qui sont régis par le Droit Ecrit; et il suffira que lesdits Testamens, Codicilles, ou autres Actes, soient faits en présence de deux Notaires ou Tabellions, ou d'un Notaire et de deux Témoins.

XVI. Voulons pareillement que les Testamens, Codicilles, ou autres dispositions à cause de mort, qui seront entièrement écrits, datés et signés de la main du Testateur ou de la Testatrice, soient valables dans lesdits pays de Droit Ecrit entre les enfans et descendans. Déclarons nuls tous ceux qui ne seroient pas revêtus au moins d'une des formes portées par le présent Article et par le précédent.

XVII. Les Actes de partage faits entre enfans et descendans, pour avoir lieu après la mort de ceux qui les fon dans les Pays où ces Actes sont en usage, ne seront valables s'ils ne sont pareillement revêtus d'une des formes portée par les deux Articles précédens; et seront en outre observées les autres formalités prescrites par les Loix, Coutumes ou Statuts qui autorisent lesdits Actes.

XVIII. Les dispositions qui seront faites au profit d'autres que lesdits enfans et descendans, dans les Testamens et autres actes mentionnés aux articles XV, XVI et XVII, seront regardées comme de nul effet; et ne seront exécutées que celles qui concerneront lesdits enfans ou descendans.

XIX. L'usage des Testamens, Codicilles et autres dernières dispositions olographes, continuera d'avoir lieu dans les Pays et dans les cas où ils ont été admis jusqu'à présent.

XX. Les Testamens; Codicilles et dispositions mentionnées dans l'Article précédent, seront entièrement écrits, datés et signés de la main de celui ou celle qui les aura faits.

XXI. Lorsque ceux ou celles qui auront fait des Testamens, Codicilles ou autres dernières dispositions olographes, voudront faire des vœux solennels de Religion, ils seront tenus de reconnoître lesdits Actes par-devant Notaires avant que de faire lesdits vœux; sinon, lesdits Testamens, Codicilles, ou autres dispositions, demeureront nuls et de nul effet.

XXII. Dans tous les Pays où les formalités établies par le Droit Écrit pour les dispositions de dernière volonté, ne sont pas autorisées par les Loix, Statuts ou Coutumes, il n'y aura à l'avenir que deux formes qui puissent avoir lieu pour lesdites dispositions; sçavoir: celle des Testamens, Codicilles ou autres dispositions olographes, suivant ce qui est porté à cet égard par les Articles précedens; et celle des Testamens, Codicilles ou autres dispositions reçues par personnes publiques, selon ce qui sera prescrit ci-après; abrogeons toutes autres formes de disposer à cause de mort dans lesdits Pays.

XXIII. Les Testamens, Codicilles et autres dispositions de dernière volonté, qui se feront devant une personne publique, seront reçus par deux Notaires ou Tabellions, ou par un Notaire ou Tabellion, en présence de deux Témoins; lesquels Notaires ou Tabellions, ou l'un d'eux, écriront les

dernières

dernières volontés du Testateur, telles qu'il les dictera, et lui en feront ensuite la lecture, de laquelle il sera fait une mention expresse, sans néanmoins qu'il soit nécessaire de se servir précisément de ces termes, *dicté, nommé, lu et relu sans suggestion*, ou autres requis par les Coutumes ou Statuts; après quoi, ledit Testament, Codicille, ou autre disposition de dernière volonté, sera signé par le Testateur, ensemble par les deux Notaires ou Tabellions, ou par le Notaire ou Tabellion et les deux Témoins; et en cas que le Testateur déclare qu'il ne sçait ou ne peut signer, il en sera fait mention.

XXIV. N'entendons déroger aux Coutumes et Usages des Pays où les Officiers de Justice, y compris les Greffiers, ou les Officiers Municipaux, sont mis au nombre des personnes publiques qui peuvent recevoir des Testamens ou autres dispositions à cause de mort; ce que Nous voulons pareillement avoir lieu dans les Provinces régies par le Droit Ecrit, où le même usage seroit établi.

XXV. Les Curés séculiers ou réguliers pourront recevoir des Testamens ou autres dispositions à cause de mort, dans l'étendue de leurs Paroisses, et ce seulement dans les lieux où les Coutumes ou Statuts les y autorisent expressément, et en y appelant avec eux deux témoins; ce qui sera pareillement permis aux Prêtres séculiers préposés par l'Évêque à la desserte des Cures, pendant qu'ils les desserviront, sans que les Vicaires ni aucunes autres personnes Ecclésiastiques puissent recevoir des Testamens ou autres dernières dispositions. N'entendons rien innover aux Réglemens et usages observés dans quelques Hôpitaux, par rapport à ceux qui peuvent y recevoir des Testamens ou autres dispositions à cause de mort.

XXVI. Le Curé ou le Desservant seront tenus, incontinent après la mort du Testateur, s'ils ne l'ont fait auparavant, de déposer le Testament ou autre dernière disposition, qu'ils auront reçu, chez le Notaire ou Tabellion du lieu; et s'il n'y en a point, chez le plus prochain Notaire Royal dans l'étendue du Bailliage ou Sénéchaussée dans laquelle la Paroisse est située, sans que lesdits Curé ou Desservant puissent en délivrer aucunes expéditions, à peine de nullité desdites expéditions, et des dommages et intérêts des Notaires ou Tabellions, et des Parties qui pourroient en prétendre.

XXVII. Les Testamens, Codicilles et autres dispositions à cause de mort, de ceux qui servent dans nos Armées, en quelque Pays que ce soit, pourront être faits en présence de deux Notaires ou Tabellions, ou d'un Notaire ou Tabellion et de deux Témoins, ou en présence de deux des Officiers ci-après nommés; sçavoir, les Majors et les Officiers d'un rang supérieur, les Prevôts des Camps et Armées, leurs Lieutenans ou Greffiers, et les Commissaires des Guerres, ou de l'un desdits Officiers avec deux Témoins; et en cas que le Testateur soit malade ou blessé, il pourra aussi faire ses dernières dispositions en présence d'un des Aumôniers de nos Troupes ou des Hôpitaux avec deux Témoins, et ce, encore que lesdits Aumôniers fussent réguliers.

XXVIII. Le Testateur signera les Testamens, Codicilles, ou autres dernières dispositions mentionnées dans l'Article précédent, s'il sçait ou peut signer; et en cas qu'il déclare ne sçavoir ou ne pouvoir le faire, il en sera fait mention. Seront lesdits Actes pareillement signés par celui ou ceux qui les recevront, ensemble par les Témoins, sans néanmoins qu'il soit nécessaire d'appeler des Témoins qui sçachent et puissent signer, si ce n'est lorsque le Testateur ne sçaura ou ne pourra le faire; et à la réserve de ce cas, lorsque les Témoins ou l'un d'eux déclareront qu'ils ne sçavent ou ne peuvent signer, il suffira d'en faire mention.

XXIX. Seront aussi valables les Testamens, Codicilles et autres dispositions à cause de mort de ceux qui servent dans nos Armées, en quelque Pays que ce soit, lorsqu'ils seront entièrement écrits, datés et signés de la main de celui qui les aura faits. Déclarons nuls tous ceux qui ne seroient pas revêtus au moins d'une des formes portées aux deux Articles précédens et au présent Article.

XXX. La disposition des Articles XXVII, XXVIII et XXIX, n'aura lieu qu'en faveur de ceux qui seront actuellement en expédition militaire, ou qui seront en quartier ou en garnison hors le royaume, ou prisonniers chez les ennemis, sans que ceux qui seront en quartier ou en garnison dans le Royaume puissent profiter de la disposition desdits Articles, si ce n'est qu'ils fussent dans une place assiégée, ou dans une Citadelle ou autre lieu, dont les portes fusssent fermées, et la communication interrompue à cause de la guerre.

XXXI. Ceux qui n'étant, ni Officiers, ni engagés dans nos Troupes, se trouveront à la suite de nos Armées ou chez les ennemis, soit à cause de leurs emplois ou fonctions, soit pour le service qu'ils rendent à nos Officiers, soit à la fourniture des vivres et munitions de nos Troupes, pourront faire leurs dernières dispositions dans la forme portée par les Articles XXVII, XXVIII et XXIX, et dans les cas marqués par l'Article XXX.

XXXII. Les Testamens, Codicilles et autres dispositions à cause de mort, mentionnés dant l'Article précédent, demeureront nuls, six mois après que celui qui les aura faits sera revenu dans un lieu où il puisse avoir la liberté de tester en la forme ordinaire, si ce n'est qu'ils fussent faits dans les formes qui sont requises de Droit commun, dans le lieu où ils auront été faits.

XXXIII. En temps de peste, les Testamens, Codicilles, ou autres dispositions à cause de mort, pourront être faits, en quelque Pays que ce soit, en présence de deux Notaires ou Tabellions, ou de deux des Officiers de Justice Royale, Seigneuriale ou Municipale, jusques aux Greffiers inclusivement, ou par-devant un Notaire ou Tabellion avec deux Témoins, ou par-devant un des Officiers ci-dessus nommés, aussi avec deux Témoins, ou en présence du Curé ou Desservant, ou Vicaire, ou autre prêtre chargé d'administrer les sacremens aux malades, quand même il seroit régulier, et de deux Témoins.

XXXIV. Ce qui a été réglé par l'Article XXVIII pour les Testamens Militaires, sur la signature, tant du Testateur, que de celui ou ceux qui recevront le Testament, et des Temoins, sera aussi observé par rapport aux Testamens, Codicilles, ou autres dispositions faites en temps de peste.

XXXV. Seront en outre valables, en temps de peste, et en quelque Pays que ce soit, les Testamens, Codicilles, et autres dispositions à cause de mort, qui seront entièrement écrits, datés et signés de la main de celui qui les aura faits: Déclarons nuls tous ceux qui ne seroient pas revêtus au moins d'une des formes portées aux deux Articles précédens, et au présent Article.

XXXVI. La disposition des Articles XXXIII, XXXIV et XXXV, aura lieu, tant à l'égard de ceux qui seroient attaqués de la peste, que pour ceux qui seroient dans les lieux infectés de ladite maladie, encore qu'ils ne fussent pas actuellement malades.

XXXVII. Les Testamens, Codicilles, et autres dispositions à cause de mort, mentionnés dans les quatre Articles précédens, demeureront nuls six mois après que le commerce aura été rétabli dans le lieu où le Testateur se trouvera, ou qu'il aura passé dans un lieu où le commerce n'est point interdit, si ce n'est qu'on eût observé dans lesdits actes les formes requises de Droit commun dans le lieu où ils auront été faits.

XXXVIII. Tous Testamens, Codicilles, Actes de partage entre enfans et descendans, ou autres dispositions à cause de mort, en quelque pays et en quelque forme qu'ils soient faits, contiendront la date des jour, mois et an, et ce encore qu'ils fussent olographes : ce qui sera pareillement observé dans le cas du Testament mystique, tant pour la date de la disposition que pour celle de la suscription.

XXXIX. Dans tous les actes à cause de mort, où la présence des Témoins est nécessaire, l'âge desdits témoins demeurera fixé à celui de vingt ans accomplis, à l'exception des pays de Droit écrit où il suffira que lesdits Témoins ayent l'âge où il est permis de tester dans lesdits pays.

XL. Les Témoins seront mâles, régnicoles et capables des effets civils, à l'exception seulement du Testament Militaire dans lequel les Étrangers non notés d'infamie pourront servir de Témoins.

XLI. Les Réguliers, Novices ou Profès, de quelque Ordre que ce soit, ne pourront être Témoins dans aucuns actes de dernière volonté, sans préjudice néanmoins de l'exécution des Articles XXV, XXVII et XXXIII, en ce qui concerne le pouvoir de recevoir des Testamens accordés aux Réguliers en conséquence des qualités mentionnées auxdits Articles.

XLII. Ne pourront pareillement être pris pour Témoins les Clercs, Serviteurs ou Domestiques du Notaire ou Tabellion, ou autre personne publique, qui recevra le Testament, Codicille ou autre dernière disposition, ou l'acte de suscription.

XLIII. Les Héritiers institués ou substitués ne pourront être Témoins en aucun cas; et à l'égard des Légataires universels ou particuliers, ils ne pourront l'être que pour l'acte de suscription du Testament mystique dans les Pays où cette forme de tester est reçue.

XLIV. Dans les cas et dans les Pays où le nombre de deux Témoins est suffisant pour la validité des Testamens, Codicilles, ou autres dispositions de dernière volonté, il ne pourra y être admis que des Témoins qui sçachent et puissent signer, à l'exception néanmoins des cas mentionnés dans les Articles XXVIII et XXXIV ci-dessus.

XLV. Dans les cas et dans les Pays où le nombre de deux Témoins n'est pas suffisant, il ne pourra pareillement être admis que des Témoins qui sçachent et puissent signer, lorsque les Testamens, Codicilles ou autres dispositions à cause de mort, se feront dans les Villes ou Bourgs fermés: Voulons que dans les autres lieux il y ait au moins deux Témoins qui sçachent et puissent signer; et à l'égard de ceux qui ne sauront ou ne pourront le faire, il sera fait mention qu'ils ont été présens, et ont déclaré ne savoir ou ne pouvoir signer.

XLVI. Voulons au surplus que les dispositions du Droit Ecrit, et autres Loix, Coutumes ou Statuts, en ce qui concerne les qualités desdits Témoins, soient exécutées en tout ce qui n'est pas contraire aux six Articles précédens.

XLVII. Toutes les dispositions de la présente Ordonnance qui concernent la date et la forme des Testamens, Codicilles ou autres actes de dernière volonté, et les qualités des Témoins, seront exécutées, à peine de nullité, sans préjudice des autres moyens tirés des dispositions des Loix ou des Coutumes, ou de la suggestion ou captation desdits actes, lesquelles pourront être alléguées, sans qu'il soit nécessaire de s'inscrire en faux à cet effet, pour y avoir par nos Juges tel égard qu'il appartiendra.

XLVIII. Voulons que les Notaires, Tabellions, ou autres personnes publiques, comme aussi les Témoins qui auroient signé les Testamens, Codicilles, ou autres actes de dernière volonté, ou les actes de suscription des Testamens mystiques, sans avoir vu le Testateur, et sans l'avoir entendu prononcer ses dispositions, ou les lui avoir vu présenter lors de ladite suscription, soient poursuivis extraordinairement à la requête de nos Procureurs, ou de ceux des Hauts-Justiciers, et condamnés, sçavoir lesdits Notaires, Tabellions, ou autres personnes publiques, à la peine de mort, et les Témoins à telles peines afflictives ou infamantes qu'il appartiendra.

XLIX. L'institution d'héritier faite par Testamens, ne pourra valoir en aucun cas, si celui ou ceux au profit de qui elle aura été faite n'étaient ni nés ni conçus lors du décès du Testateur.

L. Dans les pays où l'institution d'héritier est nécessaire pour la validité du Testament, ceux qui ont droit de légitime seront institués heritiers, au moins en ce que le Testateur leur donnera; et l'institution sera faite en les appelant par leurs noms, ou en les désignant de telle manière que chacun d'eux y soit compris : ce qui aura lieu, même à l'égard des enfans qui ne seroient pas nés au temps du Testament, et qui seroient nés ou conçus au temps de la mort du Testateur.

LI. Quelque modique que soit l'effet ou la somme pour lesquels ceux qui ont droit de légitime auront été institués héritiers, le vice de la prétérition ne pourra être opposé contre le Testament; encore que le Testateur eût disposé de ses biens en faveur d'un étranger.

LII. Ceux à qui il aura été laissé moins que leur légitime à titre d'institution, pourront former leur demande en supplément de légitime; ce qui aura lieu à l'avenir dans les Pays mêmes dans lesquels ladite demande n'a pas été admise jusqu'à présent, ou a été prohibée dans certains cas.

LIII. En cas de prétérition d'aucuns de ceux qui ont droit de légitime, le Testament sera déclaré nul, quant à l'institution d'héritier, sans même qu'elle puisse valoir comme Fidéicommis; et si elle a été chargée de substitution, ladite substitution demeurera pareillement nulle; le tout, encore que le Testament contînt la clause codicillaire, laquelle ne pourra produire aucun effet à cet égard; sans préjudice néanmoins de l'exécution du Testament, en ce qui concerne le surplus des dispositions du Testateur.

LIV. La disposition de l'Article précédent sera exécutée, même à l'égard des Testamens faits entre enfans, ou en temps de peste; et en ce qui concerne les Testamens Militaires, n'entendons rien innover à ce qui est porté par les Loix Romaines à cet égard.

LV. N'entendons déroger par les Articles L, LIII et LIV, aux dispositions des Coutumes, Statuts ou autres Loix particulières observées dans quelques-uns des Pays régis par le Droit Ecrit, qui permettent expressément de laisser la légitime à autre titre que celui d'institution; et la demande en supplément de légitime pourra être formée audit cas, ainsi qu'il est porté par l'Article LII.

LVI. Ceux qui ont droit de légitime, et qui auront été institués héritiers, pourront faire détraction de la Quarte Falcidie sur les legs, et de la Quarte Trébellianique sur les Fidéicommis, et retenir en outre leur légitime.

LVII. Lorsque le Testament contiendra la clause codicillaire, et que l'institution d'héritier ne sera sans effet qu'à cause d'un défaut de solennité, ou de la caducité de ladite institution, les héritiers *ab-intestat* qui ont droit de légitime, et qui prendront audit cas la place de l'héritier institué, pourront pareillement faire détraction des Quartes Falcidie et Trébellianique, et celle de la légitime sur la totalité des biens du Testateur.

LVIII. Dans le cas porté par l'Article LIII, où, nonobstant la clause codicillaire, l'institution d'héritier ne peut valoir, même comme Fidéicommis, à cause du vice de la prétérition, et où le Testament ne subsiste que pour le surplus des dispositions du Testateur, ceux qui ont droit de légitime pourront faire la détraction desdites Quartes Falcidie et Trebellianique sur les Legs ou Fidéicommis, et en outre retenir leur légitime sur iceux, en cas que les biens qui leur appartiendront par la nullité de l'institution, ne suffisent pas pour remplir ladite légitime.

LIX. La disposition des trois Articles précédens sera exécutée à l'égard de tous Testamens, même du Militaire.

LX. Sera néanmoins permis à tous Testateurs de défendre, par leur Testament, ou par un Codicille postérieur, de retenir lesdites Quartes Falcidie et Trébellianique, conjointement avec la légitime; auquel cas, ceux qui ont droit de légitime auront seulement le choix entre la détraction desdites Quartes et celle de la légitime, à moins que le Testateur n'en eût autrement ordonné, en les réduisant à leur légitime; et la disposition du présent Article aura lieu dans tous les cas portés aux Articles LVI, LVII et LVIII. Défendons aux Juges d'avoir égard à ladite prohibition, si elle n'est faite en termes exprès.

LXI. La quotité de la légitime des ascendans dans les lieux où elle leur est due, sur les biens de leurs enfans ou descendans qui n'ont pas laissé d'enfans, et qui ont fait un Testament, sera réglée, eu égard au total desdits biens, et non sur le pied de la portion qui auroit appartenu auxdits ascendans, s'ils eussent recueilli lesdits biens *ab-intestat*, concurremment avec les frères germains du défunt : ce qui aura lieu, soit que ledit défunt ait institué héritiers ses frères ou sœurs, ou qu'il ait institué des étrangers.

LXII. Celui qui aura été institué héritier à la charge d'élire un des enfans du Testateur, ne pourra élire un des petits-enfans ou descendans, encore que celui des enfans dont ils sont issus fût mort avant que le choix eût été fait : et si tous les enfans du premier degré décèdent avant ledit choix, le droit d'élire demeurera caduc et éteint ; le tout à moins que le Testateur n'en ait autrement ordonné.

LXIII. Celui qui aura été chargé d'élire un des enfans du Testateur, ou autres, ne pourra grever celui qu'il choisira d'aucune substitution, même en faveur d'un autre sujet éligible, si ce n'est que le Testateur lui en eût donné expressément le pouvoir par son Testament.

LXIV. Lorsque celui qui aura été chargé d'élire, aura déclaré son choix par Contrat de Mariage, ou par un Acte entre-vifs, accepté par celui qu'il aura élu dans la forme prescrite pour l'acceptation des donations par notre Ordonnance du mois de Février 1731, ledit choix sera irrévocable.

LXV. La disposition de l'Article précédent aura lieu, encore que le choix ait été fait avant le temps porté par le Testament, si ce n'est que le Testateur eût prohibé expressément de faire ledit choix avant le terme par lui marqué, auquel cas ledit choix ne sera irrévocable qu'après l'expiration dudit terme.

LXVI. Tout ce qui a été réglé par les quatre Articles précédens sur les institutions d'héritiers faites à la charge d'élire, aura lieu pareillement pour les legs universels ou particuliers faits sous la même charge.

LXVII. Si l'héritier institué par un Testament, qui contient la clause codicillaire, n'a prétendu faire valoir la disposition du Testateur que comme Codicille seulement, ou s'il n'a agi qu'en conséquence de ladite clause, il ne sera plus reçu à soutenir ladite disposition en qualité de Testament ; mais s'il a agi d'abord en vertu du Testament, il pourra se servir ensuite de la clause codicillaire, et ce, jusqu'à ce qu'il soit intervenu Arrêt définitif, ou Jugement passé en force de chose jugée au sujet dudit Testament.

LXVIII. Lorsque le Testateur sera domicilié dans un des Pays qui suivent le Droit Ecrit, l'institution d'héritier par lui faite aura son effet, tant pour les immeubles situés auxdits Pays, que pour les meubles, droits et actions qui suivent la personne : Et quant aux immeubles situés dans les Pays où le Droit Ecrit n'est pas observé, elle vaudra comme legs universel, si ce n'est qu'elle ait été faite pour une somme fixe, ou pour de certains effets, auquel cas elle ne vaudra dans lesdits Pays que comme legs particulier.

LXIX. La disposition de l'Article précédent aura lieu, encore que le Testateur domicilié en Pays de Droit Ecrit ait fait son Testament dans un pays où ce Droit n'est pas observé : Et en cas que ledit Testament ne contînt qu'un ou plusieurs legs universels; sans institution d'héritier, ils vaudront comme institution dans les Pays de Droit Ecrit, pour les biens qui y sont situés, ou qui suivent la personne, et seulement comme legs universel pour les immeubles situés en d'autres Pays.

LXX. Dans le cas porté par l'Article précédent, de quelque manière que le Testateur ait fait une ou plusieurs dispositions universelles, soit à titre d'institution ou à titre de legs universel, son Testament ne pourra être attaqué par le vice de la prétérition, lorsqu'il y aura fait des legs, soit universels ou particuliers, à chacun de ceux qui ont droit de légitime, quelque modiques que soient lesdits legs, lesquels vaudront, en ce cas, comme institution d'héritier, sauf l'action en supplément de légitime, ainsi qu'il est porté par l'Article LII : mais si le Testateur n'a rien laissé à quelqu'un de ceux qui ont droit de légitime, ledit Testament sera déclaré nul, quant aux dispositions universelles seulement.

LXXI. Lorsque le Testateur sera domicilié dans un Pays où le Droit Ecrit n'est pas observé, et qu'il aura fait un Testament contenant institution d'héritier, elle n'aura son effet que pour les immeubles situés en pays de Droit Ecrit : et à l'égard des autres immeubles, ensemble des meubles, droits et actions qui suivent la personne, elle ne vaudra que comme legs universel, ou comme legs particulier, suivant la distinction portée par l'Article LXVIII.

LXXII. La disposition de l'Article précédent sera observée, en quelque lieu que le Testament ait été fait; et si ledit Testament ne contient point d'institution d'héritier, les dispositions universelles qui y seraient portées, ne seront executées que comme legs universel, même dans les Pays de Droit Ecrit.

LXXIII. Dans tous les cas où, suivant la disposition des Articles LXVIII, LXIX, LXX et LXXI, les institutions d'héritier ne vaudront que comme legs universel, ou comme legs particulier, elles seront sujettes à la délivrance et aux réductions portées par les Coutumes; et réciproquement dans tous les cas où les dispositions universelles vaudront comme institution d'heritier, ceux au profit desquels elles auront été faites, auront le mêmes avantages, et seront sujets aux mêmes Lois que les héritiers institués.

LXXIV. L'Article CCCCXXII de la Coutume de Normandie, qui exige la survie de trois mois pour la validité des Testamens, ou autres dispositions à cause de mort, concernant les biens d'une certaine nature, sera regardé comme un Statut réel; et, en conséquence, ledit Article aura son entier effet pour les biens de ladite nature, situés dans des lieux régis par ladite Coutume, et n'en aura aucun pour les biens étant en d'autres Pays; le tout en quelque lieu que celui qui aura fait la disposition ait son domicile, ou qu'il ait disposé.

LXXV. Voulons pareillement que les dispositions de l'Article VI du titre VII de la Coutume du Duché de Bourgogne, et de l'Article CCXVI de la Coutume du Bourbonnais, sur la nécessité de la survie pour la validité des Actes de partage entre enfans et descendans, ayent leur entier effet, lorsque les biens compris dans lesdits Actes seront situés dans les lieux régis par lesdites Coutumes, et que lesdites dispositions n'en ayent aucun, lorsque lesdits biens seront situés ailleurs; et en cas que partie des biens soit située dans l'étendue desdites Coutumes, et partie dans des Pays où la condition de la survie pour lesdits Actes n'est pas exigée, les contestations qui pourront naître pour savoir si lesdits Actes doivent avoir effet en partie, ou n'en avoir aucun pour le tout, seront décidées par les Juges qui en doivent connaître, ainsi qu'ils ont pu ou dû l'être par le passé, jusqu'à ce qu'il y ait été par Nous pourvu ainsi qu'il appartiendra.

LXXVI. Abrogeons l'usage des clauses dérogatoires dans tous Testamens, Codicilles ou dispositions à cause de mort: Voulons qu'à l'avenir elles soient regardées comme nulles et de nul effet, en quelques termes qu'elles soient conçues.

LXXVII. Abrogeons pareillement l'usage des Testamens ou Codicilles mutuels, ou faits conjointement, soit par mari et femme, ou par d'autres personnes. Voulons qu'à l'avenir ils soient regardés comme nuls et de nul effet dans tous les

Pays de notre domination, sans préjudice néanmoins de l'exécution des Actes de partage entre enfans et descendans, suivant ce qui a été réglé ci-dessus, et pareillement sans rien innover en ce qui concerne les donations mutuelles à cause de mort, jusqu'à ce qu'il y ait été par Nous pourvu, suivant la réserve portée par l'Article XLVI de notre Ordonnance du mois de Février 1731.

LXXVIII. Toutes les dispositions de la présente Ordonnance, soit sur la forme ou sur le fonds des Testamens, Codicilles et autres Actes de dernière volonté, seront exécutées, encore que lesdites dispositions, de quelque espèce qu'elles soient, eussent la cause pie pour objet.

LXXIX. N'entendons comprendre dans la présente Ordonnance ce qui concerne la qualité ou la quotité des biens dont le Testateur peut disposer, ni pareillement ce qui regarde l'ouverture, l'enregistrement et la publication des Testamens ou autres Actes de dernière volonté, nomination et fonctions des Exécuteurs Testamentaires; sur tous lesquels points il ne sera rien innové, en vertu de notre présente Ordonnance, aux dispositions des Loix ou Usages qui sont observés à cet égard.

LXXX. Les Testamens, Codicilles ou autres Actes de dernière volonté, dont la rédaction ou la suscription auront une date certaine et authentique avant la publication des Présentes, par la présence et signature d'un Notaire, Tabellion, ou autre personne publique, ou qui auront été déposés chez un Notaire ou Tabellion, ou dans un Greffe ou autre dépôt public, avant ladite publication, seront exécutés ainsi qu'ils auroient pu ou dû l'être avant notre présente Ordonnance, et ce, encore que le Testateur ne soit décédé qu'après qu'elle aura été publiée.

LXXXI. Et à l'égard des Testamens, Codicilles ou autres Actes de dernière volonté, dont la date n'aura point été ou ne sera point devenue authentique (suivant ce qui est porté par l'Article précédent), avant la publication de la présente Ordonnance, voulons qu'elle soit observée en son entier dans le Jugement des contestations qui pourront naître au sujet desdits Actes, si ce n'est que le Testateur fût décédé avant la publication des Présentes, ou dans l'année qui suivra immédiatement ladite publication, auquel cas lesdites contestations seront jugées ainsi qu'elles auraient pu et dû l'être avant la présente Ordonnance.

LXXXII. En cas que les Testamens, Codicilles, ou autres dispositions olographes, se trouvent n'avoir point de date, les contestations qui pourront naître sur la validité ou la nullité desdits Actes, seront jugées suivant la Jurisprudence qui a eu lieu jusqu'à présent dans nos Cours à cet égard; et ce, lorsque le Testateur sera mort avant la publication de la présente Ordonnance, ou dans l'année qui suivra immédiatement ladite publication; et lorsqu'il ne sera décédé qu'après ladite année, la disposition des Articles XXXVIII et XLVII sur la nullité desdits Actes par le défaut de date, sera également observée par toutes nos Cours et autres Juges.

LXXXIII. Voulons, au surplus, que la présente Ordonnance soit gardée et observée dans tout notre Royaume, Terres et Pays de notre obéissance, à compter du jour de la publication qui en sera faite : Abrogeons toutes Ordonnances, Lois, Coutumes, Statuts et Usages différens, ou qui seroient contraires aux dispositions y contenues. SI DONNONS EN MANDEMENT à nos amés et féaux les Gens tenant nos Cours de Parlement, Grand-Conseil, Chambre des Comptes, Cours des Aydes, Baillifs, Sénéchaux, et tous autres nos Officiers, que ces présentes ils gardent, observent, entretiennent, fassent garder, observer et entretenir; et pour les rendre notoires à nos Sujets, les fassent lire, publier et registrer : CAR tel est notre plaisir. Et afin que ce soit chose ferme et stable à toujours, Nous y avons fait mettre notre scel. Donné à Versailles au mois d'Août, l'an de grâce mil sept cent trente-cinq, et de notre règne le vingtième. *Signé*, LOUIS. *Et plus bas*, Par le Roi, PHELYPEAUX. *Visa*, CHAUVELIN. Et scellée du grand Sceau de cire verte, en lacs de soie rouge et verte.

Registrée, ouï, et ce requérant le Procureur-Général du Roi, pour être exécutée selon sa forme et teneur; et copies collationnées envoyées aux Bailliages et Sénéchaussées du Ressort, pour y être lues, publiées et registrées : Enjoint aux Substituts du Procureur-Général du Roi d'y tenir la main, et d'en certifier la Cour dans le mois, suivant l'Arrêt de ce jour. A Paris, en Parlement, le trois Février mil sept cent trente-six.

Signé YSABEAU.

DÉCLARATION DU ROI,

Concernant les Testamens, Codicilles et autres Actes de dernière volonté.

Donnée à Versailles le 24 Mars. 1745.

Louis, par la grâce de Dieu, Roi de France et de Navarre, Comte de Provence, Forcalquier et terres adjacentes : A tous ceux qui ces présentes Lettres verront, Salut. Par l'Article V de notre Ordonnance du mois d'Août 1735, Nous avons ordonné que les Notaires ou Tabellions écriroient les Testamens Nuncupatifs qu'ils reçoivent ; et quoiqu'il soit porté par l'Article XLVII de la même Loi, que tout ce qu'elle prescrit sur la forme des Testamens, Codicilles ou autres actes de dernière volonté, sera exécuté à peine de nullite, à l'effet de quoi Nous avons abrogé à la fin de cette Ordonnance tous usages contraires et différens ; Nous apprenons cependant qu'il y a eu plusieurs Notaires, sur-tout dans le ressort de notre Parlement de Provence, qui ont cherché différens prétextes pour se dispenser de l'exécution de cette Loi : Un Notaire de la Ville d'Yères se trouvant attaqué d'une infirmité qui l'empêchoit d'écrire, et prétendant d'ailleurs que l'Article V de notre Ordonnance avoit besoin d'interprétation, s'adressa en l'année 1738 à la Chambre des Vacations, et sur une simple Requête, il y obtint un Arrêt, par lequel la permission qu'il demandoit de faire écrire les Testamens par ses Clercs, lui fut accordée, avec celle de faire publier l'Arrêt au Siége d'Yères. Ce fut sur la foi de cet exemple, et sur les mêmes raisons, qu'un autre Notaire du Lieu de Soliers obtint un semblable Arrêt le 18 Juin 1741 ; mais une contestation s'étant élevée dans la suite, au sujet d'un Testament qu'on prétendoit n'avoir pas été écrit par un Notaire de Marseille, qui n'avoit pas pris la même précaution, chacune des Parties a voulu tirer avantage de ces deux Arrêts ; l'une, pour soutenir que les termes de l'Article V de notre Ordonnance ne devoient pas être entendus à la lettre ; l'autre, pour montrer que les Notaires avoient reconnu l'obligation où ils étoient d'écrire eux-mêmes les Testamens, puisqu'ils avoient cru avoir besoin d'une permission particulière pour les faire écrire par leurs Clercs : L'appel de la Sentence des premiers Juges qui avoient prononcé la nullité du Testament dont il s'agissoit, ayant soumis cette contestation au Jugement de notre Cour de Parlement d'Aix, et les Procureurs du Pays de Provence y étant intervenus, notredite Cour a considéré que, soit qu'il fût question d'interpréter notre Ordonnance, ou de voir si il y avoit des cas où il fût à propos de dispenser les Notaires de s'y conformer, il étoit toujours également nécessaire d'avoir recours à notre autorité; et, avant que de prononcer sur le fond de la contestation, elle a ordonné que les Parties se retireroient devant Nous, pour avoir explication de l'Article V de notre Ordonnance concernant les Testamens. Mais, après en avoir fait examiner de nouveau les termes dans notre Conseil, Nous avons reconnu qu'en les prenant à la lettre, ils marquoient tellement ce qui doit être observé par les Notaires, qu'il n'y avoit rien à y ajouter, et qu'il ne s'agissoit que d'assurer l'exécution entière et uniforme de notre ordonnance dans la Provence, conformément à ce qui a déjà été jugé dans des cas semblables, au sujet de Testamens faits dans le ressort de nos Cours de Parlement de Paris et de Toulouse. Notre principal objet dans cette Loi a été de faire cesser toutes les diversités de Jurisprudence qui s'étoient introduites sur la matière des Testamens ; et rien ne seroit plus contraire à un objet si important, que d'autoriser des usages qui tendroient à mettre des exceptions aux régles fixes et générales que Nous avons jugé à propos d'y établir : Nous ne laisserons pas cependant de prendre les précautions nécessaires pour empêcher qu'on ne trouble la tranquillité des familles, en attaquant des actes faits sur la foi des Arrêts rendus en faveur d'un Notaire d'Yères, et d'un autre Notaire de Solliers, ou ceux que le consentement des Parties intéressées à l'exécution volontaire de ces Arrêts auroit confirmés irrévocablement, et ce sera ainsi que Nous entrerons dans les vues que l'équité nous inspire, autant qu'elles peuvent s'accorder avec l'obligation où Nous sommes de maintenir l'observation d'une Loi faite uniquement pour le bien et l'avantage de nos Sujets. A CES CAUSES, et autres considérations à ce Nous mouvant, de l'avis de notre Conseil, et de notre certaine science, pleine puissance et autorité royale, Nous avons, par ces Presentes signées de notre main, dit, déclaré et ordonné, disons, déclarons et ordonnons, voulons et Nous plait, que notre Ordonnance du mois d'Août 1735, concernant les Testamens, notamment en ce qu'il est porté par l'Article V, que le Notaire en ecrira les dispositions à mesure qu'elles seront prononcées par le Testateur, soit exécutée selon sa forme et teneur: Faisons défenses en conséquence à tous Notaires ou Tabellions, ou autres personnes qui ont droit de recevoir des Testamens, Codicilles, ou autres actes de dernière volonté, de faire écrire lesdites dispositions, comme aussi l'acte de suscription des Testamens mystiques, par leurs Clercs ou autres, sous quelque prétexte que ce soit, et sans que nos Cours et autres Juges puissent en aucun cas leur en accorder la permission; ce qui sera observé à l'égard de tous les actes de cette nature, qui ont été faits depuis la publication de ladite Ordonnance, sous la peine de nullité portée par l'Article XLVII: Voulons que les permissions accordées par les Arrêts ci-dessus marqués, aux Notaires d'Yères et de Solliers, de faire écrire les Testamens par leurs Clercs, soient regardées à l'avenir comme nulles et de nul effet: validant néanmoins, par grâce et sans tirer à conséquence, les dispositions de derniere volonté, ou actes de suscription qui se trouveront avoir été écrits de la main des Clercs desdits Notaires d'Yères et de Solliers, depuis les Arrêts par eux obtenus, et avant le jour de la publication des Présentes; et ce, sans préjudice des autres moyens de fait et de droit qui pourroient être proposés contre lesdites dispositions ou actes: Voulons en outre que, lorsque les Testamens, codicilles ou autres actes de dernière volonté, faits en quelque lieu que ce soit du ressort de notredit Parlement de Provence, auront été volontairement exécutés, ou qu'il y aura été acquiescé par des personnes majeures et capables de s'obliger valablement, lesdites personnes ou leurs représentans ne puissent être reçus à les attaquer, sous prétexte seulement que lesdits actes auroient été écrits par les Clercs des Notaires ou Tabellions qui les auroient reçus. SI DONNONS EN MANDEMENT à nos amés et féaux les Gens tenant notre Cour de Parlement de Provence, que ces Présentes ils ayent à registrer, faire lire, publier, et le contenu en icelles garder et observer selon leur forme et teneur: CAR tel est notre plaisir. En témoin de quoi Nous y avons fait mettre notre scel. DONNÉ à Versailles le vingt-quatrième jour du mois de Mars, l'an de grâce mil sept [illegible] cent quarante-cinq, et de notre Règne le trentieme. *Signé* LOUIS. *Et plus bas*, Par le Roi, Comte de Provence. *Signé* PHELYPAUX. Et scellée du grand Sceau de cire jaune.

Lue, publiée et registrée, oui, et ce requérant le Procureur-Genéral du Roi, pour être exécutée selon sa forme et teneur; copies de ladite Déclaration envoyées aux Bailliages et Sénechaussées du Ressort, pour y être lues, publiées et registrees: Enjoint aux Substituts du Procureur-Genéral du Roi d'y tenir la main, et d'en certifier la Cour dans le mois, suivant l'Arrêt de ce jour. Fait en Parlement, séant à Aix, le neuf Avril mil sept cent quarante-cinq.

Signé DEREGINA.

DÉCLARATION

DÉCLARATION DU ROI,

En interprétation de l'Ordonnance du mois d'Août 1735, sur les Testamens.

Donnée à Versailles le 6 Mars 1751.

Louis, par la grâce de Dieu, Roi de France et de Navarre : A tous ceux qui ces presentes Lettres verront, Salut. Quoique, par notre Ordonnance du mois d'Août 1735, concernant les Testamens, Nous eussions suffisamment déclaré nos intentions au sujet de la suscription des Testamens mystiques qui sont reçus dans les Pays de Droit Ecrit, et dont Nous avons confirmé l'usage par notredite Ordonnance, néanmoins Nous avons été informés que depuis ladite Ordonnance plusieurs Notaires ou Tabellions des Pays de Droit Ecrit ne croyent pas être assujettis à écrire de leur propre main les Actes de suscription desdits Testamens, sur le fondement que, dans l'Article IX de ladite Ordonnance, il est seulement porté qu'ils dresseront l'Acte de suscription; et qu'il n'est point dit en termes formels qu'ils l'écriront de leur main, ainsi qu'il est prescrit par l'Article V de ladite Ordonnance à l'égard des Testamens nuncupatifs. La différence des termes dans lesquels sont conçus ledit Article V et l'Article IX ne doit point donner une interprétation différente à l'une et l'autre de ces dispositions, d'autant plus que, par l'Article XII de ladite Ordonnance, il est porté, en termes exprès, que le Notaire ou Tabellion écrira l'Acte de suscription. Nonobstant une disposition si expresse, les Notaires et Tabellions des Pays de Droit Ecrit ont cru pouvoir suivre l'ancien usage dans lequel ils étoient de faire écrire par leurs Clercs la suscription des Testamens mystiques, se réservant la seule fonction de signer lesdites suscriptions. Ils se sont fondés sur ce que, dans l'Article XII de ladite Ordonnance, qui prescrit des formalités particulières pour les Testamens mystiques de ceux qui ne peuvent parler, il est dit que le Notaire écrit l'acte de suscription; au lieu que l'Article IX, dans lequel il est parlé des testamens mystiques en général, porte que le Notaire ou Tabellion dressera l'Acte de suscription, comme s'il pouvoit y avoir à cet égard une différence entre les Testamens mystiques de ceux qui ne peuvent parler, et les testamens des personnes qui ne sont pas privées de l'usage de la parole. La seule différence que l'Article XII établit entre les Testamens des uns et des autres, consiste à obliger celui qui ne peut parler d'écrire de sa propre main au haut de l'Acte de suscription, en présence du Notaire ou Tabellion, que l'Ecrit qu'il présente et son Testament, et le Notaire ou Tabellion, qui écrit l'Acte de suscription, de faire mention dans cet acte que le Testateur a écrit ces mots en sa présence et en celle des Témoins; au lieu que, dans les autres Testamens mystiques faits par ceux qui ne sont point privés de l'usage de la parole, ces formalités ne sont pas nécessaires. C'est ainsi qu'en s'arrêtant scrupuleusement à la différence des termes de l'Article IX et de l'Article XII, ils ont cru y trouver une différente signification, sans considérer que l'Article XLII de ladite Ordonnance porte disertement que les Clercs, Serviteurs ou Domestiques du Notaire ou Tabellion, ou autre personne publique qui reçoit un Testament ou Codicille, ne peuvent être pris pour Témoins dans les Testamens ou Codicilles, et qu'à plus forte raison, le Clerc du Notaire qui reçoit un testament ne peut écrire de sa propre main une disposition qui fait en quelque manière partie du Testament. Nous fumes informés en l'année 1745 que cet abus avoit lieu dans le Ressort de notre Parlement de Provence, dans lequel les Notaires et Tabellions s'étoient maintenus dans l'usage de faire écrire par leurs Clercs la suscription des Testamens mystiques, sur le fondement de la fausse interprétation qu'ils donnoient aux termes de l'Article IX. C'est ce qui Nous engagea par notre Déclaration du 24 mars 1745, adressée à notre Parlement de Provence, d'expliquer nos intentions sur l'interprétation qu'on doit donner à l'Article IX de ladite Ordonnance, en prononçant expressément la peine de nullité à l'égard des Testamens mystiques dont l'Acte de suscription ne seroit pas écrit de la main du Notaire ou Tabellion qui reçoit lesdits Testamens. Par une autre Déclaration du 26 Janvier dernier, Nous avons étendu la disposition de cette Loi dans notre Province de Guyenne et le Ressort de notre Parlement de Bordeaux; mais Nous avons été instruits que les Notaires et Tabellions de toutes les Provinces du Royaume, qui sont régies par le Droit Ecrit, tombaient tous les jours dans la même faute, en laissant écrire par leurs Clercs les suscriptions des Testamens mystiques qu'ils reçoivent. Nous croyons donc devoir renouveler pour toutes nos Provinces qui sont régies par le Droit Ecrit une Loi que nous n'avons renouvelée par les deux Déclarations susdites, que pour nos Provinces de Provence et de Guyenne, afin qu'il n'y ait à l'avenir aucune différence dans les Jugemens sur cette matière dans tous les Tribunaux de notre Royaume. A CES CAUSES, et autres considérations à ce Nous mouvant, de l'avis de notre Conseil, et de notre certaine science, pleine puissance et autorité royale, Nous avons, par ces présentes signées de notre main, dit, déclare et ordonné, disons, déclarons et ordonnons, voulons et Nous plaît ce qui suit :

ARTICLE PREMIER.

Que notre ordonnance du mois d'Août 1735, concernant les Testamens, et notamment l'Article IX de ladite Ordonnance concernant les Testamens mystiques, soient exécutés dans toute l'étendue de notre Royaume, Pays et Terres de notre obéissance qui sont régis par le Droit Ecrit.

II. En interprétant, en tant que de besoin est ou serait, ledit Article, voulons que les suscriptions des Testamens mystiques ne puissent être écrites que de la main du Notaire, Tabellion, ou autre Officier public qui recevra lesdits Testamens, sans que nos Cours et autres Juges puissent accorder aux Clercs desdits Notaires ou Tabellions, ou autres personnes, la permission d'écrire lesdites suscriptions, et ce, sous la peine de nullité portée par l'Article XLVII de ladite Ordonnance.

III. Comme Nous avons été informés que la plupart des Notaires ou Tabellions des Pays de Droit Ecrit se sont maintenus, depuis notredite Ordonnance, dans l'usage de faire écrire par leurs Clercs les suscriptions des Testamens mystiques, suivant la fausse interprétation qu'ils donnent aux termes de l'Article IX de notredite Ordonnance ; considérant le trouble qui pourroit arriver dans les familles, si nous faisions remonter l'effet de la présente Déclaration au temps de la publication de ladite Ordonnance, Nous voulons bien nous porter à valider, comme Nous validons par ces Présentes, les Actes de suscription des Testamens mystiques dont la suscription n'aura pas été écrite de la propre main du Notaire ou Tabellion, ou autre Officier public qui aura reçu lesdits Testamens, Codicilles et autres Actes de dernière volonté. le tout, sans préjudice des autres moyens de droit et de fait qui pourroient être proposés contre lesdits Testamens, Codicilles et autres Actes de dernière volonté. Si donnons en mandement à nos amés et féaux Conseillers les Gens tenant nos Cours de Parlement et Cours des Aydes à Paris, que ces Présentes ils ayent à faire registrer, et le contenu en icelles garder et observer selon leur forme et teneur : Car tel est notre plaisir. En témoin de quoi Nous y avons fait mettre notre scel. Donné a Versailles le sixième jour du mois de Mars, l'an de grâce mil sept cent cinquante-un, et de notre Règne le trente-sixième, *Signé* LOUIS. *Et plus bas*, Par le Roi, De Voyer d'Argenson. Et scellée du grand Sceau de cire jaune.

Registrée, oüi, et ce requérant le Procureur-Général du Roi, pour être exécutee selon sa forme et teneur ; et Copies collationnées envoyées aux Bailliages et Sénéchaussées du Ressort, pour y être lues, publiées et registrées : Enjoint aux Substituts du Procureur-Général du Roi, d'y tenir la main, et d'en certifier la Cour dans le mois, suivant l'Arrêt de ce jour. A Paris, en Parlement, le vingt-trois Avril mil sept cent cinquante-un.

Signé Ysabeau.

DÉCLARATION DU ROI,

Qui prescrit la forme des Testamens et autres Actes de disposition de dernière volonté, qui seront faits à l'avenir dans la Province de Roussillon.

Donnée à Versailles le 24 Mars 1754.

LOUIS, par la grâce de Dieu, Roi de France et de Navarre : A tous ceux qui ces présentes Lettres verront, SALUT. Le feu Roi notre très-honoré Seigneur et Bisaïeul, par son Edit de Février 1700, donné pour la Province de Roussillon, auroit ordonné qu'à compter du premier Mai suivant, tous Actes publics dans ladite Province seroient rédigés en langue française, à peine de nullité : Et par notre Ordonnance du mois d'août 1735, concernant les Testamens, Nous aurions ordonné, sous la même peine, que ceux qui reçoivent les Testamens, seroient tenus d'y faire mention de la lecture qui en auroit été faite au Testateur. Cependant nous aurions été informés que, nonobstant des dispositions si précises, les Curés qui, dans ladite Province, reçoivent une grande partie des Testamens, ont négligé de s'y conformer ; ce qui a donné lieu, depuis quelque temps, à contester la validité d'un grand nombre de Testamens qui ont été rédigés en langage catalan, ou dans lesquels il n'a point été fait mention de la lecture qui a dû en être faite aux Testateurs. Notre Conseil supérieur de Roussillon ne pouvant se déterminer à confirmer des Testamens faits dans une forme contraire à nos Ordonnances, et craignant de mettre le trouble dans les familles s'il proscrivoit un usage de tout temps observé, et suivant lequel ont été rédigés jusqu'ici tous les Testamens faits dans l'étendue de son ressort, s'est adressé à Nous, pour qu'il Nous plût lui déclarer notre volonté sur la conduite qu'il devoit tenir à l'égard desdits Testamens. Nous avons jugé nécessaire d'arrêter pour l'avenir le cours d'un usage si contraire à l'esprit et à la disposition de nos Ordonnances ; mais à l'égard du passé, Nous voulons bien user d'indulgence pour le repos et la tranquillité des Peuples d'une Province dont l'affection et le zèle pour notre service nous engagent à lui donner de plus en plus des marques de notre protection. A CES CAUSES, et autres considérations à ce Nous mouvant, de l'avis de notre Conseil, et de notre certaine science, pleine puissance et autorité royale, Nous avons, par ces présentes signées de notre main, dit, déclaré et ordonné, disons, déclarons et ordonnons, voulons et Nous plaît ce qui suit :

ARTICLE PREMIER.

L'Edit de Février 1700 sera exécuté selon sa forme et teneur ; et en conséquence, ordonnons que tous les Testamens ou autres Actes de disposition de dernière volonté, qui seront passés, dans notredite Province de Roussillon, par-devant les Curés ou autres personnes publiques, ne pourront être rédigés qu'en langue française, à peine de nullité.

II. Notre Ordonnance du mois d'août 1735, concernant les Testamens, sera pareillement exécutée ; et en conséquence, ordonnons que, dans tous lesdits Testamens ou Actes de dernière volonté, qui seront reçus par les Curés ou autres personnes publiques, il sera fait mention expresse de la lecture faite au Testateur de ses dernières dispositions, en la forme et ainsi qu'il est prescrit par ladite Ordonnance, a peine de nullité.

III. Enjoignons aux Curés, et autres personnes publiques qui recevront lesdits Testamens ou Actes de dernière volonté, de se conformer aux dispositions desdits deux articles précédens, sous telle peine qu'il appartiendra, suivant l'exigence des cas.

IV. Et néanmoins, par grâce spéciale, et sans tirer à conséquence, voulons que ceux desdits Testamens ou autres Actes de dernière volonté, faits par ces Testateurs qui seroient décédés avant ou dans les trois mois du jour de l'enregistrement de la présente Déclaration, ne puissent être argués de nullité, faute d'avoir été rédigés en langue française, ou faute de la mention de la lecture faite au Testateur desdits Actes, en la forme et ainsi qu'il est prescrit par notredite Ordonnance, sauf et sans préjudice des autres moyens de fait et de droit qui pourroient être proposés contre lesdits Testamens ou autres Actes de dernière volonté.

V. N'entendons au surplus comprendre, en la disposition

portée par l'Article précédent, ceux desdits Testamens ou Actes de dernière volonté, sur lesquels il auroit été passé des Transactions ou conventions, rendu des Arrêts ou des Jugemens passés en force de chose jugée; lesquels Arrêts ou Jugemens, Transactions ou Conventions, seront exécutés comme avant notre présente Déclaration, sauf et sans préjudice de voies de droit ou autres moyens qui pourroient leur être opposés. SI DONNONS EN MANDEMENT à nos amés et féaux Conseillers les Gens tenant notre Conseil-supérieur de Roussillon, que ces Présentes ils ayent à faire lire, publier et registrer, et le contenu en icelles garder et observer selon leur forme et teneur, cessant et faisant cesser toutes choses à ce contraires: CAR tel est notre plaisir. En témoin de quoi Nous avons fait mettre notre scel à cesdites Présentes. DONNÉ à Versailles, le vingt-quatrième jour du mois de Mars, l'an de grâce mil sept cent cinquante-quatre, et de notre Règne le trente-neuvième. *Signé* LOUIS. *Et plus bas*, Par le Roi, R. DE VOYER. Et scellée du grand sceau de cire jaune.

LA COUR, oüi, ce requérant le Procureur-Général du Roi, a ordonné que ladite Déclaration sera registrée en ses Registres, pour être gardée et exécutée selon sa forme et teneur, lue, publiée et affichée dans toutes les Villes et Lieux du Ressort; et copies collationnées envoyées aux Siéges Royaux, pour y être pareillement registrées, et le contenu observé; le tout à la diligence du Procureur du Roi: Enjoint à ses Substituts d'en certifier la Cour dans le mois. Fait au Conseil, le six Mai mil sept cent cinquante-quatre. Collationné.

Signé BRUNET.

LETTRES-PATENTES DU ROI,

Concernant les Testamens et autres Actes de dernière volonté, qui seront passés dorénavant dans la Ville, Banlieue et Chef-lieu de Valenciennes.

Données à Versailles, le 19 Décembre 1771.

LOUIS, par la grâce de Dieu, Roi de France et de Navarre: A tous ceux qui ces présentes Lettres verront, SALUT. Les difficultés qui se sont élevées dans la Ville, Chef-lieu et Banlieue de Valenciennes, sur l'exécution de notre Ordonnance du mois d'Août 1735, concernant les Testamens, ont déjà excité notre attention, et Nous avons réformé, par notre Déclaration du 16 Mai 1763, un abus qui s'y étoit introduit, contre l'esprit et les dispositions de cette Loi, quant à la forme dans laquelle les Notaires recevoient les Testamens nuncupatifs: Plusieurs circonstances ne nous permirent pas alors de nous expliquer sur un objet plus important, qui consistoit à sçavoir si les Testamens mystiques ou secrets pourroient avoir lieu dans cette Ville, Chef-lieu et Banlieue, depuis notredite Ordonnance, et quelle étoit la forme qui devoit être suivie, s'ils y étoient admis. Par l'examen que nous avons fait faire de ces deux questions, Nous avons reconnu que l'Art. CXV de la Coutume de Valenciennes, autorisant les Testamens mystiques, ceux qui vouloient tester dans cette forme, se trouvoient dans le cas des Articles IV et XIII de notredite Ordonnance, par lesquels Nous avons confirmé l'usage de ces Testamens dans les lieux où les Statuts et Coutumes les avoient introduits, en déclarant en même temps que nous n'entendions pas y déroger, en ce qui concerne le nombre des Témoins requis pour ces Testamens, s'il se trouvoit moindre que celui prescrit par le Droit Romain: Mais quoique le texte même de notredite Ordonnance pût suffire pour faire cesser toutes contestations à ce sujet; cependant le desir d'assurer de plus en plus la tranquillité des familles, et de donner à nos Sujets de notredite Ville, Banlieue et Chef-lieu, des témoignages de notre affection, en leur conservant une forme de tester que son ancienneté leur a rendu précieuse, et qui ne tend qu'à assurer davantage les vraies dispositions du Testateur, Nous a déterminés a Nous expliquer encore plus particulièrement à ce sujet. A CES CAUSES et autres a ce Nous mouvant, de l'avis de notre Conseil, et de notre certaine science, pleine puissance et autorité royale, Nous avons dit, déclaré et ordonné, et par ces Présentes signées de notre main, disons, déclarons et ordonnons, voulons et Nous plaît, que les Articles IV et XIII de notre Ordonnance du mois d'Août 1735, et l'Article CXV de la Coutume de notredite Ville, Banlieue et Chef-lieu de Valenciennes, seront exécutés selon leur forme et teneur; en conséquence, voulons qu'à l'avenir, et à compter du jour de la publication et enregistrement de notre présente Déclaration, ceux qui voudront faire des Testamens ou Actes de dernière volonté, mystiques ou secrets, après les avoir écrits ou fait écrire, et signés, s'ils le peuvent, soient tenus de les présenter suivant la nature des biens compris dans la disposition, ou à un Notaire, ou à deux Echevins, ou à deux Jurés de Cattels, dont un sera Notaire; auxquels Notaire, Echevins ou Jurés, ils déclareront que ce sont leurs dernières volontés, et les requerront de les recevoir et de les signer, sans en faire lecture; ce que lesdits Notaires, Echevins ou Jurés seront tenus de faire sur-le-champ, et de signer soit au dos desdites dispositions, soit au pied d'icelles, et d'y faire mention du jour, de l'année et du lieu où lesdits Actes leur auront été présentés; dérogeant, en tant que de besoin, à toutes Loix et Usages à ce contraires, sans toutefois que lesdits Testamens ou Actes de dernière volonté, qui auroient été passés èsdits lieux en autres formes, par des Testateurs décédés avant la publication et enregistrement des Présentes, puissent être attaqués de nullité, sous prétexte de l'omission d'aucunes desdites formalités, sauf les autres moyens de droit. SI DONNONS EN MANDEMENT à nos amés et féaux Conseillers les Gens tenant notre Cour de Parlement à Paris, que ces Présentes ils ayent à faire lire, publier et registrer; et le contenu en icelles garder, observer et exécuter selon sa forme et teneur: CAR tel est notre plaisir. En témoin de quoi Nous avons fait mettre notre scel à cesdites Présentes. DONNÉ à Versailles, le dix-neuvième jour du mois de Décembre, l'an de grâce mil sept cent soixante-onze, et de notre règne le cinquante-septième. *Signé* LOUIS. *Et plus bas*, Par le Roi. *Signé* MONTEYNARD. Et scellées du grand Sceau de cire jaune.

Registrées, ouï, ce requérant le Procureur-Général du Roi, pour être exécutées selon leur forme et teneur; et Copies collationnées envoyées au Conseil Supérieur de Douay, pour y être lues, publiées et registrées, conformément à l'Edit du mois de Février dernier, suivant l'Arrêt de ce jour. A Paris, en Parlement, le sept Janvier mil sept cent soixante-douze.

Signé VANDIVE.

ORDONNANCE DU ROI,

Concernant les Substitutions.

Donnée au Camp de la Commanderie du Vieux-Jonc, au mois d'Août 1747.

Louis, par la grâce de Dieu, Roi de France et de Navarre : A tous présens et à venir, Salut. Dans la résolution que Nous avons prise de faire cesser l'incertitude et la diversité des Jugemens qui se rendent dans les différens Tribunaux de Notre Royaume, quoique sur le fondement des mêmes Loix, la matière des donations entre-vifs et celle des testamens Nous ont paru, par leur importance, devoir être les premiers objets de notre attention, et elles ont fait le sujet de nos Ordonnances des mois de Février 1731 et d'Août 1735 : Nous nous sommes proposés ensuite d'établir la même uniformité de Jurisprudence à l'égard des Substitutions fidéicommissaires, qui peuvent se faire également par l'un et par l'autre genre de disposition ; mais la matière des fidéicommis, fort simple dans son origine, est devenue beaucoup plus composée, depuis que l'on a commencé à étendre les Substitutions, non-seulement à plusieurs personnes appelées les unes après les autres, mais à plusieurs degrés, ou a une longue suite de générations. Il s'est formé par-là comme un nouveau genre de succession, où la volonté de l'homme prenant la place de la Loi, a donné lieu d'établir aussi un nouvel ordre de Jurisprudence, qui a été reçu d'autant plus favorablement, qu'on l'a regardé comme tendant à la conservation du patrimoine des familles, et à donner aux Maisons les plus illustres le moyen d'en soutenir l'éclat ; mais le grand nombre de difficultés qui se sont élevées, soit sur l'interprétation de la volonté souvent équivoque du Donateur ou du Testateur, soit sur la composition de son patrimoine, et sur les différentes détractions dont les Fidéicommis sont susceptibles, soit au sujet du recours subsidiaire des femmes sur les biens grevés de Substitution, a fait naître une infinité de procès, qu'on a vu même se renouveler plusieurs fois à chaque ouverture de fidéicommis ; en sorte que, par un événement contraire aux vues de l'auteur de la Substitution, il est arrivé que ce qu'il avoit ordonné pour l'avantage de sa famille, en a causé quelquefois la ruine. D'un autre côté, la nécessité d'assurer et de favoriser la liberté du commerce, ayant exigé de la sagesse de la Loi, qu'elle établit des formalités nécessaires pour rendre les Substitutions publiques, la négligence de ceux qui étoient obligés de remplir ces formalités est devenue une nouvelle source de contestations, où les suffrages des Juges ont eté suspendus entre la faveur d'un Créancier ou d'un Acquéreur de bonne foi, et celle d'un Substitué qui ne devoit pas être privé des biens substitués, par la faute de celui qui étoit chargé de les lui remettre. C'est par toutes ces considérations, qu'aprés avoir pris les avis des principaux Magistrats de nos Parlemens, et des Conseils-supérieurs de notre Royaume, qui Nous ont rendu un compte exact de leurs Jurisprudences différentes, Nous avons cru que les deux principaux objets de la matière des fidéicommis demandoient que Nous partageassions cette Loi en deux Titres différens. Le premier comprendra tout ce qui concerne les Substitutions fidéicommissaires considérées en elles-mêmes, et les droits qui peuvent être exercés sur les biens substitués. Le second regardera les obligations imposées à ceux qui sont grevés de substitution, soit pour leur donner le caractère de publicité qui leur est nécessaire, soit ponr assurer la consistance et l'emploi des effets qui en font partie, soit pour l'expédition et le jugement des contestations qui s'élevent dans une matière si importante. Si la multitude et la subtilité des questions abstraites dont elle est remplie, l'opposition qui régne à cet égard non-seulement entre les opinions des plus célèbres Jurisconsultes, mais entre les Jugemens des Tribunaux les plus éclairés, et la nécessité de résoudre des doutes où le poids presque égal des raisons qu'on oppose de part et d'autre, rend le choix si difficile entre les sentimens contraires, ont retardé plus long-temps que Nous ne l'aurions desiré la publication de cette Ordonnance, Nous espérons que nos Peuples en seront dédommagés par la grande attention que Nous avons eue à la mettre dans l'état de perfection dont elle pouvoit être susceptible. Loin de vouloir y donner la moindre atteinte à la liberté de faire des Substitutions, Nous ne nous sommes proposés que de les rendre plus utiles aux familles; et notre application à prévenir toutes les interprétations arbitraires par des régles fixes et uniformes, ne servira qu'à faire respecter encore plus la volonté des Donateurs et des

Testateurs, en les obligeant seulement à l'expliquer d'une manière plus expresse. C'est ainsi que Nous donnerons à nos Sujets une nouvelle preuve du soin que Nous prenons de maintenir le bon ordre au-dedans de notre Royaume, par l'autorité de nos Loix, dans le temps même que Nous sommes le plus occupés à le défendre au-dehors par la force de nos armes, dont le principal objet est de procurer le grand bien de la Paix à un peuple si digne de notre affection par son attachement pour notre Personne, et par le zèle qu'il fait éclater tous les jours de plus en plus pour notre service. A CES CAUSES, et autres à ce Nous mouvant, de l'avis de notre Conseil, et de notre certaine science, pleine puissance et autorité royale, Nous avons dit, déclaré et ordonné, disons, déclarons et ordonnons, voulons et Nous plaît ce qui suit :

TITRE PREMIER.

Des biens qui peuvent être substitués; des clauses, conditions, et de la durée des Substitutions; et des droits qui peuvent être exercés sur lesdits biens.

ARTICLE PREMIER.

Les Substitutions fidéicommissaires dans les pays où elles sont en usage, pourront être faites par toutes personnes capables de disposer de leurs biens, de quelque état et condition qu'elles soient.

II. Les biens qui sont immeubles par leur nature, pourront être chargés de Substitution, encore qu'ils fussent réputés meubles à certains égards, par les dispositions des Loix ou Coutumes des lieux.

III. Les offices et les rentes constituées à prix d'argent ou autrement, pourront être chargés de Substitution, soit dans les pays où les biens de ladite qualité sont réputés immeubles, soit dans ceux où ils sont regardés comme meubles; et en cas de vente, suppression ou réunion desdits offices, ou de rachat desdites rentes, il sera fait emploi du prix desdits offices porté par le contrat de vente, ou qui aura été par Nous fixé, ou du principal desdites rentes, en cas de remboursement, le tout suivant les règles qui seront prescrites dans le Titre second de la présente Ordonnance.

IV. Les deniers comptans, meubles, droits et effets mobiliers, seront censés compris dans la Substitution, lorsqu'elle sera apposée à une disposition universelle, ou faite par forme de quotité, à moins qu'il n'en ait été autrement ordonné par l'auteur de la Substitution; et il en sera fait emploi, ainsi qu'il sera réglé par le Titre second, à l'exception de ceux qui seront ci après marqués.

V. Les biens mentionnés dans l'Article précédent, ne pourront être chargés d'aucune Substitution particulière, qu'en cas qu'il ait été ordonné expressément par l'auteur de la Substitution, qu'il sera fait emploi des deniers comptans, ou de ceux qui proviendront de la vente, ou du recouvrement desdits meubles, droits ou effets mobiliers.

VI. N'entendons comprendre dans la disposition des deux Articles précédens, les bestiaux et ustensiles servant à faire valoir les terres, lesquels seront censés compris dans les Substitutions desdites terres, sans distinction entre les dispositions universelles et particulières; et le grevé de Substitution ne sera point tenu de les vendre et d'en faire emploi, mais il sera tenu de les faire priser et estimer, ainsi qu'il sera réglé par le Titre second, pour en rendre d'une égale valeur lors de la restitution du fidéicommis, à peine de tous dépens, dommages et intérêts.

VII. Les meubles meublans, et autres choses mobiliaires qui servent à l'usage ou à l'ornement des châteaux ou maisons, pourront être chargés des mêmes substitutions que les châteaux ou maisons où ils seront, pour être conservés en nature, pourvu néanmoins que l'auteur de la Substitution l'ait ainsi ordonné expressément, soit qu'il s'agisse d'une Substitution universelle, ou qu'elle soit particulière; et en ce cas, le greve de Substitution sera tenu de les rendre en nature, tels qu'ils seront, lors de la restitution du fidéicommis, à peine de tous dépens, dommages et intérêts.

VIII. Faisons defenses de faire aucune Substitution universelle ou particulière, sous la condition de conserver en nature aucuns autres effets mobiliers, que ceux qui sont mentionnés dans les deux Articles précédens, à peine de nullité de la substitution à l'égard desdits effets : voulons que celui auquel ladite condition auroit été imposée, les possède librement, sans même qu'il soit tenu d'en imputer la valeur sur ses détractions.

IX. Les Substitutions apposées aux donations entre-vifs, ne pourront avoir leur effet à l'égard des meubles ou effets mobiliers, qu'en cas qu'il en ait été fait un état signé des Parties, et annexé à la minute de la donation, lequel état contiendra l'estimation desdits meubles et effets; le tout à peine de nullité de la Substitution à l'égard desdits effets, sans préjudice, au surplus, de l'exécution de l'Article XV de notre Ordonnance du mois de Février 1731, concernant les donations.

X. Le Donataire, chargé de Substitution, sera tenu de faire emploi du prix des meubles et effets qui auront été compris dans l'état mentionné en l'Article précédent, lequel emploi sera fait suivant ce qui sera prescrit par le Titre second de la présente Ordonnance.

XI. Les Substitutions faites par un contrat de mariage, ou par une donation entre-vifs, bien et dûment acceptées, ne pourront être révoquées; ni les clauses d'icelles changées, augmentées ou diminuées par aucune convention ou disposition postérieure, même du consentement du Donataire; et en cas qu'il renonce à la donation faite en sa faveur, la Substitution sera ouverte au profit de ceux qui y auront été appelés.

XII. La disposition de l'Article précédent aura lieu pareillement par rapport aux institutions contractuelles : Voulons que lesdites institutions, comme aussi les Substitutions qui y seront apposées, soient irrévocables, soit entre Nobles ou entre Roturiers, dans tous les pays où elles sont en usage.

XIII. Les biens qui auront été donnés par un contrat de mariage, ou par une donation entre vifs, sans aucune charge de Substitution, ne pourront en être grevés par une donation ou disposition postérieure, encore qu'il s'agisse d'une donation faite par un pére à ses enfans, que la Substitution comprenne expressément les biens donnés, et qu'elle soit faite en faveur des enfans ou descendans du Donateur ou du Donataire.

XIV. Lorsque la donation ou l'institution contractuelle aura été faite a la charge de remettre les biens donnés à celui que le Donateur ou Donataire voudra choisir, celui qui sera élu ne pourra, sous prétexte de l'élection faite en sa faveur, être chargé d'aucune Substitution.

XV. Le contenu aux deux Articles précédens sera exécuté, quand même le contrat de mariage ou l'acte de donation contiendroit une réserve faite par le Donateur, de la faculté de charger dans la suite de Substitution les biens par lui donnés, laquelle réserve sera regardée à l'avenir comme nulle et de nul effet, sans préjudice de l'exécution des réserves portées par des actes antérieurs à la publication de la présente Ordonnance.

XVI. N'entendons rien innover par les Articles XIII, XIV et XV, en ce qui concerne les dispositions par lesquelles le Donateur feroit une nouvelle libéralité au Donataire, soit entre-vifs ou à cause de mort, à condition que les biens qu'il lui avoit précédemment donnés, demeureroient chargés de Substitution; et en cas que ledit Donataire accepte la nouvelle liberalité faite sous ladite condition, il ne lui sera plus permis de diviser les deux dispositions faites à son profit, et de renoncer à la seconde pour s'en tenir à la première, quand même il offriroit de rendre les biens compris dans la seconde disposition, avec les fruits par lui perçus.

XVII. Dans le cas porté par l'Article précédent, où le Donataire auroit accepté la nouvelle libéralité faite sous la condition de Substitution, même pour les biens précédemment donnés, ladite Substitution n'aura effet que du jour qu'il l'aura acceptée, ou qu'il en aura fait ordonner l'exécution à sou profit.

XVIII. Nentendons que la disposition des Articles XIII, XIV et XV, puisse avoir effet pour les donations entre mari et femme, ou faite par le père de famille aux enfans étant en sa puissance, ou autre donation a cause de mort, dans les pays où elles sont en usage.

XIX. Les enfans qui ne seront point appelés expressément à la Substitution, mais qui seront seulement mis dans la condition, sans être chargés de restituer à d'autres, ne seront, en aucun cas, regardés comme étant dans la disposition, encore qu ils soient dans la condition en qualité de mâles; que la condition soit redoublée, que les grevés soient obligés de porter le nom et armes de l'auteur de la Substitution, et qu'il y ait prohibition de faire détraction de la Quarte Trébellia-

nique,

nique, ou qu'il se trouve des conjectures tirées d'autres circonstances, telles que la noblesse et la coutume de la famille, ou la qualité et la valeur des biens substitués ou autres présomptions, à toutes lesquelles Nous defendons d'avoir aucun égard, à peine de nullité.

XX. Ceux qui sont appelés à une Substitution, et dont le droit n'aura pas été ouvert avant leur décès, ne pourront, en aucun cas, être censés en avoir transmis l'espérance à leurs enfans ou descendans, encore que la Substitution soit faite en ligne directe par des ascendans, et qu'il y ait d'autres Substitués appelés à la même Substitution après ceux qui seront décédés, et leurs enfans ou descendans.

XXI. La représentation n'aura point lieu dans les Substitutions, soit en ligne directe ou en collatérale, et soit que ceux en faveur de qui la Substitution aura été faite, y ayent été appelés collectivement, ou qu'ils ayent été désignés en particulier, et nommés suivant l'ordre de la parenté qu'ils avaient avec l'auteur de la Substitution ; le tout à moins qu'il n'ait ordonné par une disposition expresse que la représentation y auroit lieu, ou que la Substitution seroit déférée suivant l'ordre des successions légitimes.

XXII. Dans les Substitutions auxquelles les filles sont appelées au défaut des mâles, elles recueilleront les biens substitués dans l'ordre qui aura été réglé entre elles par l'auteur de la Substitution ; et s'il n'a pas marqué expressément ledit ordre, celles qui se trouveront les plus proches du dernier possesseur desdits biens les recueilleront, en quelque degré de parenté qu'elles se trouvent à l'égard de l'auteur de la Substitution, et encore qu'il y eût d'autres filles qui en fussent plus proches, ou d'une branche aînee.

XXIII. Dans les Substitutions faites sous la condition que le grevé vienne à décéder sans enfans, le cas prévu par ladite condition sera censé être arrivé, lorsqu'au jour du décès du grevé il n'y aura aucuns enfans légitimes et capables des effets civils, sans qu'on puisse avoir égard à l'existence des enfans naturels, même légitimes, autrement que par mariage subséquent, ni pareillement à l'existence des enfans morts civilement par condamnation pour crime, ou incapables des effets civils par la profession solennelle de la vie religieuse, ou pour quelqu'autre autre cause que ce soit.

XXIV. Dans tous les cas où la condamnation pour crime emporte mort civile, elle donnera lieu à l'ouverture de fidéicommis, comme la mort naturelle ; ce qui sera pareillement observé à l'égard de ceux qui auront fait profession solennelle de la vie religieuse.

XXV. La condition de se marier sera censée avoir manqué, et celle de ne se point marier (dans le cas où elle peut être valable) sera censée accomplie, lorsque la personne à qui l'une ou l'autre desdites conditions avoit été imposée, aura fait profession solennelle dans l'état religieux.

XXVI. Dans tout testament, autre que le militaire, la caducité de l'institution emportera la caducité de la Substitution fidéicommissaire, si ce n'est lorsque le testament contiendra la cause codicillaire.

XXVII. La renonciation de l'Héritier institué, ou du Légataire ou Donataire grevé de Substitution, ne pourra nuire au Substitué, lequel audit cas prendra la place dudit Héritier, Légataire ou Donataire, soit qu'il y ait une clause codicillaire dans le testament, ou qu'il n'y en ait point ; et pareillement en cas de renonciation du Substitué, celui qui sera appelé après lui prendra sa place.

XXVIII. Celui qui sera appelé à une substitution fidéicommissaire, pourra y renoncer, soit après qu'elle aura été ouverte à son profit, soit avant que le droit lui en soit échu ; mais, dans ce dernier cas, la renonciation ne sera valable que lorsqu'elle sera faite par un acte passé par-devant Notaires, avec celui qui se trouvera chargé de la Substitution, ou avec le Substitué qui sera appelé après celui qui renoncera, duquel acte il restera minute, à peine de nullité.

XXIX. L'exhérédation prononcée par les pères ou mères, ne pourra priver les enfans déshérités des biens qu'ils doivent recueillir, en vertu des Substitutions faites par leurs ascendans ou autres, si ce n'est que l'auteur de la Substitution eût ordonné expressément que les enfans qui auroient encouru l'exhérédation, seroient privés des biens par lui substitués, ou qu'ils ne soient dans un des cas où, par la disposition des Ordonnances, ils sont déclarés déchus et incapables de toutes successions.

XXX. L'Article LIX de l'Ordonnance d'Orléans sera exécuté ; et en conséquence, toutes les Substitutions faites, soit par contrat de mariage ou autre acte entre-vifs, soit par disposition à cause de mort, en quelques termes qu'elles soient conçues, ne pourront s'étendre au-delà de deux degrés de Substitués, outre le Donataire, l'Héritier institué ou Légataire, ou autre qui aura recueilli le premier les biens du Donateur ou Testateur : N'entendons déroger, par la présente disposition, à l'Article LVII de l'Ordonnance de Moulins, par rapport aux Substitutions qui seroient antérieures à ladite Ordonnance.

XXXI. Dans les Provinces où les Substitutions avaient été étendues par l'usage jusqu'à quatre degrés, outre l'institution, la restriction à deux degrés portée par l'Article précédent, n'aura lieu que pour les Substitutions qui seront faites à l'avenir, sans qu'elle puisse avoir effet à l'égard des Substitutions faites dans lesdites Provinces, par des actes entre-vifs antérieurs à la publication des Présentes, ou par des dispositions à cause de mort, lorsque celui qui aura fait lesdites dispositions sera décédé avant ladite publication.

XXXII. N'entendons rien innover, quant à présent, à l'égard des Provinces où les Substitutions n'ont pas encore éte restreintes à un certain nombre de degrés, Nous réservant d'y pourvoir dans la suite, sur le compte qui Nous en sera rendu, ainsi que Nous le jugerons convenable pour le bien et avantage de nos Sujets desdites Provinces.

XXXIII. Les degrés de Substitution seront comptés par têtes, et non par souches ou générations, de telle manière que chaque personne soit comptée pour un degré.

XXXIV, En cas que la Substitution ait été faite au profit de plusieurs fréres ou autres appelés conjointement, ils seront censés avoir rempli un degré, chacun pour la part et portion qu'il aura recueillie dans lesdits biens ; en sorte que si ladite part passe ensuite à un autre Substitué, même à un de ceux qui avoient été appelés conjointement, il soit regardé comme remplissant à cet égard un second degré.

XXXV. La disposition des deux Articles précédens n'aura effet que pour les Substitutions qui seront faites à l'avenir dans les pays où l'usage étoit de compter les degrés par souches, n'entendant rien innover en ce qui concerne les degrés qui restent à remplir des Substitutions faites dans lesdits pays, par des actes entre-vifs antérieurs à la publication des Présentes, ou par des dispositions à cause de mort, lorsque celui qui aura fait lesdites dispositions, sera décédé avant ladite publication.

XXXVI. Lorsque le grevé de Substitution aura accepté la disposition faite en sa faveur. soit expressément par des actes ou par demandes formées en Justice, soit tacitement, en s'immisçant dans la possession des biens substitués, il sera censé avoir recueilli l'effet de ladite disposition, en sorte que le premier degré de Substitution soit compté après lui; ce qui aura lieu, encore qu'il eût révoqué lesdits actes, ou qu'il se fût désisté desdites demandes, ou les eût laissé périr ou prescrire, ou qu'il offrît de rendre les biens dont il se seroit mis en possession avec les fruits par lui perçus; Voulons que le contenu au présent Article soit pareillement observé dans chaque degré de Substitution, lequel sera censé rempli dans les mêmes cas par chaque substitué.

XXXVII. Lorsque le grevé de Substitution aura renoncé à la disposition faite en sa faveur, sans s'être immiscé dans les biens substitués, ou qu'il sera mort sans l'avoir acceptée, ni expressément, ni tacitement, suivant ce qui est porté par l'Article précédent, le Substitué du premier degré en prendra la place; en sorte que les degrés de Substitution ne seront comptés qu'aprés lui, et dans les mêmes cas de renonciation ou d'abstention d'un des Substitués, il ne sera point censé avoir rempli un degré, et celui qui sera appelé après lui prendra sa place, le tout encore que la renonciation ou l'abstention dudit grevé ou dudit Substitué n'eût pas été gratuite.

XXXVIII. N'entendons néanmoins que la disposition de l'Article précédent puisse avoir lieu dans le cas où les Créanciers du grevé ou du Substitué auroient été admis à accepter la disposition faite à son profit, ou à demander l'ouverture de la Substitution, au lieu de leurs Débiteurs, pour jouir pendant sa vie des biens substitués; auquel cas les degrés de Substitution seront comptés comme s'il avoit recueilli lui-même lesdits biens.

XXXIX. Voulons au surplus que les Héritiers, ayans-cause, ou Créanciers de celui qui aura renoncé à la disposition ou à la substitution faite en sa faveur, ou qui sera mort sans l'avoir acceptée expressément ou tacitement, et sans que ses Créanciers ayent été admis à l'accepter pour lui, ne puissent exercer aucuns droits sur les biens substitués, au préjudice de ceux qui seront appelés après lui à la Substitution.

XL. Le fidéicommissaire, même à titre universel, ne sera

saisi de plein droit, encore que la Substitution eût été faite en ligne directe ; mais il sera tenu d'obtenir la délivrance ou la remise du fidéicommis, et les fruits ne lui seront dus, en conséquence dudit fideicommis, que du jour de l'acte par lequel l'exécution de la Substitution aura été consentie, ou de la demande qu'il aura formée à cet effet, sans qu'il puisse évincer les tiers possesseurs des biens compris dans la Substitution, qu'après avoir obtenu ladite délivrance ou remise, et avoir satisfait à ce qui sera prescrit par les Articles XXXV, XXXVI et XXXVII du Titre second de la présente Ordonnance.

XLI. Lorsqu'il échoira de procéder à la distinction des biens libres et des biens substitués, et à la liquidation des détractions, les Héritiers, Représentans ou ayans-cause de l'auteur de la Substitution, ou de celui qui en était chargé, auront la jouissance provisoire des biens faisant partie de la succession, jusqu'à ce que lesdites distinction et liquidation ayent été faites ; à l'effet de quoi, les Juges régleront le délai dans lequel il y sera procédé ; et après l'expiration dudit delai, ils pourront ordonner que celui qui aura droit aux biens substitués, sera mis en possession de tout ou partie desdits biens, ou y pourvoir autrement, ainsi qu'il appartiendra, suivant l'exigence des cas.

XLII. La restitution du fidéicommis faite avant le temps de son échéance par quelque acte que ce soit, ne pourra empêcher que les Créanciers du grevé de Substitution qui seront antérieurs à ladite remise, ne puissent exercer sur les biens substitués les mêmes droits et actions, que s'il n'y avait point eu de restitution anticipée ; et ce jusqu'au temps où le fidéicommis devait être restitué ; ce qui aura lieu ; même à l'égard des Créanciers chirographaires, pourvu que leurs créances ayent une date certaine avant ladite remise.

XLIII. Ne pourra pareillement ladite restitution anticipée nuire à ceux qui auroient acquis des biens substitués de celui qui aura fait ladite restitution, et ils ne pourront être évincés par celui à qui elle aura été faite, qu'après le temps où le fidéicommis auroit dû lui être restitué.

XLIV. L'hypothèque ou le recours subsidiaire accordé aux femmes sur les biens substitués, en cas d'insuffisance des biens libres, aura lieu, tant pour le fonds ou capital de la dot, que pour les fruits ou intérêts qui en seront dus.

XLV. Ladite hypothèque aura lieu pareillement en faveur de la femme et de ses enfans, tant pour le fonds, que pour les arrérages du douaire, soit coutumier ou préfix ; à la charge néanmoins que si le douaire préfix excédoit le douaire coutumier, il sera réduit sur le pied dudit douaire coutumier, eu égard à la quantité des biens du mari, tant libres que substitués, sur lesquels le douaire doit avoir lieu suivant la disposition des Coutumes.

XLVI. Dans les pays où la stipulation de l'augment de dot est usitée, soit sous ce nom, ou sous celui d'agencement, de gain de survie, ou de donation à cause de noces, ladite hypothèque subsidiaire aura lieu, tant pour le principal que pour les intérêts dudit augment, et ce jusqu'à concurrence de la quotité qui est reglée par les Statuts, Coutumes et Usages desdits pays, sans néanmoins qu'en aucun cas la femme puisse exercer ladite hypothèque pour une plus grande quotité que le tiers de la dot, encore que l'augment fût plus considérable.

XLVII. En cas que les biens substitués soient situés dans des pays régis par des Lois différentes, la femme du grevé de Substitution exercera ses droits à l'égard des biens situés dans les pays où l'on observe le Droit Coutumier, ainsi qu'il est régle par l'Article XLV ; et à l'égard des biens situés dans les lieux où l'on suit le Droit Ecrit, suivant ce qui est porté par l'Article précédent.

XLVIII. La femme du grevé de Substitution n'aura aucun recours sur les biens substitués pour le preciput, la donation de bagues et joyaux, et généralement pour toutes les autres libéralités et stipulations non comprises aux Articles précédens, ni pareillement pour son deuil.

XLIX. Lorsque les biens qui sont propres à la femme en Pays Coutumier, où ses biens dotaux dans les pays de Droit Ecrit auront été alienés de son consentement pendant le mariage, elle n'aura aucun recours, pour raison de ce, sur les biens substitués ; ce qui sera observé, même dans les pays où l'aliénation desdits biens est regardée comme nulle et de nul effet, sauf à elle à se pourvoir contre les Détenteurs desdits biens, suivant les dispositions des Lois, Coutumes ou Statuts qui y sont observés.

L. Il n'y aura pareillement aucun recours sur les biens substitués, pour l'indemnité de la femme qui se sera obligée volontairement pour son mari pendant le mariage, quand même elle aurait acquitté en tout ou en partie les dettes auxquelles elle s'était obligée, et ce sans distinction entre les pays où les obligations des femmes pour leurs maris sont réputées nulles, et ceux où elles sont regardées comme valables.

LI. En cas de contestation sur la suffisance ou l'insuffisance des biens libres, les Juges pourront ordonner que par provision la femme sera payée des intérêts de la dot, et des arrérages du douaire, ou intérêt de l'augment, agencement, gain de survie, ou donation à cause de noces, ou y pourvoir autrement, suivant l'exigence des cas.

LII. Toutes les dispositions des Articles précédens, sur l'hypothèque subsidiaire des femmes, auront lieu également dans tous les degrés de Substitution, et en faveur de chacune des femmes que ceux qui sont grevés de substitution se trouveront avoir épousées successivement, sans néanmoins qu'aucune desdites femmes puisse exercer ladite hypothèque contre les enfans ou descendans d'un mariage antérieur au sien, lorsque ce seront eux qui recueilleront l'effet de la Substitution.

LIII. Lesdites dispositions seront pareillement observées, encore que l'auteur de la Substitution soit un parent collatéral, ou un étranger, pourvu néanmoins qu'elle soit faite en faveur des enfans du grevé, ou en faveur d'un autre, au cas que le grevé vienne à décéder sans enfans.

LIV. Les Héritiers, successeurs ou ayans-cause, et pareillement les Créanciers de la femme, pourront exercer au lieu d'elle l'hypothèque subsidiaire sur les biens substitués, encore qu'elle ne l'eût pas exercée elle-même.

LV. Les adjudications par décret des biens substitués ne pourront avoir aucun effet contre les Substitués, lorsque les Substitutions auront été publiées et enregistrées suivant les règles qui seront prescrites par le Titre suivant; ce qui sera observé, encore que le Substitué eût un droit ouvert à ladite Substitution avant le décret, et même avant la saisie réelle, et qu'il n'eût point formé d'opposition audit décret, le tout si ce n'est que lesdits biens eussent été vendus pour les dettes de l'auteur de la Substitution, ou pour d'autres dettes ou charges antérieures à ladite Substitution.

LVI. Lorsqu'il y aura des biens féodaux ou censuels compris dans une Substitution, elle ne pourra nuire ni préjudicier aux Seigneurs dont lesdits biens sont mouvans; et en conséquence, il en sera usé à l'égard de chaque nouveau possesseur des biens substitués, ainsi que s'il avait pris la place du dernier possesseur desdits biens, par la voie de la succession ordinaire, ou par une donation; en sorte que dans tous les pays et dans tous les cas où les Héritiers naturels et légitimes ou les Donataires sont sujets dans les mutations au paiement du droit de relief, ou autre droit seigneurial, chaque Substitué soit pareillement obligé d'acquitter les mêmes droits, et réciproquement lorsque les Héritieres naturels et légitimes, ou les Donataires n'en sont pas tenus, les Substitués en seront pareillement exempts.

TITRE SECOND.

Des Règles à observer par ceux qui sont grevés de Substitution; des Juges qui en doivent connaître, et de l'autorité de leurs Jugemens.

ARTICLE PREMIER.

Après le décès de celui qui aura fait une Substitution, soit universelle ou particulière, il sera procédé, dans les formes ordinaires, à l'inventaire de tous les biens et effets qui composent la succession, à la requête de l'Héritier institué ou légitime, ou du Légataire universel, et ce dans le temps porté par les Ordonnances.

II. Faute par ledit Héritier institué ou légitime, ou par ledit Legataire universel, de satisfaire à l'Article précédent, dans le cas où la Substitution ne seroit pas faite en sa faveur, celui qui devra recueillir les biens substitués sera tenu, dans un mois après l'expiration du délai marqué par ledit Article, de faire procéder audit inventaire, en y appelant, outre les personnes mentionnées ci-après, ledit Héritier ou ledit Légataire universel, qui seront tenus de lui en rembourser les frais.

III. En cas de négligence de ceux qui sont dénommés dans les deux Articles précédens, voulons qu'il soit procedé audit inventaire, à la requête de notre Procureur au Siége de la qualité ci-après marquée, et aux frais dudit Héritier ou dudit Légataire universel, s'il est ainsi ordonné.

IV. L'inventaire sera fait par un Notaire Royal en présence du premier Substitué, s'il est majeur; ou de son Tuteur ou

Curateur, s'il est pupille, mineur ou interdit; ou du Syndic ou autre Administrateur, si la Substitution est faite au profit de l'Eglise; ou d'un Hôpital, Corps ou Communauté Ecclésiastique ou Laique.

V. En cas que le premier Substitué soit sous la puissance paternelle dans les pays où elle a lieu, et que le père soit chargé de Substitution envers lui, il lui sera nommé un Tuteur ou Curateur à l'effet dudit inventaire; et si le premier Substitué n'est pas encore né, il sera nommé un Curateur à la Substitution, qui assistera audit inventaire.

VI. Lorsqu'il y aura lieu de faire l'inventaire en Justice, suivant les régles observees en cette matière, il ne pourra y être procedé que de l'autorité du Bailliage, Sénéchaussée, ou autre Siége Royal ressortissant nuement en nos Cours de Parlement et Conseils-supérieurs, dans l'étendue où le ressort duquel étoit le lieu du domicile de l'auteur de la Substitution au jour de son décès, ou qui aura la connoissance des cas Royaux dans ledit lieu; ce qui sera exécuté, encore qu'il y ait eu un scellé apposé par un autre Juge, lequel sera tenu, audit cas, de renvoyer les Parties dans le Siége de la qualité ci-dessus marquée, et ledit inventaire sera fait en présence de notre Procureur audit Siége, outre les personnes dénommées dans les deux Articles précédens.

VII. L'inventaire contiendra la prisée des meubles, livres, tableaux, pierreries, vaisselle, équipages et autres choses semblables; ce qui sera observé dans les pays mêmes où il n'est pas d'usage de faire ladite prisée, et il y sera procédé suivant les formes requises auxdits pays, dans les cas où l'estimation des meubles ou effets mobiliers y a lieu; et à l'égard des pays où ladite prisée se fait avec crue dans les inventaires, voulons que ladite crue soit toujours censée faire partie de la prisée, en ce qui concerne la liquidation des droits et charges de ceux qui seront grevés de Substitution.

VIII. Le grevé de Substitution sera tenu de faire procéder à la vente par affiches et enchères de tous les meubles et effets compris dans la Substitution, à l'exception néanmoins de ceux qu'il pourroit être chargé de conserver en nature, suivant la disposition des Articles VI et VII du Titre Ier. de la présente Ordonnance.

IX. Laissons à la prudence des Juges d'ordonner, s'il y échet, que le grevé de Substitution pourra retenir lesdits meubles et effets mobiliers, ou partie d'iceux, s'il demande à les imputer suivant ladite prisée, en y ajoutant la crue, si ladite prisée a été faite avec une crue, sur ce qui lui est dû pour ses détractions ou autres droits, sans qu'audit cas il soit tenu de les faire vendre, ni d'en faire emploi.

X. Il sera fait emploi des deniers provenans du prix des meubles et effets qui auront été vendus, ensemble de l'argent comptant et de ce qu'il aura reçu des effets actifs; et ce, conformément à ce qui aura été ordonné par l'auteur de la Substitution, s'il a désigné la nature des effets dans lesquels ledit emploi doit être fait.

XI. En cas que l'auteur de la Substitution n'ait pas expliqué ses intentions sur ledit emploi, lesdits deniers seront employés d'abord au payement des dettes et remboursement des rentes, ou autres charges dont les biens substitués seroient tenus, si ce n'est qu'il fût plus avantageux à la Substitution de continuer de payer les arrérages desdites rentes et charges, que d'en rembourser les capitaux, ce que Nous laissons à la prudence des Juges; et le surplus ou le total, s'il n'y a pas de dettes, rentes ou charges que l'on puisse acquitter, ne pourra être employé qu'en acquisition de fonds de terres ou maisons, ou en rentes foncières ou constituées.

XII. Pour assurer ledit emploi, voulons que, par la même Ordonnance qui autorisera le grevé de Substitution, ou celui au profit duquel elle sera ouverte, à entrer en possession des biens substitués, suivant la disposition des Articles XXXV et XXXVI ci-après, il lui soit enjoint de faire ledit emploi dans un délai qui sera fixé par ladite Ordonnance; et ledit emploi sera fait en présence des personnes mentionnées aux Articles IV et V ci-dessus.

XIII. Le grevé de Substitution sera pareillement tenu de faire emploi des deniers qu'il pourra recevoir, soit du recouvrement des effets actifs, soit de la vente des Offices, ou en conséquence de la liquidation qui en aura été faite en cas de suppression ou de réunion, suivant ce qui est porté par l'Article III du Titre premier, soit du remboursement des rentes comprises dans la Substitution, et ce dans trois mois au plus tard après qu'il aura reçu lesdits deniers, lequel emploi sera fait ainsi qu'il a été ci-dessus réglé, et en présence des personnes mentionnées auxdits Art. IV et V, lesquels pourront faire à cet effet toutes les diligences nécessaires.

XIV. La disposition de l'Article précédent sera pareillement observée, en cas que l'emploi ait éte fait en rentes rachetables, et qu'elles soient remboursées.

XV. Faute par celui qui sera chargé de Substitution d'avoir fait l'emploi ou le remploi, ou d'avoir observé les règles ci-dessus prescrites, il en demeurera responsable sur tous ses biens libres, ensemble de tous les dépens, dommages et intérêts envers ceux qui sont appelés après lui à la Substitution, sans néanmoins que les Débiteurs des rentes qui auront été remboursés puissent être responsables du défaut d'emploi, lorsqu'il n'y aura point eu d'opposition formée entre leurs mains.

XVI. Tout ce qui a été ci-dessus réglé, au sujet dudit emploi ou remploi, sera observé par chacun de ceux qui recueilleront successivement les biens substitués, et sans aucune distinction entre les Substitutions faites par une disposition à cause de mort, et celles qui seront contenues dans un acte entre-vifs.

XVII. Le Substitué aura hypothèque sur les biens libres de celui qui aura négligé de faire ledit emploi ou remploi, ou qui aura fait des aliénations des biens substitués, tant pour les sommes capitales qui lui seroient dues, que pour ses dépens, dommages et intérêts, à compter du jour que celui qui n'auroit pas fait ledit emploi ou remploi, ou qui auroit fait lesdites aliénations, aura recueilli les biens substitués.

XVIII. Toutes les Substitutions fidéicommissaires faites, soit par des Actes entre-vifs, ou par des dispositions à cause de mort, seront publiées en Jugement, l'Audience tenant, et enregistrées au Greffe du Siége où la publication sera faite ; le tout à la diligence des Donataires. Héritiers institués, Légataires universels ou particuliers qui seront grevés de Substitutions, même des héritiers légitimes, lorsque la charge de la restitution du fidéicommis tombera sur eux dans les cas de droit.

XIX. La publication et l'enregistrement des Substitutions seront faits aux Bailliage, Sénéchaussée, ou autre Siége Royal ressortissant nuement en nos Cours de Parlement, ou Conseils-supérieurs, dans l'étendue ou le ressort duquel étoit le lieu du domicile de l'auteur de la Substitution, au jour de l'acte qui la contiendra, si elle est faite par un Acte entre-vifs ; ou au jour de son décès, si elle est contenue dans une disposition à cause de mort ; et pareillement dans les Siéges de la même qualité, dans l'étendue ou le ressort desquels seront situés les maisons et terres substituées, ou les fonds chargés de rentes foncières et autres droits réels qui seroient compris dans la Substitution.

XX. La disposition de l'Article précédent aura lieu, encore que l'auteur de la Substitution eût son domicile, ou que les biens fussent situés en tout ou en partie dans une Justice seigneuriale ressortissant immédiatement en nos Cours de Parlement, ou Conseils-supérieurs ; auquel cas la publication et enregistrement se feront dans le Siége Royal de la qualité marquée par l'Article précédent, qui y a la connoissance des cas royaux.

XXI. Il ne pourra être procédé à l'avenir à la publication et enregistrement des Substitutions, que dans les Siéges de la qualité marquée par les deux Articles précédens, encore que la Substitution fût antérieure à la publication de la présente Ordonnance ; ce qui sera observé a peine de nullité.

XXII. Lorsque la Substitution comprendra des rentes constituées sur Nous, ou sur notre bonne Ville de Paris, ou autres Villes, sur le Clergé, ou sur des Pays d'Etats, ou des Offices, elle sera publiée et enregistrée dans les Siéges de la qualité ci-dessus marquée, tant du lieu où lesdites rentes se payent, ou dans lequel se fait l'exercice desdits Offices, que du lieu du domicile de l'auteur de la Substitution.

XXIII. Dans le cas où l'emploi ci-dessus ordonné aura été fait en acquisition de maisons ou terres, rentes foncières, ou autres droits réels, ou en constitution de rentes mentionnées dans l'Article précédent : Voulons que, tant la Substitution que l'Acte d'emploi, soient publiés et registrés aux Siéges de la qualité marquée par les Articles XIX et XX, dans lesquels lesdites maisons ou terres, ou les héritages chargés desdites rentes foncières ou droits réels sont situés, ou dans lesquels lesdites rentes sont payées ; et en cas que la Substitution y eût été publiée et enregistrée, il suffira d'y publier et enregistrer l'Acte d'emploi.

XXIV. Dans chacun des Siéges ci-dessus marqués, il sera tenu un Registre particulier, qui sera coté et paraphé à chaque feuillet, clos et arrêté à la fin par le premier Officier du Siége, ou en son absence par celui qui le suit dans l'ordre du Tableau ; dans lequel Registre seront transcrits en entier les contrats, donations, testamens ou codicilles, qui contiendront des Substitutions ; à l'effet de quoi, la grosse ou expédition desdits Actes sera représentée, sans qu'il soit besoin d'en rapporter la minute.

XXV. Le Greffier ou Commis du Greffe sera tenu de donner communication dudit Registre, sans déplacer, à tous ceux qui la demanderont ; et pareillement d'en délivrer un extrait signé de lui, ou une expédition, toutes les fois qu'il en sera requis ; le tout sans qu'il soit besoin d'obtenir une Ordonnance du Juge à cet effet.

XXVI. Voulons que, suivant ce qui a été réglé par les Articles II, III et V de notre Déclaration du 17 février 1731, il ne puisse être reçu par l'Officier qui cotera et paraphera ledit Registre, que dix sols pour ceux qui seront de cinquante feuillets, vingt sols pour ceux qui auront cent feuillets, et trois livres pour ceux qui en contiendront un plus grand nombre ; et ne pourra être pris par le Greffier que dix sols pour son droit de recherche, et pareille somme pour chaque extrait qui sera par lui délivré ; et s'il est requis de délivrer des expéditions entières des Actes enregistrés, il lui sera payé par rôle de grosse le même droit qui se paye pour les expéditions en papier au Greffe du Siége.

XXVII. Les publication et enregistrement des Substitutions seront faits dans six mois, à compter du jour de l'Acte qui les contiendra, lorsqu'elles seront portées par un contrat de mariage, ou autre Acte entre-vifs ; et du jour du décès de celui qui les aura faites, lorsqu'elles seront contenues dans une disposition à cause de mort.

XXVIII. Lorsque la Substitution aura été dûment publiée et enregistrée dans ledit délai de six mois, elle aura effet, même contre les créanciers et les tiers-acquéreurs, à compter du jour de sa date, si elle est portée par un acte entre-vifs ; ou du jour du décès de celui qui l'aura faite, si elle est contenue dans une disposition à cause de mort.

XXIX. Pourra néanmoins être procédé à la publication et à l'enregistrement des Substitutions après l'expiration dudit délai de six mois ; mais, dans ce cas, la substitution n'aura effet contre les créanciers et les tiers-acquéreurs, que du jour qu'il aura été satisfait auxdites formalités, sans qu'elle puisse être opposée à ceux qui auront contracté avant ledit jour.

XXX. Dans le cas marqué par l'Article XXIII, le délai de six mois ci-dessus prescrit ne courra que du jour de l'acte qui contiendra l'emploi des deniers provenans de la Substitution; et lorsque la publication et enregistrement requis par ledit Article auront été faits dans ledit délai, la Substitution aura effet sur les biens mentionnés audit Article, à compter du jour dudit acte, même contre les créanciers et les tiers-acquéreurs; sinon elle n'aura effet contre eux, à l'égard desdits biens, que du jour de la publication et enregistrement.

XXXI. Toutes les aliénations faites par le grevé, ou par un des Substitués, au préjudice de la Substitution, à compter du jour qu'elle doit avoir son effet contre les créanciers et les tiers-acquéreurs, suivant les Articles précédens, ne pourront nuire aux Substitués; et en cas qu'ils revendiquent les biens aliénés, les acquéreurs seront tenus de les délaisser, sauf leur recours sur les biens libres du vendeur; ce qui sera observé, encore que le Substitué se trouve en même temps héritier pur et simple du vendeur, sans néanmoins qu'en ce cas il puisse déposséder l'acquéreur, qu'après l'avoir remboursé entièrement du prix de l'aliénation, frais et loyaux coûts.

XXXII. Les créanciers et tiers-acquéreurs pourront opposer le défaut de publication et d'enregistrement de la Substitution, même aux Pupilles, Mineurs ou Interdits, et à l'Eglise, Hôpitaux, Communautés, ou autres qui jouissent du privilége des Mineurs, sauf le recours desdits Pupilles, Mineurs et autres ci-dessus nommés, contre leurs Tuteurs, Curateurs, Syndics ou autres Administrateurs, et sans qu'ils puissent être restitués contre ledit défaut, quand même lesdits Tuteurs, Curateurs, Syndics, ou autres Administrateurs, se trouveroient insolvables.

XXXIII. Le défaut de publication et d'enregistrement ne pourra être supplée, ni regardé comme couvert par la connoissance que les créanciers ou les tiers-acquéreurs pourroient avoir eue de la Substitution, par d'autres voies que celles de la publication et de l'enregistrement; Voulons que le présent Article soit observé, à peine de nullité.

XXXIV. Les Donataires, Héritiers institués, Légataires universels ou particuliers, même les Heritiers légitimes de celui qui aura fait la Substitution, ni pareillement leurs Donataires, Héritiers institués ou légitimes, et Légataires universels ou particuliers, ne pourront, en aucun cas, opposer aux Substitués le défaut de publication et d'enregistrement de la Substitution.

XXXV. Voulant assurer pleinement l'observation des règles ci-dessus prescrites pour la conservation des droits des Substitués, et pour la sureté des familles, ordonnons qu'à l'avenir les Donataires, Héritiers institués, Légataires universels ou particuliers, qui seront grevés de Substitution, ou ceux qui prendront leur place à leur défaut, ne pourront se mettre en possession des biens compris dans la Substitution, qu'en vertu d'une Ordonnance du premier Officier des Sieges mentionnés dans les Articles XIX et XX, ou, en son absence, de celui qui le suit dans l'ordre du Tableau; laquelle Ordonnance ils ne pourront obtenir, qu'en rapportant l'acte de publication et d'enregistrement de la Substitution, comme aussi un extrait en bonne forme de la clôture de l'inventaire fait après le décès de l'auteur de la Substitution.

XXXVI. La disposition de l'Article précédent aura lieu pareillement à l'égard de ceux qui recueilleront la Substitution, en cas que celui qui en était chargé n'ait pas satisfait aux formalités prescrites par ledit Article.

XXXVII. L'ordonnance requise par les deux Articles précédens sera donnée sur une simple Requête, à laquelle sera attaché l'acte de publication et d'enregistrement, ensemble l'extrait en bonne forme de la clôture de l'inventaire, et sur les conclusions de notre Procureur, sans qu'il soit nécessaire d'y appeler d'autres Parties; et sera fait mention expresse desdits actes dans le vu de ladite Ordonnance, dont la minute sera mise au Greffe; le tout à peine de nullité.

XXXVIII. Il sera payé à l'Officier qui rendra ladite Ordonnance quatre livres dix sols, à notre Procureur trois livres, et une livre dix sols au Greffier; leur défendons de prendre autres ou plus grands droits, à peine de concussion.

XXXIX. La disposition des Articles XXXV, XXXVI et XXXVII, sera observée, encore que l'exécution des dispositions portant Substitution eût été consentie par des actes volontaires, lesquels ne pourront avoir aucun effet, qu'après que ceux au profit desquels ils auront été faits, auront satisfait auxdits Articles; ce qui sera exécuté, à peine de nullité.

XL. Voulons qu'il ne puisse être rendu aucun jugement sur les demandes qui seroient par eux formées en conséquence des actes portant Substitution, qu'après qu'il aura été satisfait auxdits Articles; ce qui sera pareillement observé, à peine de nullité.

XLI. Les fruits des biens, dont celui qui aura obtenu l'Ordonnance ci-dessus requise sera autorisé à prendre possession, lui appartiendront du jour qu'ils lui seront dus de droit, lorsqu'il aura fait procéder à la publication et enregistrement de la Substitution dans le délai de six mois ci-dessus prescrit; sinon il ne pourra les prétendre que du jour de ladite publication et enregistrement : Voulons que les fruits échus avant ledit jour, soient adjugés; et ceux qu'il aurait perçus, restitués par forme de peine à celui qui sera appelé après lui à la Substitution; et s'il n'était pas encore né, à l'Hôpital du lieu où le Jugement sera rendu, ou à l'Hôpital le plus prochain, s'il n'y en a point dans ledit lieu.

XLII. La peine de privation et restitution des fruits portée par l'Article précédent, sera pareillement prononcée contre le grevé de Substitution, ou celui qui l'aura recueillie, lorsqu'il aura négligé de satisfaire aux régles prescrites par le présent Titre, sur l'inventaire et sur la prisée dans le cas où il en est tenu.

XLIII. La disposition des deux Articles précédens sera observée, encore que la Substitution fût faite au profit des enfans de celui contre lequel ladite peine sera prononcée, et quoiqu'ils fussent sous sa puissance, dans les pays où la puissance paternelle a lieu.

XLIV. N'entendons comprendre dans la disposition des trois Articles précédens, les Pupilles, Mineurs ou Interdits, ni les Eglises, Hôpitaux, Communautés, ou autres qui jouissent du privilége des Mineurs; et en cas que leurs Tuteurs ou Curateurs, Syndics, ou autres Administrateurs, ayent négligé de satisfaire ausdites formalités, ils seront condamnes en leur propre et privé nom, en telles sommes qu'il appartiendra, au profit du premier appelé a la Substitution, ou de l'Hôpital ci-dessus marqué.

XLV. Ceux qui seront tenus, suivant les régles ci-dessus prescrites, de faire procéder à l'inventaire et a la prisée, dans les cas où elle est requise, et à la publication et enregistrement de la Substitution, seront tenus de satisfaire auxdites formalités, encore qu'ils prétendissent être en droit d'attaquer ladite Substitution, contre laquelle ils ne pourront se pourvoir qu'après les avoir remplies; sans néanmoins que l'on puisse s'en prévaloir contre leur prétention, et sauf, en cas qu'ils y réussissent, à être ordonné qu'ils seront remboursés des frais par eux faits à ce sujet.

XLVI. N'entendons, par les dispositions du présent Titre, concernant la publication et enregistrement des Substitutions, rien innover par rapport à celles qui seroient antérieures à l'enregistrement de l'Ordonnance de Moulins, en cas que les degrés prescrits par les Ordonnances ne soient pas encore remplis; ni pareillement à l'égard des Substitutions faites dans les pays où l'Ordonnance de Moulins n'a pas été publiée avant l'enregistrement des Loix qui y ont établi la formalité de la publication et enregistrement : Voulons que l'Edit du mois de Juillet 1707, ensemble notre Déclaration du 14 Septembre 1721, enregistrés en notre Parlement de Franche-Comté, et notre Déclaration du 22 Août 1739, enregistrée en notre Parlement de Dauphiné, soient exécutés par rapport aux Substitutions faites dans lesdites provinces avant les temps y mentionnés; le tout à la charge de se conformer, pour les publications et enregistremens qui se feront à l'avenir, aux régles ci-dessus prescrites sur les Juridictions, et les formes dans lesquelles il doit y être procédé.

XLVII. Désirant pourvoir au bien des familles qui sont intéressées dans les Substitutions, et leur épargner les frais auxquels elles seroient exposées par la multiplicité des degrés de Juridiction : Voulons que toutes les contestations concernant les Substitutions fideicommissaires, soient portées à l'avenir en première instance dans nos Bailliages, Sénéchaussées, ou autres Siéges Royaux ressortissans nuement en nos Cours de Parlement et Conseils-supérieurs, à l'exclusion des Juges Royaux subalternes, et de tous Juges Seigneuriaux, même de ceux qui ressortissent nuement en nos Cours et Conseils-supérieurs, pour y être statué sur lesdites contestations, à la charge de l'appel en nosdits Parlemens et Conseils-supérieurs.

XLVIII. N'entendons préjudicier par l'Article précédent au privilége de *Committimus*, lorsqu'il s'agira de demandes et contestations formées entre celui qui sera appelé à la Substitution, et les héritiers ou représentans de l'auteur de la Substitution, ou de celui qui en étoit chargé, sans que ledit privilége puisse avoir lieu à l'égard des demandes en revendication de biens substitués, ou en révocation des aliénations faites par les grevés de Substitution, lorsque lesdites demandes seront formées contre des tiers-détenteurs, encore que celui qui auroit formé lesdites demandes contre eux, y eût mêlé des conclusions tendantes a faire déclarer la Substitution ouverte en sa faveur.

XLIX. Il ne pourra être rendu aucun Jugement sur ce qui concerne les Substitutions fidéicommissaires et l'observation des règles prescrites par la presente Ordonnance, que sur les conclusions de nos Avocats et Procureurs en première instance, et sur celles de nos Avocats et Procureurs Généraux en nos Cours, lorsque les contestations formées à ce sujet y seront portées par appel ou autrement : voulons qu'il y ait ouverture de requête civile contre les arrêts qui seroient rendus sans conclusions de nosdits Avocats et Procureurs-Généraux.

L. Les Arrêts ou Jugemens en dernier ressort, qui seront contradictoires avec le grevé de Substitution, ou un des Substitués, ou contre lesquels il ne pourroit être reçu à former opposition, ne pourront être rétractés, sur le fondement d'une tierce opposition formée par celui au profit duquel la Substitution sera ouverte, sauf à lui à se pourvoir par la voie des Lettres en forme de Requête civile, lesquelles pourront être fondées, soit sur les ouvertures mentionnées dans l'Article XXXIV du Titre XXXV de l'Ordonnance du mois d'Avril 1667, soit sur la contravention á la disposition de l'Article précédent, soit sur le défaut entier de défenses, ou l'omission de défenses valables de la part du grevé ou substitué antérieur.

LI. Le délai, pour obtenir lesdites Lettres, sera de six mois, à compter du jour de la signification qui aura été faite de l'Arrêt ou Jugement en dernier ressort, à la personne ou domicile du Substitué, depuis l'ouverture de la Substitution à son profit, s'il est majeur, ou à la personne ou domicile de son Curateur, s'il étoit interdit; et si le substitué est pupille ou mineur, ledit délai ne sera compté que du jour de la signification qui lui aura été faite après sa majorité.

LII. En cas que la Substitution fût faite en faveur de l'Eglise, Hôpitaux, Corps ou Communautés Laïques ou Ecclésiastiques, ledit délai sera d'un an, à compter du jour de la signification qui sera faite depuis l'ouverture de la Substitution à la personne ou domicile de leurs Syndics, ou autres Administrateurs.

LIII. Les actes contenant des désistemens, transactions ou conventions, qui seront passés à l'avenir entre celui qui sera chargé de Substitution, ou qui l'aura recueillie, et d'autres Parties, soit sur la validité ou la durée de la Substitution, soit sur la liquidation des biens substitués et des détractions, soit par rapport aux droits de propriété d'hypothèque, ou autres qui seroient prétendus sur lesdits biens, ne pourront avoir aucun effet contre les Substitués; et il ne pourra être rendu aucun Jugement en conséquence desdits actes, qu'après qu'ils auront été homologués en nos Cours de Parlement, ou Conseils-supérieurs, sur les conclusions de nos Procureurs-Généraux; ce qui sera observé, à peine de nullité.

LIV. Les Arrêts, qui auront homologué lesdits actes, seront exécutés contre les Substitués, lesquels ne pourront se pourvoir contre lesdits Arrêts, que par la voie de la requête civile, sur les moyens et dans les délais ci-dessus expliqués.

LV. Les dispositions contenues dans le Titre premier de la présente Ordonnance, sur ce qui concerne la validité ou l'interprétation des actes portant Substitution, la qualité des biens qui peuvent en être chargés, la durée des Substitutions, et l'irrévocabilité de celles qui sont portées par des contrats de mariage, ou autres actes entre-vifs, la manière d'en compter les degrés, l'hypothèque subsidiaire des femmes mariées avant la publication des Présentes, et l'effet des décrets qui l'auront précédé, n'auront aucun effet rétroactif; et les contestations nées ou à naître à cet égard, seront jugées suivant les Loix et la Jurisprudence qui étoit observée auparavant dans nos Cours, lorsque la Substitution aura une date antérieure à la publication de la présente Ordonnance, si elle est portée par un acte entre-vifs, ou si elle est contenue dans une disposition à cause de mort, lorsque celui qui l'aura faite sera décédé avant ladite publication.

LVI. Les dispositions du présent Titre, sur la nécessité et la forme de l'inventaire des effets des successions dans lesquelles il y aura des biens chargés de Substitution, n'auront effet qu'à l'égard des successions qui seront ouvertes après la publication des Présentes.

LVII. Les dispositions portées par le présent Titre, concernant l'Ordonnance que celui qui recueillera les biens substitués, doit obtenir, faute par le grevé ou le précédent substitué d'y avoir satisfait, n'auront lieu qu'à l'égard de ceux qui recueilleront à l'avenir des biens compris dans une Substitution qui n'aurait pas encore été publiée ni enregistree.

LVIII. Les régles prescrites par la présente Ordonnance, sur l'emploi ou le remploi des effets compris dans la Substitution, sur la publication et l'enregistrement des Substitutions et des actes d'emploi ou remploi, sur les Tribunaux qui doivent connoître des contestations formées au sujet desdites Substitutions, sur la maniére de se pourvoir contre les Arrêts ou Jugemens en dernier ressort, et sur l'homologation des transactions ou autres conventions faites avec ceux qui seroient chargés de Substitution, seront exécutées par rapport aux publications et enregistremens, actes, demandes et procédures qui se feront après la publication des Présentes, encore que la Substitution fût antérieure, ou que les Jugemens contre lesquels le Substitué voudroit se pourvoir, eussent été rendus auparavant ; et à l'égard des publications et enregistremens, actes, demandes et procédures qui auroient été faits avant la publication de la présente Ordonnance, il y sera pourvu en cas de contestation, suivant les Loix et la Jurisprudence qui ont été observées jusqu'à présent en nos Cours.

LIX. Voulons au surplus que la présente Ordonnance soit gardée et observée dans toute l'étendue de notre Royaume, Terres et Pays de notre obéissance, à compter du jour de la publication qui en sera faite : Abrogeons toutes Ordonnances, Loix, Coutumes, Statuts et Usages differens, ou qui seroient contraires aux dispositions y contenues.

Si donnons en mandement à nos amés et féaux les Gens tenant nos Cours de Parlement et Conseils-supérieurs, Grand-Conseil, Chambres des Comptes, Cours des Aydes, Baillifs, Sénéchaux, et tous autres nos Officiers, que ces Présentes ils gardent, observent et entretiennent, fassent garder, observer et entretenir ; et pour les rendre notoires à nos Sujets, les fassent lire, publier et registrer : Car tel est notre plaisir. Et afin que ce soit chose ferme et stable à toujours, Nous avons fait mettre notre scel à cesdites Présentes. Donné au Camp de la Commanderie du Vieux-Jonc au mois d'Août, l'an de grâce mil sept cent quarante-sept, et de notre Régne le trente-deuxième *Signé* LOUIS. *Et plus bas*, Par le Roi, Phelyppeaux

Visa DAGUESSEAU. Et scellée du grand Sceau de cire verte, en lacs de soie rouge et verte.

Registrée, oüi, ce requérant le Procureur - Général du Roi, pour être exécutée selon sa forme et teneur; et Copies collationnées envoyées aux Bailliages et Sénéchaussées du Ressort, pour y être lues, publiées et registrées : Enjoint aux Substituts du Procureur-Général du Roi d'y tenir la main, et d'en certifier la Cour dans le mois, suivant l'Arrêt de ce jour. A Paris, en Parlement, le vingt-sept Mars mil sept cent quarante-huit.

Signé YSABEAU.

DÉCLARATION DU ROI,

Sur la matière des Substitutions dans le Ressort du Parlement de Flandres.

Donnée à Compiegne le 12 *Juillet* 1749.

Louis, par la grâce de Dieu, Roi de France et de Navarre : A tous ceux qui ces présentes Lettres verront, Salut. Par notre Ordonnance du mois d'Août 1747, Nous avons décidé plusieurs questions qui s'étoient élevées sur la matière des Substitutions fidéicommissaires, et qui avoient donné lieu à une grande diversité de Jurisprudence dans les différens Parlemens de notre Royaume : Nous avons aussi établi, par la même Loi, les règles que Nous avons jugées nécessaires pour assurer par des moyens plus efficaces que ceux qui avaient été employés jusqu'à présent, l'observation d'une formalité aussi importante que celle de l'enregistrement et de la publication des Substitutions ; et Nous avons fait défenses d'y procéder dans d'autres Jurisdictions que les Bailliages et Sénéchaussées, ou autres Siéges Royaux ressortissans nuement en nos Cours de Parlement, ou Conseils-supérieurs : Nous avons aussi attribué aux Siéges de le même qualité la confection de l'inventaire des effets de celui qui auroit fait une Substitution, lorsqu'il seroit nécessaire d'y procéder en Justice, et la connoissance de toutes les contestations qui concerneroient les Substitutions fideicommissaires, sans préjudice néanmoins du droit de *Committimus*, par rapport aux demandes auxquelles ce privilége peut être appliqué : Enfin, pour abréger les contestations de cette nature, et fixer plus sûrement le sort des Substitutions, Nous avons ordonné que les Arrêts ou Jugemens en dernier ressort, qui auroient été rendus en cette matière avec les possesseurs des biens substitués, ne pourroient être attaqués par ceux qui les suivent dans l'ordre de la Substitution, que par la voie des Lettres en forme de Requête civile, fondées sur les ouvertures mentionnées dans l'Article XXXIV du Titre XXXV de l'Ordonnance du mois d'Avril 1667, ou sur les autres moyens que Nous avons jugé à propos d'admettre en leur faveur : mais les officiers de notre Cour de Parlement de Flandres Nous ont représenté que, quelque utiles que soient ces différentes dispositions, ils espéroient de notre bonté, que nous voudrions bien les concilier, soit avec les Loix et les Usages observés dans les pays de son ressort, soit avec l'état actuel des Juridictions qui y sont établies; que, dans ces pays, on ne connoît point d'hypothèque légale ou tacite, et qu'on ne peut en acquérir aucune que par les voies et les formes qui y sont requises; que, dans plusieurs Villes, la Justice ordinaire est exercée par les Officiers Municipaux, et qu'il n'y a aucun Siége de la qualité marquée par notre Ordonnance, dans le Cambrésis, et dans d'autres parties du même ressort; que, ceux qui exercent la Justice ordinaire y ont toujours connu des contestations nées au sujet des Substitutions, sans qu'elles pussent être évoquées en vertu d'aucun privilége; et qu'à l'égard des Requêtes civiles, l'Ordonnance de 1667 n'ayant pas été enregistrée au Parlement de Flandres, il s'est uniquement conformé aux régles que le feu Roi notre trés-honoré Seigneur et Bisaïeul avoit établies sur cette matière par Edit du mois de Mars 1674: Et, comme notre intention n'a point été de donner atteinte par notre Ordonnance aux Loix et aux Coutumes observées dans les différentes Provinces de notre Royaume, lorsqu'elles n'ont rien de contraire dans le fond aux dispositions contenues dans cette Loi, ni aux formalités essentielles qu'elle établit pour le bien commun de tous les Peuples soumis à notre domination, Nous nous sommes portés très-volontiers à avoir égard aux représentations de notredite Cour de Parlement, en modifiant tellement quelques-unes des dispositions de notre Ordonnance, que, si Nous y faisions des changemens relatifs à des usages propres à la Flandre, les Peuples de cette Province n'en jouissent pas moins des avantages d'une Loi dont le principal objet a eté d'établir des règles uniformes dans une matière si intéressante pour toutes les familles, et en particulier pour celles d'un pays dont les Habitans, depuis qu'ils sont rentrés sous notre obéissance, Nous ont donné des preuves continuelles de leur fidelité et de leur zèle pour notre service. A CES CAUSES, et autres considérations à ce Nous mouvant, de l'avis de notre Conseil, et de notre certaine science, pleine puissance et autorité royale, Nous avons, par ces Présentes signées de notre main, dit, déclaré et ordonné, disons, déclarons et ordonnons, voulons et Nous plait ce qui suit:

ARTICLE PREMIER.

Interprétant la disposition de l'Article XXIX du Titre II de notre Ordonnance du mois d'Août 1747, et y dérogeant en tant que besoin seroit, voulons que, dans les cas où il se trouvera que tous les biens substitués sont dans le ressort de notre Parlement de Flandres, et que l'auteur de la Substitution y avoit aussi son domicile au jour de l'acte qui la contient, si elle est faite par une donation ou contrat entre-vifs, ou au jour de son décès, si elle est faite par une disposition à cause de mort, la publication et l'enregistrement de la Substitution soient faits en notredite Cour seulement; et, lorsque ledit domicile ou la situation desdits biens, en tout ou en partie, ne se trouveroit pas également dans le ressort dudit Parlement, la publication et l'enregistrement seront faits, tant audit Parlement, qu'aux Siéges où ils doivent l'être, suivant notre Ordonnance, relativement au domicile de l'auteur de la Substitution, ou à la situation desdits biens.

II. La disposition de l'Article précédent aura lieu pareillement, lorsque la Substitution comprendra des rentes de la qualité marquée par l'Article XXII du Titre II de ladite Ordonnance, ou des Offices, et que le lieu où lesdites rentes se payent, ou dans lequel se fait l'exercice desdits Offices, sera dans le ressort du Parlement.

III. Voulons aussi qu'il soit procédé par notredite Cour à la publication et enregistrement des actes d'emploi, ainsi qu'il est réglé par l'Article XXIII du Titre II de l'Ordonnance, lorsque l'emploi requis par cette Loi aura été fait en acquisition de maisons, terres, rentes foncières, ou droits réels sur des héritages, ou en constitution de rentes de la qualité marquée par ledit Article XXII, et que lesdites maisons, terres ou héritages seront situés dans les pays du ressort de notredite Cour, ou que le lieu où se payent lesdites rentes sera dans l'étendue desdits pays.

IV. Le contenu aux trois Articles précédens sera observé, à peine de nullité des actes de publication et d'enregistrement, qui seroient faits ailleurs que dans les siéges ci-dessus marqués, sans préjudice au surplus de l'exécution des Substitutions qui auroient été ci-devant enregistrées en la forme prescrite par la Déclaration du feu Roi notre très-honoré Seigneur et Bisaeul, du 22 Juillet 1712.

V. L'Ordonnance requise par l'Article XXXV du Titre II de ladite Ordonnance, pour mettre ceux qui seront grevés de Substitution, ou ceux qui prendront leur place à leur défaut, en possession des biens substitués, sera donnée en notredite Cour de Parlement, sur les conclusions de notre Procureur-Général, lorsque les biens substitués seront situés dans son ressort, en tout ou en partie, en observant au surplus tout ce qui est prescrit par ledit Article, et par les Articles XXVI, XXXVII et XXXIX, et sans qu'il puisse être reçu de plus grands droits que ceux qui sont réglés par l'Article XXXVIII.

VI. La confection de l'inventaire des biens et effets de celui qui aura fait une Substitution dans les cas où il y auroit lieu de faire l'inventaire en Justice, suivant les régles observées en cette matière, appartiendra aux Officiers qui étoient ci-devant en possession d'y procéder dans le ressort de notredite Cour; et ledit inventaire sera fait en présence de celui qui fera les fonctions de Partie publique, outre les personnes dénommées dans les Articles IV et V du Titre II de ladite Ordonnance: Dérogeons à l'Article VI en ce qui seroit contraire à la présente disposition.

VII. Toutes les contestations concernant les Substitutions fidéicommissaires, qui seront formées dans l'étendue desdits pays, continueront d'etre portees en première instance devant les juges auxquels la connoissance en appartenoit avant notredite Ordonnance, sans qu'elles en puissent être évoquées en aucuns cas, en vertu de *Committimus*, ou autre privilége: Dérogeons, pour ce regard, aux dispositions des Articles XLVII et XLVIII du Titre II de notredite Ordonnance; et, désirant néanmoins pourvoir aux biens des familles desdits pays, et les faire jouir de l'avantage que Nous avons voulu procurer à tous nos Sujets, par la diminution des degrés de Juridiction en cette matière, voulons que toutes les appellations qui seront interjetées à l'avenir, des Ordonnances ou Jugemens rendus ou à rendre sur ce qui concerne lesdites Substitutions, ne puissent être relevées ailleurs qu'en notredite Cour de Parlement, encore que les Juridictions où elles auroient été rendues, n'y fussent pas ressortissantes directement en d'autres matières.

VIII. Les Lettres en forme de Requête civile, qui seroient

prises par celui au profit duquel la Substitution sera ouverte, ainsi qu'il est réglé par les Articles L et LIV du Titre II de ladite Ordonnance, pourront être fondées, soit sur les ouvertures mentionnées dans l'Edit du mois de Mars 1674, enregistré en notre Parlement de Flandres, soit sur les autres moyens mentionnés audit Article L, en observant au surplus tout ce qui est prescrit, tant par lesdits Articles L et LIV, que par les Articles LI et LII concernant les délais dans lesquels les Lettres pourront être obtenues.

IX. Désirant expliquer plus particulièrement nos intentions sur ce qui concerne l'hypothèque ou recours subsidiaires des femmes des grevés de substitution et celles des substitués sur les biens de celui qui en étoit chargé, voulons que, par notredite Cour de Parlement, il soit remis incessamment entre les mains de notre très-cher et féal Chancelier de France, tels mémoires et observations qu'elle estimera convenables sur la manière d'acquérir et de réaliser les hypothèques, suivant les Coutumes et Usages desdits pays, pour, sur le compte qui Nous en sera par lui rendu, y être par Nous pourvu ainsi qu'il appartiendra.

X. Voulons au surplus que toutes les règles et formalités prescrites par notre Ordonnance du mois d'Août 1747, et auxquelles il n'a point été apporté de changement par la présente Déclaration, soient exactement observées dans toute l'étendue du ressort de notredit Parlement, ainsi que dans tous les autres pays de notre obéissance. SI DONNONS EN MANDEMENT à nos amés et féaux Conseillers les Gens tenant notre Cour de Parlement de Flandres, séant à Douay, Baillifs, Sénéchaux, et tous autres nos officiers et Justiciers qu'il appartiendra, que ces Présentes ils gardent, observent, entretiennent, exécutent, fassent garder, entretenir et exécuter, nonobstant toutes Loix, Jugemens ou Usages à ce contraires, auxquels Nous avons dérogé et dérogeons expressément par ces Présentes; et que, pour les rendre notoires à nos Sujets du ressort de notredite Cour de Parlement, elle les fasse lire, publier et registrer par-tout où besoin sera : CAR tel est notre plaisir. En témoin de quoi Nous avons fait mettre notre scel à cesdites Présentes. DONNÉ à Compiègne, le douzième jour de Juillet, l'an de grâce mil sept cent quarante-neuf, et de notre Règne le trente-quatrième. *Signé* LOUIS. *Et plus bas*, Par le Roi, M. P. DE VOYER D'ARGENSON. Et scellée du grand Sceau de cire jaune.

Lue et publiée, l'Audience tenant, cejourd'hui treize Août mil sept cent quarante-neuf, et enregistrée au Greffe du Parlement de Flandres : Oüi, et ce requérant le Procureur Genéral du Roi, pour être exécutée selon sa forme et teneur; et Copies d'icelles envoyées aux Bailliages et Siéges inférieurs du Ressort, pour y être pareillement lues, publiees et enregistrées, conformément à l'Arrêt du onze desdits mois et an.

Signé Le Jeune.

DÉCLARATION DU ROI,

Concernant les Substitutions.

Donnée à Versailles le premier Mai 1776.

Louis, par la grâce de Dieu, Roi de France et de Navarre : A tous ceux qui ces présentes Lettres verront, Salut. Nous avons été informés qu'à l'occasion de l'exécution des Articles I, II, III, IV et VI de l'Ordonnance de 1747, concernant les Substitutions, il s'est élevé plusieurs difficultés; qu'on a douté si, en suivant l'esprit de cette Loi, tous les actes conservatoires, même les appositions de scellés sur les effets des personnes qui ont fondé des Substitutions, doivent être regardés comme réservés à nos Officiers seuls, à l'exclusion de ceux des Seigneurs, que des Arrêts de nos Cours ont jugé diversement cette question; que la Jurisprudence est également devenue incertaine sur la compétence respective, soit des Officiers seigneuriaux, soit des Officiers Royaux, non-seulement pour les appositions des scellés en cas de Substitutions, mais même pour la confection des inventaires, et la nomination des Tuteurs ou Curateurs aux Substitutions, lorsqu'il ne s'élève aucune contestation judiciaire; et jugeant de notre sagesse de faire cesser les incertitudes que cette variété de Jurisprudence jette sur une matière d'un usage aussi fréquent et aussi intéressant pour l'ordre public, Nous avons cru devoir déterminer d'une manière précise les principes des dispositions même de l'Ordonnance de 1747, qui, en mettant en quelque sorte sous la sauve-garde royale les Substitutions dont l'exécution pourroit être compromise par la négligence, ou par les contestations des Parties intéressées, ont entendu que tous les actes nécessaires, autres que ceux qui concernent directement les Substitutions, se fissent dans les formes ordinaires, hors de ces cas particuliers qui réclament notre protection. A ces causes, et autres à ce Nous mouvant, de l'avis de notre Conseil, et de notre certaine science, pleine puissance et autorité royale, Nous avons dit, déclaré et ordonné, et par ces Présentes signées de notre main, disons, déclarons et ordonnons, voulons et Nous plaît ce qui suit :

ARTICLE PREMIER.

Lorsqu'après le décès de celui qui aura fait une Substitution, l'apposition des scellés sur les effets, l'inventaire, ou autres actes conservatoires seront requis par l'Héritier institué, le Légataire universel, ou l'appelé à la Substitution, conformément aux Articles I et II du Titre II de l'Ordonnance de 1747, et qu'à l'occasion desdites réquisitions il ne s'élevera aucune contestation, lesdites appositions de scellés, inventaires et autres actes seront faits dans les formes ordinaires, et par les Officiers qui y auroient procédé s'il n'y avoit pas eu de Substitutions, et ce, *encore que la Substitution fût connue avant qu'il soit commencé de procéder auxdits actes.*

II. L'Article III du Titre II de l'Ordonnance des Substitutions sera exécuté; et, conformément à icelui, en cas de négligence de ceux dénommés ci-dessus, il sera procédé, à la requête de notre Procureur au Siége Royal déterminé par ladite Ordonnance de 1747, aux appositions de scellés, inventaires et autres actes nécessaires, lesquels audit cas ne pourront être faits que par les Officiers Royaux, qui sont en droit et possession de les faire.

III. L'Article VI du Titre II de l'Ordonnance de 1747 sera pareillement exécuté; et en conséquence, lorsqu'à l'occasion des contestations élevées entre les Parties intéressées il y aura lieu de faire l'inventaire en Justice, il ne pourra y être procédé que de l'autorité du Siége Royal, conformément audit Article VI, et ce encore que le scellé ait été apposé par un autre Juge, lequel sera tenu audit cas de renvoyer les Parties audit Siége Royal; et l'inventaire sera fait en présence de notre Procureur audit Siége, et des autres personnes qui doivent y être appelées.

IV. Tout ce qui est prescrit par les Articles II et III ci-dessus, sera également observé à l'égard des appositions de scellés, inventaires, et autres actes conservatoires occasionnés par le décès de chacune des personnes successivement grevées, jusqu'à l'expiration des degrés auxquels s'étendra la Substitution.

V. N'entendons comprendre, sous la désignation d'actes conservatoires, les enregistremens et publications des Substitutions, ni la nomination des Tuteurs ou Curateurs aux

Substitutions, lesquels actes ne pourront être faits que dans les Siéges Royaux déterminés par les Articles XIX, XX et XXI du Titre II de ladite Ordonnance de 1747. SI DONNONS EN MANDEMENT à nos amés et féaux Conseillers les Gens tenant notre Cour de Parlement à Paris, que ces Présentes ils ayent à enregistrer, et le contenu en icelles garder, observer et exécuter selon leur forme et teneur, cessant et faisant cesser tous troubles et empêchemens contraires : CAR tel est notre plaisir. En témoin de quoi, Nous avons fait mettre notre scel à cesdites Présentes. DONNÉ à Versailles le premier jour du mois de Mai, l'an de grâce mil sept cent soixante-seize, et de notre Régne le deuxième. *Signé* LOUIS. *Et plus bas*, Par le Roi, DE LAMOIGNON. Et scellée du grand sceau de cire jaune.

Registrée, ouï et ce requérant le Procureur-Général du Roi, pour être executée selon sa forme et teneur; et Copies collationnées envoyees aux Bailliages et Senéchaussées du Ressort, pour y être lues, publiées et registrées: Enjoint aux Substituts du Procureur-Général du Roi d'y tenir la main, et d'en certifier la Cour dans le mois, suivant l'Arrêt de ce jour. A Paris, en Parlement, les Grand'Chambre et Tournelle assemblées, le cinq Juillet mil sept cent soixante-seize.

Signé LEBRET.

FIN.

TABLE

DES LIVRES, TITRES,

SECTIONS ET ARTICLES

CONTENUS DANS CE VOLUME.

PREMIÈRE PARTIE.

Des *lois anciennes sur la transmission des biens par successions, donations et testamens.*

TITRE II.

TITRE III.

TITRE IV.

TITRE V.

TITRE VI.

26 *

LIVRE III.

TITRE PREMIER.

TITRE II.

TITRE III.

LIVRE IV.

TITRE PREMIER.

TITRE II.

TITRE III.

TITRE IV.

TITRE V.

TITRE VI.

TITRE VII.

Fin de la Table.

ERRATA.

Page 16, ligne dernière, *au lieu de* verbo, *lisez* verbis.

Page 18, note 3, *au lieu de* verbo, *lisez* verbis.

Page 173, ligne dernière de la note marquée d'un astérique, *au lieu de* opiniorem, *lisez* opinionem.

www.ingramcontent.com/pod-product-compliance
Ingram Content Group UK Ltd.
Pitfield, Milton Keynes, MK11 3LW, UK
UKHW012149240726
13966UKWH00001B/217